U0898156

全国优秀教材一等奖

全国高等教育自学考试指定教材
计算机信息管理专业（独立本科段）

管理经济学

（含：管理经济学自学考试大纲）

（2018 年版）

全国高等教育自学考试指导委员会　组编
主　编　　陈建萍　杨　勇
副主编　　吴贤龙　薛继东

中国人民大学出版社
·北京·

图书在版编目（CIP）数据

管理经济学/陈建萍，杨勇主编. —北京：中国人民大学出版社，2018.10
全国高等教育自学考试指定教材
ISBN 978-7-300-26333-5

Ⅰ. ①管… Ⅱ. ①陈… ②杨… Ⅲ. ①管理经济学-高等教育-自学考试-教材 Ⅳ. ①F270

中国版本图书馆 CIP 数据核字（2018）第 230757 号

全国优秀教材一等奖
全国高等教育自学考试指定教材
计算机信息管理专业（独立本科段）
管理经济学
（含：管理经济学自学考试大纲）
（2018 年版）
全国高等教育自学考试指导委员会　组编
主　编　陈建萍　杨　勇
副主编　吴贤龙　薛继东
Guanli Jingjixue

出版发行	中国人民大学出版社		
社　　址	北京中关村大街 31 号	**邮政编码**	100080
电　　话	010－62511242（总编室）		
网　　址	http://www.crup.com.cn		
印　　刷	北京市鑫霸印务有限公司		
规　　格	185 mm×260 mm　16 开本	**版　　次**	2018 年 10 月第 1 版
印　　张	24.5	**印　　次**	2022 年 4 月第 4 次印刷
字　　数	570 000	**定　　价**	56.00 元

官方淘宝网　网址：htth://shop136348527.taobao.com

组编前言

21 世纪是一个变幻莫测的世纪，是一个催人奋进的时代。科学技术飞速发展，知识更替日新月异。希望、困惑、机遇、挑战，随时随地都有可能出现在每一个社会成员的生活之中。抓住机遇，寻求发展，迎接挑战，适应变化的制胜法宝就是学习——依靠自己学习、终身学习。

作为我国高等教育组成部分的自学考试，其职责就是在高等教育这个水平上倡导自学、鼓励自学、帮助自学、推动自学，为每一个自学者铺就成才之路。组织编写供读者学习的教材是履行这个职责的重要环节。毫无疑问，这种教材应当适合自学，应当有利于学习者掌握和了解新知识、新信息，有利于学习者增强创新意识、培养实践能力、形成自学能力，也有利于学习者学以致用，解决实际工作中所遇到的问题。具有如此特点的书，我们虽然沿用了“教材”这个概念，但它与那种仅供教师讲、学生听，教师不讲、学生不懂，以“教”为中心的教科书相比，已经在内容安排、编写体例、行文风格等方面都大不相同了。希望读者对此有所了解，以便从一开始就树立起依靠自己学习的坚定信念，不断探索适合自己的学习方法，充分利用自己已有的知识基础和实际工作经验，最大限度地发挥自己的潜能，达到学习的目标。

欢迎读者提出意见和建议。

祝每一位读者自学成功。

全国高等教育自学考试指导委员会

2017 年 6 月

目　录

管理经济学自学考试大纲

管理经济学

管理经济学

自学考试大纲

大纲前言

为了适应社会主义现代化建设事业的需要，鼓励自学成才，我国在20世纪80年代初建立了高等教育自学考试制度。高等教育自学考试是个人自学、社会助学和国家考试相结合的一种高等教育形式。应考者通过规定的专业课程考试并经思想品德鉴定达到毕业要求的，可获得毕业证书，国家承认其学历并按照规定享有与普通高等学校毕业生同等的有关待遇。经过30多年的发展，高等教育自学考试为国家培养、造就了大批专门人才。

课程自学考试大纲是国家规范自学者学习范围、要求和考试标准的文件。它是按照专业考试计划的要求，具体指导个人自学、社会助学、国家考试、编写教材及自学辅导书的依据。

随着经济社会的快速发展，新的法律法规不断出台，科技成果不断涌现，原大纲中有些内容已过时、知识已陈旧。为更新教育观念，深化教学内容方式、考试制度、质量评价制度改革，更好地提高自学考试人才培养的质量，高等教育自学考试指导委员会各专业委员会按照专业考试计划的要求，对原课程自学考试大纲组织了修订或重编。

修订后的大纲，在层次上，专科参照一般普通高校专科或高职院校的水平，本科参照一般普通高校本科水平；在内容上，力图反映学科的发展变化以及自然科学和社会科学近年来研究的成果，对明显陈旧的内容进行了删减。

全国高等教育自学考试指导委员会电子电工与信息类专业委员会组织制定了《管理经济学自学考试大纲》，经教育部批准，现颁发施行。各地教育部门、考试机构应认真贯彻执行。

全国高等教育自学考试指导委员会

2018年6月

Ⅰ　课程性质与课程目标

一、课程性质和特点

管理经济学是高等教育自学考试计算机信息管理专业计划中一门重要的必修专业基础课。它是一门运用经济学理论和决策科学的分析工具，使一个企业组织能够在一定的经济环境中，在面临的各种约束下，最有效地达到自己既定目标的科学。本课程设置的主要目标是为企业的管理决策实践提供理论和经济分析的思维框架。

二、课程目标

通过本课程的教学，期望使学生获取以下成果：

（1）引发对经济学理论、经济学分析方法以及决策科学的兴趣。

（2）掌握管理经济学的基本理论和分析方法。

（3）了解管理经济学的理论、方法与企业管理决策的相互关系。

（4）学会用管理经济学的理论、方法去分析和解决企业的各种管理决策问题。

（5）提高在市场经济条件下管理决策的能力和水平。

三、与相关课程的联系与区别

本课程所运用的经济学原理与方法基本上来自微观经济学，因此，它与微观经济学有着密切的联系，但本课程并非照搬微观经济学，而是把重点放在微观经济学对管理决策的应用上。

本课程与许多专业管理课（如企业管理、市场营销、统计学等）也有一定的联系。它一方面为各专业管理课奠定专业理论基础，另一方面又可以将各专业管理课程的有关内容进行综合应用。

本课程的学习需要具备一定的高等数学知识，最高涉及微分学。未学过微分学的学员需要先学习一下这方面的基础知识。

四、课程的重点和难点

本课程基本上由两部分内容融合而成：一是微观经济学的基本原理和边际分析方法；二是经济学原理和方法在各种具体决策问题中的应用。这两部分内容都是本课程学习的重点。学好前者是掌握好后者的基础，后者既是学习的重点，同时又是学习的难点。

Ⅱ　考核目标

本大纲在考核目标中，按照识记、领会、简单应用和综合应用四个层次规定应考者应达到的能力层次要求。这四个能力层次是递升的关系，后者必须建立在前者的基础上。各能力层次的含义如下：

识记：要求考生能够识别和记忆本大纲规定的有关知识点的主要内容，并能够根据考核的不同要求，做出正确的表述、选择和判断。如需求价格弹性是指一种商品需求量变动对其价格变动的反应程度。

领会：在识记的基础上，能全面把握基本概念、基本原理和基本方法，能掌握有关概念、原理和方法的区别与联系，能根据考核的不同要求做出正确的判断、解释和说明。如当商品的需求价格弹性大于1，即富有弹性，则该商品适宜采取降价政策，反之则应该采取提价政策。

简单应用：在领会的基础上，能运用本课程中的少量知识点，分析和解决一般应用的决策问题。如通过需求价格弹性与企业价格政策的关系，能够分析出为什么有些企业降低其产品价格无法实现薄利多销。

综合应用：在简单应用的基础上，能运用本课程中的多个知识点，综合分析和解决较复杂应用的决策问题。如应用需求价格弹性理论和均衡价格理论分析“谷贱伤农”的原因，并由此提出相应的解决措施。

Ⅲ　课程内容与考核要求

第一章　导论

一、学习目的与要求

1. 了解管理经济学的定义及研究对象。
2. 了解管理经济学与微观经济学和决策科学的关系。
3. 掌握决策的基本程序和正确决策的准则。
4. 初步掌握管理经济学的基本分析方法，理解机会成本、经济利润、会计利润和边际分析的内涵。

二、课程内容

1. 管理经济学的研究对象。
2. 管理经济学的基本分析方法。
3. 市场经济条件下的企业特征及企业决策问题。

三、考核知识点与考核要求

（一）管理经济学的研究对象

1. 识记：管理经济学的定义和研究对象；管理经济学与微观经济学的关系。
2. 领会：决策的基本过程；正确决策的条件和准则。

（二）管理经济学的基本分析方法

1. 识记：边际产量、边际成本、边际收益和边际利润等边际概念。
2. 领会：无约束的最优化和有约束的最优化分析方法。
3. 简单应用：结合本章练习题学习边际分析方法在企业决策中的简单应用。

（三）市场经济条件下的企业

1. 识记：企业的概念和特征。
2. 领会：企业产生的根源；企业从事经济活动的目标；企业的决策问题。
3. 简单应用：经济利润、会计利润和机会成本在企业决策中的重要意义。

第二章　供求分析

一、学习目的与要求

1. 了解需求和供给的概念、影响需求和供给的因素。
2. 知晓需求函数与供给函数的内涵及其对企业决策的重要意义。
3. 理解需求规律和供给规律、需求曲线和供给曲线。
4. 掌握需求与需求量变动、供给和供给量变动的含义及差异。
5. 深刻理解市场均衡的含义、需求或供给变动对均衡价格和均衡数量的影响。
6. 理解支持价格和限制价格的含义及实施的结果。
7. 了解需求估计和预测的原理与方法。

二、课程内容

1. 需求分析
2. 供给分析
3. 市场均衡分析

三、考核知识点与考核要求

（一）需求分析

1. 识记：需求概念；影响需求的因素；需求估计和预测的主要方法。

2. 领会：需求函数；需求表和需求曲线；需求规律；需求估计中的回归分析法的步骤。

3. 简单应用：区分需求量与需求的变动，并据此简单分析现实中的经济管理问题。

（二）供给分析

1. 识记：供给概念；影响供给的因素。

2. 领会：供给函数；供给表和供给曲线；供给规律。

3. 简单应用：区分供给量与供给的变动，并据此简单分析现实中的经济管理问题。

（三）市场均衡分析

1. 识记：市场均衡的概念；支持价格与限制价格的定义。

2. 领会：市场均衡图；均衡价格与均衡数量的形成及计算；供求变动对市场均衡的影响；支持价格与限制价格实施的结果。

3. 简单应用：应用供求法则简单分析现实中的经济管理问题；通过教材提供的素材学习运用支持价格和限制价格分析现实经济管理问题。

第三章 消费者效用分析

一、学习目的与要求

1. 了解基数效用论和序数效用论的主要观点的差异。
2. 理解效用理论中的效用和边际效用概念。
3. 掌握边际效用分析方法以及边际效用递减规律在现实中的应用。
4. 理解基数效用论中消费者均衡的条件。
5. 掌握无差异曲线分析方法。
6. 理解序数效用论中消费者均衡的条件和均衡图。

二、课程内容

1. 效用理论概述。
2. 基数效用论与边际效用分析。
3. 序数效用论与无差异曲线分析。

三、考核知识点与考核要求

（一）效用理论概述

1. 识记：效用的概念；效用理论的基本假设。
2. 领会：基数效用论和序数效用论的主要观点。

（二）基数效用论与边际效用分析

1. 识记：总效用和边际效用的概念；总效用与边际效用的关系；消费者剩余。

2. 领会：边际效用递减规律的内涵；边际效用分析中的消费者效用最大化的均衡条件（$MU_X/P_X=MU_Y/P_Y$）的内涵，

3. 简单应用：运用边际效用递减规律解释现实经济问题；运用消费者均衡条件确定消费者效用最大化的购买决策；判定当均衡条件未满足时，如何调节 X 与 Y 的数量。

（三）序数效用论与无差异曲线分析

1. 识记：无差异曲线的概念及特征；边际替代率的概念及计算；消费者的预算线及其方程和斜率。

2. 领会：无差异分析中的消费者效用最大化的均衡图和均衡条件的内涵。

3. 简单应用：运用无差异曲线分析中消费者均衡条件确定消费者效用最大化的购买决策。

第四章 需求弹性与供给弹性分析

一、学习目的与要求

1. 了解需求价格弹性、需求收入弹性、需求交叉弹性以及供给价格弹性的概念。

2. 掌握需求价格弹性和需求交叉弹性的计算。
3. 理解需求价格弹性和供给价格弹性的影响因素。
4. 掌握需求价格弹性与企业定价政策的关系。
5. 深刻理解并比较现实中的不同消费品需求价格弹性的大小。
6. 理解恩格尔定律以及恩格尔系数的内涵。

二、课程内容

1. 需求弹性。
2. 供给弹性。

三、考核知识点与考核要求

（一）需求弹性

1. 识记：需求价格弹性、需求交叉弹性、需求收入弹性的概念。

2. 领会：需求价格弹性的分类及影响因素；恩格尔定律和恩格尔系数与国家或家庭生活水平高低的关系；需求交叉弹性的分类。

3. 简单应用：运用需求收入弹性理论分析企业随国民经济波动而进行的产品结构调整决策；运用需求交叉弹性的大小判断产品之间的相互关系并由此分析和预测产品价格和销量的变化规律。

4. 综合应用：在需求价格弹性（包括点弹性和弧弹性）的计算基础上分析需求价格弹性与企业销售收入的关系；通过教材中的案例资料，学习运用需求价格弹性分析企业的价格决策的方法。

（二）供给弹性

1. 识记：供给价格弹性的概念。

2. 领会：供给价格弹性的分类和影响因素。

第五章　生产要素投入的决策分析

一、学习目的与要求

1. 了解生产函数的概念以及柯布–道格拉斯生产函数的内涵。

2. 掌握边际收益递减规律在现实经济决策中的应用。

3. 理解管理经济学中短期与长期的概念。

4. 理解总产量、平均产量和边际产量之间的关系以及由此形成的产量图，生产三阶段的划分标准。

5. 掌握一种生产要素变动时要素最佳投入量确定的计算和决策分析方法。

6. 掌握两种生产要素最佳组合确定的计算和分析方法。

7. 理解规模报酬的含义、规模报酬变动的规律及原因。

8. 一般了解通过生产函数测定技术进步的方法。

二、课程内容

1. 生产函数。
2. 短期生产函数分析。
3. 长期生产函数分析。
4. 规模报酬。
5. 生产函数与技术进步。

三、考核知识点与考核要求

（一）生产函数

1. 识记：生产要素的分类；生产函数的概念；短期与长期的概念及划分标准。

2. 领会：柯布-道格拉斯生产函数的函数形式及函数中参数 α、β 的含义。

（二）短期生产函数分析

1. 识记：短期生产函数的概念；总产量、平均产量和边际产量的概念；边际收益递减规律的定义；边际产品价值的概念。

2. 领会：总产量、平均产量和边际产量之间的关系以及由此形成的产量曲线图；生产三阶段的划分方法以及各生产阶段的特征。

3. 简单应用：运用边际收益递减规律分析企业的现实决策问题；运用一种生产要素变动时最佳投入量确定的均衡条件（$VMP_L=P_L$）分析企业的最优投入决策问题。

（三）长期生产函数分析

1. 识记：等产量曲线的概念；边际技术替代率的概念；等成本线的概念、特征、方程及其斜率

2. 领会：等产量曲线的特征；边际技术替代率的计算和边际技术替代率递减规律的内涵。

3. 简单应用：运用生产要素最佳组合原则（$MP_L/P_L=MP_K/P_K$）确定企业生产要素的最佳投入量；分析当要素最佳组合原则没有满足时，调整生产要素的投入量的决策方法；通过教材中提供的案例资料分析当生产要素价格变动时所带来的生产要素之间的替代变动。

（四）规模报酬

1. 识记：规模报酬的概念。

2. 领会：规模报酬的变动和产生原因。

3. 简单应用：通过柯布-道格拉斯生产函数判定企业的规模报酬状况，由此进行企业规模决策。

（五）生产函数与技术进步

1. 识记：生产函数与技术进步的关系。

2. 领会：技术进步对经济增长的贡献的测度公式 $G_A=G_Q-(\alpha G_L+\beta G_K)$ 的内涵。

第六章　成本分析

一、学习目的与要求

1. 掌握管理经济学中重要的成本和利润概念及其在企业管理决策中的应用。
2. 深刻理解短期成本和长期成本分析的内容和方法。
3. 了解短期和长期成本函数的估计方法。

二、课程内容

1. 成本与利润概述。
2. 短期成本与长期成本分析。
3. 成本函数估计。

三、考核知识点与考核要求

（一）成本与利润概述

1. 识记：固定成本、变动成本、显性成本、隐性成本、会计成本、机会成本、增量成本和沉没成本等成本概念；正常利润、经济利润、会计利润和利润贡献等利润概念。

2. 领会：显性成本和隐性成本的内涵及其与会计成本的关系；机会成本的内涵及其与会计成本的关系；增量成本和沉没成本在管理决策中的重要性；经济利润与会计利润的差异。

3. 简单应用：通过教材中的案例，学习隐性成本、机会成本、增量成本、沉没成本和经济利润、利润贡献等成本、利润观念在企业管理决策中的应用方法。

（二）短期成本与长期成本分析

1. 识记：短期与长期条件下的总成本、平均成本和边际成本的概念和计算公式。

2. 领会：短期总成本、总固定成本、总变动成本、短期平均成本、平均固定成本、平均变动成本和短期边际成本的曲线形状及造成这些形状特征的原因；短期总成本、短期平均成本、短期边际成本之间的关系；短期边际成本与固定成本之间的关系；边际产量与边际成本之间的关系；平均产量与平均变动成本之间的关系；长期平均成本曲线形状与规模经济的关系。

3. 简单应用：根据短期总成本函数求取短期平均成本函数和短期边际成本函数；通过短期平均成本函数、短期边际成本函数、平均变动成本函数的曲线图确定企业的盈亏平衡点和停止营业点；通过长期平均成本函数确定企业的最优规模。

（三）成本函数估计

1. 识记：短期成本函数和长期成本函数估计的方法。

2. 领会：利用回归分析方法估计短期成本函数和长期成本函数时应注意的问题。

3. 简单应用：依据教材中的例题，学习通过柯布-道格拉斯生产函数推导短期成本函数的方法。

第七章　生产产出的决策分析

一、学习目的与要求

1. 掌握边际分析方法、盈亏平衡分析方法的原理及其在企业产出决策中的具体应用。
2. 理解利润最大化原则的内涵。
3. 了解盈亏平衡分析中的经营杠杆分析。
4. 掌握通过生产可能性曲线和等收益线确定企业产品产量最佳组合的原理和方法。
5. 深刻理解边际分析思想的决策原则及其在企业管理决策中的具体应用。
6. 一般了解线性规划在有约束的最优化决策中的应用方法。

二、课程内容

1. 边际分析。
2. 盈亏平衡分析。
3. 生产可能性曲线及产品产量最佳组合的确定。

三、考核知识点与考核要求

（一）边际分析

1. 识记：总收益、平均收益和边际收益的概念。

2. 领会：利润最大化原则（$MR=MC$）的内涵。

3. 简单应用：根据利润最大化原则确定企业的最佳产量；当边际收益大于或小于边际成本时企业产出决策的调整方向。

4. 综合应用：通过教材中的案例资料，学习将边际分析思想应用于企业管理决策中的方法。

（二）盈亏平衡分析

1. 识记：盈亏平衡分析图。

2. 领会：盈亏平衡分析图的含义、盈亏平衡点的确定。

3. 简单应用：通过盈亏平衡分析确定企业的保本点产量以及确定实现目标利润的销售量。

4. 综合应用：通过教材章首的案例，比较分析边际分析方法和盈亏平衡分析方法在企业管理决策中所体现的分析思想的差异及由此带来的决策结果。

（三）生产可能性曲线及产品产量最佳组合的确定

1. 识记：生产可能性曲线的概念；边际转化率的概念和计算公式；等收益线的概念、方程和斜率。

2. 领会：生产可能性曲线的特征；边际转换率与机会成本的关系；边际转化率递增的原因；产品产量最佳组合原则（$MC_X/P_X=MC_Y/P_Y$）的内涵。

3. 简单应用：根据生产可能性曲线和等收益线确定产品产量的最佳组合；运用教材

中的例题，学习边际分析思想在企业管理决策中应用的方法。

第八章　完全竞争市场中的企业决策

一、学习目的与要求

1. 理解完全竞争市场的定义和条件。
2. 理解完全竞争市场条件下企业的收益规律。
3. 掌握完全竞争市场中的企业短期和长期决策行为。
4. 理解完全竞争市场条件下企业长期均衡形成过程。
5. 了解完全竞争市场条件下企业的竞争战略。
6. 了解生产者剩余的含义和完全竞争市场被称为理想市场结构的原因。

二、课程内容

1. 完全竞争市场的条件及企业收益规律。
2. 完全竞争市场中的企业决策。
3. 完全竞争市场经济绩效的评价。

三、考核知识点与考核要求

（一）完全竞争市场的条件及企业收益规律

1. 识记：完全竞争市场的定义和条件。

2. 领会：完全竞争市场中企业的需求曲线、平均收益曲线、边际收益曲线的特征。

（二）完全竞争市场中的企业决策

1. 识记：利润最大化原则的两层含义；停止营业点的含义。

2. 领会：完全竞争市场企业短期均衡图（盈利、亏损和盈亏平衡三种情况下的均衡图）的内涵；停止营业点的决策原则；完全竞争市场条件下企业长期均衡的形成过程；完全竞争条件下企业长期决策的原则；完全竞争市场企业的竞争战略。

3. 简单应用：完全竞争条件下企业的短期和长期产量决策；企业亏损状态下停止营业点决策原则在企业中的具体应用；在短期，企业可能接受的最低价格的确定。

（三）完全竞争市场经济绩效的评价

1. 识记：生产者剩余的概念。

2. 领会：资源配置有效性指标的内涵；生产有效性指标的内涵；完全竞争市场是最理想的市场结构的原因。

第九章　垄断市场中的企业决策

一、学习目的与要求

1. 理解垄断市场的定义、条件和形成原因。

2. 理解垄断市场条件下企业的收益规律。
3. 掌握垄断市场中的企业短期和长期决策行为。
4. 了解垄断市场条件下企业的竞争战略。
5. 了解垄断产生低效率的原因。
6. 了解政府对垄断的管制方法。

二、课程内容

1. 垄断市场的条件及企业收益规律。
2. 垄断市场中的企业决策。
3. 垄断管制。

三、考核知识点与考核要求

（一）垄断市场的条件及形成原因

1. 识记：垄断市场的定义和条件；自然垄断的定义及特征。
2. 领会：垄断市场形成的原因；垄断市场中企业的需求曲线、平均收益曲线、边际收益曲线的特征。

（二）垄断市场中的企业决策

1. 识记：垄断市场企业短期、长期均衡条件和均衡图。
2. 领会：垄断企业会忍受短期亏损的原因；垄断企业的竞争战略。
3. 简单应用：垄断条件下企业产量和价格决策的确定。

（三）垄断管制

1. 识记：寻租的概念。
2. 领会：垄断产生低效率的原因；政府对垄断的管制方法。

第十章　垄断竞争市场中的企业决策

一、学习目的与要求

1. 理解垄断竞争市场的定义和条件。
2. 理解垄断竞争条件下企业的收益规律。
3. 掌握垄断竞争市场中的企业短期和长期决策行为。
4. 理解垄断竞争市场条件下企业长期均衡的形成过程。
5. 了解垄断竞争市场条件下企业的竞争战略。
6. 了解垄断竞争市场的有利之处，区分完全竞争、完全垄断、垄断竞争市场对技术创新的影响。

二、课程内容

1. 垄断竞争市场的条件和企业收益规律。

2. 垄断竞争市场中的企业决策。
3. 对垄断竞争市场的评价。

三、考核知识点与考核要求

（一）垄断竞争市场的条件和企业收益规律
1. 识记：垄断竞争市场的定义和条件；市场的集中度。
2. 领会：垄断竞争市场中企业的需求曲线、平均收益曲线、边际收益曲线的特征。
（二）垄断竞争市场中的企业决策
1. 识记：垄断竞争市场企业短期、长期均衡条件和均衡图。
2. 领会：与完全竞争企业相比较，垄断竞争企业短期获取超额利润的决策行为的差异；垄断竞争企业长期均衡形成的过程；垄断竞争企业的竞争战略。
3. 简单应用：垄断竞争条件下企业产量和价格决策的确定。
（三）对垄断竞争市场的评价
1. 识记：理想产量的概念。
2. 领会：完全竞争企业与垄断竞争企业在长期均衡状态下的区别；垄断竞争企业存在多余生产能力的原因；垄断竞争市场的有利之处。

第十一章　寡头垄断市场中的企业决策

一、学习目的与要求

1. 理解寡头垄断市场的定义、条件、形成原因和分类。
2. 了解寡头垄断厂商价格与产量决策的模型（古诺模型、价格领袖）。
3. 掌握寡头垄断厂商价格与产量决策的模型（斯威齐模型、卡特尔）。

二、课程内容

1. 寡头垄断市场的条件及形成原因。
2. 寡头垄断市场的企业决策。

三、考核知识点与考核要求

（一）寡头垄断市场的条件及形成原因
1. 识记：寡头垄断市场的定义、条件和分类。
2. 领会：寡头垄断市场的形成原因；寡头垄断厂商之间相互制约、相互依存的关系；纯粹寡头垄断和有差别的寡头垄断的特征；共谋寡头垄断形成的原因。
（二）寡头垄断市场的企业决策
1. 识记：古诺模型的假设条件和结论；价格刚性；卡特尔的定义；价格领袖的定义。
2. 领会：斯威齐模型的假定条件；非合作博弈的囚徒的困境案例的经济意义；卡特尔组织不稳定性的原因；支配型价格领袖模式、效率型价格领袖模式和晴雨表型价格领袖模式各自的特征。

3. 简单应用：运用斯威齐模型和教材中的案例说明寡头垄断企业最常用的竞争方式为非价格竞争的原因。

4. 综合应用：运用囚徒的困境案例和卡特尔组织的决策行为，结合教材中的案例说明现实中寡头垄断企业的决策行为。

第十二章　企业产品定价实践

一、学习目的与要求

1. 了解企业定价目标。
2. 掌握成本加成定价法和价格歧视定价法的原理和方法。
3. 了解多种产品定价法的和转移定价的原理。
4. 一般了解竞争导向定价法和新产品定价法。

二、课程内容

1. 定价目标。
2. 成本加成定价法。
3. 价格歧视。
4. 多种产品定价法。
5. 转移定价。
6. 其他定价方法。

三、考核知识点与考核要求

（一）定价目标

1. 识记：各种定价目标。

2. 领会：各种定价目标的前提条件。

（二）成本加成定价法

1. 识记：成本加成定价法的定义。

2. 领会：成本加成定价法的基本思想和基本步骤；成本加成率的确定；边际成本定价法的基本思想。

3. 简单应用：运用成本加成定价法、目标收益定价法、盈亏平衡定价法确定企业价格。

（三）价格歧视

1. 识记：价格歧视的定义；一级价格歧视、二级价格歧视和三级价格歧视的定义。

2. 领会：价格歧视对消费者利益的影响；企业实行价格歧视的条件。

3. 简单应用：运用价格歧视的定价原理和方法确定企业价格。

（四）多种产品定价法

1. 识记：需求关联和生产关联的多种产品定价的主旨。

2. 领会：需求关联和生产关联的多种产品定价的原理。

（五）转移定价

1. 识记：转移价格的定义；前向一体化和后向一体化的含义。

2. 领会：合理确定中间产品的转移价格的重要性。

3. 简单应用：无外部市场条件下的中间产品转移价格和有完全竞争外部市场条件下的中间产品转移价格的确定。

（六）其他定价方法

1. 识记：竞争导向定价法的定义；撇脂定价法和渗透定价法的定义。

2. 领会：竞争导向定价法的原理和具体方法；撇脂定价法和渗透定价法的基本思想和优缺点。

Ⅳ　关于大纲的说明与考核实施要求

一、自学考试大纲的目的和作用

管理经济学课程自学考试大纲是根据计算机信息管理专业（独立本科段）自学考试计划的要求，结合自学考试的特点而确定。其目的是对个人自学、社会助学和管理经济学课程考试命题进行指导和规定。

管理经济学课程自学考试大纲明确了管理经济学课程学习的内容以及深广度，规定了管理经济学课程自学考试的范围和标准。因此，它是编写自学考试教材和辅导书的依据，是社会助学组织进行自学辅导的依据，是自学者学习教材、掌握管理经济学课程内容知识范围和程度的依据，也是进行自学考试命题的依据。

二、管理经济学课程自学考试大纲与教材的关系

管理经济学课程自学考试大纲是进行学习和考核的依据，教材是学习掌握管理经济学课程知识的基本内容与范围，教材的内容是大纲所规定的管理经济学课程知识和内容的扩展与发挥。教材充分体现了管理经济学课程内容的深度或难度，但在大纲中对考核的要求其难度表现为适当。

大纲与教材所体现的管理经济学课程内容基本一致；教材包含了大纲里面的课程内容和考核知识点。反过来，教材里有的内容，大纲不一定体现。

三、关于自学教材

《管理经济学》，全国高等教育自学考试指导委员会组编，陈建萍、杨勇主编，中国人民大学出版社，2018 年版。

四、关于自学要求和自学方法的指导

本大纲的课程基本要求是依据计算机信息管理专业考试计划和培养目标而确定的。课程基本要求还明确了课程的基本内容，以及对基本内容掌握的程度。基本要求中的知识点构成了课程内容的主体部分。因此，课程基本内容掌握程度、课程考核知识点是高等教育自学考试考核的主要内容。

为有效地指导个人自学和社会助学，本大纲已指明了课程的重点和难点，在各章的“学习目的与要求”中也指明了各章内容的学习和考核重点，其中需要学习者理解和掌握的内容都是学习和考核的重点

本课程共 5 学分。

根据管理经济学这门学科的特点，学习者在学习时应注意以下要点：

首先，必须全面认真阅读教材，力求做到完全理解。管理经济学的原理和方法主要来自西方经济学，其中有许多分析、决策方法与我们传统的思维方式存在差异，因此需要我们在阅读教材时，对教材内容力求弄通弄懂，并且需要通过全面阅读，把握好课程内容的整体框架体系及各章间的逻辑关系。

其次，依据考试大纲各章的“学习目的与要求”，明确各章的学习重点。考试大纲各章的“学习目的与要求”中需要学习者理解和掌握的内容是学习的重点，因此学习者应在全面阅读教材的基础上，对重点内容进行深入学习。

再次，依据考试大纲各章的“考核知识点与考核要求”，明确学习重点内容的具体考核要求。对需要“识记”的内容必须记忆清楚；对需要“领会”的内容必须深入理解；对需要“简单应用”和“综合应用”的内容必须结合现实的企业决策问题进行应用分析，对此需要掌握具体计算方法、主体理论以及分析方法等。

最后，各章章后“复习与思考”集合了与考试题型相一致的练习题，它们是为帮助学习者进一步掌握管理经济学原理与方法在各种具体决策条件下的应用而精心编写的，对这些练习题，学习者一定要认真去做，特别是对于与重点内容相关的练习题，一定要做到反复练习、了然于心。

五、应考指导

1. 如何学习

本课程的具体学习方法在上面已经进行了说明，为了能顺利完成以上要求的学习，需要学习者制定出自己的“学习行动计划表”，据此来监控自己的学习进度。在阅读教材时，可以做读书笔记。对于重点内容，可以用彩笔进行标注。

2. 如何考试

卷面整洁非常重要。书写工整、段落与间距合理、卷面赏心悦目有助于教师评分，教师只能为他能看懂的内容打分！要回答所问的问题，而不是回答你自己乐意回答的问题！避免超过问题的范围。对于计算题，一定要写明计算公式，并且必须有详细的计算过程。

3. 如何处理紧张情绪

正确处理对失败的惧怕，要正面思考。如果可能，请教已经通过本科目考试的人，询问他们的学习、考试经验。考试中可以做深呼吸放松，这有助于使头脑清醒，缓解紧张情绪。考试前合理膳食，保持旺盛精力，保持冷静。

4. 如何克服心理障碍

这是一个普遍问题！考试心理障碍有两个根源：一是考试前的准备不足，二是给自己压力太大，害怕不能取得自己想要的成绩，长此以往，就会形成心理障碍。要解决心理障碍，也同样要从这两个方面入手：第一，考试前做好应试的准备，要按学习计划完成所有学习内容；第二，别把成绩看得太重要，认真考就是了，不必纠结成绩是多少分。如果你在临考前出现心理障碍，可以试试下列方法：使用“线索”纸条。进入考场之前，将记忆“线索”记在纸条上，但你不能将纸条带进考场，当你阅读考卷时，可将与“线索”相关的思路快速记下，然后按自己的步调答卷；注意为每部分考题合理分配时间，并按此时间安排进行。

六、对社会助学的要求

1. 应熟知考试大纲对课程所提出的总的要求和各章的知识点。

2. 应掌握各知识点要求达到的层次，并理解对各知识点的考核要求。

3. 辅导时应以指定的教材为基础，以考试大纲为依据，不要随意增删内容，以免与自考大纲相脱节。

4. 辅导时要注重基础，突出重点，把握好助学方向，引导学生认真阅读教材，刻苦钻研教材，正确处理学习知识点和提高能力的关系，特别是要引导学生学习教材中章首的“经济管理问题”栏目、每章中的“经济管理实务”“案例评析”栏目涉及的相关案例的分析思路。

七、对考核内容的说明

本课程要求考生学习和掌握的知识点内容都作为考核的内容。考试中各章的内容均由若干知识点组成，在自学考试中成为考核知识点。因此，课程自学考试大纲中所规定的考试内容是以分解为考核知识点的方式给出的。由于各知识点在课程中的地位、作用以及知识自身的特点不同，自学考试将对各知识点分别按“识记”“领会”“简单应用”“综合应用”层次确定考核要求。

八、关于考试命题的若干规定

1. 本课程的考试采用笔试闭卷考试，考试时间长度为 150 分钟。考试时要携带的必要工具为签字笔。

2. 本大纲各章所规定的基本要求、知识点及知识点下的知识细目，都属于考核的内容。考试命题既要覆盖到各章，又要避免面面俱到。要注意突出课程的重点、章节的重点，加大章节内容的覆盖度。

3. 命题不应有超出考试大纲中考核知识点范围的题目，考核目标不得高于考试大纲中所规定的相应的最高能力层次要求。命题应着重考核自学者对基本概念、基本知识和基本理论是否了解或掌握，对基本方法是否会用或熟练。不应出与基本要求不符的偏题或怪题。

4. 本课程在试卷中对不同能力层次要求的分数比例大致为：识记占 20%、领会占 30%、简单应用占 30%、综合应用占 20%。

5. 要合理安排试题的难易程度，试题的难度可分为：易、较易、较难和难四个等级。每份试卷中不同难度试题的分数比例一般为：2∶3∶3∶2。

必须注意试题的难易程度与能力层次有一定联系，但二者不是等同的概念。在各个能力层次中都存在不同难度的试题，考生不要混淆。

6. 本课程考试命题的主要题型有：单项选择题、简答题、计算题和案例分析题四种。单项选择题主要考核“识记”“领会”层次的知识点；简答题考核的是“领会”“简单应用”层次的知识点；计算题考核的是“简单应用”和“综合应用”层次中与计算相关的知识点；案例分析考核的是“简单应用”和“综合应用”层次的知识点。其中单项选择题、简答题和计算题的出题形式及难度和深度请参考教材每章后的练习题；案例分析题的出题形式请参考教材每章后的“案例研究”。

在命题工作中必须按照本课程考试大纲中所规定的题型命题，考试试卷使用的题型可以略少，但不能超出本课程对题型的规定。

V　题型举例

一、单项选择题（在备选答案中只有一个是正确的，将其选出并把它的标号写在题后括号内）

1. 某销售者打算通过提高某种商品价格，以达到获取更多销售收入的目的，但结果是，销售收入反而下降了。则该商品的需求价格弹性是（　　）。

A. 缺乏弹性　　B. 富有弹性

C. 单位弹性　　D. 完全弹性

2. 已知产量为 9 单位时，总成本为 95 元，产量增加到 10 单位时，平均成本为 10 元，由此可知边际成本为（　　）。

A. 5 元　　B. 10 元

C. 85 元　　D. 195 元

二、简答题

1. 应用边际收益递减规律论述国有企业改革之初实施减员增效措施的意义。

2. 借助图示并应用市场均衡分析方法和需求价格弹性理论说明“谷贱伤农”的原因。

三、计算题

1. 某企业的短期生产函数为 $Q=-0.1L^3+6L^2+12L$（其中：L 为劳动人数）。问：

(1) 应投入多少劳动人数才能使平均产量最大？

(2) 平均变动成本最小时的总产量为多少？

(3) 如果劳动者每周工资为 360 元，产品价格为 30 元，则该企业获得最大利润时的劳动投入应为多少？此时企业总产量为多少？

2. 某公司是某加工行业的一个小企业，该行业是完全竞争行业。该产品的单价为 640 元，公司的成本函数为：$TC=240Q-20Q^2+Q^3$。

(1) 确定利润最大化的产量、产品的平均成本、总利润。

(2) 如果这个企业和行业现在不处于长期均衡状态，且短期成本曲线和长期成本曲线没有区别，那么，当它们达到长期均衡状态时，问：企业的产量将是多少？单位产品的成本将是多少？单位产品的价格将是多少？

(3) 描述一下把行业推向长期均衡的过程。

四、案例分析题

载客决策

林涛是一辆北京开往天津的长途汽车的老板兼司机。长途汽车出站后，车上还有 2 个空位，当车开到京津高速公路的收费站时，遇到以下两种情景：(1) 有一人出 40 元要求上车前往天津（假设北京到天津的汽车票价为 60 元）；（2）有 3 位客人愿意出 180 元要求搭车前往天津，按照规定，车不得超员，如超员一人，罚款 200 元。

基于以上案例资料，请回答：如果允许中途载客，在以上两种情景下林涛是否应该允许客人上车？

大纲后记

本大纲是根据全国高等教育自学考试指导委员会制定的《高等教育自学考试计算机信息管理专业考试计划》和全国高等教育自学考试指导委员会《关于修订高等教育自学考试课程自学考试大纲的几点意见》的精神制定的。

本大纲提出初稿后，曾聘请专家通审，并由全国高等教育自学考试指导委员会在北京市组织召开审稿会进行审稿，根据审稿会意见由编者做了修改，最后由全国高等教育自学考试指导委员会定稿。

本大纲由北京科技大学的陈建萍教授、杨勇副教授负责编写和修改。参加审稿并提出修改意见的有中国人民大学的杨其静教授和范志勇副教授。

对参加本大纲编写和审稿的专家表示感谢。

全国高等教育自学考试指导委员会
电子电工与信息类专业委员会
2018 年 6 月

管理经济学

编者的话

管理经济学的主旨是将经济学理论应用于实际的经营管理决策之中。在当今时代，市场竞争日趋激烈，经济全球化、竞争国际化已成为一种现实。面临这样一种经济环境，仅仅经历近 40 年市场经济改革的中国企业及其管理者身陷巨大的竞争压力之中，每一次决策都如履薄冰，即使微小的决策失误都可能让企业陷于万劫不复的境地。为了在竞争中获胜，企业管理者不仅需要掌握管理学知识，而且需要掌握经济学的理论与方法，并将经济学理论和方法与管理实践相结合，从而更好地了解市场经济的本质，在复杂的竞争环境中进行理性的思考、创新与决策。这正是学习管理经济学的目的所在。

本教材是一本供全国高等教育自学考试计算机信息管理专业（独立本科段）使用的教材。本教材以介绍管理经济学的理论知识和基本方法为主要内容，力求理论的系统性，并强调实用性。本教材通过独特的编写体例，使之在内容的阐述上更注重用管理经济学理论来分析企业经营管理实践。每一章的开篇设计了相关经济管理案例，提出相应的经济管理问题，由此引出本章的基本内容，并在最后根据本章所介绍的管理经济学理论对开篇的经济管理问题进行了简单的分析；为了使学习者更好地理解相关管理经济学理论与方法在企业经营管理决策中的应用，使管理经济学理论与企业管理实践有效结合，在每一章中还设计了“经济管理实务”“案例评析”“资料链接”等栏目。其中，“经济管理实务”根据实际经济管理内容提出相应的可操作性的管理实务分析，力求使学生掌握管理经济学的分析工具，并应用管理经济学分析工具解决企业实际管理问题；“案例评析”提供现实的中国企业生产运营的资料，并据此做出分析；“资料链接”则强调管理经济学知识的拓展。每一章之后还安排有“案例研究”栏目，精心选取与本章内容相关的经济管理案例，并设计了一些分析题，引导学生更深入地去思考、探索所学的管理经济学基本理论与方法。

另外，为了帮助学生自学，教材每一章的复习与思考中，分别汇集了与本章知识点相关的各类习题，这些习题有名词解释、选择题、问答题和计算题，通过这些不同类型的习题练习，可以使学习者更好地理解和掌握本章的知识要点。

本教材虽然是为计算机信息管理专业（独立本科段）考生编写的，但涉及的内容乃是一般管理经济学的基础内容，是不分专业的，因而对其他专业的考生也同样适用。

本教材由陈建萍、杨勇担任主编，吴贤龙、薛继东担任副主编，参加编写的人员还有：马伊民、曹彤春、张文瑞、朝霞等，胡小昆参与了本教材的习题解答工作。

在本教材的编写过程中，我们参考了大量的相关文献，在此谨向这些作者、译者表示由衷的感谢。本书最终能顺利出版，得到了教育部考试中心的大力支持和帮助，在此也表示深深的谢意。

编者

2018 年 6 月于北京

第 1 章　导　　论

经济管理问题

微信支付改变了什么?

如今微信已经广泛深入人们的生活之中，2013 年 11 月，微信注册用户量突破 6 亿，是亚洲地区最大用户群体的移动即时通信软件。自 2016 年 3 月 1 日起，微信支付对转账功能停止收取手续费。同日起，对提现功能开始收取手续费。2016 年 8 月，微信与支付宝同获香港首批支付牌照。截至 2016 年第二季度，微信已经覆盖全国 94% 以上的智能手机，月活跃用户达到 8.06 亿。截至 2017 年底，微信用户覆盖 193 个国家、超过 20 种语言。此外，各品牌的微信公众账号总数已经超过 800 万个，移动应用对接数量超过 85 000 个，广告收入增至 36.79 亿元人民币，微信支付用户则达到了 4 亿左右。2017 年 2 月，Brand Finance 发布 2017 年度全球 500 强品牌榜单，微信排名第 100 位。2017 年 5 月 4 日，微信支付宣布携手 CITCON 正式进军美国。在微信支付正式进军美国后，通过微信支付，在美国的衣食住行均可直接用人民币结算。微信支付简化了购物方式、方便了消费者，消费者只需要用手机或平板电脑就可随时随地挑选和购买商品，再用微信支付完成几个简单步骤，就可以完成交易。市场经济主要依靠市场交换来解决最基本的经济问题，然而微信及微信支付的出现，使有形的市场在消失，那么，管理经济学分析方法是否需要随之改变？企业的决策行为又将面临怎样的变革?

一家企业决定要生产某种新产品之前，一般会面临如下的基本决策：(1) 生产出来的产品有没有市场需求？需求取决于哪些因素？(2) 如何生产？(3) 生产多少？(4) 价格定多少？以上这些问题需要科学决策，而最有用的工具之一就是管理经济学的方法。

管理经济学解决的问题主要是：如何将经济理论和经济分析方法应用于商务活动中的决策过程，从而最有效地解决企业所面临的种种问题。本章将涉及以下内容：如何定义管理经济学？管理经济学有哪些主要内容？管理经济学有哪些研究方法？企业是一个怎样的组织系统，其活动的目标是什么？等等。

1.1 管理经济学的研究对象

1.1.1 管理经济学的定义

管理经济学是运用经济学理论和决策科学的分析工具，使一个企业组织能够在一定的经济环境中，在面临的各种约束之下，最有效地达到自己既定目标的科学（见图 1-1)。这一定义包括以下两个要点：

(1) 管理经济学的研究对象是与资源配置有关的管理决策问题。现代社会面临资源的稀缺性，因此就必须面对资源配置问题。一个企业组织同样面临各种资源的约束，需要在利用既定资源生产经济物品过程中做出选择，这种选择就是企业的资源配置决策。决策是管理的重要职能，决策正确与否关系企业命运。其目的是实现管理决策转型，即由经验决策向科学决策转变。

（2）管理经济学以经济理论和决策工具为分析工具。为使管理决策科学化、最优化，企业管理者首先必须了解企业所面临的经济环境。对经济环境的科学分析来自经济学理论，包括宏观经济学和微观经济学。企业所面临的经济环境中，对企业决策有重大影响的主要是企业微观经济环境，因此管理经济学的主要内容更多的是侧重于经济学中的微观经济学部分。

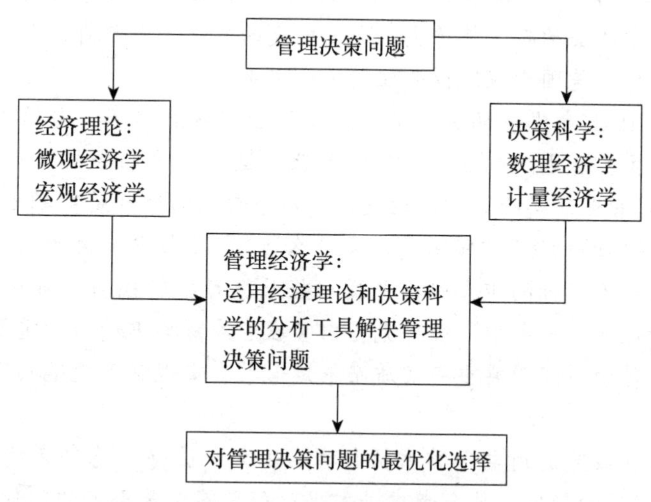

图 1－1　管理经济学的定义

管理经济学是站在企业管理者的角度，为企业的最优决策提供经济分析工具，因此管理经济学论述的展开是紧紧围绕企业的决策问题而进行的。所以，管理经济学的另一个理论基础是决策科学。所谓决策科学，就是研究决策目标的确定，如何在可供决策者选择的步骤和方法中优选出最佳的方案，以达到既定目标的科学。决策科学一般应用数理经济学和计量经济学等分析工具，对各种决策的成本与效果进行数量分析，把最优决策方案的论证建立在数量分析的基础之上。

1.1.2　决策的基本过程

管理经济学解决的是与资源合理配置有关的管理决策问题，主要是产量决策和价格决策。

企业决策过程一般包括以下五个基本步骤：（1）明确企业面临的问题；（2）确定企业目标；（3）列举解决企业问题的可能办法；（4）从列出的解决办法中选择最优方案；（5）执行最优方案。

正确决策的条件包括：（1）明确的决策目标；（2）较高的决策者素质；（3）较充足的决策信息资料；（4）科学的理论和方法。

正确决策的准则为：采取该项决策之后的情况比采取该项决策之前有所改善。

上述关于决策过程的大部分内容是彼得·德鲁克提出的，随着经济的快速全球化以及计算机和信息技术的广泛应用，决策过程也正在实施相应的变革。

资料链接

彼得·德鲁克——管理学的发明大师[①]

很多教材和其他管理学书籍涉及的、被我们奉为传统思想和真理的管理学原理和观点都是由“现代管理之父”——彼得·德鲁克提出的，他是20世纪最伟大的管理学大师（于2005年11月逝世，享年95岁），而且他也影响了很多国内外的商业领袖（如微软的比尔·盖茨、英特尔的安德鲁·格鲁夫、通用电气的杰克·韦尔奇）和政治领导人（如前美国总统乔治·布什、美国众议院议长纽特·金里奇）。

彼得·德鲁克1945年发表的关于通用汽车的里程碑著作《公司的概念》中提出了分权企业组织形式的主要原则，到20世纪80年代，这一理论已经被3/4的美国公司接受。在1954年发表的《管理的实践》中，他提出了几个看似幼稚却是基础性的问题：“我们做什么业务”“谁是我们的顾客”“顾客更看重什么”。在该书中，德鲁克还强调了公司管理和设定清晰的公司长期目标的重要性，并提出将长期目标转换为更直接的可实现的目标。在《卓有成效的管理者》一书中，德鲁克指出管理者应该集中精力于重要的事情而无须在无关紧要的事情上花费时间，要重视实质而不是形式、重视制度规范而不是个人魅力和个人崇拜。

杰克·韦尔奇在成为通用电气首席执行官后不久，彼得·德鲁克就问了他一个问题：“对于你公司尚未涉足的领域，你会考虑进入吗？如果答案是否定的，你将会怎么做？”该问题的回答，使得韦尔奇决定通用电气如果做不到行业第一第二，就不如退出。在接下来担任通用电气首席执行官的15年中，韦尔奇一直秉持这一信念，并且开创了通用电气的绩效神话。

德鲁克还提出了以下几条管理原理：(1) 要善于给员工授权，应该把员工当作公司的资源而不是利润生成的成本；(2) 世界正从“商品经济”向“知识经济”发展，员工的知识和脑力劳动已经替代体力劳动产生价值；(3) 公司是由相互信任、相互尊重的人组成的共同体，公司应满足员工得到持续性培训和学习的要求；(4) 创新是机会而不是威胁；(5) 决策存在风险，当管理者知道合理的决策时间，能够清晰地定义问题，直接解决问题时，风险就达到最小，在找到方法执行决策之前的决策无效。

1.1.3 管理经济学与微观经济学的关系

企业所面临的经济环境中，对企业决策有重大影响的主要是企业微观经济环境，因此管理经济学的主要内容更多地侧重于经济科学中的微观经济学部分。

（一）微观经济学

微观经济学（microeconomics）通过研究单个经济单位（包括企业、家庭、消费者、

① 萨尔瓦多. 管理经济学：原理和国际应用. 8版. 陈章武，杨晓丽，译. 北京：清华大学出版社，2017：8-9.

市场等）的经济行为以及它们之间的相互影响，由此说明市场经济如何解决资源配置问题。

微观经济学对单个经济单位的研究，是通过三个层次进行的。第一个层次是分析单个消费者（或家庭）和单个生产者的经济行为。它分析单个消费者（或家庭）如何进行最优的消费决策以获得最大效用，单个生产者如何进行最优的生产决策以获得最大利润。第二个层次是分析单个市场均衡价格的决定。这种单个市场均衡价格的决定，是作为单个市场中所有消费者和生产者最优经济行为的共同作用的结果而出现的。第三个层次是分析所有的单个市场均衡价格的同时决定。这种决定是作为所有单个市场相互作用的结果而出现的。

微观经济学的中心理论是价格理论。价格是市场经济制度中经济主体配置资源的依据，价格像一只看不见的手，调节着整个社会的经济活动，通过价格的作用，社会资源实现了优化配置。可以说，整个微观经济学以价格理论为中心，围绕价格如何被决定及如何影响资源配置而展开，因此也有人将微观经济学称作“价格理论”。微观经济学的中心理论实际上是解释英国古典经济学家亚当·斯密的“看不见的手”这一原理。亚当·斯密认为，每个人都在追求自己的个人利益，但在这样做的同时，由于一只看不见的手的指引，结果是增进了社会利益。“看不见的手”就是价格。

微观经济学主要采取个量分析方法，通过对单个消费者（或家庭）、单个生产者、单个市场的考察，对微观经济活动进行研究。

微观经济理论的构建是以一系列的假设条件为前提的。在微观经济分析中，经济学家根据所研究问题和所建立的模型的不同需要，采用不同的假设条件。在诸多假设条件中，有三个最基本的假设条件，即完全理性、完全信息和市场出清。

（1）完全理性，即假定各经济主体（企业、个人）都是完全理智的，他们都以利己为目的，力图以最小的代价去追逐和获得自身最大的经济利益。正如亚当·斯密所说：“我们的晚餐并非来自屠宰商、酿酒师和面包师的恩惠，而是来自他们对自身利益的关切。”该假设也称为“经济人”假设。经济人是不懈地追求自身最大满足程度的理性人。显然，经济人是自利的，但自利不等于自私。如，一个虔诚的基督教徒由于相信上帝的原因，会充满行善的愿望，但他人得到幸福时，他会觉得自己更幸福——他是自利的，但并不自私。

（2）完全信息，即假定各经济主体都能迅速而免费地获得各种信息，并根据这些信息及时调整自己的行为，以便实现利益最大化目标。由于各主体信息完备，因此他们确切地知道自己行为的后果，从而处于无风险的境地。例如，每个消费者都能充分地了解每一种产品的性能和特点，准确地判断一定的产品组合给自己带来的消费满足程度，掌握产品价格在不同时期的变化等，从而能够进行最优的消费决策以获得最大效用。

（3）市场出清，即假定市场价格自由而迅速地上下变动，足以对供求变化做出及时反应，从而导致供需总是处于相等的状态。具体来讲，商品价格自由而及时地波动使该商品供需平衡，利率（资本价格）自由而及时地上下波动使资本供需平衡。在这种均衡状态下，不存在资源的闲置和浪费，资源的充分利用问题已得到了解决。市场出清假定与前两个基本前提假设具有明确的因果关系，是前两者的逻辑推论。

只要上述三个假设条件成立，市场经济就会成为最美妙的经济制度。但是，只要稍微有些生活常识，我们就会看到三个假设的不可靠。人是不完全理性的，做出错误的决定时有发生，甚至我们都不能真正地判断什么会给我们带来更多的利益。信息是不完全的，尤其是关于未来经济的变化，经济学家们也只能是一知半解，甚至无法搞清两家相邻商店主要商品的价格差距。市场出清是相对的，而商品的过剩或不足却是绝对的。这些疑问对传统的经济学提出了挑战。

资料链接

经济学鼻祖——亚当·斯密①

亚当·斯密是经济学的主要创立者。他于1723年出生在苏格兰的克科底，青年时就读于牛津大学。1751—1764年作为格斯哥大学哲学教授，在此期间发表了他的第一部著作《道德情操论》，确立了他在学术界的威望。但是他的不朽名声主要来源于他在1776年发表的伟大著作《国家财富的性质和原因的研究》(简称《国富论》)。他于1776年在克科底去世。斯密一生未娶，没有子女。

斯密驳斥了重商主义者片面强调国家贮备大量金币的错误。他反对重农主义者“土地是价值的主要来源”的观点，提出了劳动的重要性。斯密重点强调劳动分工会引起生产的大量增长，抨击了阻碍工业发展的一整套腐朽的、武断的政治限制。

斯密在《国富论》中提出，看起来似乎杂乱无章的自由市场实际上是个自行调整机制，自动倾向于生产社会最迫切需要的货品种类的数量。例如，如果某种产品供不应求，会导致价格上升，生产商获得较高的利润，由于利润高，其他生产商就会进入这一市场。生产增加会缓和原来的供应短缺，而且随着各个生产商之间的竞争，供应增长会使商品的价格降到“自然价格”即生产成本。谁都不是有目的地通过消除短缺来帮助社会，但是问题却解决了。用斯密的话来说，每个人“只想得到自己的利益”，但是又好像“被一只无形的手牵着去实现一种他根本无意要实现的目的……他们促进社会的利益，其效果往往比他们真正想要实现的还要好”。

但是如果自由竞争受到阻碍，那只“无形的手”就不会把工作做得恰到好处，因而斯密相信自由贸易，反对高关税，反对政府对商业和自由市场的干涉。他声称这样的干涉几乎总要降低经济效率，最终使公众付出较高的代价。斯密虽然没有发明“放任政策”这个术语，但是他为建立这个概念所做的工作比任何其他人都多。

李嘉图和卡尔·马克思都坚持认为人口负担会阻碍工资高出维持生计的水平，但是斯密指出在增加生产的情况下工资就会增长。事实已经十分清楚地表明斯密在这一点上是正确的。

除了斯密观点的正确性及对后来理论家的影响之外，他对立法和政府政策也有很大影响。《国富论》一书技巧高超，文笔清晰，拥有广泛的读者。斯密的自由贸易观点在整个19世纪对政府政策都有决定性的影响。事实上，他对这些政策的影响今天人们仍能感觉出来。

(二) 管理经济学与微观经济学的区别

管理经济学虽然脱胎于微观经济学，但是不能简单地把管理经济学等同于微观经济

① 陈恳．西方经济学：微观部分．北京：高等教育出版社，2004：12-13.

学。管理经济学与微观经济学是有一定区别的，主要表现在以下方面：

（1）目的不同。微观经济学是为了解决微观经济主体的行为，理解价格机制如何实现经济资源的优化配置；管理经济学是为企业管理者服务的，其目的是解决企业的决策问题而提供经济分析手段。

（2）研究方法不同。微观经济学主要是描述性的，试图描述经济是如何运行的，而不涉及该怎样运行的问题；管理经济学主要是规范性研究，试图建立一系列规则和方法以实现特定的目标。例如，关于企业某产品的定价问题，微观经济学关注企业给该产品定价的方式，而管理经济学考虑的是企业如何为该产品定价。从这个意义上讲，管理经济学的基本原理和方法具有更强的实用性与可操作性。

（3）假设条件不同。微观经济学一般假定经济主体（企业或消费者）具有一个特定的效用函数，然后在一定的约束条件下分析其最优选择；管理经济学一般不事前假定其效用函数，而是根据观察到的经济主体的选择，在理性条件下，推断其效用函数或者利润函数，并进一步做出预测。

案例评析

2003年“非典”期间口罩供需分析①

2003年“非典”期间口罩非常紧缺，每人至少佩戴1个，使得口罩价格飞涨。我们采用图1-2的供需模型进行分析。经济学一般将可以货币化的变量放在纵轴上，比如价格、成本、收益、利润等，将其他变量放在横轴上。图1-2中，横轴代表口罩的产量和销量；纵轴代表口罩的价格。非典出现前，口罩的供给曲线为S，需求曲线为D_0。供给曲线向右上方倾斜，因为随着口罩价格的上升，现有口罩生产企业愿意扩大产量，而在原来价格水平上无法补偿成本的高成本企业也愿意生产了。需求曲线向右下方倾斜，因为随着价格的下降，支付意愿较低价格的潜在消费者也购买了。当供给曲线和需求曲线相交时对应的价格为P_0，在此价格下，供给量和需求量相等，即$Q_S=Q_D=Q_0$，也就是说市场出清。我们称使得供给量和需求量相等的价格P_0为均衡价格。

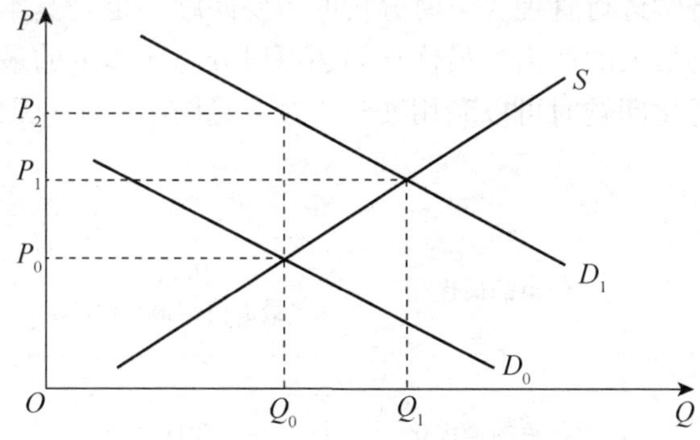

图1-2 在产能约束下需求增加导致的价格上升

① 骆品亮. 管理经济学. 上海：上海财经大学出版社，2006：7-8.

“非典”出现后，人们对口罩的需求增加，使得需求曲线向右平行移动至新的需求曲线 D_1，在任意相等的价格下，现在对口罩的需求均比以前增加了。那么，新的市场均衡价格是多少呢?

微观经济学认为新的市场均衡价格为 P_1；而管理经济学预测新的市场价格为 P_2。显然，$P_2>P_1>P_0$。微观经济学的预测是基于口罩生产企业可以即时增加产量至 $Q_S=Q_1=Q_D$ 而得到的。事实上，由于口罩生产企业无法事前预见口罩的需求将急剧上升，其产量是根据上一期的需求制定的。如果要增加产量，需要较长的调整时间，比如增加设备、招募工人等，这在短期内是难以完成的。管理经济学认为，尽管需求增加了，但是，供给在短期内将保持不变，即供给量仍为 $Q_S=Q_0$。供给的短缺将导致口罩价格飙升至 P_2。

1.1.4 管理经济学的主要内容

管理经济学的主要内容包括以下四个理论：

(1) 需求理论。分析在不同价格水平下的需求量以及在价格、收入、其他因素变化时需求量的改变率，分析消费者的消费行为。

(2) 生产理论。分析生产要素组合，揭示投入与产出之间的技术与经济关系，解决了企业应该如何组织生产的问题。

(3) 成本理论。分析各种不同成本的性质、成本函数，包括规模经济的选择和最佳批量的选择。

(4) 市场理论。分析在不同性质的市场条件下，企业选择什么样的行为能够满足预期目标。

1.2 管理经济学的基本分析方法

最优化是管理经济学进行管理决策时分析的主要问题，也是基本的分析方法。最优化希望以最少的投入获得最大的产出。最优化问题可以分为无约束的最优化问题和有约束的最优化问题。分析最优化问题时可以利用数学工具（见图 1-3)。无约束的最优化问题利

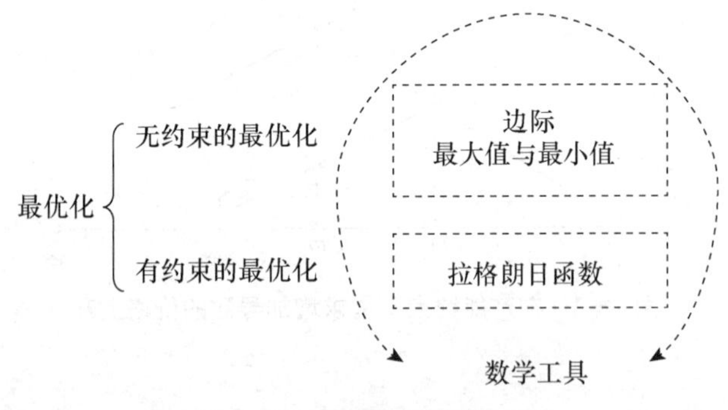

图 1-3 最优化与数学工具

用边际、最大值与最小值等数学工具，而有约束的最优化问题除了利用边际、最大值与最小值外，还采用拉格朗日函数。以下分别对边际、最大值与最小值、拉格朗日函数等数学工具及其在管理经济学中的应用进行具体介绍。

1.2.1 无约束的最优化

为了使企业利润最大，企业应生产多少产品、投入多少资源、制定什么价格、支出多少广告费等，这是企业经营管理者不免会遇到的问题。如果企业在产品产量、资源投入量、价格和广告费的支出等方面都不受限制的前提下，进行企业最优化决策，称为“无约束”（事实上这是一种理想状态）的最优化。一个企业所面临的决策问题，往往需要寻求某一函数的最大值或最小值，如利润的最大值、成本的最小值等。在这个最大值和最小值的求解过程中，边际分析具有重要意义。下面对边际与边际分析、最大值和最小值做一简单介绍，并就其应用举例，由此说明无约束最优化问题的求解方法。

（一）边际与边际分析

简单来说，边际（margin）的意思是“增量”（increment），即“某些变量的变化”。边际分析法就是利用边际值作为决策参考依据的一种方法。任何人在决策时都会问一个问题：“它值得吗？”大多数人的回答会是：“只要境况在采取某项行动之后会比采取行动之前有所改善，采取这项行动就是值得的。”而权衡行动前后效果的过程，就体现了边际分析法“向前看”的思想。

例如，一家民航公司在从甲地到乙地的航班上，每一乘客的全部成本为 500 元，那么，当飞机有空位时，它能不能以较低的票价（如每张 350 元）卖给学生呢？通常认为不行，理由是因为每个乘客分摊的成本是 500 元，如果低于这个数目，就会导致亏本。但根据边际分析法，在决策时不应当使用全部成本（在这里，它包括飞机维修费用以及机场设施和地勤人员的费用等），而应当使用因学生乘坐飞机而额外增加的成本。这种额外增加的成本在边际分析法中称为**边际成本**。因学生乘坐飞机而引起的边际成本是很小的（如 50 元），它可能只包括学生的餐饮费和飞机因增加载荷而增加的燃料支出。因学生乘坐飞机航空公司额外增加的收益称为**边际收益**，在这里，就是学生的票价收入 350 元，由此可以看出：企业在进行决策时，判断某项业务活动对企业有利还是无利，不是根据它的全部成本的大小，而是应当把由这项活动引起的边际收益和它的边际成本相比较，如果前者大于后者，就对企业有利，否则就不利。

管理经济学中常用的边际值主要有：

边际产量＝总产量变化量/某投入要素变化量

边际收益＝总收益变化量/产量变化量

边际成本＝总成本变化量/产量变化量

边际利润＝总利润变化量/产量变化量＝边际收益－边际成本

（二）最大值和最小值

有时候我们要计算收益函数的最大值或成本函数的最小值。我们可以在函数的斜率

（即边际）等于 0 的地方确定可能的最大值或最小值。令一阶导数等于 0，即：

$$\frac{\mathrm{d}f(x)}{\mathrm{d}x}=0$$

这样就可以确定最大值或最小值。要想确定到底是最大值还是最小值，需要知道函数在这一点前后的形态，即斜率的斜率是什么，可以利用二阶导数的计算结果而判定。如果二阶导数为负，则函数取得最小值；如果二阶导数是正的，则函数取得最大值。

举例来说，一个企业的利润函数为：$\pi=-9\,918+400Q-2Q^2$。利润（π）是产量（Q）的函数。通过代入计算法，我们可以发现：如果该企业的产量等于零，它的损失就是 9 918 元（可以理解为固定成本的损失）；当产量为 29 个单位时，盈亏平衡，亏损消失。当产量继续上升时，利润开始上升；当产量达到一定单位 100 个单位时，利润达到最大（10 082 元）；如果产量再进一步增加，利润开始下降；当产量达到 171 个单位时，利润复归为零。

企业管理者一般都会关注企业生产多少产量时，企业可以获得最大利润。上述最大利润（当产量等于 100 单位时）可以直接通过数学求导的方式获得。首先我们求利润函数的一阶导数：

$$\frac{\mathrm{d}\pi}{\mathrm{d}Q}=400-4Q$$

因为当利润处于最大值时，利润函数的一阶导数必须等于零，因此我们令上式等于零：

$$400-4Q=0$$

得出：$Q=100$

因为对利润函数求一阶导数，相当于边际利润，所以也可以认为：当产量等于 100 单位时，该企业的边际利润等于零，总利润达到最大；如果再进一步增加产量，边际利润为负，总利润就开始下降。通过边际分析，可以很快确定企业获得最大利润的产量。

由于总利润＝总收益－总成本，而总利润、总收益和总成本都是产量的函数，所以我们可以对等式两边同时求导，得出边际利润＝边际收益－边际成本。当利润取得最大值时，边际利润为零，从而边际收益＝边际成本。由此我们就得出了边际分析在管理经济学中的一条重要定律：当企业的边际收益等于边际成本时，企业的利润达到最大或亏损达到最小。

（三）无约束的利润最大化

应用以上的边际分析和最大值、最小值分析可以得出无约束的最优化规则为：边际利润为正值（即边际收益大于边际成本）时，就应当扩大业务量；边际利润为负值（即边际收益小于边际成本）时，就应当减少业务量；边际利润为零（即边际收益等于边际成本）时，业务量为最优，此时利润最大。因为当边际利润为正值时，增加业务量能增加企业的利润；当边际利润为负值时，减少业务量能增加企业的利润；当边际利润为零时，无论增加或减少业务量都会使企业利润减少。

以上分析方法会在本教材第 7 章第 1 节做详细的说明。

1.2.2　有约束的最优化

上面我们讨论了无约束的最优化问题，即在目标函数确定以后，决策者选择控制变量的值，从而使目标函数值达到最大。但是在现实生活当中，最优化决策者将面临种种约束条件。这类有约束的最优化问题往往包括一个目标函数和一个或多个约束条件。所谓“有约束”，是指被分配的业务量或资源量是有限的、既定的。如一定量的某种资源（约束条件）在不同的用途之间如何分配，才能使利润最大（目标）；一定量的生产任务（约束条件）怎样在不同的下属单位中分配，才能使总成本最低（目标）；一定量的广告费（约束条件）怎样用在不同的广告媒介上，才能使广告所产生的效果最大（目标）等。这类有约束的最优化问题通常可以用线性规划的方法来解决。线性规划（Linear programming，LP）是一种用来解决一组特殊的有约束条件的最优化问题的方法。它的基本假定是：目标函数必须是线性的，同时各个约束条件也必须是线性的。在企业生产经营活动中，管理决策涉及的基本关系不外乎收入函数、成本函数和利润函数。在线性规划中，它们都必须是线性的函数。也就是说，随着产量的增加，收入、成本、利润都必须是线性增加，即产品的单价不变、生产要素的价格不变、单位产品成本不变。虽然上述假定条件在实际决策中很难完全满足，但在决策考虑的问题的相关范围内，目标函数和约束条件都经常十分近似地表现出线性特征，这使得线性规划成为一种得到广泛应用的最优化技术。

线性规划可以用来解决企业经营管理中各种各样的有约束的最优化问题。以下列举一些重要的应用。在企业生产领域：最佳生产方式选择问题，即绝大多数产品的生产都可以用多种方式进行，在投入要素价格保持不变和企业目标产量水平既定的条件下，可以用线性规划方法选择成本最小的生产方式；最佳产品组合问题，即在各种资源约束之下，选择实现最大利润的产品组合。在市场营销领域：线性规划可用来选择能使成本最低的广告媒体组合，这种组合能够满足对接触广告的总人数的要求和对一定年龄、性别和收入段的人数的要求。在财务管理领域：可通过线性规划选择成本最低的筹资方式。此外，线性规划还可以用来解决运输问题，确定企业所需成本最小的运输路径。本教材在第 5 章、第 7 章都会涉及此类决策问题。

1.3　市场经济条件下的企业

1.3.1　企业的概念与特征

管理经济学的研究对象是企业，研究问题的出发点是企业，用经济理论和方法对市场经济条件下的企业性质、特征、地位与作用以及经营目标进行分析，有利于进一步提高企业管理人员在市场经济环境中的管理决策水平。

（一）企业的概念

企业是社会中一个重要的组织形式。它是以营利为目的，把各种生产要素组织起来，经过转换，为消费者或其他企业提供产品或劳务的经济实体。企业的形式有个人所有的小企业、合伙企业、有限责任公司和股份公司等。

（二）企业的特征

在市场经济中，企业是最重要的市场活动主体。作为市场的主体，它必须具备以下几个基本特征：

（1）企业必须自主经营。企业只有自主经营，才可能对市场信号灵敏地做出反应，并根据市场的变化迅速做出恰当的经营决策。

（2）企业必须自负盈亏。只有自负盈亏的企业才能成为独立的利益主体，才能在物质利益的驱动下积极主动地按照市场的变化及时调整自己的生产和经营。

（3）企业的产权必须明晰。只有这样，企业财产的有效利用才会真正受到产权所有者的关注，使自主经营和自负盈亏真正落到实处。

1.3.2 企业理论

企业理论主要研究企业的本质、边界和企业内部的激励制度等问题，通过对以上问题的研究，企业理论回答了以下问题：企业为什么产生？为什么发展？为什么需要可持续发展？企业从事经济活动的目的是什么？

诺贝尔经济学奖得主罗纳德·科斯用交易成本这一概念解释了企业的产生和发展。他指出："建立企业有利可图的主要原因似乎是，利用价格机制是有成本的。"由于市场机制存在交易成本，所以一些活动应该在企业内部完成；当然企业内部也存在成本，因此究竟一个活动是在企业内部完成还是在市场上完成取决于这两种成本的比较。

资料链接

科斯——诺贝尔经济学奖得主①

罗纳德·H. 科斯（Ronaid H. Coase）因发现并澄清了交易成本和财产权对经济制度结构和经济运行的意义而获得诺贝尔经济学奖。

科斯是英籍美国经济学家，1910 年 12 月 29 日出生于伦敦。科斯 1927 年通过大学入学考试，在契尔伯文法学校学习 2 年之后，于 1929 年 10 月进入伦敦经济学院学习。毕业后，他先后在美国几所大学任教。1940 年他进入政府任职，1946 年回到伦敦经济学院任教，1951 年移居美国，在布法罗大学任教，后转入弗吉尼亚大学和芝加哥大学任教。科斯 1964—1982 年任《法律与经济学》杂志主编；1937 年发表《企业的性质》，提出交易成本的概念，并用它解释企业存在的原因；1961 年发表《社会成本问题》，发现并澄清了交易成本和财产权对经济制度结构和经济运行的意义。他对经济学的贡献类似于物理学中的发现一组基本粒子，为经济学和法学在一系列领域的发展提供了起点。

通过对微观经济理论的扩展，科斯阐述了经济运行的原理，为我们理解经济运行方式

① 赵永安，罗纳德·哈里. 科斯概介之二——诺贝尔经济学奖［EB/OL］.（2009-03-12）［2018-08-27］. http://www.chinavalue.net/Article/Archive/2009/3/12/164416.html.

提供了一个全新的观点。他的成就有力推动了法学、经济学和组织理论的发展，并且在跨学科研究方面也起到了重要的作用。科斯的研究成果是经过多年的长期研究逐渐积累起来的，直到二十世纪七八十年代，科斯的理论才备受关注并日益成为推动经济学和法学研究的理论源泉之一。

科斯认为，传统的微观经济理论是不完全的，因为它只包括了生产和运输成本，而忽略了为交易而搜寻、谈判、签约、履约的成本，这些成本统称为交易成本，它们占用了很大份额的经济资源。因此，传统理论未能体现制约经济资源配置的所有因素，如果考虑到交易费用，那么企业的存在、各种公司形式、不同的合同安排、金融系统的结构以及法律系统的基本特点等均可得到相对简单的解释。通过比较交易费用理论，科斯为系统地分析经济制度及其意义铺平了道路。

科斯认为，使用某种商品和要素在经济分析中应更精确地表述出使用某种商品和生产要素的权利，这种“产权”包括合同条款或组织内部规则所定义的完整的所有权，各种形式的使用权、特定的和有限的处置权等。科斯认为，如果未受交易费用限制，能够增进各方利益的产权制度将会逐渐取代旧的产权安排。在市场背景下，企业之所以会出现，是因为这种产权安排方式相对市场交易而言能降低交易成本。法院和立法者对规则的修改也可用产权理论来分析。因此，产权安排是分析经济制度结构及其变更的基本点。可以说，科斯科学地定义了经济系统中一组新的“基本粒子”。受科斯的影响，其他研究人员对产权的研究也做出了先驱性贡献。

所谓交易成本，从狭义来看，指的是一项交易所需花费的时间和精力。从广义来看，指的是协议谈判和履行协议所需的各种资源的使用，包括谈判所需信息的成本、谈判所花的时间，以及防止谈判各方欺骗行为的成本。

企业为什么产生呢？当生产要素的所有者和购买者对要素在生产过程中的使用效率的信息不充分和生产的结果带来很大的或然性时，交易成本就会很高，为了减少这种交易成本，要素所有者和使用者以合同的形式让渡要素的生产权，比如工人通过合同让渡劳动力的使用权，自愿服从企业生产过程中的行政管理，而不是通过市场出售自己的服务和产品。因此，企业这种组织形式使得生产要素的交易内部化。

同样的道理也可以说明企业规模的扩大。当企业规模较小时，一个企业的产品往往是另一个企业的投入品，企业与企业的这种依存关系通过市场的交换机制来实现。但是，在这个过程中，由于信息的不完全和不确定，双方要达成一笔交易，就要花费很大的成本，为了消除这部分交易成本，不同的企业就可以联合起来，把产前、产后的企业组成大规模的现代公司，把市场交易关系变成公司内部的行政协调关系。但不管怎样，这个企业集中的过程本身有一定的限制性，这就是随着公司规模的扩大，行政管理费用也逐渐上升，当行政管理费用开始超过交易成本时，企业规模就不再扩大。因此，企业规模是市场交易成本和行政管理费用均衡的结果。

企业购买生产要素进行产品的生产和服务的提供，企业从事这些经济活动的目的是什么呢？无论是微观经济学还是管理经济学，一般都假定企业追求的是利润最大化。这个利润在早期的经济理论中被认为是当期的或短期的利润，但是在现实生活中，一个健康运行的企业，在做出决策时不仅要考虑短期利润的最大化，而且要考虑企业未来利润或长期利润的最大化，即企业的经营活动的目标函数就是追求企业价值的最大化。

但是企业在追求企业价值最大化的过程中，将碰到各种各样的约束，如经济资源可获得性的约束、技术水平的约束、政府法规的约束、经济制度的约束、国家宏观经济政策调控的约束等。管理经济学所解决的企业经营管理的决策问题，实际上就是在面临各种各样的约束之下，如何使特定的企业实现价值最大化。

1.3.3 企业利润与决策

（一）企业利润

企业利润在企业理论中是一个核心概念，获取利润在企业行为中占据着重要的地位。利润是企业存在和延续的前提条件，利润是企业健康发展和成长的前提，是企业进行管理的一个重要手段。在管理经济学的分析中，我们有必要定义和区分两类重要的利润概念：会计利润和经济利润。

会计利润是企业已经取得的销售收入减去会计账目上已经发生的各种费用（即会计成本）的差。会计成本是显性成本，是企业从事某项经济活动的花费，即企业购买或雇用生产要素的实际支出，可以从会计账上查到。这种利润是企业已经取得的经营成果，不管对其怎样计算，只要计算方法正确，其结果不会有任何改变。

经济利润是企业获得的收入减去从事某项经济活动的显性成本与隐性成本之和，后者是企业所有者自己提供资本、自然资源和劳动的机会成本。这种利润与资源的配置状况有关，资源配置的方式和水平不同，其经济利润可能有较大差异。

只有经济利润才是决策的基础。决策者的重要职责就在于通过资源的合理配置，将企业内部的利润潜力源源不断地挖掘出来，并将其转化为账面利润。

（二）机会成本

机会成本被定义为某种经济资源因用于某特定用途而放弃了该经济资源在其他用途使用中可能获得的最高收益。如企业家劳动，如果该企业家不为自己的企业服务，他可能受雇于其他企业，可以获得一份管理劳动的报酬，现在因为他给自己的企业服务，尽管在会计账户中不出现管理劳动的工资，但是这种劳动并不是免费的，该企业家受雇于其他企业可能获得的报酬就是目前他管理自己企业的机会成本，这部分机会成本应该在计算企业利润时扣除掉。机会成本的概念也适合于企业自身所拥有的并用于本企业生产经营活动的生产要素。

以下列举企业决策过程中几种特殊情况下机会成本的计算方法①：

（1）业主用自己的资金办企业的机会成本，等于如果把这笔资金借给别人所可能得到的利息。

（2）业主自己兼任经理（自己管理企业）的机会成本，等于如果他在别处从事其他工作可能得到的报酬。

① 吴德庆，马月才．管理经济学．北京：中国人民大学出版社，2006：20-21.

(3) 机器原来是闲置的，如果现在用来生产某种产品，其机会成本是零。

(4) 机器如果原来生产产品A，可得一笔利润收入，现在用来生产产品B，其机会成本，就是它生产产品A可能得到的利润收入。

(5) 过去买进的物料，现在市价变了，其机会成本就应当按现在的市价（即这批物料如不用于生产，而用于出售可能得到的收入）来计算。

(6) 使用按目前市场价购进的物料、按目前市场工资水平雇用的员工以及按目前市场利息率贷入的资金的机会成本与其会计成本是一致的。

(7) 机器设备折旧的机会成本是该机器设备期初与期末可变卖价值之差。

经济管理实务

该不该承接这项合同?

张先生是大昌空调安装公司的老板，他要与某市政府签订合同，为该市的市政大楼安装空调。该市政府要求这项工程必须在6月份的21天内完成，并同意最高付安装费11 500元。张先生估计完成这项工程需要83个工，但6月份是该公司最忙的月份，他只能抽出3个有经验的师傅，即只能有63个工（=21×3）用于这项工程，每个工预计要付工资70元，即人工费用共为4 725元（=70×63）。幸好，张先生的儿子小张正值学校放假，也可以参加该项工程，干一些辅助性工作。小张如果在假期到别处打工，每天可收入50元。

在安装过程中，需要耗费材料。在材料中除了有一个特殊部件需要临时购买外，其他材料可从库存中提取，其原价为4 750元，现在的市场价为5 035元，预计特殊部件的价格为850元。

根据以上数据，请你为张先生提出决策建议，是否可以承接这项工程?

这个决策的焦点在于：计算该项工程的预期利润时，应该不应该扣除机会成本？如果考虑会计成本，预期利润为1 175元（=11 500－4 725－4 750－850），可以承接这项工程。但是，因为“经济利润是决策的基础”，在计算利润时扣除的应该是机会成本。本例中，机会成本较会计成本高，表现在两个方面：一是小张假期在别处打工的劳务收入，至少为1 000元（=50×20），而会计成本为0；二是材料市场价与库存原价之间的差额285元（=5 035－4 750）。如果在先前计算的预期利润1 175元的基础上扣除至少1 285元后，承接该项工程不仅不会有预期利润，反而至少亏损110元，所以建议张先生不承接这项工程。

在本教材的第6章将对以上经济利润和机会成本进行详细的说明。

(三) 企业的重要决策

决策就是对实现目标的各种可行方案做出的选择。只要存在选择就需要决策。企业的生产经营活动到处都存在选择，如生产什么产品，采用什么方式生产，生产多少，使用多少工人，发放多少报酬，实现多少利润，等等。可以说，企业的生产经营过程就是决策的过程。

但是，管理经济学作为研究管理决策问题的一门学科，不可能研究企业全部的决策问题，而只能研究企业某一部分的决策问题，即与资源配置有关的决策问题。概括起来，管理经济学探讨的企业决策问题主要表现在以下三个方面：

（1）为谁生产、生产什么。顾客是企业利润的贡献者，是企业生存发展的不竭源泉，离开了顾客，企业就成了无水之鱼、无本之木，既谈不上生存，更谈不上发展。但是顾客是众多的，企业不可能为所有的顾客服务，更不可能拥有所有的顾客，只能在众多的顾客中做出选择。所以，为谁生产的问题实质上是企业的顾客决策问题。同样，顾客的需求是多样的，企业不可能满足顾客的所有需求，只能在顾客的众多需求中做出选择，所以，生产什么的问题实质上是企业的产品决策问题。为谁生产、生产什么，实质上是企业的市场定位决策。

（2）生产多少。企业生产的产品数量过多，会导致产品积压、资源浪费；生产的产品数量过少，又会造成市场脱销、消费者需求得不到满足。那么，企业到底应该生产多少呢？这个问题看起来很简单，似乎与企业的生产能力或生产愿望有关。事实上，企业生产多少，除了与企业自身的生产能力或生产愿望有关以外，还取决于市场需求量的大小。所以，企业要做出正确的产量决策，就必须认真研究市场供求的基本规律。从这个意义上讲，产量决策既与企业内部有关，更与外部市场供求状况有关。

（3）怎样生产最为经济。企业是一个经济组织，其主要任务不仅仅是生产出适销对路的产品，更重要的是要通过产出来补偿投入，并取得回报。因此，企业在生产出市场需要的产品的同时，还必须选择最经济的生产方式，争取以最少的要素投入、最优的要素投入组合、最恰当的转换方式来实现最大的产出。为此，就要求企业必须进行经济核算，做出正确的生产方式决策。

小 结

管理经济学是运用经济学理论和决策科学的分析工具，使一个企业组织能够在一定的经济环境中，在面临的各种约束之下，最有效地达到自己既定目标的科学。

微观经济学通过研究单个经济单位（包括企业、家庭、消费者、市场等）的经济行为以及它们之间的相互影响，由此说明市场经济如何解决资源配置问题。管理经济学与微观经济学关系密切但又有所不同，主要表现在：微观经济学探讨所有微观经济主体的行为，管理经济学只为企业管理者服务；微观经济学试图描述经济是如何运行的，不涉及该怎样运行的问题，管理经济学主要是规范性研究，试图建立一系列规则和方法以实现特定的目标；微观经济学一般假定经济主体（企业或消费者）具有一个特定的效用函数，然后在一定的约束条件下分析其最优选择，管理经济学一般不事前假定其效用函数，而是根据观察到的经济主体的选择，在理性条件下，推断其效用函数或者利润函数，并进一步做出预测。

管理经济学的主要内容包括需求理论、生产理论、成本理论和市场理论等。

最优化是管理经济学进行管理决策时分析的主要问题，也是基本的分析方法。最优化希望以最少的投入获得最大的产出。最优化问题可以分为无约束的最优化问题和有约束的最优化问题。无约束的最优化问题利用边际、最大值与最小值等数学工具，而有约束的最优化问题除了利用边际、最大值与最小值外，还采用拉格朗日函数。

管理经济学的研究对象是企业。企业是为了销售而生产商品或劳务的营利性经济组织。在市场经济中，企业是最重要的市场活动主体，具备自主经营、自负盈亏和产权明晰的特征。企业理论回答了以下四个方面的问题：企业为什么产生？为什么发展？为什么需要可持续发展下去？企业从事经济活动的目的是什么？

企业以经济利润为决策基础。经济利润是企业获得的收入减去会计成本后再减去企业有可能付出的代价即机会成本。这种利润与资源的配置状况有关，资源配置的方式和水平不同，其经济利润可能有较大差异。决策者的重要职责就在于通过资源的合理配置，将企业内部的利润潜力源源不断地挖掘出来，并将其转化为账面利润。

管理经济学探讨的企业决策问题主要表现在三个方面：(1) 为谁生产、生产什么；(2) 生产多少；(3) 怎样生产最为经济。

经济管理问题分析

以互联网为核心的信息技术的出现，引发了微信及微信支付广泛深入我们的生产与生活之中。它改变了企业生产什么、生产方式和生产地点的选择，改变了企业的经营方式，改变了人们的购物方式，改变了商品和服务由企业转移到消费者的渠道。虽然它使许多的有形的市场在消失，但同时创造了一种新市场，使世界各地的人们不需要聚集在一起就可以交换商品和服务。由于互联网及微信平台使消费者和企业具有更加完全的信息，从而使得企业的决策效率更高、成本更低。世界各地的市场可以同时联系在一起，创造一个全球性市场。现在，任何买主都可以找到某种商品售价最低的企业，而任何卖主也都可以找到某种商品售价最高的场所。互联网改变了中间商的性质，许多中间商通过互联网建立专业平台，为消费者提供更好的服务和合意的产品。因此，微信及微信支付将改变企业的决策行为，但管理经济学的各种分析工具对管理者来说依然非常重要，借助管理经济学，管理者可以更为明智地进行决策。

复习与思考

一、名词解释

管理经济学　无约束最优化　有约束最优化　边际分析法　经济利润　机会成本

二、选择题

1. 研究管理经济学的目的是：

A. 解决企业决策问题　　B. 发现企业行为的一般规律

C. 谋取企业短期赢利最大化　　D. 揭示价格机制如何实现资源优化配置

2. 用于判断资源是否真正得到了最优使用的成本概念是：

A. 会计成本　　B. 机会成本

C. 固定成本　　D. 沉没成本

3. 在做管理决策时：

A. 应尽量使用机会成本

B. 必须使用机会成本

C. 在能确定机会的地方，最好使用机会成本

D. 因机会成本很难确定，不使用也可以

4. 在资源一定的条件下，现有 A、B、C 三种选择方案，其对应的净收益分别为 100 万元、150 万元和 120 万元。若选择了 B 方案，则机会成本为：

A. 0　　B. 100 万元

C. 120 万元　　D. 150 万元

5. 下面的描述，正确的是：

A. 会计成本总是大于机会成本　　B. 机会成本总是大于会计成本

C. 经济利润总是大于会计利润　　D. 以上都不对

6. 管理经济学最基本的分析方法是：

A. 增量分析法　　B. 盈亏平衡分析法

C. 边际分析法　　D. 利润贡献分析法

三、问答题

1. 什么是管理经济学？管理经济学与微观经济学的主要差异体现在哪里？

2. 为什么边际分析在最优决策过程描述中具有重要的意义？

3. 为什么经济利润是企业决策的基础？

4. 在市场经济条件下，企业产生的根源是什么？作为市场的主体和基本的决策单元，它必须具备哪些基本特征？

四、计算题

1. 星火煤炭开采公司相信，它可以通过减少矿井里的空气污染提高劳动生产力，进而增加净收益，它估计安装一套新的机械设备来减少污染的边际成本函数为：

$$MC=40P$$

式中 P 代表矿井中 1 单位的污染减少量。公司还认为每单位的污染减少量带来的边际收益（MR）为：

$$MR=1\,000-10P$$

那么星火煤矿开采公司应该减少的污染量是多少？

2. 假设一家企业接受的任务处于这样的水平：增加一个单位产量，可增加销售收入 100 元，但同时增加总成本 150 元。问：此企业应增产还是减产？

3. 大河电子公司有库存的电子芯片 5 000 个，它们是以前按每个 2.50 元的价格买进的，但现在的市场价格为每个 5 元。这些芯片经过加工以后可按每个 10 元的价格出售，加工所需的人工和材料费用为每个 6 元。问该公司是否应加工这些芯片？并解释原因。

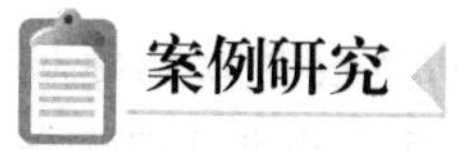

案例研究

柯达的没落①

"1888 年，伴随着'您只需按一下按钮，其余的我们来做'的口号，乔治·伊士曼为消费者带来了第一部简易相机。从此，他使笨重而复杂的摄影过程变得简单易行，并且几乎人人都可以做到。"

柯达中国官方网站上的这段宣传语，或许即将成为拥有 131 年历史的柯达的"挽联"。2012 年 1 月 19 日，柯达宣布已经在纽约申请破产保护。作为数码相机的开创者，最终却倒在了"数码魔鬼"的刀下，百年柯达的迅速陨落，再一次向我们印证了未能追上时代的惨痛后果。

伊士曼柯达公司（简称柯达公司）是世界上最大的影像产品及相关服务的生产和供应商之一，总部位于美国纽约州罗切斯特市，是在纽约证券交易所挂牌的上市公司。自 1880 年成立以来，柯达一度创造了"胶卷时代"的巅峰——在全球有超过 14.5 万名员工，业务遍布 150 多个国家和地区，占据全球 2/3 的市场份额。曾几何时，每到柯达创始人乔治·伊士曼创立的"工资奖金日"，柯达就会根据企业业绩向全体员工发放奖金。员工拿到奖金后可以买车，或者去高档餐厅庆祝一番。罗伯特·沙恩布鲁克 1967 年进入柯达，与他同时代的柯达前员工说，柯达在当时的地位相当于现在的苹果公司和谷歌公司。沙恩布鲁克回忆，那时柯达人才济济。午饭时间，一些年轻人挤进礼堂看电影，其他员工则在公司的篮球场上打球，"我们给自己灌输这样的意识，我们能做任何事，不可战胜"。

随着海外竞争对手开始攫取胶卷业市场份额，柯达从 20 世纪 80 年代开始走下坡路。进入数码时代以后，数码相机逐渐成为人们的新宠，传统胶片机的生存空间越来越小。柯达不得不面对数码相机和智能手机的崛起。2003 年，柯达宣布停止投资胶卷业务。当年，胶卷业务一度帮助柯达占据了全球 66%以上的市场份额，如今却成为压倒柯达破产的最重的一根稻草。早在 2003 年，柯达胶卷业务的销售利润就从 2000 年的 143 亿美元锐减至 41.8 亿美元，进入 2005 年则开始连年亏损。数据显示，1997 年以来，柯达仅有 2007 年一年实现全年盈利。柯达的市值从 1997 年 2 月最高的 310 亿美元降至 21 亿美元，十余年间市值蒸发了 99%。胶片时代的王者柯达已经走到"英雄末路"。

其实柯达进入数字摄影行业并不晚，甚至是数字摄影技术的发明者。柯达于 1975 年发明了第一台数码相机，并将其用于航天领域；1991 年，柯达与尼康合作推出了一款专业级数码相机，像素数达到 130 万；1995 年柯达发布首款傻瓜型相机供非专业摄影者使用；1998 年柯达开始生产民用数码相机，不过同富士和奥林巴斯这些竞争对手相比，柯达的动作还是太慢了，它仍把主要精力放在传统模拟相机胶卷生意上。

之后，柯达启动了两次战略转型。2003 年 9 月，柯达正式宣布放弃传统的胶卷业务，重心向新兴的数字产品转移。但当时在传统胶片市场的巨额投资成了柯达转向数码市场的巨大包袱，如柯达中国在 2003 年前投巨资在中国建起了 8 000 多家胶卷彩扩点。2006 年，

① 陈建萍. 企业管理学：理论、案例与实训. 3 版. 北京：中国人民大学出版社，2014：96-97.

柯达毅然更换公司标识，去掉了自1971年开始就使用的“黄盒子”和“K”图形。2009年，柯达实施二次战略重组，裁员幅度高达50%。据悉，2011年，柯达股价跌幅超过80%，最高股价5.85美元。2011年7月，柯达还聘用拉扎德投资银行负责出售1 100个数码摄影方面专利权的事务，向平板电脑厂家“推销”其专利权组合。2012年1月19日，在收到纽交所退市警告16天后，柯达提出了破产保护申请。这家拥有131年经营历史的全球胶卷业巨头企业一旦破产，意味着在全球企业发展史上多出一家被时代淘汰出局的企业。柯达公司提交的申请文件中显示，柯达的现有资产为51亿美元，但是债务已经达到了68亿美元，处于严重的资不抵债的状况。

每一个产品，都有从诞生、成长、旺盛，直至最终退出市场的那一天。曾经产品风靡全球的柯达公司面临倒闭破产也属于正常，但却让人难以接受。因为柯达有过“你只要按下快门，其他的交给我们”豪言壮语，让世人为之叹为观止。也就是说，柯达也在不断探索中前行，那么，在世界进入数码时代不过十数年后，胶片时代的王者柯达何以走到“英雄末路”？百余年的发展历程中，哪些战略决策导致柯达的没落？破产重组后的柯达如何“重生”？

基于以上案例内容请回答：是何原因导致了柯达的没落？

第 2 章　供求分析

经济管理问题

中国汽车市场的风云变幻①

在国内车市迅速发展的前几年，车市的供给与需求基本上是同步提升的，这也为车价稳步下降提供了市场空间。但在车市陷入低谷的2008年，由于需求的突然下滑，导致当时车市的价格体系濒临崩溃。到了2009年，由于年初各车企谨慎地调低了产能，而车市需求出人意料地爆发，导致上半年国内车市的供求关系出现了罕见的供小于求的巨大缺口。

为了扭转车市供不应求的局面，同时也因为车市的持续火爆，汽车生产企业不约而同地做出了提高产能计划的决定，包括南北大众、一汽丰田、广汽丰田、广州本田以及东风日产等多家国内主流汽车生产企业公开或暗地里调高了产能计划。这意味着，上半年困扰着车市的新车供应不足的问题，将在下半年有根本性的改观。

与前几年“降价”一直是车市的主基调不同，2009年随着车市行情不断升温，缺货和价格坚挺成为上半年车市的关键词。在上半年产销两旺局面的鼓舞下，国内不少汽车生产企业纷纷上调全年销售目标，少则一两万辆，多则达十万辆。与此同时，各汽车生产企业的产能计划也随之进行上调。而在市场方面，随着国家政策刺激效应的衰减以及车市需求的有效释放，下半年消费需求走势尚不明朗。正所谓“山雨欲来风满楼”，在产能与消费两方面提升并不同步的情况下，车市价格战或将在下半年重现。

一方面是产能扩充，汽车生产企业信心满满，另一方面则是消费需求形势正在发生变化。从2009年6月开始，政策优惠对车市的刺激作用开始渐渐淡化，6、7、8月也是中国车市的淡季，汽车生产企业的扩产刚好遭遇政策效应弱化、传统淡季来临的双重夹击。腹背受敌之下，尽管6月的中国车市从数据上来看仍然热闹，但拐点事实上已经悄然出现。7月份，国内各主要车企的销量与6月相比都有一定程度的下滑，淡季效应已经显露无遗。

产能大幅提高，而需求并没有同步增长。国内车市存在达半年的供不应求的状况，在2009年的下半年里迅速扭转。而供需状况发生根本性变化的结果，就必然是企业库存量的增加。

享受了2009年上半年零库存甚至“负库存”（订单量大于供货量）的经销商，在下半年不得不面对库存重新上升的局面。而就在2008年同期，车市的某些经销商还因为库存量过高而面临资金链断裂的危险。因此，面对库存的重新上升，车商势必会重新祭起降价的大旗。

供求关系的改变，库存量的上升，使得汽车生产企业有了打“价格战”的客观条件，与此同时，经销商打价格战的主观条件也已经成熟。由于2009年上半年车市的增长主要靠政策的拉动，而且市场回暖的幅度超过企业预期，各企业还在为手中缺货而烦恼，其手中囤积的促销资金、促销手段几乎都没有用武之地。一旦供求形势发生变化，这些积聚的“促销能量”势必会集中爆发。加上2009年下半年各细分市场仍有为数不少的重点车型上市，在新车效应的挤压之下，车市的价格战也许会重新开打。

---

① 姜山. 需求没随产能同步增长，车市价格战一触即发［N/OL］. 新闻晨报，(2009-08-12)［2018-06-18］. http://auto.gasgoo.com/News/2009/08/120910241024934.shtml.

显然，要简单地判断中国的汽车市场不是一件容易的事。那么，中国汽车市场中的企业应该如何进行供给决策和需求分析与预测呢?

上述问题，将会在本章得到解答。本章主要介绍需求、供给以及市场机制。

2.1　需求分析

2.1.1　需求函数

(一) 需求 (demand)

需求是指消费者在一定时间内在各种可能的价格水平下愿意购买而且能够购买的某种商品（或服务）的数量。

这一定义包括以下四个要点：

(1) 一种商品（或服务)。强调讨论的需求是针对同一种物品（或服务)，需求必须具有明确的针对性。

(2) 人们愿意且能够购买。如果人们想买某种商品，但没有购买能力，就不能成为需求的一部分。例如，玛丽希望拥有一台苹果超薄系列笔记本电脑，但 13 000 元的标价太高了，尽管想要，但她买不起。当价格为 7 000 元时，她既想要也买得起，这样在 7 000 元或更低的价格下，她的愿望就会成为需求的一部分。

(3) 在一定时间内。对任何商品的需求都要定义在一定时期内，如果不限定时期，需求关系就没有任何意义。

(4) 除价格外，其他影响需求变动的因素都保持不变。

(二) 影响需求的因素

(1) 商品的价格。在其他条件不变的情况下，当一种商品的价格上升时，需求量就会减少；随着价格降低，需求量就会增加。这一规律被称为需求向下倾斜规律（如图 2-1 所示)。P 下降时，Q 上升。需求曲线（D_1D_2）从左上方向右下方倾斜；当价格从 P_1 下降到 P_2 时，需求量却从 Q_1 上升到 Q_2。

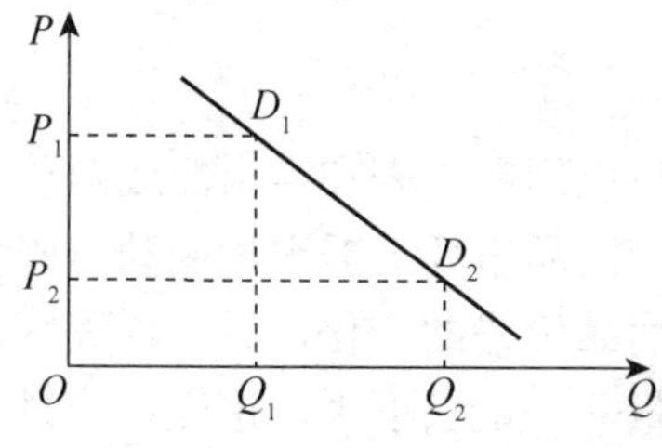

图 2-1　需求向下倾斜规律

(2) 消费者的收入水平。经济学所分析的需求，一般都是指有支付能力的需求，所以需求量的大小与消费者的收入水平有直接的关系。如果收入水平普遍提高，有支付能力的消费者就增加了，在相同的价格水平下，需求量一般会增加，导致需求曲线向右移动；如果收入水平普遍下降，有支付能力的消费者就会减少，在相同的价格水平下，需求量一般会减少，导致需求曲线向左移动。

(3) 相关商品的价格。相关商品是指使用价值密切相关的产品，包括替代品（substitutes）和互补品（complements）。替代品是指具有相同用途或能满足消费者相同欲望的产品。当一种产品涨价，它的替代品的需求量就可能增加。例如，DVD 与电影互为替代品，当电影票的价格上涨时，消费者就会增加 DVD 的购买量；而当电影票的价格下降时，消费者就可能减少 DVD 的购买量，而更多地去影院享受电影的声音和画音效果。互补品是指必须同时使用、互相补充才能发挥效能满足某种需要的产品。当一种产品涨价，它的互补品的需求量就可能减少。例如，DVD 播放器与 DVD 互为互补品，当 DVD 播放器的价格上涨时，购买 DVD 播放器的消费者就会减少，从而也会减少对 DVD 的消费。

(4) 消费者的偏好。当其他条件不变时，消费者对商品的需求量与消费者对该商品的偏好程度成正向变动的关系。如果消费者对某商品情有独钟，在相同的价格水平下，需求量一般会增加，导致需求曲线向右移动；如果消费者对某商品的偏好程度减弱，在相同的价格水平下，需求量一般会减少，导致需求曲线向左移动。

以上是影响需求的主要因素。此外，其他诸如消费者对价格的预期、市场规模以及地区特殊因素等也会影响商品的需求。

(三) 需求函数

上述的影响因素都会对商品的需求产生影响，把这些影响因素与商品需求之间的关系用函数形式来表示，就可以得到需求函数。因此，需求函数就是需求量与影响需求量的各因素之间所建立的函数关系，具体可以表示为：

$$Q_d = f(P, I, P_R, T\cdots)$$

其中，Q_d表示消费者对某种商品的需求量；P 表示该商品的价格；I 表示消费者的收入水平；P_R表示与该商品有关的商品（替代品或互补品）的价格；T 表示消费者的偏好。

在诸多因素中，通常认为商品的价格对其需求量的影响最大。经济学家们为了更好地分析市场“看不见的手”——价格对商品需求量的影响，将其他影响因素视为不变，仅考虑商品价格与需求量之间的关系，并由此得出的在一定时期内，在其他因素不变的情况下，商品价格与需求量之间的关系，此时需求函数可以表示为：

$$Q_d = f(P)$$

价格与需求量之间的关系可以用需求表和需求曲线两种方式进行描述。

(1) 需求表。为了描述某一商品市场上需求量变动与该商品价格变动之间的关系，我们可以制作需求表，一栏表示商品价格的变化，另一栏表示市场需求量的变化，然后把市场不同价格水平下的市场需求量一一记录下来。这样，与每一种价格水平相对应，就有了不同的需求量（见表 2-1）。表 2-1 表明，市场上对某一商品的需求，是随着价格的变化而变化的。在正常情况下，在较高的价格上，需求量较少；在较低的价格上，需求量较多。即随着价格的减少，需求量逐渐增多；随着价格的增加，需求量逐渐下降。需求量与价格是反向变动的关系。

表 2-1　　某商品的需求表

价格（元）	需求量（件）
200	1
160	2
120	3
80	4
40	5

(2) 需求曲线。我们还可以用二维平面图来表示商品价格与需求量之间的关系，如果用横坐标表示商品的需求量，用纵坐标表示商品的价格，然后再把统计获得的不同价格水平下的需求量在二维平面图上一一标出来，最后再把这些标出来的点用曲线连接起来，就获得了需求曲线。图 2-2 是根据表 2-1 的数据制作而成。横坐标表示需求量，纵坐标表示价格，D 表示需求曲线。需求曲线向右下方倾斜，它表明需求量与价格是负相关关系。价格高，需求量少，如 A 点；价格低，需求量多，如 B 点。由图 2-2 可以看出，在正常情况下，由于需求量与价格呈反方向变动，所以需求曲线是一条向右下方倾斜的曲线，需求曲线的斜率为负。图 2-2 中的需求曲线是直线，通常的需求曲线形状如图 2-3 所示。

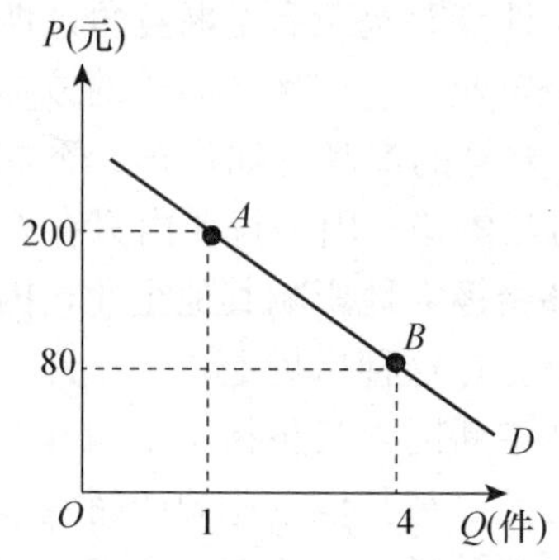

图 2-2　某商品的需求曲线

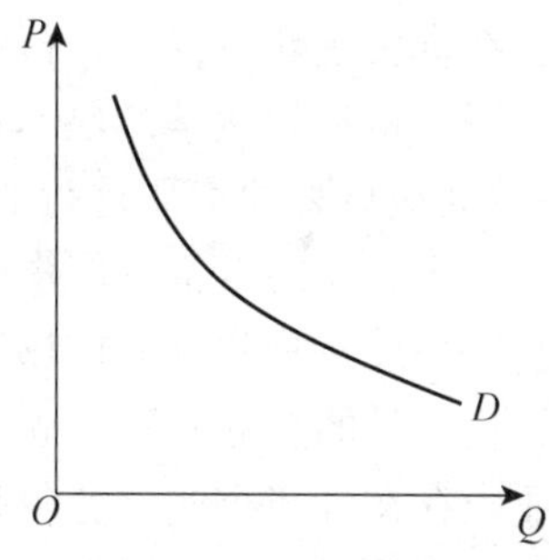

图 2-3　需求曲线

理解需求曲线，需要把握以下要点：

第一，一条需求曲线表示的是同一时点商品价格与需求量之间的关系，或者说表示的是在其他因素不变的条件下，商品价格与需求量之间的关系。其他影响因素变化后，需求曲线将会发生位移。

第二，需求曲线随商品和市场条件的不同而不同。不同的商品有不同的需求曲线；即使同一种商品，在不同的市场条件下，也可能有不同的需求曲线。

从需求表和需求曲线可以看出，某种商品的需求量与其价格是呈反方向变动的，这种现象被称为需求定理，或称为需求规律。所谓需求定理，是指在其他条件不变的情况下，某商品的需求量与其价格呈反方向变动，即需求量随着商品本身价格的上升而下降，随着商品本身价格的下降而上升。

(四) 个人需求与市场需求

在一定时期内，在其他因素不变的前提下，在该商品的任何一个可能的价格下，某个消费者愿意并且能够购买某种商品的数量，称为个人需求。市场上所有消费者愿意并且能够购买这种商品的数量，就是市场需求，它是在每一个价格水平上个人需求量的总和，用图表示就是全体购买者的个人需求曲线的水平方向的加总。例如，当价格为每件 5 元时，消费者 1 和消费者 2 将分别购买 20 单位和 15 单位，由此形成市场需求为 35 单位。市场需求曲线上的其他点都可以用同样的方法得到。因为市场需求曲线是进行许多价格和产量决策的基础，所以企业管理人员对市场需求要比对个人需求更感兴趣。

（五）企业的市场需求

企业理论是管理经济学的核心，企业面临的市场需求值得管理者关注。一个特定企业面临某种产品的市场，依赖于该产品的市场需求。

如果企业是市场上唯一的生产者而且产品没有替代品，也就是说，如果企业是一个垄断者，企业就代表着整个行业或市场，企业的市场需求也就是市场或者行业需求。垄断在现实中很少见，如果确实发生了，通常是政府特许权的结果，这通常也伴随着政府管制。与垄断相对立的市场结构形式是完全竞争。在这种市场上，存在大量的生产同质产品的企业，每个企业都没有能力采取行动影响市场价格。在这种情况下，每个企业都是价格的接受者，都面临着一条水平的需求曲线（也就是说，企业可以卖掉任何数量的产品而不影响市场价格）。完全竞争市场结构形式也很少见。

大多数企业面临的市场介于垄断和完全竞争之间，即寡头垄断和垄断竞争这两种市场结构形式。在寡头垄断市场上，行业内只存在少数几个企业，它们生产同质的或标准化的产品（如水泥、钢材和化学产品），或者不同质的、有差异的产品（如汽车、香烟和软饮料）。寡头垄断最显著的特征是行业内各个企业之间相互依赖。因为行业内只存在少数的企业，所以每个企业的定价、广告以及其他促销行为都会极大地影响其他企业，因此引发模仿和报复。另外一种常见的市场结构形式是垄断竞争。在这种市场上，存在许多生产不同质和差异化产品的企业。顾名思义，垄断竞争既包括垄断因素又包括竞争因素。竞争因素来自行业内存在许多企业。竞争是因为每个企业的产品都与其他企业的产品或多或少有差别。因此，企业对市场价格有一定程度的控制力，也就是说，企业面临斜率为负的需求曲线。但是，由于行业内许多其他企业的产品又很相似，企业对自己所出售的产品的价格的控制是有限的。也就是说，每个企业的需求曲线的斜率虽然是负的，但是相当平缓，因此价格稍微提高就会导致销售量的大幅下降。

有关市场结构更详尽的内容还会在本教材后面的章节中讨论，但是从上述内容，我们已经能认识到市场结构是决定企业市场需求的最重要力量。除了完全竞争，在其他所有的市场结构中，企业都面临着斜率为负的市场需求曲线，市场上消费者的数量、消费者的收入、相关商品的价格、消费者偏好，以及影响企业在特定行业和市场上的需求的其他因素，这些因素的变化都会导致需求曲线的移动。

2.1.2 需求量的变动和需求的变动

需求量是指在某一价格水平下，消费者愿意并且有能力购买的数量，而需求是指需求量与价格的一一对应关系。当全部消费者的收入、偏好和其他因素都既定时，整个市场的需求是确定的，即需求曲线是确定的，需求量和价格之间的一一对应关系给定。这时，市

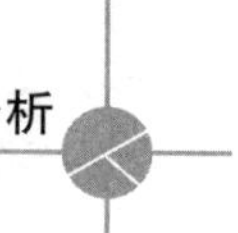

场需求量随着价格的变动而变动，如图2-4（a）所示。

在已知的需求曲线 DD 上（即其他诸要素给定时）的每一点都表示一个既定的“价格—需求量”的组合。在 A 点表示，在价格 P_1 水平下，全体消费者愿意和能够购买的商品量为 Q_1，当价格下降到 P_2 时，需求量增加到 Q_2。所以，所谓需求量变化，是指在既定需求曲线下，由于自身商品价格的变化，所引起的需求量的相应变化，这种需求量的变化只能是沿着需求曲线运动。

当全体消费者收入水平、偏好以及其他诸要素发生变化时，原来价格与需求量之间的数量关系就可能发生变化。例如，消费者收入水平提高了，在原来价格水平下，市场对电脑的需求量也会增加。如图2-4（b）表现为市场需求曲线右移，表示和原来相比，同一价格水平下市场需求量增加了。反之，如果消费者收入水平下降，那么，市场需求曲线左移，表示在同一价格下，市场需求量比原来减少了。所以，需求的变动是指在某商品价格不变的条件下，由于其他因素变动所引起的该商品的需求量的变动。市场需求变化为企业提供了市场信息，企业可以根据社会某一因素或诸多因素的变化，判断市场需求的变化。

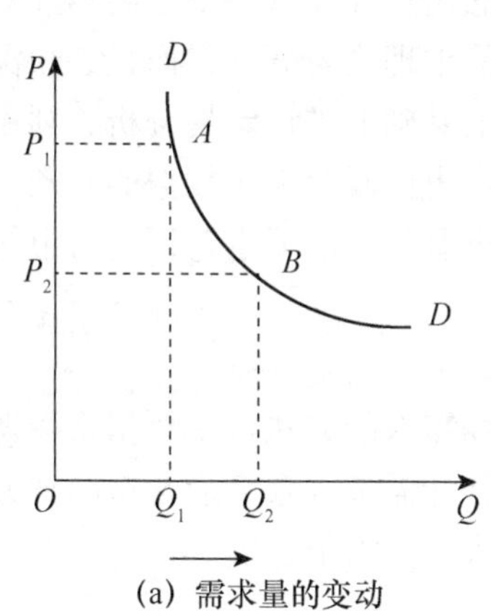

(a) 需求量的变动

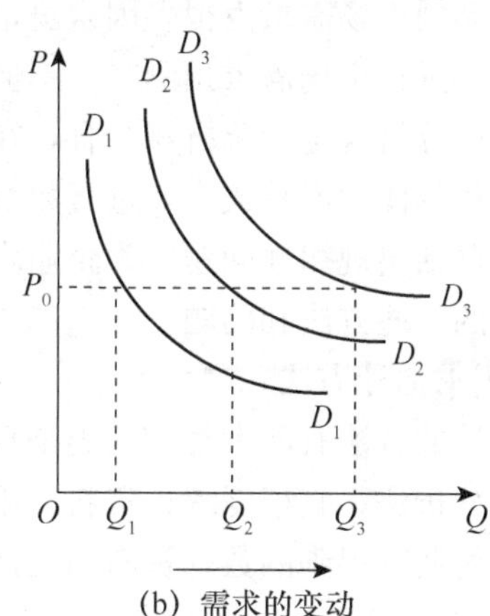

(b) 需求的变动

图2-4 需求量与需求的变动

经济管理实务

减少吸烟人数的办法①

公共政策制定者经常想减少人们吸烟的数量。政策可以努力达到这一目标的办法有两种。

减少吸烟的一种方法是使香烟和其他烟草产品的需求曲线移动。公益广告、香烟盒上有害健康的警示以及禁止在电视上做香烟广告，都是旨在减少任何一种既定价格水平时香烟需求量的政策。如果成功了，这些政策就使香烟的需求曲线向左移动。

此外，政策制定者可以试着提高香烟的价格。例如，如果政府对香烟制造商征税，烟草公司就会以涨价的形式把这种税的大部分转嫁给消费者。较高的价格鼓励吸烟者减少他

① 曼昆．经济学原理（上册）．北京：北京大学出版社，1999：71.

们吸的香烟量。在这种情况下，吸烟量的减少就不表现为需求曲线的移动。相反，它表现为沿着同一条需求曲线移动到价格更高而数量较少的一点上。

一个相关的问题是，香烟的价格如何影响大麻这类非法毒品的需求。香烟税的反对者经常争论说，烟草与大麻是替代品，因此，高香烟价格鼓励使用大麻。与此相反，许多毒品专家把烟草作为"毒品之门"，它引导青年人享用其他有害物质。大多数数据研究与这种观点是一致的：他们发现降低香烟价格与更多使用大麻是相关的。换句话说，烟草和大麻看来是互补品，而不是替代品。

必须注意，不要把需求的变动（表现为需求曲线的移动）与需求量的变动（表现在价格变化之后，需求量在同一条需求曲线上移动到不同的点）相混淆。

2.1.3 需求估计与预测

某一商品的市场需求由很多因素决定，企业要做出正确经营决策，离不开对市场需求的正确估计。进行市场需求预测时，不但需要知道需求理论与概念，而且必须深入市场调查，采用定性分析与定量分析相结合，在定性分析的基础上进行定量分析。利用需求理论和需求函数对具体的产品或企业进行数量分析，在历史经验及现实数据的基础上推导出规律性趋势，概括出规律性问题，为企业决策管理提供服务。以下主要讨论与市场需求估计和预测相关的一些方法和问题。

（一）需求估计方法

需求估计的方法有两大类：一类是直接估计市场需求的方法，主要指市场调查法；另一类是统计分析法，它根据统计资料，用统计方法估计需求函数。通常这两种方法同时使用，即对市场调查得到的数据资料用统计模型检验来估算需求函数。

1. 市场调查方法

市场调查就是通过对消费者的访问和调查，来估计产品的需求量与各个重要变量之间的关系，即通过各种手段（如询问、观察、问卷等手段）直接向顾客了解需求量、购买动机、购买行为或对某种需求影响因素的反应。

市场调查的方法通常有访问调查法和市场实验法两种。

访问调查法就是将所要调查的项目，以面谈、电话或书信等形式向消费者提出询问，以获得所需的资料。访问对象可根据调查项目的要求来选择或采用抽样方法确定。通常这种调查的目的是要了解到底具有哪种特征（如年龄、教育程度、收入水平等）的人最可能购买这种产品，以及了解不同的价格政策将会如何影响其购买决策。访问调查法具有一定的效度和信度，同时可以让被调查者自由表现情感。但是，访问调查法的一个潜在问题是，被调查者的回答不一定成为其实际行动，也就是说，消费者不一定是按其所说的去做。这一缺点可以通过市场试验法得到一定弥补。

【例题 2-1】某公司在 1 000 人中调查皮革钱包的需求量，调查表中列出了五种价格水平，要求被调查者在每一种价格上表达购买意见，共有六种意见可供选择：A—肯定不买；B—不一定买；C—可能买；D—较可能买；E—很可能买；R—肯定买。调查结果如

表 2－2 所示。

表 2－2　　皮革钱包需求量调查

价格（元）	各种意见人数					
	A	B	C	D	E	R
9	500	300	125	50	25	0
8	300	225	175	150	100	50
7	100	150	250	250	150	100
6	50	100	100	300	250	200
5	0	25	50	225	300	400

调查者把每种意见的购买概率分别定为：0、0.2、0.4、0.6、0.8、1.0。为了获得需求估计所需要的数据，要根据概率计算每种价格水平上的期望需求量。

解：当价格为 9 元时的期望需求量为：

$$500\times0+300\times0.2+125\times0.4+50\times0.6+25\times0.8+0\times1.0=160(\text{个})$$

当价格为 8 元时的期望需求量为：

$$300\times0+225\times0.2+175\times0.4+150\times0.6+100\times0.8+50\times1.0=335(\text{个})$$

当价格为 7 元时的期望需求量为：

$$100\times0+150\times0.2+250\times0.4+250\times0.6+150\times0.8+100\times1.0=500(\text{个})$$

当价格为 6 元时的期望需求量为：

$$50\times0+100\times0.2+100\times0.4+300\times0.6+250\times0.8+200\times1.0=640(\text{个})$$

当价格为 5 元时的期望需求量为：

$$0\times0+25\times0.2+50\times0.4+225\times0.6+300\times0.8+400\times1.0=800(\text{个})$$

这样，就可以求得需求估计用的各种价格水平上的期望需求量数据（见表 2－3）。

表 2－3　　不同价格水平下的期望需求量

价格（P）	5	6	7	8	9
需求量（Q）	800	640	500	335	160

把这些数据画在坐标图上，并做一条直线拟合这些数据，它在纵轴（价格）的截距约为 10.07 元，其斜率约为－0.006 3。这条需求曲线的方程为：$P=10.07-0.006\,3Q$。

市场实验法通常是在一定条件下进行的小规模实验，用来调查某种因素对市场需求量的影响，具有较大的客观性。一般可以分为两种：一种是在模拟的市场情况下进行实验室或诊察室式的实验；另一种则是在实际市场中，有意地变动价格、广告宣传、促销活动等，以观察这些变动对需求的影响。

市场实验法的应用范围较广，凡是某一种商品在改变品种、品质、包装、设计、价格、广告和陈列方法等因素时都可以应用这种方法，先做一下小范围的实验，以了解消费者的反应。

如果采用模拟市场情况，实验者可以开产品展销会、新产品试销门市部、新产品试销柜台等，或者挑选一些消费者，给他们少量钱，让他们在一个或几个商店中“选购”不同品牌产品，实验者通过改变价格、包装、陈列方式、广告和促销方式等了解消费者的需求量。

如果采用实际市场的实验法，企业应该在不同城市（或商店），逐周或逐月变动价格或广告费用，以观察需求量的变动。通过市场实验估计需求的方法，能够提供某些有用的需求信息，帮助企业决策者掌握产品的需求特性，了解市场竞争性。

与访问调查法相比，市场实验法的优点在于它反映消费者的实际行动，但它仍具有局限性，面临以下问题：一个问题是存在因市场实验引起顾客流失的风险。如果在实验市场里产品价格上涨，消费者可能转而购买竞争者的产品。一旦实验结束，价格回落到原来的水平，企业可能很难重新得到那些顾客。另一个问题是企业无法控制影响需求的所有因素。坏天气、经济条件的变化或竞争者的策略等，都有可能影响市场实验的结果。还有，由于大多数实验的时间相对较短，消费者有可能完全不知道价格或广告的变化，因此，依据他们的反应可能会低估这些变化可能带来的影响。

2. *统计分析方法*

回归分析是需求估计中常用的统计分析方法。这种方法的特点是较为客观，而且所得到的信息也比较完全和精确。回归分析通常包括以下四个步骤：

(1) 建立理论模型。

在使用回归分析技术时，分析者必须建立有关经济关系的理论模型。这一模型必须建立在正确的经济理论基础上，并用数学式子来表示。建立模型的过程包括确立在分析中应包括哪些变量和是否有一种理论可以用来预测变量之间关系的性质和大小。如果估计一种商品的需求方程，就可以假定需求量是该商品的价格、消费者的收入、其他相关商品的价格，以及消费者偏好的函数。因此，需求方程的一般形式为：

$$Q_d=f(P, I, P_R, T)$$

式中，Q_d表示消费者对某种商品的需求量；P 表示该商品的价格；I 表示消费者的收入水平；P_R表示相关商品的价格；T 表示消费者的偏好。

经济理论也能用来分析因变量 Q_d 和自变量 P、I、P_R 和 T 之间的预期关系。需求规律告诉我们，价格与需求量之间呈相反关系。对正常品来说，收入与需求量之间是正向关系；对相关商品的价格来说，如果两种商品是互补品，与需求量就呈反向关系；如果是替代品，就呈正向关系；如果在度量消费者的偏好方面没有额外的信息，就不好预测它与需求量之间关系的性质。

率先建立在经济理论基础上的、有关变量之间关系的知识，还能用来分析回归分析的经验结果。如果估计出来的系数符号和经济理论的预测不符，就需要对回归过程再做检查。例如，如果估计出来的价格的系数不是负值，那就可能是需求方程不正确，或者在数据的收集方面有差错，还有可能是回归方程中漏掉了有关的变量，或该商品具有独特性。

(2) 收集数据。

为了估计需求，必须首先取得影响需求的每个变量的数据。这些数据可以来自调查、市场实验或各种现成的来源，如企业的历史记录或政府的出版物等。可以用时间序列数据，也可以用横截面数据。时间序列数据由影响需求的每个变量在特定市场上逐期的观察数据所组成。如从一个城市中，收集 20 个月内每个月有关需求量、价格、收入和相关商品的价格的数据，就是时间序列数据的例子。

与之相对，横截面数据建立在同一时点上许多市场的基础上的。例如，横截面数据可能包括：在最近一年中，在 100 个不同的市场上，关于需求量、收入、价格以及偏好方面的数据。如果不同市场上的横截面数据有差异，它们就能用来估计需求量和其他变量之间的关系。

（3）选择函数形式。

用回归分析法进行估计时，需要选择需求方程的具体函数形式。最简单的形式是线性方程：

$$Q_d=a+bP+cI+dP_R+eT$$

线性方程有几个优点：首先，它不需要转换数据就可以对需求函数中的系数进行估计。其次，对变量的系数的解释较为简单。如果其他自变量的值保持不变，每个系数代表相应的自变量变化 1 个单位会使需求量变化多少。还有，每个自变量变化所引起的估计值的变化都是常数，且不受其他变量价值大小的影响，这些性质使得计算比较容易。

除了线性方程外，常用的还有幂函数方程：

$$Q_d=a+P^b+I^c+P_R{}^d+T^e$$

因为幂函数方程不是线性的，所以不能直接用普通最小二乘法进行系数估计。但是通过对方程作简单的转换，在方程两边取对数，就可以将幂函数方程转化为线性方程，这样就可以用最小二乘法来估计系数。将以上幂函数方程两边取常用对数得到的线性方程为：

$$\ln Q_d=\ln a+b\ln P+c\ln I+d\ln P_R+e\ln T$$

选择什么样的函数形式较好呢？这取决于理论模型和用途。如果认为需求是自变量的线性函数，那么线性形式是适宜的。如果选择函数的目的是估计弹性，或考虑变量之间的非线性关系，那么就应当选择幂函数形式。

（4）对结果的估计和解释。

假如某商品估计的需求函数形式为：

$$Q_d=a+bP+cI+dP_R$$

将收集到的数据输入进行回归分析后，输出了如表 2－4 所示的结果。

表 2－4　　　　回归分析输出结果

项目	常数	变量		
		价格（P）	收入（I）	相关商品价格（P_R）
估计的系数	50.783 6	－4.989 2	0.003 4	－1.280 1
标准差	10.218 9	1.345 8	0.004 5	0.589 0
t 统计值	(4.97)	(－3.71)	(0.76)	(－2.17)
观察次数＝182	R^2＝0.683 7			

在表 2-4 中，常数项的估计系数表示其他变量为 0 时的需求量。但这一系数在多数需求估计问题中没有什么经济学意义。其他系数估计表示有关的自变量变化 1 元引起的需求量的变化。例如价格系数为－4.989 2，意味着如果其他自变量保持不变，商品的价格变动 1 元，大约会使需求量变动 5 个单位。

在评价回归结果时，应根据经济理论来解释所估计的变量之间的关系。例如价格的系数为负值，意思是指价格和需求量之间有反向关系，这是与经济理论相符的。再如，收入和相关商品价格的系数，这些系数的符号无法用经济理论来预测，但理论有助于对它们进行解释。如收入的系数为正值，就说明商品是正常品。相关商品的价格系数为负值，就说明两种商品一定是互补品。

表 2-4 中的标准差表示估计值的准确度。用估计出来的系数除以标准差就可得出 t 统计值，后者能用来进行显著性检验。显著性检验的实质就是要对各变量的系数的真实值是否为零的可能性做出判断，由此可对需求量（Q_d）是否真正与解释变量（P、I、P_R）相关做出判断。只有当各变量的系数的真实值不为零时，才能判断它们具有相关性。而 t 值是用来检验统计显著性的一种指标，用以判别系数的真实值为零这个假设应该接受或拒绝。在检验中可能会出现一种错误，即当一个系数无显著性（真实值为零），判断它的估计值具有显著性，统计学中将犯该类错误的概率称为 t 检验的显著性水平。

在统计分析中，一般选择 0.01、0.02、0.05、0.10 的显著性水平，它们分别反映了分析者愿意承受最高为 1%、2%、5%或 10%发生上述错误的概率，与显著性水平密切相关的一个概念是置信度。置信度＝1－显著性水平，它给出了不会犯上述错误的概率。对于观察次数在 120 次以上的样本来说，置信度为 95%的 t 分布在＋1.960～－1.960。因而 t 统计值大于＋1.960 或小于－1.960，就意味着估计的系数等于零的假设可以被拒绝，其错误的概率只有 5%。也就是说，错误地断定系数不等于零的概率不大于 5%。

在表 2-4 中，常数项、价格和相关商品的价格的 t 分布的绝对值均大于 1.960，表明这些系数是显著的。相比之下，收入变量的 t 统计值为 0.76，意味着错误地拒绝系数等于零的假设的概率大于 5%。因此，我们说收入系数不显著。

最后，可决系数的值（R^2）表示模型的总解释力。它表明在因变量的总方差中有多大部分是可以由自变量的变化来解释的。在表 2-4 中，R^2的值为 0.683 7。因而，在需求量的总方差中约有 2/3 是可以由价格、收入和相关商品价格来解释的。

尽管回归分析对于估计需求函数和其他经济类关系很有用，但如果分析者在建立模型和解释结果上不加小心也可能出现严重问题。多重共线性是回归分析中常见的问题。多重共线性指的是回归分析中有两个或两个以上的解释变量之间高度相关。例如，某企业在进行需求分析时，将本企业的广告费用和所有促销活动的费用同时作为需求量的解释变量，但我们知道，广告费用本身就是所有促销活动费用的一部分，两者是高度相关的。这种情况的出现会增大标准差的值，降低 t 统计值，从而使得参数的显著程度下降。解决多重共线性的方法主要有四种：收集更多的数据，扩大样本的范围；运用一些以前已经获得的信息，例如某两个参数之间的关系；将函数形式做一些变化；舍去一个引起多重共线性问题的变量，例如在刚才提到的例子中，可以省略广告费用这一解释变量。

如今，人们广泛应用计算机软件（如 SPSS、Eviews 等）进行回归分析，各统计参数的求解已经非常方便了。在此我们仅对一元线性回归中使用最小二乘法估计统计参数的计算公式进行简要说明。

若需求函数（回归方程）形式为一元线性方程：

$$y=a+bx$$

假定有一组观测数据：(x_1, y_1)，(x_2, y_2)，… (x_i, y_i)，… (x_n, y_n)，依据该组观测数据，使用以下参数的计算公式就可以计算出回归方程中的参数 a 和 b：

$$b=\frac{n\sum x_iy_i-\sum x_iy_i}{n\sum x_i^2-\left(\sum x_i\right)^2}$$

$$a=\frac{\sum y_i}{n}-b\times\frac{\sum x_i}{n}=\bar{y}-b\times\bar{x}$$

式中：n 为观察数据成对的数目；$\sum x_i$ 为观测数据 x 的总和；$\sum y_i$ 为观测数据 y 的总和；$\bar{y}$ 为观测数据 y 的算术平均值；$\bar{x}$ 为观测数据 x 的算术平均值。

【例题 2-2】假定某企业 20×6—20×7 年 8 个季度在某省投入的广告费和销售额资料如表 2-5 所示。

表 2-5　　广告费和销售额数据

时间	20×6 年				20×7 年			
	一季度	二季度	三季度	四季度	一季度	二季度	三季度	四季度
广告费 x_i	120	140	150	140	180	200	210	220
销售额 y_i	2 000	2 500	2 800	2 700	3 000	3 200	3 300	3 500

(1) 假设销售额与投入的广告费为线性关系：$y=a+bx$，试用最小二乘法估计回归方程。

(2) 如果 20×8 年一季度计划投入广告费 250 万元，试预测 20×8 年一季度的销售额。

解：(1) 列表计算，如表 2-6 所示。

表 2-6　　最小二乘法估计参数 *a*、*b* 的计算

时间		广告费 x_i	销售额 y_i	x_i^2	x_iy_i	y_i^2
20×6 年	一季度	120	2 000	14 400	240 000	4 000 000
	二季度	140	2 500	19 600	350 000	6 250 000
	三季度	150	2 800	22 500	420 000	7 840 000
	四季度	140	2 700	19 600	378 000	7 290 000
20×7 年	一季度	180	3 000	32 400	540 000	9 000 000
	二季度	200	32 00	40 000	640 000	10 240 000
	三季度	210	3 300	44 100	693 000	10 890 000
	四季度	220	3 500	48 400	770 000	12 250 000
合计		1 360	23 000	241 000	4 031 000	67 760 000

根据表 2-6 的计算结果可得：

$$b=\frac{n\sum x_iy_i-\sum x_i\sum y_i}{n\sum x_i^2-\left(\sum x_i\right)^2}=\frac{8\times 4\,031\,000-1\,360\times 23\,000}{8\times 241\,000-1\,360^2}=12.35$$

$$a=\frac{\sum y_i}{n}-b\times\frac{\sum x_i}{n}=\bar{y}-b\times\bar{x}=\frac{23\,000}{8}-12.35\times\frac{1\,360}{8}=775.5$$

得到的线性回归方程为：

$$y=775.5+12.35x$$

（2）预测 20×8 年一季度销售额为：

$$y=775.5+12.35\times 250=3\,863\text{（万元）}$$

（二）需求预测方法

1. 时间序列

分析用于预测某个特定变量值而收集的数据，可分为两大类：时间序列数据和横截面数据。时间序列数据的定义是按不同时点顺序排列的一种经济变量的一系列数值。横截面数据是指在相同时间观察到的一种经济变量的一系列数值。一次人口普查收集到的数据就是横截面数据，因为它是由在近似于同一时间上对人口各个方面所做的一系列观察值构成的。不管使用哪一种类型的预测模型，都必须确定是时间序列数据还是横截面数据最合适（并且可以得到）。

时间序列预测模型仅仅以被预测变量的历史观察值为基础。这类模型并不力求说明产生观察结果的主要因果关系。例如，一所大学对预测下个学期注册人数感兴趣，那么进行预测时所使用的仅仅是过去的学生注册数。

在分析时间序列数据时，时间（以年、月等为单位）由横轴表示，变量的数值由纵轴表示。时间序列所表示的变动可以分为以下四类：

（1）长期趋势。这是一定时期内一个经济数据序列中的长期变化。例如，在经验需求分析中，诸如不断增长的人口规模、年龄分布的变化或不断变化的消费者兴趣等都可能导致一个需求序列在一定时期内逐渐增长或下降。

（2）周期变动。通常在时间超过一年的经济序列中，存在着重大的扩张和收缩。例如，房地产行业表现出存在着规则的、相对长期的需求扩张和收缩。但在大多数行业中，一定时期内的周期变动并不是一致的或是可预见的。另外，为了对一定时期内一个经济序列的周期波动进行有效的统计调整，必须假设长期趋势和周期变动是由两类不同的原因造成的。要做到这一点常常是困难的。当一个数据序列中存在周期变动时，使用这些数据进行回归估计将由于正自相关的存在而变形，因此必须小心地确定一个恰当的滞后结构来排除自相关。

（3）季节效应。这种效应造成了一年之内的变动，而这种变动在不同年份中或多或少是一致的。如保暖内衣的销售量在秋天和初冬增长很快，就是季节效应的例子。

（4）随机波动。一个时间序列还会受到基本上无法预见的随机因素的影响，诸如战争、自然灾害和特殊的政府行动等。一个时间序列的随机波动越大，根据这些数据预测的准确性就越小。

时间序列预测模型主要有两类，一类是平滑技术，包括移动平均模型、指数平滑模型等。其共同特点是通过对历史观测值取某种形式的平均，消除序列中随机因素造成的波动，以发现其基本趋势。另一类是回归分析法，它是将时间视为形式上的自变量，拟合出回归方程并用于经济变量的预测。下面我们以例题来讨论后一种方法。

【例题 2-3】 某公司在 2015—2017 年各季度的销售量见表 2-7，现营销部经理要预测 2018 年第 3 季度的销售量。

表 2-7　某公司销售量的时间序列数据

时期数	季度	销售量（百万元）
1	2015 年第 1 季度	300
2	2015 年第 2 季度	305
3	2015 年第 3 季度	315
4	2015 年第 4 季度	340
5	2016 年第 1 季度	346
6	2016 年第 2 季度	352
7	2016 年第 3 季度	364
8	2016 年第 4 季度	390
9	2017 年第 1 季度	397
10	2017 年第 2 季度	404
11	2017 年第 3 季度	418
12	2017 年第 4 季度	445

表 2-7 中的数据表明销售量总的来说是逐季增长的，但预测通常要求比“总的来说是增长的”这样的说法要更准确。为使预测有用，就要对每个季度销售量的增长数字做出估计。可以利用简单的回归分析计算出最吻合这些数据点的直线，横轴表示时期数，纵轴表示销售量。

解： 选用线性模型：

$$Q_t = a + bt$$

运用计算机对系数 a、b 进行估计，可得到预测模型：

$$Q_t = 281.4 + 12.8t$$

式中：$b=12.8$，符合销售量变化的上升趋势。

2018 年第 3 季度对应的时间 t 为 15，代入上式预测模型可得：

$$Q_t = 281.4 + 12.8t = 281.4 + 12.8 \times 15 = 473.4\text{（百万元）}$$

通过上面的例子可以看出，在需求预测中通过回归分析方法进行线性趋势预测简便有效。实际上，只要有足够的数据，这种方法可以预测许多经济变量的变化。

2. 调查和民意测验技术

调查和民意测验技术是有助于进行短期预测的其他预测工具。这些技术可用来预测经济活动的整体水平（或整体经济的某些部分），它们也可用于企业对未来销售情况的预测。

使用调查和民意测验方法的合理性是，对经济决策有影响的某种态度可在决策的实际实施之前确定。如果让负责做出这些决策的个人进行投票表态，他们就会提供对其倾向性行动的看法。工商企业在实际支出之前通常要对工厂和设备的扩充进行规划；消费者要在实际购买之前对许多耐用品支出进行计划（还有诸如休假和教育等其他大规模支出）；各级政府都要准备预算，说明未来支出的顺序和数量。

调查技术提供了大量的定性信息，它们在经济预测中是很有用的。这些技术通常可用来对本章讨论的定量预测方法加以补充。调查和民意测验技术的最大价值在于它有助于揭示过去关系中的变化，这些关系在定量方法假设中将保持不变。如果消费者的兴趣正在变化或企业主管开始对经济失去信心，调查技术能在感受到其影响之前就揭示出这些趋势来。此外，调查技术可以为预测新产品的需求提供唯一的数据来源。

调查和民意测验技术可用来帮助预测各种经济部门的经济活动，如工厂和设备支出计划、库存变动和销售预期计划、消费者支出计划。调查和民意测验技术也可用于企业内部微观层次上的销售预测，如主管人员集体意见模型、销售人员民意测验、消费者意图调查等。

尽管消费者需求的调查和民意测验能够为预测提供有用的数据，但数据的价值在很大程度上取决于调查者的技巧。有效的调查和民意测验要求在实施的每个环节都十分小心。提问必须措辞准确，不要含糊，样本必须经过选择，使它能够代表所有的顾客。调查的方法应当保证较高的答卷率以及调查资料的充分获取。

3. 经济计量模型

建立在经济计量方法上的预测模型与时间序列分析、调查与民意测验技术相比，具有一些明显的优点。首先，经济计量模型最显著的优势就是它寻求被预测经济现象的实际解释。由于管理人员通常能够操纵包含在模型中的某些独立变量（如需求模型中的价格和广告支出），经济计量模型能使管理人员定量地评估其政策变化的影响。其次，经济计量模型不仅预测一个经济序列变化的方向，而且还预测该变化的大小。最后，经济计量模型具有很强的适应性。在对预测值和实际值进行比较的基础上，经济计量模型可以被修改（就是重新估计已有参数，形成新的变量和关系），以改进未来预测。

4. 投入产出分析

计量经济模型可用来预测一个企业或行业的需求变化，但却不能用来评价这种变化对其他企业或行业的影响。现代经济体系是紧密联系的，某一企业或行业需求的变化，会在很大程度上影响其他企业或部门。这些影响有些是十分直接和明显的。例如，钢材、橡胶、玻璃和塑料是生产汽车的重要投入物，因为汽车需求的增加，就会引起对这四种物品的需求增加。汽车销售量对钢材、橡胶、玻璃和塑料需求的直接影响，还会因其他行业的二次效应而进一步加大。拿钢材需求来说，为了满足汽车增产的需求，就要增加钢材的产量，为此，钢铁业的管理者就要做更多的投入，诸如购进铁矿、煤和电等。如果预期钢材需求的增加是永久性的，管理当局就可能要购买新的资本物品如炼钢炉等来扩大生产能力。依次下去，就会进一步影响国民经济的其他部门。这样，随着时间的推移，汽车需求的增加会引起成百个行业的需求发生变化。

投入产出分析对于确定和定量研究企业或行业之间的这种联系是很有用的。这一方法不仅考虑直接影响，而且还考虑对国民经济其他部门的间接影响。直接和间接需要矩阵是用投入产出分析方法进行预测的基本工具。例如，假定由于出口增加使农业部门的最终需求增加了 50 亿元。如果考虑所有直接的和二次的影响，这一变化对制造业和农业产品的总需求会产生什么影响？

关于制造业，表 2－8 表明农业最终需求每变化 1 元，会使制造业产品的总需求变化 1.26 元。这样，增加 50 亿元就会使制造业的总需求增加 63（50×1.26）亿元。同样，农业部门的总需求增加 115（50×2.30）亿元。

表 2－8　　直接和间接需要矩阵

	制造业	农业
制造业总需求的变化	2.30	1.26
农业总需求的变化	1.15	2.30

投入产出分析也能用来预测需求的变化对就业的影响。方法是假定就业和总需求之间的比率是个常数。例如，假定制造业部门的总需求是 5 000 亿元，该部门的职工人数为 500 万人，那么就业比率就是 1∶10，即每 10 万元总需求就是 1 个工作岗位。如果这一比率是常数，制造业的总需求每增加 10 万元就能创造 1 个新的工作岗位。这样，如果对农业产品的最终需求增加 50 亿元，会使制造业的总需求增加 63 亿元的话，对就业的影响就有 63 亿元除以 10 万元，即会增加 63 000 个新工作岗位。同样的方法可用来估计农业部门就业的增加。

投入产出分析的主要价值在于，它考虑了企业或行业之间的相互联系。但是，投入产出预测法假定所根据的比率是固定的，这一假设在技术变革十分迅速的环境下可能并不适用。投入产出分析能使预测者追踪一种产品需求的增长对其他行业的影响。汽车需求的增长将首先导致汽车行业产出量的增长，这种情况转而又将导致对钢铁、玻璃、塑料、轮胎和座套织物需求的增长。当对座套织物的需求增加时，又会发生次级影响。比如要求增加用于制造座套织物的化纤的生产。对机器的需求也可能因对化纤需求的增加而增加，这种影响方式会继续下去。投入产出分析可使预测者对最初由汽车需求增长结果产生的所有的行业效应进行追踪。

2.2　供给分析

2.2.1　供给函数

（一）供给（supply）

供给是指生产者在一定时间内在各种可能的价格水平下愿意提供而且有能力提供的某种商品（或服务）的数量。这一定义包括以下四个要点：

（1）一种商品（或服务）。强调讨论的供给是针对同一种物品（或服务），供给必须具有明确的针对性。

（2）生产者愿意且能够提供。如果生产者想提供某种商品，但没有能力提供，就不能成为供给的一部分。

（3）在一定时间内。对任何商品的供给都要定义在一定时期内。如果不限定时期，供给关系就没有任何意义。

（4）除价格外，其他影响供给变动的因素都保持不变。

（二）影响供给的因素

（1）商品的价格。在其他条件不变的情况下，当一种商品的价格上升时，供给量就会增加；随着价格降低，供给量就会减少。这一规律被称为供给向上倾斜规律（如图 2－5 所示）。P 上升时，Q 上升。供给曲线（S_1S_2）从左下方向右上方倾斜。当价格从 P_1 上升到 P_2 时，供给量从 Q_1 上升到 Q_2。

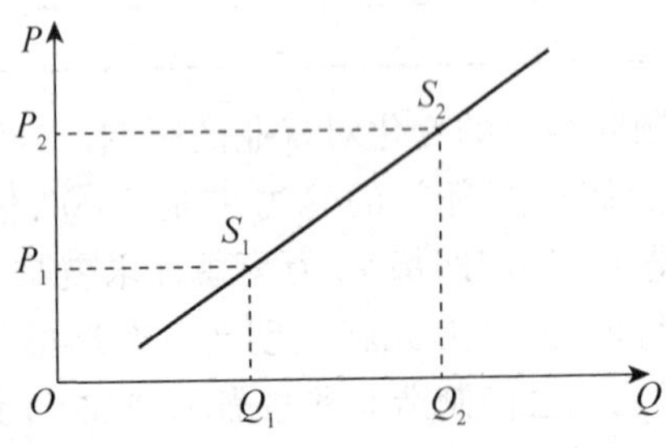

图 2－5　供给向上倾斜规律

（2）生产成本。一般来讲，生产成本越低。供给量就会越大。这是因为在商品价格不变的情况下，成本降低，单位产品的利润就会增加，因而企业愿意提供的产品也会增加，这样企业就能获得更多的利润。反之，生产成本越高，供给量就越少。

（3）替代品的价格。替代品是指在消费中，两种产品效用相似，从而可以相互替代。这里讲的不是消费中的替代品而是生产中的替代品。一般来说，替代品的价格越高，生产替代品的利润就越大，企业也就越愿意生产，因而替代品的供给量就会增加。反之，替代品的价格越低，企业就越不愿意生产替代品，供给量就会减少。

（4）生产者对价格的期望。如果生产者预期产品价格要上涨，就会增加产量；反之，就会减少产量。因此，企业生产规模的扩大（或压缩）总是伴随着价格的上涨（或下降）而进行的。

以上是影响供给的主要因素。此外，其他诸如政府的税收、补贴等因素也会影响商品的供给。

（三）供给函数

上述的影响因素都会对商品的供给产生影响。我们把这些影响因素与商品供给之间的关系用函数形式来表示，就可以得到供给函数：

$$Q_s = f(P, C, P_R, E\cdots)$$

其中，Q_s 表示生产者对某种商品的供给量；P 表示该商品的价格；C 表示该商品的生产成本；P_R 表示该商品的替代品的价格；E 表示生产者对商品价格的期望。

在影响供给的因素中，通常认为商品的价格是最灵敏、最重要的因素。将其他影响因素视为不变，仅考虑商品价格与供给量之间的关系，并由此得出的在一定时期内，在其他因素不变的情况下，商品价格与供给量之间的关系，即供给函数可以表示为：

$$Q_s = f(P)$$

供给量与价格之间的关系可以用供给表和供给曲线两种方式进行描述。

1. 供给表

为了描述某一商品市场上供给量变动与该商品价格变动之间的关系，我们可以制作供给表，一栏表示商品价格的变化，另一栏表示市场供给量的变化，然后把市场不同价格水平下的市场供给量一一记录下来。这样，与每一种价格水平相对应，就有了不同的供给量（见表 2-9）。表 2-9 表明：市场上对某一商品的供给，是随着价格的变化而变化的。在正常情况下，当价格较高时，供给量也较多，当价格较低时，供给量也较少。因此，价格与供给量是正相关关系，即市场供给量随着该商品的价格上升而上升。

表 2-9　　某商品的供给表

价格（元）	供给量（万条）
6	10
8	20
10	30
12	40
14	50

2. 供给曲线

我们可以用二维平面图来表示商品价格与供给量之间的关系，如果用横坐标表示商品的供给量，用纵坐标表示商品的价格，然后再把统计获得的不同价格水平下的供给量在二维平面图上一一标出来，最后再把这些标出来的点用曲线连接起来，就获得了供给曲线。图 2-6 是根据表 2-9 制作的。横坐标 Q 是供给量，纵坐标 P 是价格，图中向右上方倾斜的线条就是供给曲线 S。供给曲线表明在正常情况下，对于大多数商品来讲，供给曲线向右上方倾斜，供给曲线的斜率为正，这表明商品的价格与供给量之间呈正方向变动。也就是说，供给量随着价格的上涨而增加（如从 B 到 A 点），随着价格的下降而减少（如从 A 到 B 点）。图 2-6 中的供给曲线为直线，通常的供给曲线形状如图 2-7 所示。

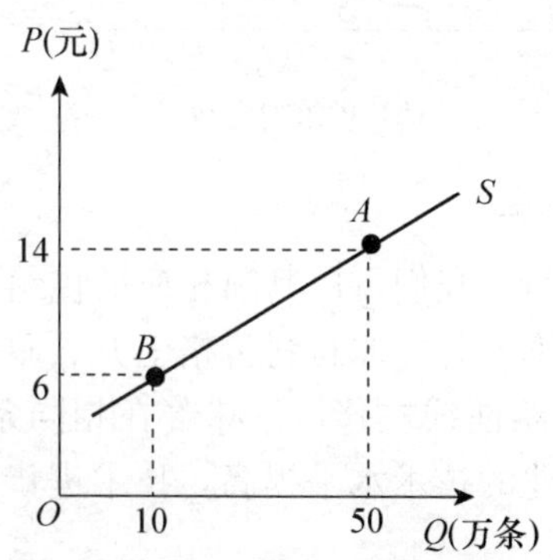

图 2-6　某商品的供给曲线

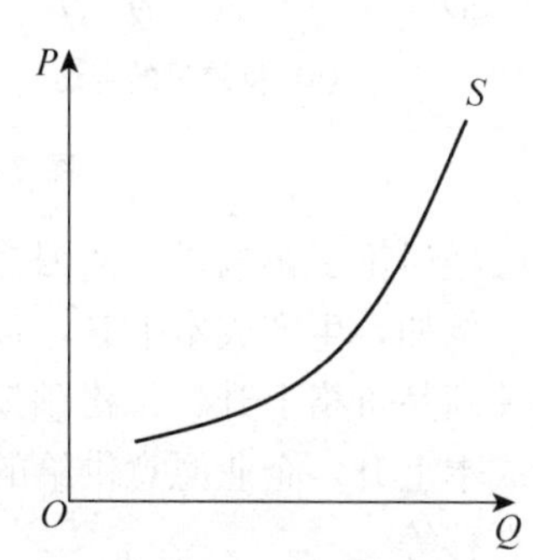

图 2-7　供给曲线

理解供给曲线，需要把握以下要点：

（1）供给曲线表示的是在其他要素不变的条件下，商品价格与供给量之间的关系。其他影响因素变化后，供给曲线将会发生位移。

（2）不同的商品有不同的供给曲线，各种产品因扩大规模的难易程度不同，其供给曲线也各有差别。

供给曲线可以分为企业供给曲线和市场供给曲线，它们分别表示企业和市场对某种产品的供给量与价格之间的关系。

从供给表和供给曲线可以看出，某种商品的供给量与其价格是呈同方向变动的，这种现象被称为供给定理，或称供给规律。所谓供给定理，是指在其他条件不变的情况下，某商品的供给量与其价格呈同方向变动，即供给量随着商品本身价格的上升而增加，随着商品本身价格的下降而减少。

2.2.2 供给量的变动和供给的变动

供给量的变动是指在某个时期内，当其他条件不变的情况下，由于商品价格变动所引起的企业愿意和能够提供的商品数量发生变动。如图 2－8（a）所示，在已知的供给曲线 SS 上（即其他诸要素给定时）的每一点都表示一个既定的“价格–供给量”的组合。A 点表示在价格 P_1 水平下，企业愿意和能够提供的商品量为 Q_1，当价格下降到 P_2 时，供给量降低到 Q_2。这个变动是沿着既定的供给曲线的运动。

供给的变动是指在某商品价格不变的条件下，由于其他因素变动所引起的该商品的供给数量的变动。供给的变动意味着企业在每一个价格水平上所愿意供给的数量都与以前不同了，所以，供给曲线发生了位移，如图 2－8（b）所示。

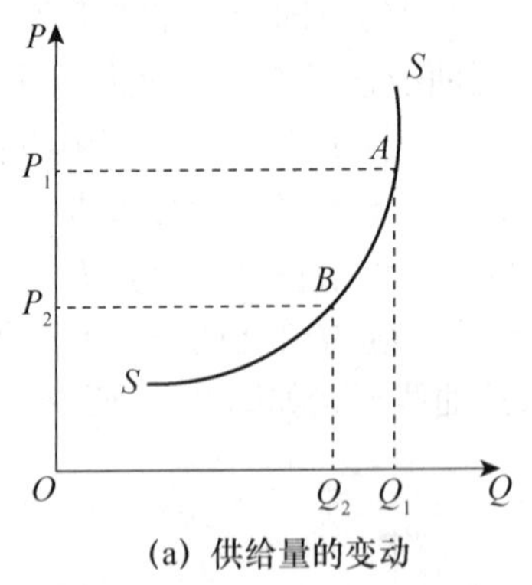

(a) 供给量的变动

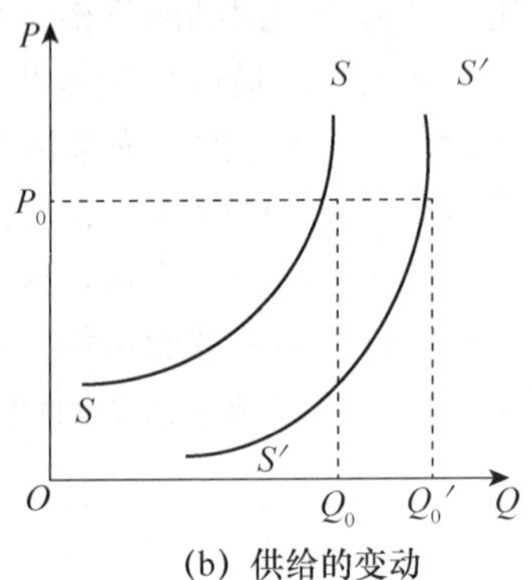

(b) 供给的变动

图 2－8　供给量与供给的变动

我们已经讨论了影响供给的因素，根据前面的分析，我们可以判断相应的供给曲线移动的方向。例如，生产成本上升，包括工资上升、利率上升、原材料价格上升、政府税收增加、相关商品价格上升、价格预期下降等，会使供给曲线左移，意味着在相同条件下，由于生产成本上升，企业愿意供给的产量会减少；企业的技术水平提高，技术进步，会使供给曲线右移等。

案例评析

旱灾对供给的冲击①

1988 年，美国中西部出现了有史以来最严重的旱灾。当年的玉米产量比原来预计下降 35%，黄豆产量下降超过 20%，小麦产量比原来预计下降 10%，而大麦和燕麦的产量下降超过了 40%。从供给角度来看，谷物的供给曲线向左移动了，根据供给规律，在需求曲线一定的前提下，供给曲线大幅度左移应该导致农产品价格大幅度上升。事实上，当年夏末玉米价格已经迅速上升了 80%，黄豆价格上升了近 70%，而小麦价格则上升了 50%。

由于谷物是许多产品的基础，经济学家同时运用需求关系模型预测这场旱灾对其他产品的供求状况的影响。例如，谷物是牲畜的主要饲料，随着谷物价格上升，牛羊等各种牲畜的利润便相应下降，农民的积极性难免受到负面影响。因为牲畜每天都需要喂养，多留一天无疑意味着耗费更多的谷物，成本也相应越高，于是农场里出现了农民纷纷提前宰杀牲畜出售的现象。结果，在 1988 年，市场上可供选择的肉类供应量稍稍上升，虽然只是短期现象，却引起了肉类价格的轻微下降。

2.3　市场均衡分析

2.3.1　市场均衡与供求法则

将供给曲线和需求曲线画在同一个平面上，可清楚地分析供给与需求相互作用的结果。此时的横坐标既表示需求量，也表示供给量，如图 2－9 所示。

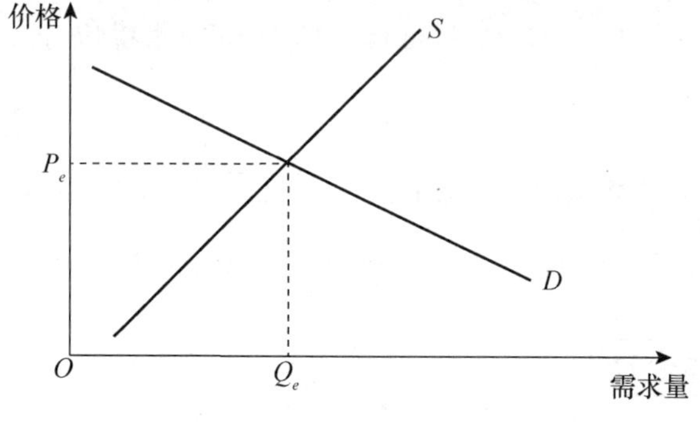

图 2－9　市场均衡

所谓市场均衡，是指在影响需求和供给的其他因素都给定不变的条件下，市场上的商

① 斯蒂格里茨.《经济学》小品和案例. 王尔山，肖倩，等译. 北京：中国人民大学出版社，1998：16-17.

品价格达到这样一种水平，即使得消费者愿意购买的数量等于生产者愿意供给的数量。在这种状态下，买者与卖者都不再希望改变当时的价格与买卖的数量。市场处于均衡状态时的价格称为均衡价格，与均衡价格相对应的成交数量称为均衡交易量（或均衡产量、均衡销量、均衡数量）。

用函数形式将市场均衡状态表示如下：

$$Q_s = Q_d$$

因此，当需求曲线和供给曲线都已给定，由此就可以求解均衡状态下的市场均衡价格和相应的均衡交易量。但并不是所有的商品在市场上都能达到均衡，大部分商品可能都处于非均衡状态，此时商品的价格不等于市场均衡价格。当商品价格高于市场均衡价格时，商品的供给量大于商品的需求量，市场上存在超额供给，卖者不能卖出他们想卖出的商品，此时，卖者会寻求降低价格来增加需求量，商品价格有向均衡价格移动的压力；当商品价格低于市场均衡价格时，商品的需求量大于商品的供给量，市场上存在超额需求，需求者不能买到他们想买的商品，此时，卖者会利用商品的短缺提高价格，由于价格上升，需求量就会减少，但供给量会增加，价格有向均衡价格移动的压力。供求法则，就是反映供求状况与价格之间的变化关系，即供求关系决定价格，价格反过来又影响供求关系。

【例题 2-4】假定一个市场由 A、B、C 3 个消费者组成，它们的单个消费者需求曲线分别为：$Q_A = 70 - 2P$；$Q_B = 200 - 4P$；$Q_C = 20 - 0.5P$。行业供给曲线为：$Q_s = 40 + 3.5P$。

求：（1）市场均衡价格和均衡产量。

（2）每人的购买量。

解：（1）市场需求曲线为：$Q_d = Q_A + Q_B + Q_C = 290 - 6.5P$

根据 $Q_d = Q_s$ 建立方程：

$$290 - 6.5P = 40 + 3.5P$$

解方程得均衡价格为 $P = 25$，将 P 值代入 Q_d 或 Q_s 中求得均衡产量为：

$$Q = 290 - 6.5 \times 25 = 127.5$$

（2）A、B、C 各自的购买量分别为：

$$Q_A = 70 - 2 \times 25 = 20; Q_B = 200 - 4 \times 25 = 100; Q_C = 20 - 0.5 \times 25 = 7.5$$

2.3.2 市场均衡的变动

市场均衡是由需求和供给双方共同确定的，因此，需求和供给任何一方发生变动或两者同时变动都会使原来的均衡发生变动。

（一）需求的变动与市场均衡量的变动

在影响需求的诸多因素中，除了商品本身的价格以外，其他因素的变化都会引起需求曲线的移动，从而导致原来的均衡发生变化。如消费者收入增加，在其他因素不变的情况下，相同的价格下可以购买更多的商品，需求曲线由 D_0 右移到 D_1，如图 2－10 所示。在供给 S_0 不变的情况下，均衡点由 E_0 移至 E_1，均衡价格由 P_0 涨到 P_1，均衡数量由 Q_0 增加到 Q_1。

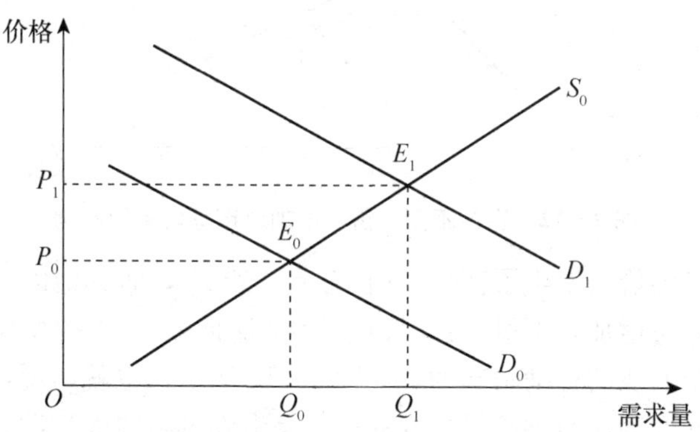

图 2－10　供给不变，需求增加对市场均衡的影响

但如果商品本身的价格发生了变化，由 P_0 上升到 P_1，而其他因素都不变，根据需求规律，商品的需求量会减少，不过，这时需求量由 Q_0 向 Q_1 发生的变化是沿着需求曲线变化的，而不是由需求曲线的移动引起的（如图 2－11 所示）。也就是说，需求曲线的移动将会引起市场均衡量的变动，而需求量的变动仅仅是沿着需求曲线移动，需求曲线本身不发生移动，因此，不会引起市场均衡量的变动。

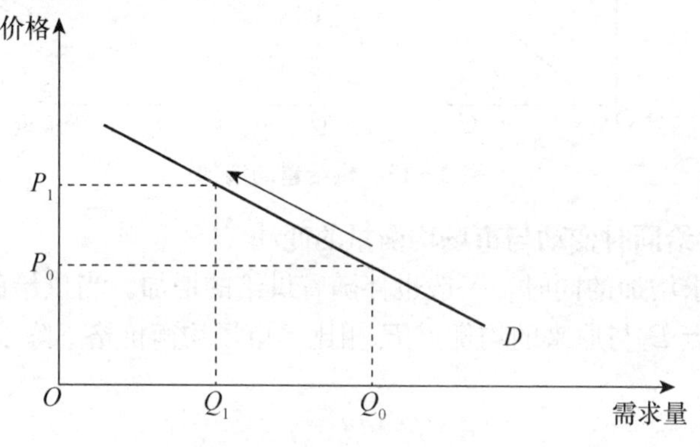

图 2－11　需求量的减少

（二）供给的变动与市场均衡量的变动

在影响供给的诸多因素中，除了商品本身的价格以外，其他因素的变化都会引起供给曲线的移动，从而打破原来的均衡，形成新的均衡点。如随着生产技术水平的提高，在其他因素不变的情况下，相同的价格下供给增加，供给曲线由 S_0 右移到 S_1，如图 2－12 所示。在需求 D_0 不变的情况下，均衡点由 E_0 移至 E_1，均衡价格由 P_0 降到 P_1，均衡数量由 Q_0 增加到 Q_1。

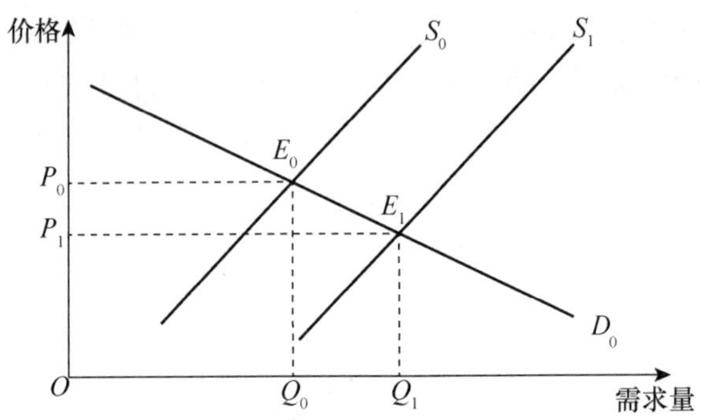

图 2-12　供给不变，需求增加对市场均衡的影响

但如果商品本身的价格发生了变化，由 P_0 上升到 P_1，而其他因素都不变，根据供给规律，商品的供给量会增加，不过，这时供给量由 Q_0 向 Q_1 发生的变化是沿着供给曲线变化的，而不是由供给曲线的移动引起的，如图 2-13 所示。也就是说，供给曲线的移动将会引起市场均衡量的变动，而供给量的变动仅仅是沿着供给曲线移动，供给曲线本身不发生移动，因此，不会引起市场均衡量的变动。

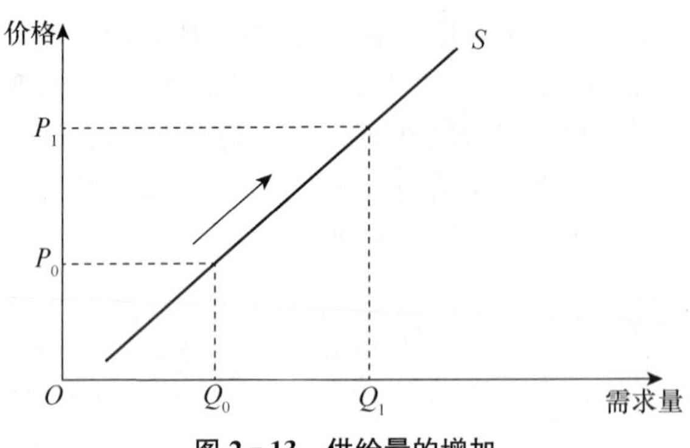

图 2-13　供给量的增加

（三）需求和供给同时变动与市场均衡量的变动

事实上，在需求增加的同时，一般也伴随着供给的增加。当供给的增加明显大于需求的增加，新的均衡点 E_1 与原来的均衡点 E_0 相比，市场均衡价格下降了，均衡数量上升了，如图 2-14 所示。

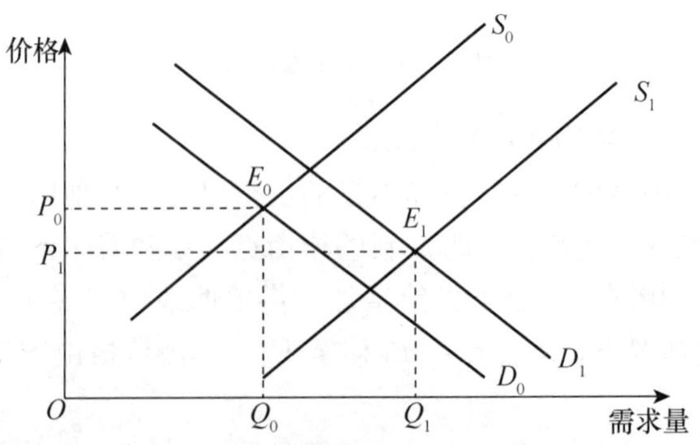

图 2-14　需求和供给增加对市场均衡的影响

同样，我们可以分析在供给不变时，需求减少；需求不变时，供给减少；以及需求增加、供给减少，或需求减少、供给增加（或减少）时市场均衡变动的情况。表 2-10 列出了需求与供给发生变动对市场均衡影响的各种情况。

表 2-10　　需求与供给变动对市场均衡的影响①

	供求变动状况	价格变动状况	数量变动状况
供给不变	需求增加	上升	增加
	需求减少	下降	减少
需求不变	供给增加	下降	增加
	供给减少	上升	减少
需求供给同时增加	程度相同	不变	增加
	需求增加超过供给增加	上升	增加
	供给增加超过需求增加	下降	增加
需求供给同时减少	程度相同	不变	减少
	需求减少超过供给减少	下降	减少
	供给减少超过需求减少	上升	减少
需求增加供给减少	程度相同	上升	不变
	需求增加超过供给减少	上升	增加
	需求增加小于供给减少	上升	减少
需求减少供给增加	程度相同	下降	不变
	需求减少超过供给增加	下降	减少
	需求减少小于供给增加	下降	增加

经济管理实务

咖啡价格的需求和供给变化②

咖啡价格的需求和供给变化解释了为何全部的咖啡价格从 1998 年到 2004 年下降了将近一半，达到了 30 年来的最低水平。咖啡价格的剧降使得种植咖啡的发展中国家的成千上万的农民和他们的家庭陷入极度贫困，而那些跨国企业（如雀巢）和咖啡店（如星巴克）却从咖啡销售中获得了高额利润。

咖啡市场的问题是由咖啡的供给大于需求造成的，使得咖啡价格下降。由于咖啡价格下降速度大于咖啡数量增长速度，所以，那些农民就陷入贫困了。从 1998 年到 2004 年，咖啡的供给量以两倍的速度增长着，因为很多新的国家（如越南）开始大规模生产和出口咖啡，其他一些国家（如印度尼西亚和巴西）也大量增加了出口量。这让种植者出卖的价格从 1998 年的 1.40 美元一磅下降到 2002 年 6 月的 0.48 美元一磅，这个价格已经低于了很多贫困的小种植农民的种植成本。当越来越多的大种植主不断增加生产量

① 陈宏民，赵旭．管理经济学．上海：上海交通大学出版社，2003：16-17.

② 萨尔瓦多．管理经济学．冷德荣，王伟，译．北京：清华大学出版社，2009：28.

以弥补价格损失时，咖啡的市场供给曲线变得更加垂直，使其价格从 2002 年到 2004 年之间下降得更快。

2000 年 5 月，巴西和哥伦比亚（分别为世界第一大和第三大咖啡出口国）发起的有 28 个成员国的咖啡生产国家联盟（ACPC）起草了一个计划，但并未成功减少咖啡出口和稳定咖啡价格。其后恶劣的天气却拯救了咖啡生产国。世界市场的咖啡供应量剧减，但是需求量仍在上升，导致了咖啡价格在 2005 年 5 月上升到了 1.2 美元。

2.3.3 价格管制对市场均衡的影响

通常在市场机制有效运行的市场体系中，如果价格趋于均衡的过程是收敛的，那么，当商品出现短缺或过剩时就会由于市场机制的作用而被消除，短缺和过剩状态将不会长期存在；但当这种市场机制遇到干扰时，这种状态就不能消除而是长期保持，从而出现非均衡状态。政府对市场价格的管制经常是非均衡状态出现的原因。

（一）政府规定最低价格

最低价格又称支持价格或价格下限，是政府为了扶持某一行业的生产、保护生产者的利益而规定的高于该行业产品均衡价格的一种非市场价格。如我国各航空公司为了争夺顾客，纷纷采取打折措施，有的航空公司的某些航线甚至最低可达到 2～3 折。为了避免这种恶性竞争，保护航空公司的正常利润水平，民航局制定了相关法规，规定了机票的最低折扣。此外，最低工资规定、粮食最低收购价等均属于政府规定最低价格。

由于最低价格高于均衡价格，势必造成超额供给，但由于此时价格下限限制了供给和需求向均衡价格的移动，就必然会导致供给过剩，如图 2-15 所示。这对生产企业既有利也有弊。如果政府要扶持该企业（或产品），采取将全部过剩产品收购，并全部出口的措施，那么企业可以在较高的价格下生产并销售其商品，这对生产企业是有利的，但带来的弊端是企业的竞争力降低、效率低下。

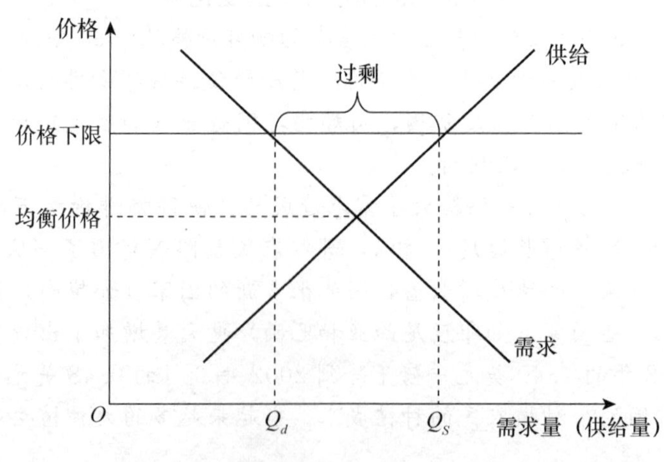

图 2-15　价格下限

资料链接

美国的农产品价格支持政策①

美国的农业保护程度比较高，农产品价格支持政策也比较完善，具体包括：(1) 制订农产品计划。美国政府每年根据下一年度市场对玉米、棉花、大米、小麦等主要农产品的需要制订农产品计划，农民自愿同政府签订合同，根据政府计划要求停耕、休耕、转耕一定比例的耕地，使其国内农产品供给保持一定水平。参加计划的农场主除了取得停耕补贴外，还可以取得无追索贷款，政府事先根据该产品的生产成本和合理收益制定出每单位农产品的支持价格，在农产品收获后5个月内，如果市场价格低于支持价格，生产者可以将农产品按支持价格抵押给农产品信贷公司，而不用归还市场价格与支持价格之间的差额；如果市场价格高于支持价格，生产者可以自己在市场上出售产品，然后偿还从农产品信贷公司取得的贷款本息。这样，支持价格就为农产品生产设置了一个最低保护价，从而消除了生产者因市场变化而产生的收入风险。(2) 制订农产品储备计划。为减少收获季节农产品的上市量，减缓农产品价格的季节波动，美国政府建立了农产品储备计划。政府专门成立农产品信贷公司，当市场价格低于目标价格时，它就从农产品计划参加者那里收购农产品，以提高市场价格；当市场农产品供不应求时，它就通过抛售农产品以平抑市场价格。除了农产品信贷公司的正常储备业务外，政府通过付给生产者一定的储存费用，让农民自己储备，并对农产品投放市场规定预先确定的“目标”市场价格水平。

(二) 政府规定最高价格

最高价格也称限制价格或价格上限，是指政府为了防止某些生活必需品的物价上涨而规定了低于这些物品的均衡价格的价格，即规定最高价格。如我国各省、市地方政府为了帮助中低收入家庭解决住房困难问题，建造了一定数量的经济适用房，地方政府对经济适用房明确规定了最高价格。当政府实行价格上限时，限制了市场价格向均衡价格的移动，必然导致商品短缺，如图2-16所示。生产企业必然会在大量潜在消费者中配给稀缺物品，

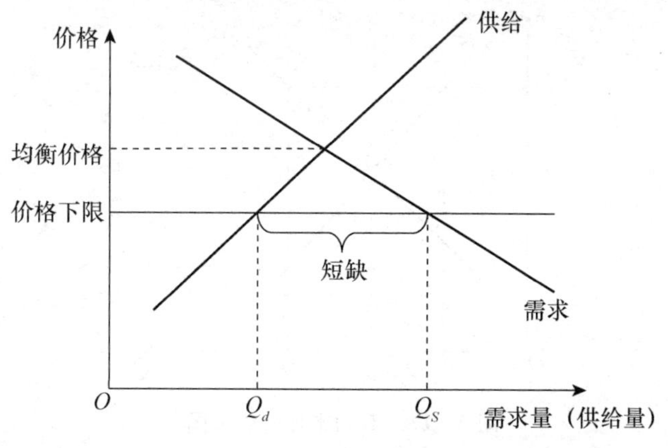

图2-16 价格上限

① 张存彦，刘宇鹏．农业支持与保护的国际比较．农业经济，2003 (1)：44.

其结果是，一方面，大量的需求者排队等候稀缺商品，造成时间浪费；另一方面，有些消费者为了不排队，可能向稀缺物品的供给者（或配给者）行贿。这既使市场无效率，又使市场不公平。

案例评析

最低工资制能保护劳动者的利益吗?

目前，许多国家都有最低工资法，我国根据劳动和社会保障部第 21 号令《最低工资规定》，自 1993 年建立最低工资制度，并且规定最低工资标准每两年至少调整一次。具体的最低工资标准各地差异较大，如上海与北京 2017 年最低工资标准分别为 2 300 元/月和 2 000 元/月。政府是否应该实施最低工资制度，对此，有许多经济学家持反对的意见，认为最低工资制度并不能完全保护劳动者的利益。

最低工资制实际上是一种价格下限政策，是政府为维护劳动者的利益而制定的。在劳动市场中，如果没有政府的干预，劳动者的工资由劳动力市场供求自发决定（见图 2-17），即劳动者工资为均衡价格 P_0，劳动雇用量（就业人数）为均衡数量 Q_0。由于工资水平较低，为保证劳动者的正常生活，政府规定了劳动者的最低工资为 P_1，此时，劳动的需求量为 Q_1，供给量为 Q_2，劳动的供给量大于需求量，存在劳动过剩，即最低工资制造成劳动者失业，失业人数为 Q_1Q_2。能力强、经验丰富的劳动者不受最低工资法的限制，因为这类人群的工资远远高于最低工资。最低工资制将影响那些工资在 P_1 之下、P_0 之上的就业者，他们中的一部分人（即 Q_1 这部分就业者）因最低工资制的实施而受益，而 Q_1Q_2 这部分失业者，就无法享受最低工资制的好处，特别是 Q_1Q_0 这部分劳动者处境将更糟糕，因为没实施最低工资制之前这部分劳动者可以就业，得到 P_0 的工资收入，而实施最低工资之后，失去了仅有的一点收入来源。由此可见，实施最低工资制只能保护部分劳动者的利益，而且会带来劳动市场的失业问题。

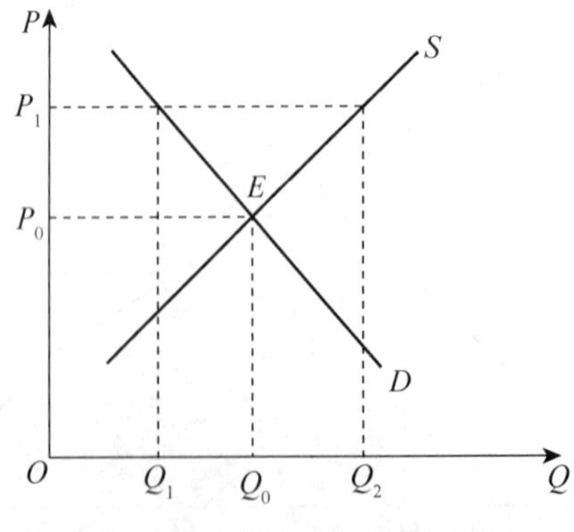

图 2-17　劳动市场的供求图

小　结

本章对影响市场需求的因素进行了分析。消费者对商品的需求是指消费者在一定时期内在各种可能的价格水平下愿意并且能够购买的商品或劳务的数量。它受很多因素的影响，其中主要有：商品的价格、相关商品的价格、消费者的收入、消费者对商品的预期、消费者对商品的偏好等。通过对影响需求量的因素的分析，导出了需求函数。需求函数就是需求量与影响它的所有因素之间的函数关系；典型的需求曲线是向右方下倾斜的，表明消费者愿意以更低的价格购买更多单位的商品或服务。当价格变动，影响需求的其他因素不变时，会使需求量发生变化；当价格不变，影响需求的其他因素变动时，会使需求发生变化。在图形上，前者表现为价格和需求量的组合点在同一条需求曲线上运动，后者表现为需求曲线的位移。

需求估计可以运用市场调查和统计法两种方法。市场调查方法用直接方法对需求进行估计，对消费者直接进行调查，估算某种商品的需求。运用统计方法估计需求主要是运用回归分析法，依据观察数据，根据最小二乘法基本原理，找出这些数据点的最佳拟合曲线，从而确定需求函数的需求曲线。回归分析通常包括四个步骤，即：建立理论模型、收集数据、选择函数形式、估计和解释结果。

需求预测的方法很多，从简单到复杂，从定性到定量，每种预测技术都用于一种特定情况。本章介绍了时间序列分析、调查和民意测验技术、经济计量模型、投入和产出技术等四种预测方法。

本章对影响供给的因素进行了分析。商品的供给是指生产者在一定时间内在各种可能的价格水平下愿意提供并且有能力提供的商品或劳务的数量。它受很多因素的影响，其中主要有：商品的价格、替代商品的价格、生产成本、生产者对价格的预期等。通过对影响供给量的因素的分析，导出了供给函数。供给函数就是供给量与影响它的所有因素之间的函数关系；典型的供给曲线是向右上方倾斜的，表明生产者愿意以更高的价格提供更多单位的商品或服务。当价格变动，影响供给的其他因素不变时，会使供给量发生变化；当价格不变，影响供给的其他因素变动时，会使供给发生变化。在图形上，前者表现为价格和供给量的组合点在同一条供给曲线上运动，后者表现为供给曲线的位移。

市场均衡是指在影响需求和供给的其他因素都给定不变的条件下，市场上的商品价格达到这样一种水平，即使得消费者愿意购买的数量等于生产者愿意供给的数量。在这种状态下，买者与卖者都不再希望改变当时的价格与买卖的数量。市场处于均衡状态时的价格称为均衡价格，与均衡价格相对应的成交数量称为均衡交易量（或均衡产量、均衡销量、均衡数量）。市场均衡是由需求和供给双方共同确定的，因此，需求和供给任何一方发生变动或两者同时变动都会使原来的均衡发生变动。另外，价格管制也会使原来的均衡发生变动。

经济管理问题分析

中国汽车市场的风云变幻，充分体现了供求规律的作用。供求规律告诉我们，供求关系决定价格，价格反过来又影响供求关系。价格机制使得商品的价格围绕价值波动。当汽车市场供不应求，汽车价格上涨，汽车企业就会不约而同地增加产能，增加供给，从而使供给与需求达到短期均衡，价格下降，接近汽车的价值。同样，当汽车需求减少时，汽车市场供过于求，汽车价格下跌，汽车企业就会主动减少产能，减少供给，也使汽车的供给与需求达到短期均衡，汽车价格上升，接近汽车的价值。

除了市场价格机制对汽车市场的供求关系产生影响外，政策的拉动或抑制也会影响汽车市场的供求关系变化。就单个汽车企业而言，其供给决策和需求分析还受消费者的偏好、消费者的预期、生产成本、对未来汽车价格的预期等的影响。所以，汽车企业要在全面了解影响供给和需求的因素的基础上，进行未来目标市场的需求分析和预测，做出供给决策。

复习与思考

一、名词解释

需求函数　需求曲线　供给函数　供给曲线　市场均衡　均衡价格　支持价格　限制价格

二、选择题

1. 在某一时期内彩色电视机的需求曲线向左平移的原因是：

A. 消费者对彩色电视机的预期价格下降

B. 消费者对彩色电视机的预期价格上升

C. 彩色电视机的价格上升

D. 黑白电视机的价格上升

2. 在得出某种商品的个人需求曲线时，不保持为常数的因素是：

A. 个人收入　　B. 其余商品的价格

C. 所考虑商品的价格　　D. 个人偏好

3. 均衡价格随着：

A. 需求与供给的增加而上升　　B. 需求的减少和供给的增加而上升

C. 需求的增加和供给的减少而上升　　D. 需求和供给的减少而上升

4. 我们在研究市场需求的时候，应明确需求和需要的区别。其二者的区别在于：

A. 购买行为是否满足供求关系　　B. 消费者是否具有购买的能力

C. 消费行为是否满足价值规律　　D. 消费者是否具有购买的意愿

5. 市场需求是：

A. 均衡的产品需求　　B. 宏观调控下的需求

C. 与市场供给相抵消后的需求　　D. 消费者需求的总和

6. 商品甲价格上升，需求量降低，引起了商品乙的需求随之降低，则这两种商品属于：

A. 替代品　　B. 无关品　　C. 互补品　　D. 其他

7. 某一时期，稻米的供给曲线向右平移的原因可能是：

A. 小麦价格下降　B. 稻米价格上升　C. 良好的气候条件　D. 稻米成本上升

8. 下列关于支持价格的说法中，正确的有：

A. 总是高于均衡价格　　B. 总是低于均衡价格

C. 导致市场过剩，需要政府收购　　D. 导致市场短缺，需要实行配给制

三、问答题

1. 影响商品需求量的因素有哪些？分析它们对需求量存在什么样的影响？

2. 影响商品供给量的因素有哪些？分析它们对供给量存在什么样的影响？

3. 需求估计有哪些主要的方法？

4. 回归分析法估计需求的四个步骤各是什么？请详细说明。

5. 需求预测有哪几种主要方法？请详细解释。

6. 如果对企业征税，会使企业生产的商品的供给曲线左移，使均衡价格上升，均衡产量下降，你认为对不对？为什么？

四、计算题

1. 某窗帘公司所出售的廉价窗帘的需求函数估计如下：

$$Q_d=1\,200-20P+0.1I+0.08A$$

式中，Q_d为对窗帘的需求数量，P 为每幅窗帘的价格，I 为销售地区的人均收入，A 为该公司的广告支出。所有数据均以月为单位，当前的人均收入和广告支出数量分别为每月 1 200 元和每月 4 000 元。求：

（1）设 I 值和 A 值不变，该公司的窗帘的需求曲线是什么？

（2）如果该公司希望实现月销售收益的最大化，在上述数据条件下，价格应定为多少？收益又为多少？

2. 已知某商品的需求曲线为：$Q_d=1\,000-20P$，供给曲线 $Q_s=20P$（单位：件、元），求：

（1）市场均衡点价格与产量。

（2）如果供给不变，总需求增加 10%，求新的需求曲线以及新的均衡价格与产量。

（3）如果需求不变，总供给下降 10%，求新的供给曲线与市场均衡价格与产量。

3. 假定棉布的需求曲线为：$Q_d=10-2P$，棉布的供给曲线为：$Q_S=1/2P$（Q_d、Q_S均以万米为单位，P 以元/米为单位）。试问：

（1）棉布的均衡价格是多少？

（2）棉布的均衡销售量是多少？

（3）如果政府规定棉布的最高价格为 3 元/米，棉布的供求关系会发生什么变化？

（4）如政府对棉布征税，税额为每米 1 元，征税后均衡价格应是多少？

4. 某公司在 9 个地区投入的广告费和销售量资料见表 2－11。

表 2 - 11　　某公司广告费和销售量资料

地区	1	2	3	4	5	6	7	8	9
广告费 X_i	80	100	90	120	150	140	110	120	160
销售量 Y_i	150	250	200	240	280	300	240	250	300

试确定广告费与销售量的线性回归方程，并预测当某地区投入广告费为 150 万元时，该地区的销售量为多少？

案例研究

手机芯片市场的供求态势①

半导体包括分立器件、光电子、传感器、集成电路四大类型。其中，由于集成电路（通常又称芯片）占整个半导体销售额的比重高达 84%，是整个半导体工业的核心，因此，芯片也经常成为整个半导体工业的代称。整个芯片行业又可以细分为模拟电路、微处理器、逻辑电路和记忆体四类，分别占比 15%、18%、28%、23%。从 2016 年下半年开始，全球 DRAM 内存产品率先开始涨价。本次涨价的原因主要是需求扩大，供给没有及时补上导致的供求失衡：供给方面，三星、海力士等主要供应商没有扩产；需求方面，由于智能手机内存升级扩大导致内存需求增大，但晶圆厂的建设需要时间，因此无法在短期内实现产能的快速增加，预计本轮涨价有望持续到 2018 年。

目前全球芯片市场仍以智能手机及 PC 为主，汽车电子等领域的芯片需求正在成为芯片领域的新热点。以智能手机为主要下游的芯片市场，在全球智能手机持续增长的态势下仍将受益于存量换机。在 2017 年以 iPhone 为代表的智能手机创新下，新增功能的芯片需求也将迅速增加。此外，汽车电子、物联网、5G 等新产业的兴起将继续增加芯片的需求。

国内市场的半导体需求旺盛。2016 年中国半导体消费量已经占到全球的 1/3，中国集成电路产业销售额为 4 335.5 亿元，同比增长 20.1%。2016 年中国集成电路进口额达 2 270 亿美元，2017 年中国集成电路贸易逆差达 1 932.6 亿美元，庞大的中国市场是半导体产业企业纷纷想分享的“一块大蛋糕”。中国半导体消费量高的原因：一是中国制造业环境优势。在中国完整的产业链集群和相对低廉的熟练技工的吸引下，外资电子制造企业纷纷选择在中国设厂；二是中国制造的崛起。中国智能手机企业的快速发展也为中国芯片市场带来了大量的需求。

国内的半导体需求高涨，但是相比较下，国内的晶圆（晶圆指硅半导体集成电路制作所用的硅晶片）产能与需求量严重不匹配，这也是国内半导体贸易逆差不断扩大的原因。据统计，2016 年中国占全球半导体消费市场的 1/3，但仅占全球晶圆产能的 10.8%。

中国芯片市场巨大的供需缺口使得中国成为全球半导体投资重地。2015 年在国家

① 搜狐网. 2018 年主题展望之科技篇（合集）[EB/OL].（2018-01-04）[2018-06-18]. http://www.sohu.com/a/214911069_100006671.

产业基金的支持下，国内企业纷纷建设晶圆厂。据国际半导体设备与材料产业协会（SEMI）的估计，目前处于规划或建设阶段，预计将于2017—2020年投产的62座前端半导体晶圆厂，其中26座设于中国（不含港澳台地区），占全球总数的42%。外资企业看到中国广阔市场以及供求不平衡的情况，也加入在国内设厂的行列中，2018年以来，格罗方德、三星等大厂均宣布在华设厂，或者扩产。外资设厂的原因除了看到中国的市场外，还有以下两个原因：（1）避免中国本土市场持续增长的半导体需求带动本土半导体企业的发展后丢失中国市场份额；（2）享受中国政府对高端外资企业的优惠政策。中国政府也乐于见到国际大厂来华，因为这可以为中国带来高端的技术、先进的管理经验、产业人才并完善产业生态。

中国庞大的芯片市场一直被海外半导体巨头所掌控，如中央处理器领域的英特尔，手机芯片领域的高通，存储器领域的三星、海力士，图形处理器领域的英伟达、AMD等。这些海外巨头几乎垄断了全部主流的芯片领域。因此，我国不得不每年从海外进口超过2 000亿美元的芯片，这一金额大约是2016年石油进口金额的两倍。

比巨额的芯片进口费用更令人担忧的，是芯片严重依赖西方发达国家带来的国家信息安全和国家战略压力。一个典型的例子是2012年，中兴通过签订合同的方式，将一批搭载了美国科技公司软硬件的产品出售给伊朗最大的电信运营商伊朗电信（TCI）。结果次年3月，美国商务部宣布对中兴通讯进行制裁。制裁手段是向中兴的美国供货商发出禁令，禁止这些公司向中兴通讯继续提供美国制造的产品。由于中兴的产品和设备大量依赖来自美国的芯片，包括美国高通、IBM、英特尔在内的上百家美国大型公司都是中兴通讯的供货商，如果合作全部中止，中兴将面临“无米下炊”的困境。因此中兴不得不在被“封杀”一年后认罚，与美国商务部和解，同时支付约8.9亿美元的刑事和民事罚金，（另有3亿美元罚金被暂缓，是否支付取决于未来七年公司对协议的遵守并继续接受独立的合规监管和审计）。如果我国不能在芯片上实现独立自主，可以预见类似的事件今后还将继续发生，继续损坏国家战略、安全和经济利益。

《中国制造2025》提出2020年中国芯片自给率要达到40%，2025年要达到70%，但目前国内的自给率仍为10%左右，按照国家规划，接下来几年我国半导体产业将迎来高速发展。

2014年9月24日，国家集成电路产业投资基金（以下简称大基金）成立，截至2017年4月底，大基金已经投资了37家企业，46个项目，并承诺投资850亿元，实际出资628亿元（包括直接投资及生态建设项目间接投资），投资项目涉及设计、制造、封测、设备、材料，基本完成全产业链布局。国家产业基金一期资金总额1 387亿，带动地方集成电路产业发展基金的目标规模合计已经高达5 000亿元。第二期有望在2018年推出，资金总额将接近2 000亿。大基金一期的数百亿美元投入如今正在开花结果，据SEMI预计，中国（不含港澳台地区）的晶圆厂2017年预计有6座上线投产，2018年达到高峰，共有13座晶圆厂加入营运，这些将于2018年完工的晶圆厂多数为晶圆代工厂。当前主流的12英寸晶圆厂，在过去两年中全球共兴建了17座，其中就有10座设在中国（不含港澳台地区），同期日本与韩国仅各增加1座。这些晶圆厂中大部分将在2018年陆续迎来投产。这些产能达产后，预计会为中国带来12英寸晶圆产能61.5万片/月，是当前12寸晶圆产能的 1.57 倍。

请根据以上案例所提供的资料思考以下问题：

（1）分析我国芯片市场的供求态势，说明我国手机芯片市场的严峻形势及手机企业面临的挑战。

（2）收集近 5 年我国智能手机销量和手机芯片需求的相关数据资料，尝试进行回归分析，预测未来两年我国手机芯片的需求量。

第 3 章　消费者效用分析

经济管理问题

天猫“双十一”的购物狂欢

截至2017年11月，天猫商城“双十一”购物节已经举办了9届。在过去的9届里，“双十一”期间天猫商城的成交额呈爆发式增长，2009年销售额仅为5 200万元，2010年便增至9.36亿元，2011年飙升至52亿元，2012年实现191亿元成交额，2013年“双十一”销售额达362亿元，占当天中国社会消费品零售总额的一半以上，2014年的战绩更是突破了571亿元，2015年交易额达912亿元，2016年交易额达1 207亿元。2017年全球超过14万品牌投入1 500万种商品参与天猫“双十一”，海内外超100万商家线上线下打通，近10万家智慧门店、超50万家零售小店共赴新零售。2017天猫全球狂欢节“双十一”全天成交额达1 682亿！一年又一年的刷新突破，天猫商城“双十一”的成功背后到底有什么秘诀呢？

企业在做生产什么、生产多少的决策时，不可避免地要考虑消费者的偏好对商品需求量的影响。在第2章所讨论的都是消费者对于一种商品的需求。那么，消费者在消费多种商品时，为了使自身获得最大的满足程度（即效用最大化），怎样决定各种商品的消费量呢？当你学完这一章后，就会对消费者为什么选择购买这一产品而放弃另一产品这一问题有了很好的理解。

3.1 效用理论概述

3.1.1 效用的概念

在经济学的理论框架中，在一定的资源约束条件下，人们以自己能够实现最大化的效用为导向来进行决策。那么什么是效用呢？

无论是吃饭穿衣还是读书旅游，人们都会从商品或者服务消费中得到某种满足。我们把消费者在消费商品或服务时所感受到的满足称作效用（utility）。在19世纪，不少社会科学家都曾希望能够开发出准确度量效用的器械。比如说，利用某种器械把电极接在一个人的头部，就可以读出他的效用或幸福程度。然而，时至今日，这一希望仍然是一种梦想。效用本质上是人们对消费所带来的收益的主观体验和评价，对不同的人的效用进行比较具有难以克服的技术性困难，人们无法判断张三和李四的效用水平孰高孰低。因此，某种物品效用的大小会因人而异。比如说，香烟对吸烟者来说具有很大的效用，而对那些根本不吸烟的人来说就没有效用，甚至有负效用。负效用是指商品或劳务带给人们不舒适或痛苦的感觉。

经济学家认为，效用是消费者对商品和服务的主观评价，是一种主观的心理感觉。效用本身并不包括有关是非的价值判断。也就是说，一种商品和服务效用的大小，仅仅看它能满足多少人们的欲望或需要，而不考虑这一欲望或需要的好坏。例如，从伦理学的角度来看，

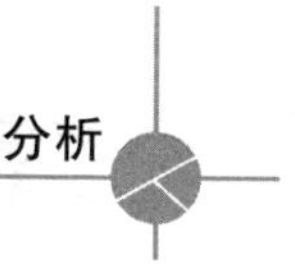

吸毒是坏欲望，但毒品能满足吸毒者的这种欲望，因此它对吸毒者来说就具有效用。

另外，效用因人、因时、因地而不同。例如，羽绒服在热带对人没有什么效用，而对于在南极探险的人却具有很大的效用。同样一条鱼，对一个喜欢吃鱼的人来说，它能产生较多的效用，而对一个不喜欢吃鱼的人来说，产生的效用就较少，甚至不产生效用。

资料链接

“幸福方程式”与“阿 Q 精神”①

我们消费的目的是获得幸福。对于什么是幸福，美国的经济学家萨缪尔森用“幸福方程式”来概括。这个“幸福方程式”就是：幸福＝效用/欲望。从这个方程式中我们看到欲望与幸福成反比，也就是说人的欲望越大越不幸福。但我们知道人的欲望是无限的，那么多大的效用不也等于零吗？因此，我们在分析消费者效用时，假定人的欲望是一定的。那么，离开分析效用理论时，再来思考萨缪而森提出的“幸福方程式”，真是觉得他对幸福与欲望关系的阐述太精辟了。

在社会生活中，对于幸福，不同的人有不同的理解：政治家把实现自己的理想和抱负作为最大的幸福；企业家把赚到更多的利润当作最大的幸福；教师把学生喜欢听自己的课作为最大的幸福；老百姓往往觉得平平安安、衣食无忧就是最大的幸福。幸福就是一种感觉，自己认为幸福就是幸福，但是许多人一般都把拥有的财富多少看作衡量幸福的标准。一个人的欲望水平与实际水平之间的差距越大，他就越痛苦；反之就越幸福。从“幸福方程式”使我想起了“阿 Q 精神”。

鲁迅笔下的阿 Q 形象，是用来揭露中国老百姓的那种逆来顺受的劣根性的。但是，人生如果一点“阿 Q 精神”都没有，会感到不幸福。因此，“阿 Q 精神”在一定条件下是人生获得幸福感的手段。在市场经济发展到今天，贫富差距越来越大，如果穷人的欲望过高，那只会给自己增加痛苦。所以倒不如用“知足常乐”“阿 Q 精神”来降低自己的欲望，使自己虽穷却也活得幸福自在。

3.1.2　效用理论的基本假设

与其他所有的经济模型一样，效用理论也使用了一些简单化的假设，这些假设帮助我们直接探讨消费者行为的基本决定因素，而忽略那些消费者决定过程中的次要因素。我们先简单地来介绍一下这些假设。

(一) 完全信息

效用理论假设：消费者已经掌握与他们消费决策有关的全部信息，他们知道所有可获得的商品和服务的范围，以及它们能提供的效用。各种商品的价格同样为消费者所知，消费者在这段时间内的收入也是已知的。的确，在现实生活中，假设有完全的信息是对现实

① 经济学案例（一）[EB/OL]. （2007－08－20）[2018－06－18]. http://blog. sina. com. cn/s/blog_53a10f28010009ib. html. 有删改.

的抽象，但是信息充分这个假设，并没有歪曲真实世界中人们消费决策的局面。这样做，我们可以把注意力集中在真实的消费选择上，而不受外来的细节干扰。

（二）偏好次序

效用理论的第二个假设是：消费者有能力将所有商品分组排序。消费者在面对两个或两个以上的商品组时，能够决定对它们的偏好排序。

消费者可以偏好两种组合中的任一种，或者是无差别地对待这两种组合，一个对两种组合的偏好一样的消费者，显然是觉得这两种组合任一种能给他带来的满足度是相同的，而有偏好的人觉得所偏好的组合能比不偏好的组合带来较大的满意度。

我们还假设消费者在下列情况下是理性的，如果有 3 个商品组 A、B、C，而且消费者对 A 的偏好大于 B，对 B 的偏好大于 C，那么对 A 的偏好一定大于 C；或者对 A 的偏好和对 B 的偏好无差异，对 B 的偏好大于 C，那么对 A 的偏好也一定大于 C。如果消费者可以把任意两个商品组合排队，那么他们就可以把所有的商品或服务的组合排序。

最后，我们假设消费者对数量多的商品的偏好大于数量少的同类商品。

3.1.3 基数效用与序数效用

效用表示消费者在消费商品时所获得的满足程度，那么如何度量效用呢？经济学家对此先后提出了基数效用概念和序数效用概念，并在此基础上形成了分析消费者行为的两种方法，即基数效用论的边际效用分析方法和序数效用论的无差异曲线分析方法。

（一）基数效用论

基数效用论形成于 19 世纪。基数效用（cardinal utility）分析法也称边际效用分析法（marginal utility approach）。这种方法认为，一种商品或劳务效用的大小，可以用基数（1，2，3…）测量。基数效用论者认为，效用可以像长度、温度一样加以具体的衡量并可加总求和，衡量单位是效用单位。效用单位为英文效用一词的缩写 Util（尤特尔）。人们就是根据这个效用计数单位来衡量不同商品效用的大小。例如，吃一个面包得到的满足是 4Utils，看一场电影的满足是 8Utils，等等。

（二）序数效用论

序数效用论产生于 20 世纪 30 年代。由于效用本身是一个主观心理的概念，可以因人、因时、因地而不同，同一商品是否有效用以及效用大小如何，完全取决于消费者的主观评价，而不同的消费者由于个人偏好或欲望强度不同，其对商品的主观评价是完全不同的。因此，序数效用论认为效用的绝对量大小根本无法测定，无法用某种统一的单位表示出来，它们只能根据消费者的个人偏好程度排列出效用大小先后的顺序。比如，假定在 A、B 两种商品中，消费者选择 A 商品而放弃了 B 商品，则表明对这个消费者而言，A 商品的效用是大于 B 商品的。或者说，A 商品的效用第一（最大），B 商品的效用次之（第二），如此等等。因此，在序数效用论者看来，效用根本不是一个数量概念，而是一个次序概念，其大小根本不能用“1”“2”“3”之类的基数词来表示，只能用“第一”“第二”“第三”之类的序数词来表示，故称为序数效用论。

由于基数效用论和序数效用论对效用本身的理解不同，由此就形成了两种不同的消费

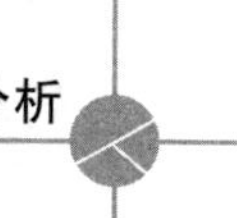

者行为理论。基数效用论者在自己的效用理论基础上建立了自己的消费者行为理论，即以边际效用分析为基础的消费者行为理论。序数效用论者也在自己的效用理论基础上建立了自己的消费者行为理论，即以无差异分析为基础的消费者行为理论。下面分别对这两种消费者行为理论予以介绍。

资料链接

效用理论的产生

英国功利主义哲学家和经济学家杰里米·边沁（Jeremy Bentham，1748—1832 年）最早提出了效用概念。他提出政治经济学应是研究效用的科学，所谓效用，是指物品能使人获得幸福和避免痛苦的能力，一切物品的价值都在于它的效用，因此政治经济学应以最大幸福原理和效用原理为基础。

50 年之后，英国近代著名经济学家斯坦利·杰文斯（Stanley Jevons，1835—1882 年）提出了边际效用的概念，杰文斯是边际效用学说的创始人。1871 年，杰文斯出版了其一生中最重要的著作《政治经济学理论》。在该书序言中，他开宗明义地指出："在本书中，我尝试经济学为快乐与痛苦的微积分"。杰文斯从经济学最基本的范畴"效用"入手，开始了他所谓的"尝试"。他说，"我的主要工作是探究效用的性质和条件""凡能引起快乐或避免痛苦的东西，都可以有效用"，因此"快乐和痛苦是经济学计算和研究的对象"。在杰文斯看来，体现效用的快乐和痛苦是一种心理感觉，这种心理感觉不仅是可以计量的，而且可以通过一组无单位的基数来比较它们的大小和强弱。这就是所谓的基数效用论。在这一基础上，杰文斯详细考察了效用变化的数量规律，他指出，一个人从同一种消费品中获得的效用将随消费量的增加而不断减少。这就是所谓的"边际效用递减规律"。

边际效用学说对经济学产生了深远的影响：第一，它是马歇尔创立新古典经济学两个重要的理论来源之一（另一个是以亚当·斯密为代表的古典经济学），而现代经济学则是建立在新古典经济学基础上的；第二，它把微积分引入了经济分析，从而为经济学成功地运用数学工具奠定了重要的基础。从这个意义上说，边际效用学说是一场革命，它直接导致了现代经济学的产生。

20 世纪 30 年代以后，经济学家开始对基数效用论表示困惑和不满，特别是对效用的计量以及计量的单位问题产生了怀疑。1934 年，英国经济学家希克斯（1972 年诺贝尔经济学奖获得者）和艾伦在《价值理论的再思考》一文中提出，效用作为一种心理现象是无法计量的，因为我们不可能找到计量的单位。因此，所谓效用只是指消费者如何在不同的商品和服务之间进行排序。文中运用无差异曲线和无差异分析对效用进行了重新诠释。这就是所谓的序数效用论。1938 年，美国经济学家萨缪尔森（1970 年诺贝尔经济学奖获得者）在《关于消费者行为理论的一个解释》一文中进一步提出，"效用作为一种主观心理状态是观察不到的"，但我们"可以观察到消费者的行为"：当消费者在市场上选择了某一消费品组合时，他的"偏好"就同时被"显示"了；因此经济学家无须用数量来描述，就可以判断这一组合必然是效用最大的。这就是所谓的"显示偏好"理论。自希克斯和萨缪尔森以后，一般认为，效用的计量问题已经解决了，或更准确地来说，人们认为无须考虑效用的计量，经济学也可以建立自己的理论大厦。从此，经济学家把主要精力转向生产者行为以及与之相关的范畴，比如产量、成本、收益和利润的研究上，并在这一领域取得了辉煌的成就。

今天，无差异分析和显示偏好理论是经济学有关消费者行为的标准理论。但出人意料的是，效用可以计量的观点并没有消失。在广泛使用的经济学入门教科书中，“基数效用论”和“序数效用论”往往被安排在同一章中介绍给读者。两种截然相反的理论竟可以如此相安无事地“和平共处”，这在其他学科中也许是没有的。一种可能的解释是：在找到令大多数经济学家满意的计量方法前，人们只能迁就于效用的“排序”。但一种能够排出顺序（不管按照什么标准和特征）的事物，居然无法进行量上的比较，这是一件荒唐的事！稍做分析我们就会发现，无论序数效用论还是显示偏好理论，其实都是在回避问题而不是解决问题。如果效用真是无法计量的，经济理论的根基就将动摇，“因为大多数经济理论最终都是以一个使其偏好或效用最大化的消费者为基础的，所以，对于发展和检验理论，这个问题显然是至关重要的”。看来，无论经济学家怎么努力，经济学都无法绕过“效用计量”这道坎。

3.2 基数效用论与边际效用分析

3.2.1 总效用与边际效用

总效用（total utility，TU）是指消费者在一定时期内从一定数量的商品消费中获得的效用量的总和。在一定范围内，总效用随着消费者所消费商品数量的增加而增加。边际效用（marginal utility，MU）是指消费者在一定时间内增加一单位商品的消费时，所获得的总效用量的增量。边际效用的计算公式为：

$$MU=\Delta TU/\Delta Q$$

式中，Q 为消费者对某一种商品的消费数量，ΔQ 为某一种商品消费量的增量。

如果商品消费量的增量 ΔQ 非常小，趋近于零，即 $\Delta Q\rightarrow 0$，边际效用就是总效用对商品消费量的一阶导数，即：

$$MU=\lim_{\Delta Q\rightarrow 0}\frac{\Delta TU}{\Delta Q}=\frac{\mathrm{d}TU}{\mathrm{d}Q}$$

表 3-1 表明某位消费者从某饮料消费中得到的效用。根据此表所示，消费第一瓶饮料的边际效用是 10 个单位，总效用为 10 个单位；第二瓶饮料的边际效用是 8 个单位，总效用为 18 个单位；第三瓶饮料的边际效用是 6 个单位，总效用为 24 个单位；依此类推。效用曲线见图 3-1。

表 3-1　　某饮料消费的效用表

每次消费的饮料数量（瓶）	总效用	边际效用
0	0	—
1	10	10
2	18	8
3	24	6
4	28	4
5	30	2
6	30	0
7	29	−1

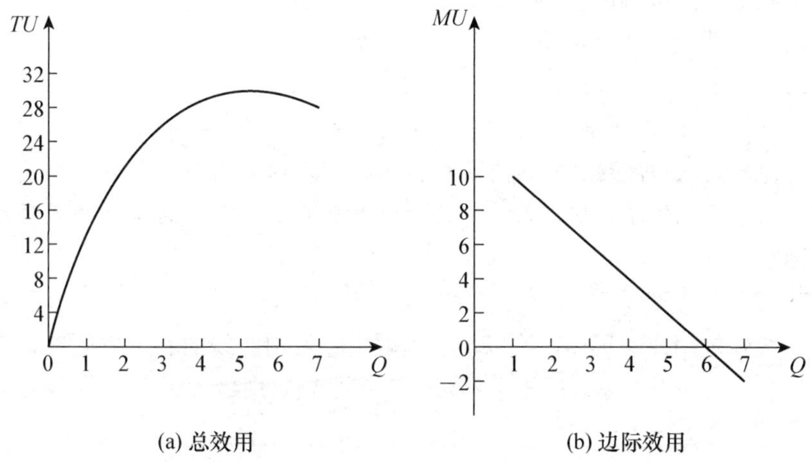

(a) 总效用　　(b) 边际效用

图 3-1　效用曲线

根据以上总效用与边际效用的概念与计算，可以看出总效用与边际效用的关系表现为：

当 $MU>0$ 时，总效用曲线呈上升趋势，表明总效用会随着消费量的增加而增加，但增加的幅度是递减的。消费者消费某种商品或劳务越多，则总效用或总满足程度越大。

当 $MU=0$ 时，总效用曲线达到最高点，表明总效用取得最大值。这种情形意味着消费者从该商品或劳务的消费中所能够得到的一切可能的满足都得到了，该商品的消费量达到了饱和点。

当 $MU<0$ 时，总效用曲线呈下降趋势，表明总效用会随着消费量的增加而减少。

如果总效用曲线是连续的，则每一消费量上的边际效用值是总效用曲线上相应点的切线的斜率。

3.2.2 边际效用递减规律

由表 3-1 可以看出：随着消费数量的增加，边际效用在不断减少，总效用增长趋于缓慢，边际效用从 10 个单位，下降到 8 个单位、6 个单位、4 个单位、2 个单位，消费量为 6 瓶时，边际效用为 0，消费量超过 6 瓶后，边际效用为负。这种边际效用呈下降趋势的现象称为边际效用递减规律。虽然一个消费者的需求从整体上来说是无限的，但对于某一种具体商品而言，在一定时间内的需求是有限的。一般情况下，随着某一种商品或服务的消费数量不断增加，它所带给消费者的效用增量是递减的，即消费者得到的边际效用最终会下降。这就是边际效用递减规律。

对于一个消费者来说，某一种商品边际效用的大小，主要取决于商品消费量的大小。当消费量很小时，消费者对商品的欲望或需要越强烈，一旦欲望得到满足，消费者会感到很大的满足，产生很大的边际效用，换句话说，商品越稀缺，消费者越不易得到它，边际效用也就越大。

一般边际效用大于零。因为，消费者是理智的，每位消费者都是在理智控制下，使自己的消费效果在最好的范围内，不会花钱购买不需要的消费品进行消费，因此，在边际效用还未为负时，消费行为就已经停止了。

小思考

什么是边际效用递减规律？我有一根筷子，别人给我另外一根，我很高兴，因为这样就可以用筷子吃饭了，所以，我认为此时对我而言筷子的边际效用是递增的。这样理解对吗？

由于存在边际效用递减规律，所以不难理解边际效用曲线向右下方倾斜，而总效用曲线是倒“U”形曲线，当边际效用等于零时，实现了总效用最大。

经济管理实务

吃三个面包的感觉①

美国总统罗斯福连任三届后，曾有记者问他有何感想，总统一言不发，只是拿出一块三明治面包让记者吃，这位记者不明白总统的用意，又不便问，只好吃了。接着总统拿出第二块，记者还是勉强吃了。紧接着总统拿出第三块，记者为了不撑破肚皮，赶紧婉言谢绝。这时罗斯福总统微微一笑：“现在你知道我连任三届总统的滋味了吧？”这个故事揭示了经济学中的一个重要的原理：边际效用递减规律。

总效用是消费一定量某物品与劳务所带来的满足程度。边际效用是某种物品的消费量增加 1 单位所增加的满足程度。我们就从罗斯福总统让记者吃面包说起。假如记者消费 1 个面包的总效用是 10 个效用单位，消费 2 个面包的总效用为 18 个效用单位，如果记者再吃第 3 个面包的总效用还为 18 个效用单位，则记者消费第 1 个面包的边际效用是 10 个效用单位，消费第 2 个面包的边际效用为 8 个效用单位，如果记者再吃第 3 个面包，则边际效用为 0 个效用单位。这几个数字说明：随着面包消费数量的增加，面包对记者的边际效用是递减的。

① 经济学案例（一）[EB/OL].（2007-08-20）[2018-06-18]. http://blog.sina.com.cn/s/blog_53a10f28010009ib.html. 有删改.

为什么记者不再吃第3个面包？是因为再吃不会增加效用。再比如，水是非常宝贵的，没有水，人们就会死亡，但是你连续喝超过了你能饮用的数量时，那么多余的水就没有什么用途了，再喝边际价值几乎为零，或是在零以下。现在我们的生活富裕了，我们都有这样的体验：天天吃着山珍海味，却吃不出当年饺子的香味。这就是边际效用递减规律。设想如果不是递减而是递增会是什么结果，吃一万个面包也不饱。吸毒就接近边际效用递增，毒吸的越多越上瘾。吸毒的人觉得毒品给他的享受超过了其他的各种享受，所以吸毒的人会卖掉家产，抛弃家人，宁可食不充饥，衣不遮体，毒却不可不吸。所以说，幸亏我们生活在效用递减的世界里，在购买消费达到一定数量后因效用递减就会停止下来。

消费者购买物品是为了效用最大化，而且，物品的效用越大，消费者愿意支付的价格就越高。根据效用理论，企业在决定生产什么时，首先要考虑商品能给消费者带来多大的效用。

企业要使自己生产出来的产品能卖出去，而且能卖高价，就要分析消费者的心理，满足消费者的偏好。一个企业要获得成功，不仅要了解当前的消费时尚，还要善于发现未来的消费时尚，这样才能从消费时尚中了解到消费者的偏好及变动，并及时开发出能满足这种偏好的产品。同时，消费时尚也受广告的影响。一种成功的广告会引导着一种新的消费时尚，左右消费者的偏好。所以说，企业行为是从广告开始的。

消费者连续消费一种产品的边际效用是递减的。如果企业连续只生产一种产品，它带给消费者的边际效用就在递减，消费者愿意支付的价格就低了。因此，企业要不断创造出多样化的产品，即使是同类产品，只要不相同，就不会引起边际效用递减。例如，同类服装做成不同式样，成为不同产品，就不会引起边际效用递减。如果是完全相同，则会引起边际效用递减，消费者不会多购买。

边际效用递减原理告诉我们，企业要不断进行创新，生产出不同的产品以满足消费者的需求，减少和阻碍边际效用递减。

3.2.3 消费者均衡

消费者均衡是研究单个消费者如何把有限的货币收入分配在对各种商品的购买中获得效用的最大化。

效用最大化时的状态称为消费者的均衡状态。在这种状态下，消费者既不愿意增加购买，也不愿意减少购买。

消费者效用最大化的均衡条件：在消费者货币收入固定的情况下，在市场上各种商品的价格已知的情况下，消费者应该使自己所购买的各种商品的边际效用与其相应的价格之比相等。

假设某一个消费者用收入 I 只消费两种商品 X 和 Y，其效用函数为 $U=U(X, Y)$。X 商品的价格为 P_X，Y 商品的价格为 P_Y，于是收入约束为 $P_XX+P_YY=I$。该消费者效用最大化均衡的条件为：

$$\frac{MU_X}{P_X}=\frac{MU_Y}{P_Y}$$

以上均衡条件的含义为：消费者应使自己花费在各种商品购买上的最后一元钱带来的边际效用相等，也称等边际效用原则。

现在我们推导一下消费者效用最大化的均衡条件。由上述条件建立拉格朗日函数并使其最大化为：

$$L=U(X,Y)-\lambda(P_XX+P_YY-I)$$

式中，λ 为拉格朗日系数。函数最大化须满足以下条件：

$$\frac{\partial L}{\partial X}=\frac{\partial U}{\partial X}-\lambda P_X=0 \tag{1}$$

$$\frac{\partial L}{\partial Y}=\frac{\partial U}{\partial Y}-\lambda P_Y=0 \tag{2}$$

$$P_XX+P_YY-I=0 \tag{3}$$

联立式（1）和式（2），预算约束下效用最大化的必要条件为：

$$\frac{\partial U/\partial X}{\partial U/\partial Y}=P_X/P_Y$$

整理，即得

$$\frac{MU_X}{P_X}=\frac{MU_Y}{P_Y}$$

为什么只有当 X 商品和 Y 商品的单位货币的边际效用相同时，才实现了效用最大化的目标呢？若$\frac{MU_X}{P_X}>\frac{MU_Y}{P_Y}$，这意味着最后一单位货币购买 X 商品所得到的边际效用大于用于购买 Y 商品所得到的边际效用，那么，人们为了得到更多的效用，将会增加 X 商品的购买、减少 Y 商品的购买。这样由于边际效用递减规律，随着 X 商品购买量的增加、Y 商品购买量的减少，单位货币 X 商品的边际效用下降、单位货币 Y 商品的边际效用上升，这种调整过程一直到$\frac{MU_X}{P_X}=\frac{MU_Y}{P_Y}$为止。反之亦然。

小思考

$\frac{MU}{P}$的含义是什么？如果某消费者购买 X 和 Y 商品时，出现$\frac{MU_X}{P_X}<\frac{MU_Y}{P_Y}$，那么，该消费者应该增加 X 商品的购买还是增加 Y 商品的购买？为什么？

这一结论可以推广到有更多商品组合的消费者行为选择中去。如果所消费的不是两种商品，而是多种商品，设各种商品的价格分别为 P_1，P_2，P_3，…，P_n，购买量分别为 Q_1，Q_2，Q_3，…，Q_n，各种商品的边际效用分别为 MU_1，MU_2，MU_3，…，MU_n，则可以把消费者均衡的条件写为：

$$P_1Q_1+P_2Q_2+P_3Q_3+\cdots+P_nQ_n=I\text{（限制条件）} \tag{1}$$

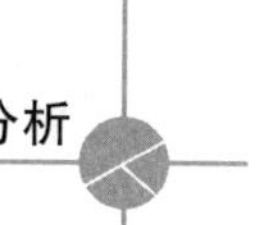

$$\frac{MU_1}{P_1}=\frac{MU_2}{P_2}=\frac{MU_3}{P_3}=\cdots=\frac{MU_n}{P_n}\text{（均衡条件）} \tag{2}$$

需要注意的是，均衡条件指的是所购买的每一种商品的单位货币所得到的边际效用相等，而不是所购买的每一种商品的边际效用相等。每一种商品的边际效用相等并不能保证消费者获得最大的效用，因为各种商品的价格是不同的。

小思考

什么是边际效用分析？对它的理解实际很简单，如果我们既要买矿泉水又要买口香糖，那么，应用边际效用分析，我们的选择就是：如果买矿泉水每元钱所得到的边际效用大于口香糖每元钱所得到的边际效用，那么，就买更多的矿泉水，买更少的口香糖。

【例题 3-1】已知某消费者每月用 2 400 元购买 X 和 Y 商品，他的效用函数为 $U=XY$，X 商品的价格为 20 元，Y 商品的价格为 30 元，为获得最大效用，该消费者应该购买 X 商品和 Y 商品各为多少？

解：$MU_X=\frac{\partial U}{\partial X}=Y$，$MU_Y=\frac{\partial U}{\partial Y}=X$

将 MU_X、MU_Y 以及 X 和 Y 商品的价格代入均衡条件得：

$\frac{Y}{20}=\frac{X}{30}$，即：$Y=\frac{2}{3}X$

又∵$20X+30Y=2\,400$，∴$20X+30\times\frac{2}{3}X=2\,400$

最后求得：$X=60$，$Y=40$

3.2.4　个人需求曲线的推导

在西方经济学中，需求理论的核心是消费者行为理论，而效用理论的基本法则是边际效用递减。我们在前面的章节中分析了在一般情况下商品的需求与价格之间具有一种反方向变化的关系，也就是说，需求曲线是向右下方倾斜的，在这里我们进一步分析需求曲线的形状是如何由消费者行为理论决定的。

消费者购买商品是要付出一定代价的，这个代价就是货币。货币也具有效用，并且一般假定，一个有既定收入的消费者在既定时期内货币的边际效用是固定不变的。例如，某消费者有 500 元钱时，每元钱的效用如果为 15 个效用单位，当他花去 400 元后，剩下 100 元钱中每元钱的货币边际效用仍是 15 个效用单位。当消费者购买某种商品能带来较大的效用时，他愿意出的货币就多，即消费者愿意支付的价格就高；反之，当带来的效用较小时，他愿意出的货币就少，即消费者愿意支付的价格就低。由于随着消费商品数量的增加，给消费者带来的边际效用是递减的，因此，消费者愿意支出的货币（支付的价格）也是递减的。以货币单位来计算消费者购买某种商品时愿意付出的代价，称为需求价格。需求价格等于商品的边际效用与货币的边际效用之比：

$$P=\frac{MU}{\lambda}$$

式中，P 代表需求价格，λ 代表货币的边际效用。由于假设 λ 是固定不变的，因此，随着 MU 的递减，P 也是递减的，所以消费者对某种商品的边际效用曲线决定了该商品的需求曲线，边际效用递减导致了需求曲线从左向右下方倾斜。

图 3－2 反映了边际效用曲线和需求曲线两者之间的比较情况。通过以上的分析，可以知道单个消费者的需求曲线有三个特点：第一，需求曲线向右下方倾斜。原因在于边际效用递减。根据边际效用递减规律，消费者最初消费某种商品时，得到的边际效用较大，消费者获取这种商品的欲望较强，所以愿意支付较高的价格得到该种商品。随着商品消费量的增加，商品增量的边际效用递减，消费者愿意得到这种商品的欲望强度递减，消费者愿意支付的价格也逐渐下降。因此，消费者对某商品的需求量与价格成反比，即需求曲线是向右下方倾斜的。第二，需求曲线表示在不同的价格下，消费者所愿意购买的数量。第三，需求曲线上的每一点都是消费者在既定价格下的效用最大化的均衡点。

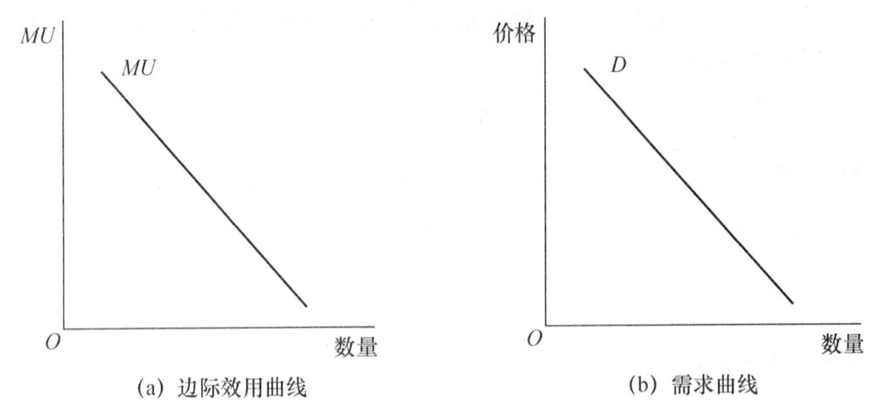

图 3－2　边际效用曲线与需求曲线

边际效用曲线和需求曲线的形状是相同的，但两者之间的区别在于：在边际效用曲线图上，数量是自变量，边际效用是因变量，它表明商品购买数量的变化引起边际效用的变化；在需求曲线图上，数量是因变量，价格是自变量，它表明商品价格的变化引起商品购买数量的变化。

3.2.5　消费者剩余

消费者之所以购买某种商品，是因为这种商品能满足他的某种欲望。由于不同的消费者对某些商品的效用评价不同，他们愿意为这些商品所支付的最高金额也会不同。消费者剩余（consumer surplus）就是消费者愿意为某一商品支付的价格与他在购买该商品时实际支付的价格之间的差额。例如，某学生为购买某品牌运动鞋愿意支付 300 元，而通过淘宝网他实际只花了 200 元钱，这个学生愿意为得到这双运动鞋多支出但实际上并没有付出去的 100 元钱，就是他的消费者剩余。

这一概念首先由英国经济学家马歇尔提出，他说：“消费者从购买此物所得的满足，

通常超过他因付出此物的代价而放弃的满足；这样，他就从这购买中得到一种满足的剩余。消费者宁愿付出而不愿得不到此物的价格，超过他实际付出的价格部分，是这种剩余满足的经济衡量。这个部分可称为消费者剩余。”

在理解这一概念时，要注意两点：第一，消费者剩余并不是实际收入的增加，只是一种心理感觉。这一概念是分析某些问题时的一种重要工具。第二，生活必需品的消费者剩余大。因为消费者对这类物品的效用评价高，愿付出的价格也高，但这类物品的市场价格一般并不高。

消费者剩余是由边际效用递减规律所决定的。我们已经知道，随着消费者购买某种商品数量的增加，他所获得的边际效用是递减的，因而他所愿意支付的需求价格也是递减的。在达到消费者均衡的条件之前，只要消费者从消费商品中获得的边际效用大于货币的边际效用，消费者的消费行为就会不断地进行下去，直到他所获商品的边际效用等于货币的边际效用。而在这点之前，消费者愿意支付的需求价格大于商品的实际价格，这之间的差额就形成了消费者剩余。

设需求函数为 $P=f(q)$，当市场价格为 $p=p_0=f(q_o)$ 时，图 3－3 中的阴影部分面积就为消费者剩余 $R(q_o)$，即：

$$R(q_0)=\int_0^{q_0} f(q)dq-p_0q_0$$

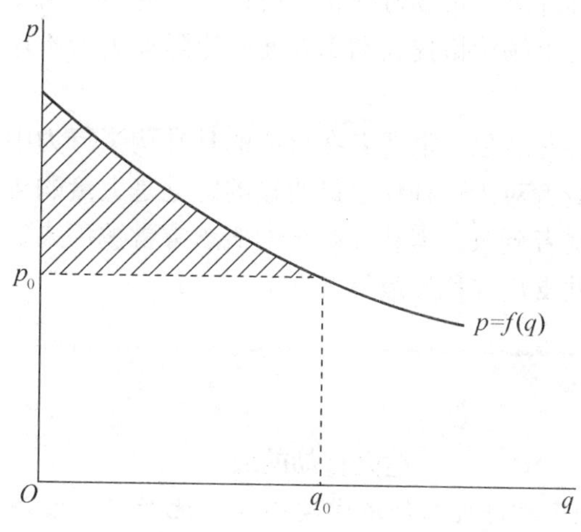

图 3－3 消费者剩余

在需求函数是离散变量的情况下，消费者剩余表示为：

$$R(q_0)=\sum_{i=1}^{n} p_i(q_i-q_{i-1})-np_0$$

式中，q_i表示消费者所欲购买的第 i 个单位商品，p_i表示为购买第 i 单位商品消费者愿意支付的价格，p_o为消费者购买该商品时所实际支付的市场价格。

举例来说，消费者所欲购买的商品是苹果，在消费者一点苹果也没有消费的情况下，为得到一斤苹果消费者愿意支付 2.50 元的价格。在消费者获得了一斤苹果以后，为得到第二斤苹果消费者愿意支付的价格是 2.00 元，以此类推。如果苹果的市场价格为 1.50 元一斤，消费者购买第一斤苹果获得的消费者剩余是 1.00 元，购买第二斤苹果获得的消费者剩余是 0.50 元，两斤苹果共获剩余 1.50 元。消费者获得消费者剩余的多寡依赖于所购商品的市场价格与所购商品的数量，商品的市场价格越低，消费者购买的数量越多，他所获得的消费者剩余就越多。表 3-2 是当苹果的价格为 1.50 元时某消费者一周内从消费苹果中所获得的总消费者剩余。

表 3-2　某消费者消费苹果所获得的消费者剩余

每周消费的苹果量（斤）	消费者愿意支付的价格（元）	消费者剩余
第一斤	2.50	1.00
第二斤	2.00	0.50
第三斤	1.80	0.3
第四斤	1.60	0.10
第五斤	1.50	0.00
加总额	9.40	1.90

表 3-2 中，消费者愿意支付的价格代表消费者对所购商品的边际评价。如果某消费者对苹果的边际评价如表 3-2 所示，那么在苹果的价格为每斤 1.5 元的情况下，消费者的最优购买量就是 5 斤。此时消费者的边际评价与市场价格相等。消费者获得的消费者剩余总量最大。消费者边际评价与市场价格相等时的购买称为边际购买。当市场价格为 1.5 元时边际购买为 5 斤；当市场价格提高到 1.6 元时边际购买为 4 斤，消费者剩余总量减少到 1.5 元。

消费者剩余是一种心理现象，消费者在自己的日常购买行为中很少想到它，这是经济分析抽象出的概念。消费者对于这种现象最明显的感觉是大量购买时的优惠价，这时他真正感觉到自己得到了消费者剩余。消费者剩余的概念常常被用来研究消费者福利状况的变化，以及评价政府的公共支出与税收政策等。

经济管理实务

趁火打劫的故事①

理查德·塞勒是 2017 年诺贝尔经济学奖得主，他对行为经济做出了极大贡献。塞勒建立了经济学和个体决策的心理学之间的桥梁，并且研究心理偏差导致的市场行为。塞勒通过许多小故事阐述了其行为经济的相关理论，趁火打劫的故事就是其中之一。

经济学课堂上有一个经典故事。有一家五金店出售雪铲，价格一直是 15 美元。在一场暴风雪之后，五金店将雪铲的价格提高到了 20 美元。这当然是趁火打劫。那么你认为涨价合理吗?

根据正统经济学的观点，正确答案是合理，价格会上涨，而且会一直持续到所有愿意以这个价格购买雪铲的人都有一把雪铲。经济学家的逻辑是，想让最重视雪铲的人买到雪

① 戈小羊．诺奖经济学家塞勒：5 个利用人性弱点赚钱的故事［EB/OL］．(2018-01-12)［2018-06-18］．https://www.sohu.com/a/216356105_155464．有删改．

铲，唯一的方法就是涨价。这也是经济学非常重要的概念，那就是稀缺，稀缺程度可以用支付价格来衡量。

但是塞勒并不这么认为，在他看来，经济学家单纯以支付价格来衡量稀缺，有违心理学的公平概念。也就是说，趁火打劫固然能够赢得短期的高收益，但是一旦在用户心中留下了“贪婪”的印象，即便是这个价格再符合经济学原理，也会在长期影响企业发展。

他举了一个很有意思的例子。Next 餐厅是芝加哥的知名餐厅，非常受欢迎，食客络绎不绝，非常火爆，尤其是周六晚上的黄金时段，不提前很久都订不到座位。芝加哥大学的两位经济学家就建议 Next 餐厅的老板，既然生意这么火爆，你们就应该以拍卖的价格来出售黄金时段的座位，价高者得，反正你们也不缺客户，这样做比较符合经济利益最大化。

不过 Next 餐厅的老板并没有采纳两位经济学家的建议，他写了一篇很长的博客来解释自己为什么不采取拍卖的方式来出售最黄金时段的座位。这位老板说：有一点对所有公司都至关重要，那就是不管需求有多大，也不要向客户索取超过商品或者服务本身价值的价格，即便是客人愿意支付更多的金钱。他还举例说，如果有客人有实力支付 2 000 美元在餐厅就餐，那么吃完之后，他肯定会觉得“菜肴的确很棒，但是不值 2 000 美元”，这样他不会成为回头客，而且还会跟他的朋友分享不愉快的就餐经历。

在塞勒看来，企业想要基业长青，就不能听信经济学家“趁火打劫”的提价建议，美国的大型零售商家得宝就做了一个正确的表率。

美国人的房子大多是用木头搭建起来的两三层小楼，而美国的飓风又非常厉害，往往飓风一过房子就被掀翻一大片。那么你觉得什么时候加固房屋的木板需求量最大？答案很清楚，自然是飓风过境、房子被损毁严重的时候，而且应该是受灾越严重的地区，木板的价格就应该越贵。作为零售商，家得宝完全可以接受经济学家的建议，在飓风过境之后哄抬价格，大赚一笔。但事实是家得宝不但没有涨价，反而是在飓风越严重的地方，木板的价格越便宜。

对此，塞勒的结论是，如果你需要长期与同一批客户打交道，在客户心中保持公平的形象比涨价带来的收益重要得多。他还举了 Uber 的例子。尽管塞勒非常喜欢 Uber 的服务，但是在纽约，高峰时段 Uber 的加价竟然达到了 10 倍，这虽然符合经济学原理，但显然违背了公平的原则，消费者深恶痛绝这样的趁火打劫。

千万不要让用户觉得你很贪婪，否则他们对你也不会有忠诚度可言。

趁火打劫的故事只是塞勒的行为经济学研究中的一个小案例而已。该故事的结论可以给企业经营者以启示：消费者选择并非是完全理性地追求效用最大化，对“避害”的考虑远大于对“趋利”的考虑；在公平问题上，消费者经常会从价格比较中提取积极的或者消极的交易效用，由此得出自己的公平标准。

3.3　序数效用论与无差异曲线分析

产品通常是作为一种商品和服务的“市场组合”的一部分而被消费的。商品和服务会以更高或更低的程度相互替代。在序数效用论中，效用函数不代表效用水平，不代表具体数值，只代表先后顺序。序数效用论用无差异曲线分析法来说明消费者均衡的实现。

3.3.1 无差异曲线

(一) 无差异曲线的性质

由于商品和服务存在各种各样的组合，那么就会有大量的市场组合提供相同的效用水平。无差异曲线用来表示消费者偏好相同的两种商品的不同数量的各种组合。与无差异曲线对应的效用函数为：

$$U=f(X, Y)$$

为了说明这一点，图 3-4 画出了两条无差异曲线，可以看到，消费 3 个 X 和 9 个 Y (A 点)、5 个 X 和 5 个 Y (B 点)、6 个 X 和 4 个 Y (C 点) 以及 10 个 X 和 2 个 Y (D 点) 都可以形成 100 单位的效用。因此，上述各点都位于 $U_1=100$ 的无差异曲线上。同样，消费 5 个 X 和 10 个 Y (E 点)、6 个 X 和 7 个 Y (F 点)、8 个 X 和 5 个 Y (G 点) 以及 10 个 X 和 4 个 Y (H 点) 都可以形成 118 单位的效用。因此，上述各点都位于 $U_2=118$ 的无差异曲线上。

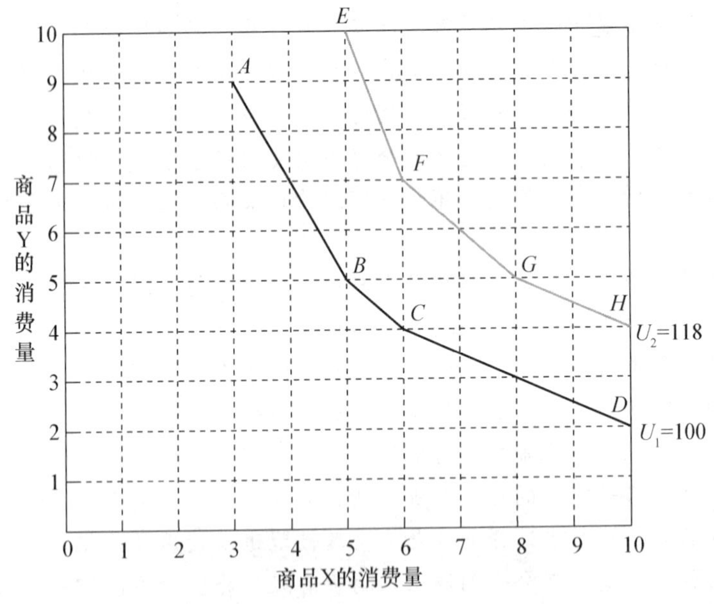

图 3-4 根据事例画出的无差异曲线

把代表提供相同效用的市场组合的点连起来，就形成了一条无差异曲线。这种做法假定消费在市场组合之间分开。比如，在 $U_1=100$ 的无差异曲线上，A、B 两点之间的线段代表市场组合 A 和 B 的一种综合结果。此线段的中点代表消费市场组合 A 的一半加上市场组合 B 的一半。

如果假定商品的消费可以连续变化，而非增量变化，那么用于形成如图 3-4 所示的无差异曲线的不连续的效用函数数据就能够加以一般化，在由此形成的效用函数中，无差异曲线具有如图 3－5 所示的平滑形状。

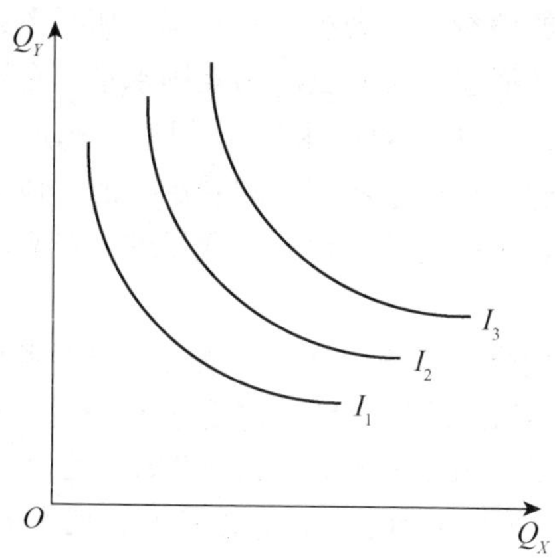

图 3－5　无差异曲线图

从图 3－5 中可以看出，无差异曲线具有以下重要性质：

（1）无差异曲线是向右下方倾斜的，同时其形状是凸向原点的。无差异曲线向右下方倾斜，表明消费者从两种商品上都能获得效用，因此，如果 X 的消费数量增大了，Y 的消费数量必然减少。无差异曲线的形状凸向原点，表明当消费者减少商品 X 的消费量时，为了保持原先的效用水平，必须增加商品 Y 的消费量，而且随着商品 Y 消费的增加，要用越来越多的 Y 的消费来替代等量的 X 的消费。

（2）任意两条无差异曲线之间不能相交。这一点很容易证明。如图 3－6 所示，假设 I_1、I_2两条无差异曲线相交于 A 点，I_1上有另一点 B，I_2上有另一点 C。根据无差异曲线的定义，A 与 B 两点的效用水平应该是相等的，A 与 C 两点的效用水平也应该是相等的，于是，B 与 C 两点的效用水平就也应该是相等的，但实际上 B 与 C 却分别落在不同的无差异曲线上，这就与无差异曲线的定义相矛盾了。

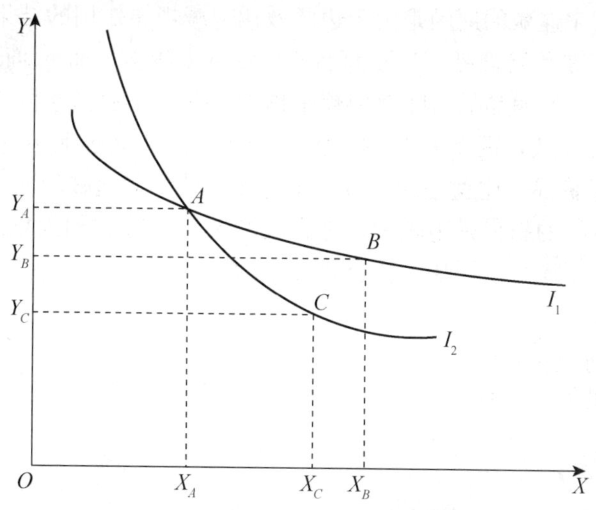

图 3－6　两条无差异曲线不能相交

(3) 离原点越远的无差异曲线所代表的效用水平越高。一般来说，当其他商品的消费量不变时，消费者增加一种商品的消费量总是会给他带来更大的满足。在一组无差异曲线中，如果我们固定一种商品的消费量，则很容易发现，离原点越远的无差异曲线所代表的另一种商品的消费量越大，从而也应代表更高的效用水平。在图 3-5 中，我们可以看到：I_1的效用水平$<I_2$的效用水平$<I_3$的效用水平，但并不知道这三个效用水平究竟相差多少，这是因为无差异曲线是建立在序数效用论的基础上的，该理论认为不同的效用水平之间只能通过排序来进行比较，而不能精确地通过效用的度量来进行比较。

(二) 边际替代率

边际替代率是无差异曲线分析中的一个重要概念。消费者在保持自己效用水平不变的情况下，为了增加一种商品（X）的消费量所愿意放弃的另一种商品（Y）的消费量，被称为边际替代率（marginal rate of substitution，MRS)。如果对于某个消费者而言，组合 A（10X 和 60Y）和组合 B（20X 和 40Y）是无差异的，那么消费者愿意拿 Y 来代替 X 的比率为：

$$\frac{\Delta Y}{\Delta X}=\frac{40-60}{20-10}=-2$$

边际替代率是-2，意味着消费者愿意放弃 2 单位的 Y 去得到 1 单位的 X。无差异曲线上某一点的切线的斜率就是边际替代率，无差异曲线向右下方倾斜就表明其斜率为负，即边际替代率为负值。但为了方便起见，边际替代率一般用其绝对值，即把边际替代率定义为：

$$MRS=-\frac{\Delta Y}{\Delta X}$$

序数效用论总结出边际替代率呈现出递减的规律，即商品的边际替代率递减规律是指：在维持效用水平不变的前提下，随着一种商品消费数量的连续增加，消费者为得到每一单位的这种商品所需要放弃的另一种商品的消费数量是递减的。

商品的边际替代率递减的原因是由于边际效用递减规律作用的结果。因为随着消费者用越来越多的商品 X 来代替商品 Y，X 商品的数量越来越多，而 Y 商品的数量越来越少，因此，对消费者而言，X 商品的边际效用越来越低，而 Y 商品的边际效用越来越高，这就使得 X 商品的价值在降低，而 Y 商品的价值在升高，为此就必须用更多的 X 商品来替代价值已越来越高的 Y 商品。也就是说，商品的边际替代率是递减的。商品的边际替代率递减，意味着无差异曲线的斜率是递减的，这就最终决定了无差异曲线是凸向原点的。

商品的边际替代率还可以用如下的公式来表示①：

① 该公式可用上节的效用函数来证明：

设由两种商品 X、Y 组合的效用函数$U=U(X，Y)$，因为在同一条无差异曲线上效用是不变的，可用微分形式来表达，所以

$$\Delta U=\frac{\partial U}{\partial X}\Delta X+\frac{\partial U}{\partial Y}\Delta Y=0$$

式中，$\frac{\partial U}{\partial X}=MU_X$，$\frac{\partial U}{\partial Y}=MU_Y$，于是，$\frac{MU_X}{MU_Y}=-\frac{\Delta Y}{\Delta X}=MRS_{XY}$

$$MRS_{XY}=\frac{MU_X}{MU_Y}$$

商品的边际替代率的这一关系式同时指出了基数效用论和序数效用论之间的内在联系。

3.3.2 消费者的预算线

在消费者决定两种商品的消费量以达到自己的效用最大时，他所面临的主要的约束条件是收入水平，也就是他的支付能力。消费者所面临的收入约束可以用图 3 - 7 中的预算线（budget line）来加以表示。在图 3 - 7 中，当消费者不购买 X 商品，而将其收入全部用于购买 Y 商品时，他所能消费的 Y 的数量为 OA。如果消费者将其收入全部用于购买 X 商品，则他所能购买的 X 的数量为 OB。将 A、B 两点相连可以得到一条直线 AB，这条直线就是该消费者所面临的预算线。

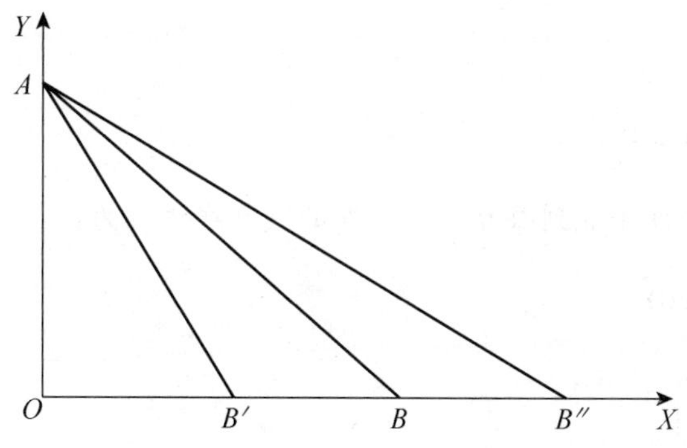

图 3 - 7 预算线及其移动

预算线是在给定的价格和收入下，消费者把所有收入用于消费所能获得的商品组合点的轨迹。如果消费者所有的收入（I）都用于购买商品 X 和 Y，商品 X 和 Y 的价格分别为 P_X 和 P_Y，则预算线可用方程表示为：

$$P_XX+P_YY=I$$

这个等式可改写为直线方程形式：

$$Y=\frac{I}{P_Y}-\frac{P_X}{P_Y}X$$

式中，$\frac{I}{P_Y}$ 给出的是消费者用收入 I 只购买 Y 这一种商品时获得的 Y 的数量，$-\frac{P_X}{P_Y}$ 是预算线的斜率。

另外，两种商品的价格如果发生变化，将会影响到预算线的位置。如果两种商品的价格同比例地上涨，则预算线会向靠近原点的方向平行移动。如果两种商品的价格同比例地下降，则预算线会向远离原点的方向平行移动。如果我们假定商品 Y 的价格不发生变化，而仅变动商品 X 的价格，那么，如果 X 商品的价格上涨，预算线会围绕 A 点顺时针方向

旋转至 AB' 的位置，如果 X 商品的价格下降，则预算线会围绕 A 点逆时针方向旋转至 AB'' 的位置（见图 3－7）。

【例题 3－2】 小明现在预备用 1 000 元来购买牛肉和大米，牛肉的价格为每斤 20 元，大米的价格为每斤 5 元。

（1）请写出小明购买牛肉和大米的预算线方程。

（2）如果以牛肉的购买量为纵轴，大米的购买量为横轴，预算线的斜率为多少？

（3）如果大米的价格降低到每斤 4 元，请写出新的预算线方程。

解：

（1）假设大米的购买量为 X，牛肉的购买量为 Y，则预算线方程为：

$$1\,000=5X+20Y$$

（2）如果以牛肉的购买量为纵轴，大米的购买量为横轴，以上预算线可以改写为：

$$Y=50-\frac{1}{4}X$$

因此，预算线的斜率为 $-\frac{1}{4}$。

（3）如果大米的价格降低到每斤 4 元，新的预算线方程为：

$$1\,000=4X+20Y$$

3.3.3 消费者均衡

消费者投入全部收入购买 X、Y 两种商品，其消费轨迹为预算线，但是，它在预算线上的哪一点才是其最佳消费行为呢？

在预算约束给定的情况下，消费者总是可以通过决定两种商品的消费量来达到自己的效用最大化目标。当消费者处于效用最大时，我们就说他已经处于一种消费者均衡的状态。最简单的求解消费者均衡的方法是将消费者的一组无差异曲线和他的预算线画在同一张图上（见图 3－8），这时，我们总可以找到一条（而且是唯一的一条）无差异曲线与消费者的预算线相切，并找到与这一切点相对应的两种商品的消费量，在这一商品组合下，消费者均衡就实现了。在图 3－8 中，消费者均衡点位于 E 点，这时消费者对 X 和 Y 两种商品的消费量分别为 Q_X^E 和 Q_Y^E。显然，所有在预算线右边的商品组合点，都超出了消费者的支付能力，而所有在预算线左边和在预算线上的商品组合点（除了 E 点）都落在了效用水平低于 I_2 的无差异曲线上。

由此，在有限预算约束下，消费者实现效用最大化的条件是：预算线和无差异曲线相切点代表的商品组合。在切点处，无差异曲线的斜率等于预算线的斜率。即

$$MRS=-\frac{\Delta Y}{\Delta X}=\frac{P_X}{P_Y}$$

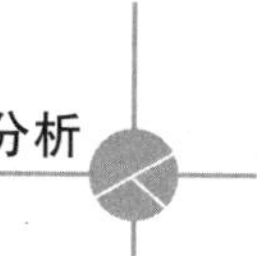

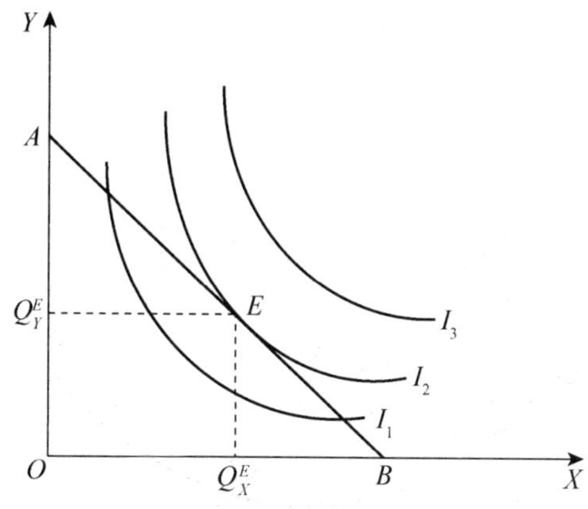

图 3－8　消费者均衡

因为前面已经说明边际替代率为两种商品的边际效用之比，即：$MRS_{XY}=\frac{MU_X}{MU_Y}$，所以，消费者均衡的条件是：

$$\frac{MU_X}{MU_Y}=\frac{P_X}{P_Y}$$

由此可见，序数效用论所得出的消费者均衡条件与基数效用论所得出的消费者均衡条件是完全一致的。

小思考

虽然基数效用论和序数效用论所得出的消费者均衡条件是一致的，但是，这两者寻找消费者效用最大化的均衡方法是不同的，试比较这两派效用理论在分析方法上的差异。

3.3.4　消费者的需求曲线

（一）价格消费曲线

如前所述，在两种商品价格 P_X、P_Y既定条件下，具有一定收入的消费者必定有一条预算线，它的斜率的绝对值等于两种商品的价格之比。当商品价格发生变动时，预算线的斜率必然发生变动，消费者的均衡点也随之变动。

如图 3－9 所示，当 X 的价格从 P_{X_1} 降到 P_{X_2} 时，预算线便从 A_1B 移到 A_2B，均衡点从 E_1移到 E_2，X 商品的需求量从 X_1 增至 X_2；当 X 的价格从 P_{X_2} 进一步跌到 P_{X_3} 时，预算线又从 A_2B 移到 A_3B，均衡点又从 E_2 移到 E_3，X 商品的需求量也从 X_2 进一步增到 X_3…… 由 E_1、E_2、E_3……所形成的轨迹，反映了消费者在不同的价格下消费量的变化，称为价格消费曲线（price consumption curve，PCC）。价格消费曲线是指在消费者的偏好、收入以及其他商品价格不变的条件下，与某一种商品的不同价格水平相联系的消费者效用最大化的均衡点的轨迹。

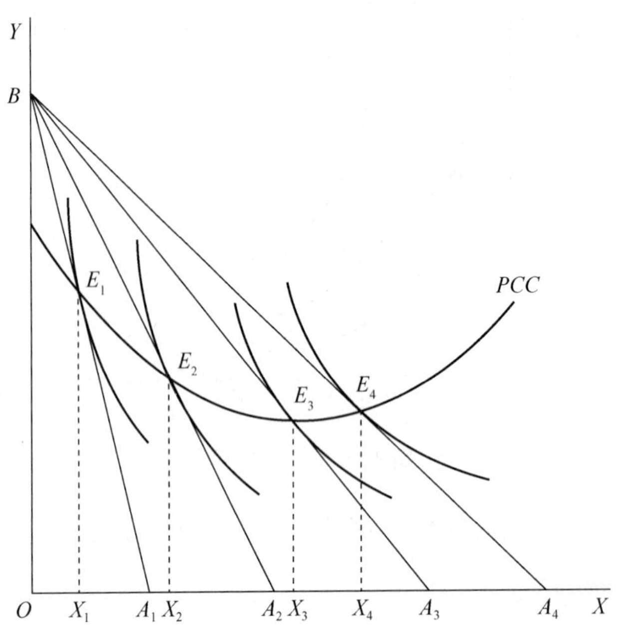

图 3-9　价格消费曲线

（二）需求曲线的推导

由于价格消费曲线反映了价格与需求量之间的关系。因此以价格为纵轴，需求量为横轴，很容易从价格消费曲线导出需求曲线，如图 3-10 所示。

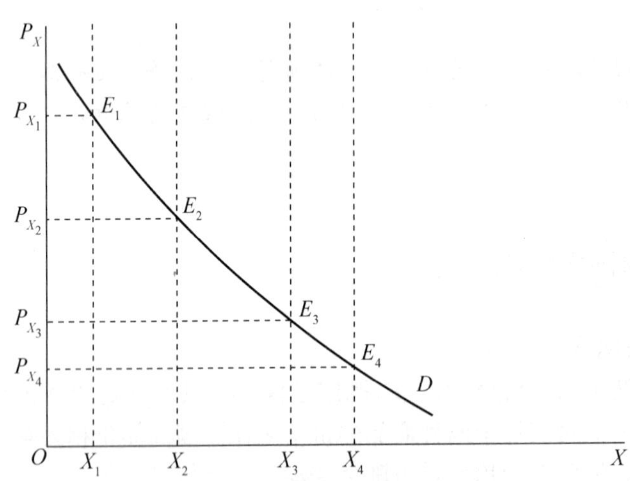

图 3-10　由价格消费曲线推导需求曲线

分析图 3-10 中的价格消费曲线上的三个均衡点 E_1、E_2 和 E_3，可以看出，在每一个均衡点上，都存在着 X 商品的价格与需求量之间的一一对应关系。在均衡点 E_1 上，X 商品的价格为 P_{X_1}、需求量为 X_1；在均衡点 E_2 上，X 商品的价格由 P_{X_1} 下降为 P_{X_2}，则其需求量由 X_1 增加为 X_2；在均衡点 E_3 上，X 商品的价格进一步由 P_{X_2} 下降为 P_{X_3}，则其需求量进一步由 X_2 增加为 X_3。根据 X 商品的价格和需求量之间的这种对应关系，把每一个 X

商品的价格数值和相应的均衡点上的X商品需求量的数值，在以价格为纵轴、需求量为横轴的坐标图中绘制出，便可得到单个消费者的需求曲线，这便是图3-10中的需求曲线D。

由序数效用论对需求曲线的推导过程可以看出：需求曲线上的每一点都是在每一价格水平上可以给消费者带来最大效用水平或满足程度的需求量。该结论与基数效用论的结论是一致的。

小 结

效用是指消费者在购买或消费商品时得到的心理满足程度。效用完全是一种主观心理评价，它和人的欲望联系在一起。效用理论的基本假设是消费者拥有完全信息和具有偏好次序。消费者的效用可以用效用函数表达。基数效用论者认为，效用可以像长度、温度一样加以具体的衡量并可加总求和，衡量单位是效用单位。序数效用论者认为，效用是不可以度量的，而且度量也是没有意义的，效用只能排序。

本章从基数效用论和序数效用论两个方面，分别用边际效用工具与无差异曲线工具分析了消费者达到效用最大化的条件，并在此基础上对需求规律进行了理论上的论证。

经济管理问题分析

企业在生产经营决策中，不可避免地要考虑消费者的偏好对商品需求量的影响。天猫商城“双十一”的成功源于对消费者偏好的全面、细致的分析，具体的分析方法是：

(1) 利用大数据技术对消费者偏好进行分析。商品的丰富性直接影响电商的竞争力，而海量的商品数目、繁杂的分类体系以及复杂的非结构化的商品属性数据往往让用户无法精准搜索到自己最想要的商品。阿里巴巴率先引入云计算技术，通过电商平台集成海量数据，拥有强大的数据分析能力后，就能够通过消费者的搜索习惯和购买行为得到消费者偏好。

(2) 利用预售模式对消费者偏好进行分析。从2014年起，天猫推出了预售活动，从10月15日至11月10日起分阶段进行，也就是消费者登录预售平台先付定金再付尾款就能买东西，预售商品包括稀缺品、集采商品以及根据消费者个性定制的商品。预售模式的实行实际上是C2B的一种尝试，也就是先有销售订单，再有生产，再有运输，再有流通，最后实现销售。与传统的销售方式相比，在预售模式下，消费者的需求和偏好能够提前被企业知晓，这有助于商家更精准地锁定消费者，提前备货，并更有效地管理上下游供应链。

复习与思考

一、名词解释

效用　边际效用　消费者剩余　基数效用论　序数效用论　边际效用递减规律　无差

异曲线　边际替代率

二、选择题

1. 以下对于无差异曲线的描述，错误的是：

A. 无差异曲线总是凸向原点

B. 在同一坐标平面上的任意两条无差异曲线不会相交

C. 无差异曲线用来表示消费者偏好相同的两种商品的不同数量的各种组合

D. 离原点越远的无差异曲线所代表的效用水平越低

2. 序数效用论者不会运用以下分析工具：

A. 无差异曲线　　B. 预算线

C. 边际效用　　D. 总效用

3. 无差异曲线总是凸向原点，其原因主要是：

A. 边际替代率递减规律　　B. 价格机制

C. 边际收益递减规律　　D. 均衡理论

4. 预算线的位置和斜率取决于：

A. 消费者的收入　　B. 消费者的收入和商品的价格

C. 消费者的偏好　　D. 消费者的偏好、收入和商品价格

5. 无差异曲线的形状取决于：

A. 消费者的收入　　B. 消费者的收入和商品的价格

C. 消费者的偏好　　D. 消费者的偏好、收入和商品价格

6. 总效用曲线达到最高点时：

A. 边际效用曲线达到最高点　　B. 边际效用为零

C. 边际效用为正　　D. 边际效用为负

7. 无差异曲线为向右下方倾斜的直线时，表示两种商品：

A. 部分替代　　B. 完全替代

C. 完全互补　　D. 互不相关

8. 无差异曲线上任一点上，商品 X 和 Y 的边际替代率等于两者的：

A. 价格之比　　B. 数量之比

C. 边际效用之比　　D. 边际成本之比

9. 无差异曲线的斜率被称为：

A. 边际替代率　　B. 边际技术替代率

C. 边际转换率　　D. 边际效用

10. 预算线向右上方平移的原因是：

A. 商品 X 的价格下降了　　B. 消费者的收入下降了

C. 商品 Y 的价格下降了　　D. 商品 X 和 Y 的价格按同一比例下降了

11. 消费者剩余是：

A. 消费过剩的商品

B. 消费者得到的总效用

C. 消费者得到的总效用减去支出的效用的货币度量

D. 支出的货币的总效用

12. 如果消费者消费的 X、Y 商品的价格之比是 1.25，它们的边际效用之比是 2，为达到效用最大化，消费者应：

A. 增购 X 和减少购买 Y　　B. 增购 Y 和减少购买 X

C. 同时增购 X、Y 两种商品　　D. 同时减少 X、Y 的购买量

13. 已知 X 商品的价格为 5 美元，Y 商品的价格为 2 美元，如果消费者从这两种商品的消费中得到最大效用时，商品 Y 的边际效用为 30，那么此时 X 商品的边际效用为：

A. 60　　B. 45　　C. 150　　D. 75

三、问答题

1. 简要说明基数效用论与序数效用论的区别。

2. 无差异曲线具有哪些特征？

3. 边际效用递减规律是如何形成的？

四、计算题

1. 假设对某消费者来说，2 单位 X、8 单位 Y 的效用和 4 单位 X、2 单位 Y 的效用相等。那么：

（1）如果消费者要再得到 1 单位 X，为保持效用不变，该放弃多少单位的 Y？

（2）如果消费者要再得到 1 单位 Y，为保持效用不变，该放弃多少单位的 X？

（3）MRS 等于多少？

2. 假设消费者的无差异曲线如图 3－11 所示，相关的预算线为 L，商品 Y 的价格为 10 元。

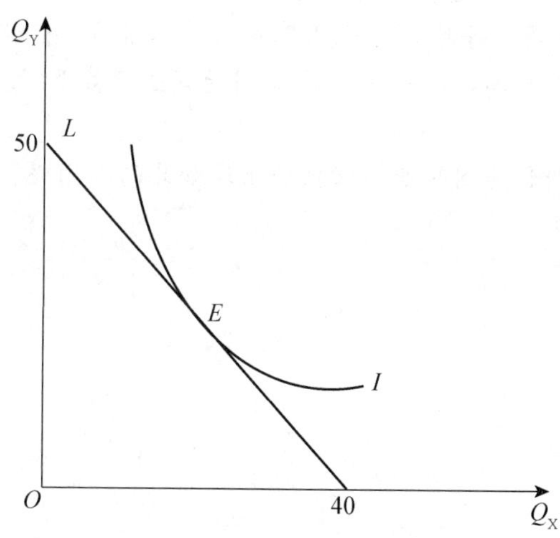

图 3－11　消费者的无差异曲线

（1）消费者收入是多少？

（2）X 的价格为多少？

（3）写出预算线 L 的方程。

（4）E 点的边际替代率为多少？

3. 假定某人只能买到两种物品，他的年收入为 10 000 元。牛肉的价格为每千克 9 元，

土豆的价格为每千克 2 元。

(1) 如果把牛肉的购买量当作因变量，请写出预算约束线的方程。

(2) 预算约束线的斜率是多少?

(3) 如果土豆价格涨到每公斤 4 元，请写出新的预算约束线方程。

4. 一位消费者对某种商品的需求函数是 $P=15-Q$。当这种商品的价格由 10 元下降到 5 元，请画出消费者所得到的消费者剩余的变化情况。

5. 消费者每周花 360 元买 X、Y 两种商品。其中 $P_X=3$ 元，$P_Y=2$ 元，它的效用函数为 $U=2X^2Y$，在均衡状态下，他每周买 X、Y 各多少?

6. 某人有 12 元钱，用于购买 X、Y 两种商品。他的效用函数为 $U=XY$。X 的价格为每单位 2 元，Y 的价格为每单位 3 元。问:

(1) 他购买 X、Y 各多少才能使他的效用最大?

(2) 如果 X 的价格上涨 44%，Y 的价格不变，他必须增加多少钱才能维持他起初的效用水平?

案例研究

为什么肯德基在亚洲比在美国更受欢迎?[①]

很多人都对街头随处可见的画有白胡子老头的招牌不陌生，那是肯德基快餐店的标志。近年来，肯德基在亚洲各国的业务量都在不断增长，在中国和韩国，肯德基已经成为快餐业的老大。2000 年，肯德基在中国国内的营业额大约为 20 亿元人民币。在最繁忙的天安门广场分店，701 个座位每年会接待 250 万人次。然而，在美国，肯德基的营业额相对其他快餐业竞争者却在萎缩，1991 年它在美国的营业额甚至下跌了 5%。

思考:

为什么肯德基在亚洲和美国的业绩回报会出现如此的不同呢? 试通过亚洲人和美国人不同的饮食偏好进行分析。

---

① 冯华. 西方经济学 [M]. 大连：东北财经大学出版社，2009：56.

第 4 章　需求弹性与供给弹性分析

经济管理问题

凤凰古城收费事件

凤凰古城美名远扬，有“中国最美丽小城”之誉。2013 年 4 月 10 日，凤凰县政府宣布凤凰古城开始实施围城售票，游客需要购买 148 元门票才能进入古城。也就是说，凤凰古城取消了免费入城的惯例，每一位进入凤凰古城风景名胜区的游客，不论是否参观古城内的景点，都将收取 148 元门票费，这一政策引起了当地居民和游客的普遍质疑。收费入城政策实施后引发多方关注。4 月 11 日，凤凰古城实行“一票制”的第二天，大批商户和当地居民因不满“一票制”政策关门歇业，同时聚集在古城北门码头附近。为此，政府出动大批警力赶到现场维持秩序。2016 年 3 月初，“围城收费协议”三年即将期满，800 多家商户和居民写联名信，要求取消现行验票入城政策。2016 年 3 月 30 日，凤凰县政府在新闻发布会上正式公布：“从 4 月 10 日起，暂停凤凰古城围城设卡收费验票，但保留古城区景点的设卡收费验票。”这意味着凤凰古城实施 3 年的入城收费政策取消，进入凤凰古城的游客将不需要再购买 148 元的门票。为何凤凰古城的收费政策会引起古城商户的极力反对？为何凤凰县政府最终取消了收费政策？

凤凰古城收费政策的最终取消暗含了经济学中弹性理论的基本原理。

弹性理论是经济学家将物理学的弹性原理运用于经济学分析时形成的一种理论。当两个经济变量间存在函数关系时，作为自变量的经济变量的变化，必然会引起作为因变量的经济变量的变化。弹性即表示因变量的相对变化对自变量相对变化的反应程度或灵敏程度。弹性理论包括需求弹性理论和供给弹性理论。

4.1 需求弹性

需求弹性是指一种商品的需求量对其影响因素变动的反应敏感程度。通过需求弹性可以反映出影响需求（量）的某个因素（如商品的价格、居民的收入水平）发生变化时，需求（量）的变化状况。由于影响需求的因素很多，因此也相应有许多种需求弹性，在此，我们重点介绍常见的需求弹性：需求价格弹性、需求收入弹性和需求交叉弹性。

小思考

下列商品：食盐、电、汽车、名牌服装、家庭装修等在价格上涨或下降时，你或你的家庭对它们的购买量会有什么样的变化？

4.1.1 需求价格弹性

（一）需求价格弹性的概念

需求价格弹性是指一种商品需求量变动对其价格变动的反应程度。一般用需求价格弹

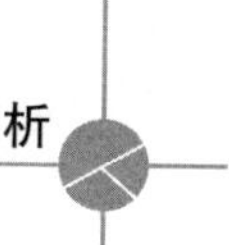

性系数来表示需求价格弹性的大小，即需求价格弹性系数是需求量变动的百分比与价格变动的百分比的比值，通过需求价格弹性系数可以测度商品需求量变动对于商品自身价格变动反应的敏感性程度。

需求价格弹性的计算公式为：

$$\text{需求价格弹性系数}(E_d)=\frac{\text{需求量变动的百分比}}{\text{价格变动的百分比}}=\frac{\frac{\Delta Q}{Q}}{\frac{\Delta P}{P}}=\frac{\Delta Q}{\Delta P}\cdot\frac{P}{Q}$$

式中：E_d 为需求价格弹性系数；Q 为商品需求量；P 为商品价格；ΔQ 为商品需求量的变化量；ΔP 为商品价格的变化量。

在上面的公式中，Q 和 P 的值分别是变化前的商品需求量和商品价格，该公式为计算需求价格弹性的一般公式，除此之外，计算需求价格弹性的公式还可以分为弧弹性和点弹性的计算公式。

弧弹性是对以上需求价格弹性计算公式中的 Q 与 P 取其需求量和价格变化前后的平均值，因此弧弹性也称为平均弹性，其计算公式为：

$$E_d=\frac{Q_2-Q_1}{P_2-P_1}\times\frac{(P_1+P_2)/2}{(Q_1+Q_2)/2}=\frac{Q_2-Q_1}{P_2-P_1}\times\frac{P_1+P_2}{Q_1+Q_2}$$

式中：Q_1、Q_2分别为变化前后的商品需求量；P_1、P_2分别为变化前后的商品价格。

【例题 4－1】假定某企业在它的主要竞争对手降价之前，运动鞋的每月销量为 10 000 双，售价为 100 元/双，在这个竞争对手降价之后，该公司的每月销量下降到 8 000 双。依照过去的经验，该公司的运动鞋的需求价格弹性约为－2.0，如果该公司希望将销量恢复到每月 10 000 双，那么应该降价到多少？

解：令 $Q_1=8\,000$，$Q_2=10\,000$，$P_1=1\,000$，$E_d=-2.0$，所求价格 P_2 可以依据弧弹性的计算公式来计算：

$$E_d=\frac{Q_2-Q_1}{P_2-P_1}\cdot\frac{P_1+P_2}{Q_1+Q_2}$$

即：$-2=\frac{10\,000-8\,000}{P_2-100}\times\frac{100+P_2}{8\,000+10\,000}$

计算得：$P_2=89.5$（元/双）

当价格下降到 89.5 元/双时，才能使该公司运动鞋的销量恢复到 10 000 双。

点弹性表示的是需求曲线上某一点的弹性，其计算公式为：

$$E_d=\lim_{\Delta P\to 0}\frac{\Delta Q}{\Delta P}\times\frac{P}{Q}=\frac{\mathrm{d}Q}{\mathrm{d}P}\times\frac{P}{Q}$$

由点弹性的计算公式可以看出，要计算商品的点弹性，其前提是必须已知该商品的需求函数。

【例题 4－2】假定某企业的需求曲线方程为：$Q=3\,000-200P$。求：$P=10$ 时的需求价格点弹性。

解：当 $P=10$ 时，$Q=3\,000-200\times10=1\,000$

$$E_d=\frac{\mathrm{d}Q}{\mathrm{d}P}\cdot\frac{P}{Q}=-200\times\frac{10}{1\,000}=-2$$

即 $P=10$ 时，该企业的需求价格点弹性为-2。

需要说明的是，根据需求定理，在其他因素不变的条件下，商品的需求量与其价格的变化方向相反，所以对于大部分商品而言，其需求价格弹性的计算结果是负值。但在实际运用中，为方便起见，商品的需求价格弹性一般都取其绝对值。这样，如果计算出来的需求价格弹性系数越大，说明该商品的需求量对其价格变动的反应灵敏度越高。

在实际中，计算需求价格弹性用其一般公式即可。例如，假定某商品的价格下降了10%，其需求量增加了8%，则该商品的需求价格弹性系数为0.8，即：$E_d=8\%\div10\%=0.8$。在这个例子中，需求价格弹性系数是0.8，就说明了该商品价格变化1%，需求量就会变化0.8%。

（二）需求价格弹性的种类

根据需求价格弹性系数绝对值的大小，可以把商品的需求价格弹性分为五种类型，即需求完全无弹性、需求缺乏弹性、需求单位弹性、需求富有弹性和需求完全弹性。

（1）若 $E_d=0$，则称为该商品的需求对其价格变动完全无弹性。这意味着无论商品的价格怎样变化，其需求量却无任何变化，亦即商品的需求量对商品的价格变化无动于衷。在这种情况下，需求曲线是垂直的，反映了价格的变动不会带来需求量的任何变动。现实中，这样的商品几乎是不存在的，只不过有些商品比较接近而已，比如食盐。

（2）若 $E_d<1$，则称该商品的需求对其价格变动缺乏弹性。这意味着该商品需求量变化的幅度小于价格变化的幅度，多数生活必需品如食品、药品等就属于此类。

（3）若 $E_d=1$，则称该商品的需求对其价格变动为单位弹性。这意味着该商品需求量的相对变化幅度与价格的相对变化幅度相等。单位弹性商品是介于奢侈品和必需品之间的商品，该商品在日常生活中较少见。

（4）若 $E_d>1$，则称该商品的需求对其价格变动富有弹性。这意味着该商品的需求量变化幅度大于其价格变化的幅度，大多数奢侈品属于此类。

（5）若 $E_d=\infty$，则称该商品的需求对其价格变动具有完全弹性，也称需求对其价格变动具有无限弹性。该商品的价格稍有变化，其商品的需求量就会出现巨大变化，如商品价格稍有提高，需求量将大幅下降或无需求量；或商品价格稍有降低，需求量就会大幅增加或无限大。在这种情况下，需求曲线是水平的，反映了价格极小变动会引起需求量极大变动。现实中，这类商品比较少见。

为了更直观地了解上述五种需求价格弹性，我们也可以用图4－1进行表示。

在上述需求价格弹性的五种类型中，需求无弹性、需求单位弹性和需求无限弹性是需求价格弹性的三种特例，是基于需求弹性计算公式的计算结果。常见的和在实际中运用的主要是需求缺乏弹性和需求富于弹性这两种。

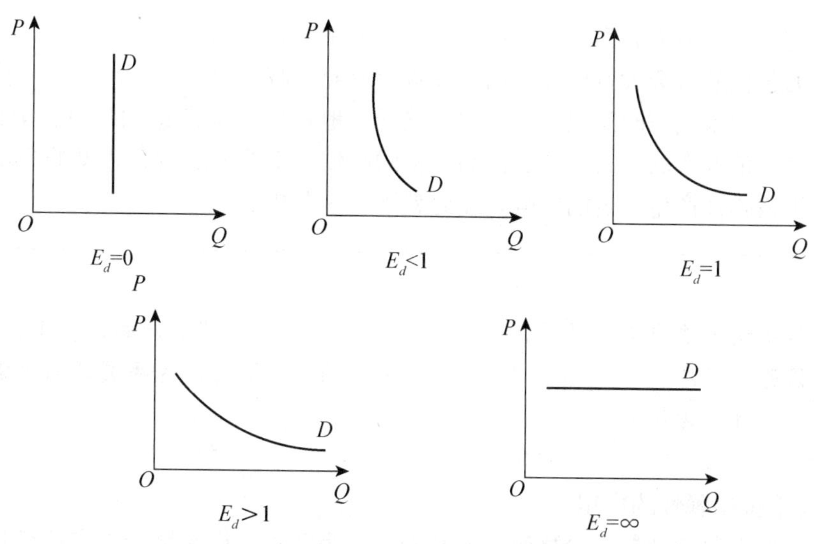

图4-1　不同需求价格弹性下的需求曲线

（三）影响需求价格弹性的主要因素

无论是通过不同商品的需求曲线计算，还是通过实地调查统计分析计算，我们会发现不同的商品，其需求价格弹性有大有小。那么，是哪些因素影响商品的需求弹性的大小呢？

（1）商品的替代性。一般来讲，商品的替代性越大，其需求价格弹性就越大。道理很简单，因为该商品的替代品很多，如果其价格上涨，人们会更多地选择其替代品，从而其需求量会大幅下降；相反，如果其价格下降，人们会放弃其替代品，从而其需求量会大幅提高。

（2）商品用途的广泛性。一般来讲，商品的用途越广泛，其需求价格弹性就越大，反之就越小。因为，商品的用途越广泛，若其价格上涨，人们会大幅削减次要用途的需求量，例如水，其用途很广泛，如果水价大幅上涨，人们就会大幅削减次要用途的用水量；反之，如果水价大幅降低，人们会大幅增加用水量。

（3）商品对消费者生活的重要程度。一般来讲，商品对消费者的生活越重要，其需求价格弹性就越小，反之就越大。因为商品对消费者的生活很重要，其价格即使上涨，其需求量也不会削减很多，比如生活必需品、药品等；反之，如果某商品对消费者来讲相对不太重要，比如旅游、看电影等，如果价格上涨，人们就会大幅削减对其消费。

（4）商品的消费支出在消费者预算总支出中所占的比重。一般来讲，某商品在消费支出中所占的比例越大，其需求价格弹性就越大，反之就越小。以高收入家庭和低收入家庭为例，对于大米，同样的涨价，对一般低收入家庭而言就很看重，他们很可能会选择价格较低的大米消费，或减少对大米的消费；但对高收入家庭而言，他们会无所谓，因为大米的消费在他们的收入中所占的比例很小。

（5）所考察的消费者调节需求量的时间。价格变动后，消费者对需求量的调节时间对商品的需求价格弹性也有很大的影响。一般来讲，调节时间越长，其需求价格弹性就越大，反之就越短。其原因和商品的替代性有很大关系，因为商品价格上涨后，调节的时间越长，相关的替代品就会大量出现，消费者就会放弃或减少对该商品的消费，从而选择其替代品；反之，如果调节时间很短，消费者选择余地就少，其需求量的下降幅度就小。

除此之外，消费者的收入水平、商品价格的高低、消费者受教育程度的高低等都会对商品的需求价格弹性产生一定的影响，在此就不一一分析了。

小思考

我们常把诸如洗衣粉、牙膏、副食品、小家电等称为“小产品、大市场”，而把大型机械设备、汽车、房产称为“大产品、小市场”。请问，这两类产品的需求价格弹性有什么差异？为什么？

（四）需求价格弹性的应用

需求价格弹性是企业制定价格政策的基础，因为需求价格弹性能够直接反映商品价格变动对需求量的影响程度，从而就可以据此了解商品价格变动对企业销售收入的影响。

（1）$E_d>1$，即当需求富有弹性时，需求量的相对变化大于价格的相对变化，价格提高1%将导致需求量减少超过1%，由此使销售收入下降；反之，如果价格降低1%将导致需求量增加超过1%，由此使销售收入提高。因此，当需求富有弹性时，降价可使企业的销售收入增加，而涨价会使企业的销售收入减少。这时企业应该降低价格，通过扩大销售量来增加总收入。

（2）$E_d<1$，即当需求缺乏弹性时，需求量的相对变化小于价格的相对变化，价格提高1%将导致需求量减少不超过1%，由此使销售收入提高；反之，如果价格降低1%将导致需求量增加不超过1%，由此使销售收入下降。因此，当需求缺乏弹性时，降价使企业的销售收入减少，而涨价可使企业的销售收入增加。这时企业应该提高价格，以此来增加总收入。

（3）$E_d=1$，即当需求价格弹性为单位弹性时，需求量的相对变化等于价格的相对变化，需求量增加所增加的总收入正好为价格降低所减少的总收入。因此，当需求价格弹性为单位弹性时，无论是涨价还是降价，企业的销售收入一直保持不变。这时，企业可针对不同的经营目标，采取不同的价格策略，如为提高市场占有率，可适当降价；为树立优质优价形象，可适当提价。

（4）$E_d=\infty$，即当需求价格弹性为无限时，在既定价格上，消费者对这一商品的需求量是无穷的，收入可以无限增加，因此，企业不会降价销售。但如果企业提高该商品的价格，即使只上涨很微小的数量，该商品便无人问津，企业销售收入减少为零。

（5）$E_d=0$，即当需求完全无弹性时，价格无论提高还是降低，需求量不变。因此，当需求价格弹性为完全无弹性时，降价使企业的销售收入减少，收入减少量为价格差额与不变的需求量之积；而涨价可使企业的销售收入增加，收入增加量为价格差额与不变的需求量之积。

【例题 4-3】某产品的需求价格弹性为2，如果明年该商品计划降价10%，那么该商品的销售量明年会增加多少？

解：根据需求价格弹性的公式，得：

需求量变动百分比＝价格变动百分比×需求价格弹性＝10%×2＝20%

所以预期明年该商品的销售量会增加 20%。

根据以上分析，可将商品的需求价格弹性与企业销售收入之间的关系总结为表 4－1。

表 4－1　需求价格弹性与企业销售收入

销售收入 \ 弹性 \ 价格	$E_d>1$	$E_d<1$	$E_d=1$	$E_d=0$	$E_d=\infty$
降　价	增加	减少	不变	收入减少量为价格差额与不变的需求量之积	在即定价格下，收入可以无限增加，企业不会降价
涨　价	减少	增加	不变	收入增加量为价格差额与不变的需求量之积	收入减少为零

经济管理实务

“双十一”与需求价格弹性

2017 年，全球有超过 14 万个品牌投入 1 500 万种商品参与天猫“双十一”活动，海内外有超过 100 万家商家线上线下打通，近 10 万家智慧门店、超过 50 万家零售小店共赴新零售。“2017 天猫全球狂欢节双十一”全天成交额 1 682 亿元，京东“全球好物节”累计成交额 1 271 亿元！

2017 年 11 月 11 日当天，很多网店的商品低至 5 折、3 折甚至 1 折，我们也许会感到疑惑：他们真的能赚钱吗？还是不惜亏本也要随促销的大流？当运用需求价格弹性这一工具来进行分析之后我们就会发现，在这场促销大战中，大部分卖家的收益是远远超过他们平日里的收益的。显然，商家绝对不会对大米之类的刚性消费品进行降价促销，一方面利润微薄，另一方面相关产品的促销对于销量的影响并不明显。不同于大米、食盐这些缺乏弹性的生活必需品，服装、首饰等的需求量往往极易受到价格的影响。我们看到，恰恰是这一类易受价格影响的商品——衣服、饰品、化妆品、家具等，成为“双十一”促销的主流。2017 年“双十一”购物的产品品类数据显示：大家电销售额占比 15.2%，手机销售额占比 8.7%，个人护理品占比 5.6%，母婴用品占比 3.6%，生活电器占比 2.8%，彩妆占比 2.5%。以上这些“双十一”热销的产品都是需求价格弹性较大的产品，对这些产品实施降价政策将会带来销量的大幅上升，由此企业可以做到薄利多销。

4.1.2 需求的收入弹性

在我们的日常生活中，经常会看到这样一些现象：当你或你们家的收入在由低到高不断增长的时候，对一些商品如食盐、大米等一些生活必需品的需求量没有发生多大的变化，但对一些高档消费品如高档电器、外出旅游、高档服装等的需求量却大幅度增加；你买车以后，外出乘坐公交车和地铁的时候少了，等等。经济学家把这种不同商品对收入变化的反映程度称为需求的收入弹性。

(一) 需求收入弹性的概念

需求的收入弹性是指一种商品需求量的变动对收入变动的反应程度。其弹性系数用需求量的变动率与消费者收入的变动率之比来计算。它被用来测度某种商品需求量的相对变动对于消费者收入的相对变动反应的敏感性程度。其计算公式为：

$$\text{需求收入弹性系数}(E_M)=\frac{\text{需求量变动的百分比}}{\text{收入变动的百分比}}=\frac{\frac{\Delta Q}{Q}}{\frac{\Delta M}{M}}=\frac{\Delta Q}{\Delta M}\cdot\frac{M}{Q}$$

式中：E_M 为需求的收入弹性；M 为消费者的收入水平；ΔM 为消费者收入的变动量；Q 为某商品的需求量；ΔQ 为某商品需求量的变动量。

除以上计算公式以外，与需求价格弹性的计算类似，需求收入弹性也有弧弹性和点弹性的计算，其计算公式分别为：

$$E_M=\frac{Q_2-Q_1}{M_2-M_1}\times\frac{(M_2+M_1)/2}{(Q_2+Q_1)/2}=\frac{Q_2-Q_1}{M_2-M_1}\times\frac{M_2+M_1}{Q_2+Q_1}$$

$$E_M=\lim_{\Delta M\to 0}\frac{\Delta Q}{\Delta M}\times\frac{M}{Q}=\frac{\mathrm{d}Q}{\mathrm{d}M}\times\frac{M}{Q}$$

(二) 需求收入弹性的种类

和需求的价格弹性一样，根据计算结果，我们可以把需求收入弹性分为以下五种：

(1) $E_M=0$，需求收入无弹性，即该商品需求对收入变化毫无反应。比较接近的商品如食盐。

(2) $E_M>1$，需求收入富有弹性，即收入增加或减少，该商品的需求量会有较大幅度增加或减少。一般来讲，高档消费品、耐用消费品（如高档家电、室内装修、外出旅游）和奢侈品都属于此类。

(3) $E_M=1$，需求收入单位弹性，即该商品需求量的增加幅度或减少幅度和收入的增加或减少幅度是一样的。衣服是公认的比较接近单位弹性的商品。

(4) $E_M<1$，需求收入缺乏弹性，即收入增加或减少，该商品的需求量会有较小幅度增加或减少。生活必需品一般都属于此类。

(5) $E_M<0$，需求收入负弹性，意即收入增加，该商品的需求量反而减少；收入减少，该商品的需求量反而增加。像肥肉、土豆、籼米、公共交通都属于此类。

根据计算结果和现实统计结果，人们通常把 $E_M>0$ 的商品称为正常商品，包括 $E_M>1$、$E_M=1$ 和 $0<E_M<1$ 三类商品，因为这几类商品符合需求定理；人们通常把 $E_M\leqslant 0$ 的商品称为特殊商品或低档商品，因为这类商品不符合需求定理。

案例评析

中国境外旅游人数持续增加

2017 年 10 月 13 日，中国旅游研究院的《中国出境旅游发展年度报告 2017》在北京

发布。报告显示，2016 年中国出境旅游达到 1.22 亿人次，出境旅游花费 1 098 亿美元，同比增长 4.3%与 5.07%。2018 年全国旅游工作会议公布的数据显示：预计 2017 年出境旅游市场为 1.29 亿人次，比 2016 年的 1.22 亿人次增长了 5.7%，中国连续多年保持世界第一大出境旅游客源国地位。

旅游是需求收入富有弹性的商品，即随着人们收入水平的提高，对旅游产品的需求随之迅速增加，而且其需求增长率大于收入的增长率。中国出境游人数的持续增加，除了签证便利等因素的影响之外，客源地的国民收入水平变化在很大程度上影响着出游意愿与出游形式，研究显示，人均可支配收入与出境人次的相关度最高。

小思考

结合你的生活经历，分别举出 5 个收入缺乏弹性和收入富有弹性的商品。

在需求收入弹性的基础上，如果具体地研究消费者的收入量的变动和用于购买食物的支出量的变动之间的关系，就可以得到食物支出的收入弹性。恩格尔定律指出：一个家庭或一个国家食物支出在收入中所占的比例随着收入的增加而减少。恩格尔定律的公式为：

$$食物支出的收入弹性系数=\frac{食物支出的变动百分比}{收入变动的百分比}$$

用收入弹性概念来表述恩格尔定律可以是：对于一个家庭或国家而言，越富裕，则食物支出的收入弹性就越小；反之，则越大。

恩格尔系数是根据恩格尔定律得出的比例数，是表示一个国家生活水平高低或富裕程度的一个指标。恩格尔系数的计算公式为：

$$恩格尔系数=\frac{食物支出金额}{总支出(或总收入)金额}$$

我国在 20 世纪 80 年代初城镇居民恩格尔系数为 56.7%，到 2017 年城镇居民恩格尔系数降低为 29.3%左右，由此可见，随着我国经济改革的不断深入，人民的生活水平在不断提高。当然，恩格尔系数是表示一个国家生活水平高低的指标之一，另外一个与生活水平密切相关的指标是基尼系数。

资料链接

恩格尔系数①

19 世纪中叶，德国统计学家、时任普鲁士统计局局长的恩斯特·恩格尔（Ernst Engel，1821—1896 年）对 153 户比利时家庭的家庭预算和支出进行分析后发现，随着收入的增加，或者伴随人们富裕程度的上升，其家庭用于购买生活必需品的开支占总支出的比

① 斯凯恩，韩晓龙. 最受欢迎的哈佛经济课. 上海：立信会计出版社，2015：217.

重会下降，用于非必需品方面的支出占总支出的比重会上升。在生活必需品中，食品占据了较大比例。他特别指出："越是贫穷的家庭，其消费支出中食品开支比重就越大。"由此，人们把家庭食品开支在消费支出中的比重称为"恩格尔系数"。把"越是贫穷的家庭，其消费支出中食品开支比重就越大"的表述称为"恩格尔定律"。

国际上常常用恩格尔系数来衡量一个国家和地区人民生活水平的状况。20 世纪 70 年代中期，联合国粮农组织提出了以恩格尔系数来判定一个国家或地区生活发展的一般标准：恩格尔系数在59%以上为贫困，50%～59%为温饱，40%～50%为小康，30%～40%为富裕，低于 30%为最富裕。

(三) 需求收入弹性的应用

需求收入弹性反映了消费者收入变化对需求的影响程度，它是企业确定产品结构调整方向的重要依据，同样也是国家确定产业结构发展方向的重要依据。

在国家经济高速增长时期，国民收入水平将不断提高，此时，消费者将会需要更多需求收入弹性大的商品，因此，企业应该努力增加需求收入弹性大的商品的生产，以取得更大的销售收入；对于需求收入弹性小的生活必需品，可大体上略为增加，因为即使收入有较大增长，生活必需品的消费量也不会增加很多；低档消费品则会随着收入的增加而减少，因此企业应及时降低产量。

在国家经济处于不景气时期，国民收入水平将会降低，此时需求收入弹性较大的高档商品的需求将会迅速下降，企业应该及时减少高档商品的生产；生活必需品可略为减少；低档商品的需求会迅速上升，企业应该及时增产。

由此可见，企业应该随着国家经济的波动，合理调整产品结构，避免只生产单一需求收入弹性大或小的商品。

随着社会经济的发展，社会收入总体呈上升趋势，这意味着需求收入弹性较大的商品将拥有更大的市场空间，因此国家应该将需求收入弹性较大的商品作为先导产业，引导国家的产业结构发展方向。

4.1.3 需求交叉弹性

(一) 需求交叉弹性的概念

需求交叉弹性是指一种商品的需求量的变动对于它的相关商品的价格变动的反应程度，该弹性衡量的是一种商品的价格变动对另一种商品需求的影响，其弹性系数是某商品的需求量变动的百分比与该商品的相关商品的价格变动的百分比的比值。需求交叉弹性系数的计算公式如下：

$$\text{需求交叉弹性系数}(E_C)=\frac{\text{X 商品需求量变动的百分比}}{\text{Y 商品价格变动的百分比}}=\frac{\Delta Q_X/Q_X}{\Delta P_Y/P_Y}=\frac{\Delta Q_X}{\Delta P_Y}\times\frac{P_Y}{Q_X}$$

式中：E_C为需求的交叉弹性；P_X为 X 商品的价格；ΔQ_X 为 X 商品需求量的变动量；P_Y 为 Y 商品的价格；ΔP_Y 为 Y 商品价格的变动量。

除以上计算公式以外，需求交叉弹性也有弧弹性和点弹性的计算，其计算公式分

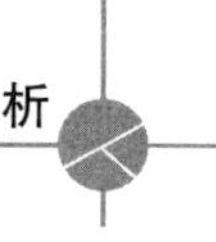

别为：

$$E_C=\frac{Q_X^2-Q_X^1}{P_Y^2-P_Y^1}\times\frac{(P_Y^2+P_Y^1)/2}{(Q_X^2+Q_X^1)/2}=\frac{Q_X^2-Q_X^1}{P_Y^2-P_Y^1}\times\frac{P_Y^2+P_Y^1}{Q_X^2+Q_X^1}$$

$$E_C=\lim_{\Delta P_Y\to 0}\frac{\Delta Q_X}{\Delta P_Y}\times\frac{P_Y}{Q_X}=\frac{\mathrm{d}Q_X}{\mathrm{d}P_Y}\times\frac{P_Y}{Q_X}$$

（二）需求交叉弹性的种类

根据计算公式，需求交叉弹性可以分为以下三类：

（1）当 $E_C>0$ 时，X 与 Y 两种产品间有替代关系。例如，牛肉与羊肉，牛肉价格上升会引起羊肉消费量的增加；反之，牛肉价格下降，会引起羊肉消费量的减少。

（2）当 $E_C<0$ 时，X 与 Y 两种产品间有互补关系。例如，汽车与汽油，汽油价格的上升将引起汽车消费量的减少；反之，汽油价格下降会引起汽车消费量的增加。

（3）当 $E_C=0$ 时，X 与 Y 两种产品间无关系。例如，汽车和牛肉既不属于替代品，也不属于互补品，两者任何一个价格发生变化，对另外一个不会产生什么影响。

由此可见，我们可以通过需求交叉弹性系数的符号来判断两商品之间的相关关系。

小思考

试分析汽油市场价格变化会对汽车市场产生什么样的影响？为什么？

（三）需求交叉弹性的应用

通过需求交叉弹性，企业可以更好地分析和预测产品价格和销售量的变化，从而制定科学的经营策略。

企业往往生产多种产品，如果产品相互之间的需求交叉弹性为正值，则说明这些产品之间存在替代关系，因此提高或降低其中某种商品的价格，不仅会影响该种商品的需求，也同样会影响其替代商品的需求，所以需要进行综合考虑。例如，企业的新老产品相互之间具有替代关系，如果要主推新产品，就不能过度降低老产品的价格，因为这样可能会导致消费者更多地购买老产品，从而不利于新产品的上市。

如果替代品分别在不同的企业生产，那么，需求交叉弹性可用来分析产品之间的竞争关系。交叉弹性越大，说明两家企业产品之间的竞争越激烈，企业必须密切关注竞争企业的经营动向，并及时采取相应对策。

如果企业生产的多种产品相互之间的需求交叉弹性为负值，说明这些产品之间存在互补关系。互补产品往往可以分为主体产品和配套产品，通常的定价策略是对主体产品定低价，对配套产品定高价。

除了以上所介绍的三种需求弹性以外，在具体的经济分析中，还可以根据具体经济管理问题的不同需要，设计不同的需求弹性。例如，由一个国家的能源消耗与国民收入增长之间的弹性关系，可以预测未来能源的需求；企业应经常分析广告投入与其商品需求量之间的弹性关系，由此确定企业广告的最佳投放量；一个商业企业可能需要分析营业时间与需求量之间的弹性关系，由此确定企业营业时间的长短。可以看出，弹性理论是进行经济管理分析的有效工具。

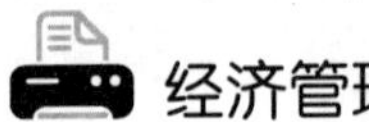

经济管理实务

需求弹性的综合应用

某空调企业的营销部经理正在制定 2017 年的销售策略，为此需要估计企业在华东地区的空调需求量。信息管理部根据相关经营数据提供了企业在华东地区的空调需求回归方程：

$$Q_X=0.8-3.0P_X+0.9I+2.0P_Y+1.4A$$

式中：Q_X为该企业的空调销售量，单位：百万台/年；

P_X为该公司的空调价格，单位：千元/台；

I 为华东地区人均可支配收入，单位：万元/年；

P_Y为竞争企业的空调价格，单位：千元/台；

A 为该企业空调在华东地区投放的广告费用，单位：百万元/年。

假设 2017 年以上各变量的数值为：$P_X=2$ 千元/台，$I=3$ 万元/年，$P_Y=1.8$ 千元/台，$A=1$ 百万元/年。将以上数据代入上面的需求回归方程，可得：

$$Q_X=0.8-3.0\times2+0.9\times3+2.0\times1.8+1.4\times1=2.5$$

因此，2017 年该企业在华东地区的空调销售量将会是 250 万台。

企业可以利用以上信息得出企业空调的需求价格弹性、需求收入弹性、与竞争企业（Y）的需求交叉弹性以及需求广告弹性：

$$E_d=\frac{\mathrm{d}Q_X}{\mathrm{d}P_X}\times\frac{P_X}{Q_X}=-3.0\times\frac{2}{2.5}=-2.4$$

$$E_I=\frac{\mathrm{d}Q_X}{\mathrm{d}I}\times\frac{I}{Q_X}=0.9\times\frac{3}{2.5}=1.08$$

$$E_C=\frac{\mathrm{d}Q_X}{\mathrm{d}P_Y}\times\frac{P_Y}{Q_X}=2.0\times\frac{1.8}{2.5}=1.44$$

$$E_A=\frac{\mathrm{d}Q_X}{\mathrm{d}A}\times\frac{A}{Q_X}=1.4\times\frac{1}{2.5}=0.56$$

企业可以利用以上需求弹性预测华东地区 2018 年的空调需求量。假设企业计划 2018 年提高空调价格 5%、广告费用增加 14%，预计 2018 年华东地区个人可支配收入会提高 5%、竞争企业空调价格会上升 6%。利用 2017 年的销量（Q_X）250 万台、以上的各种需求弹性，还有对以上各种变量在未来的预期，企业可以预测华东地区 2018 年的空调需求量（Q'_X）：

$$\begin{aligned}Q'_X&=Q_X\left(1+\frac{\Delta P_X}{P_X}\times E_d+\frac{\Delta I}{I}\times E_I+\frac{\Delta P_Y}{P_Y}\times E_C+\frac{\Delta A}{A}\times E_A\right)\\&=2.5[1+5\%\times(-2.4)+5\%\times1.08+6\%\times1.44+14\%\times0.56]\\&=2.75\end{aligned}$$

即预计企业 2018 年在华东地区的空调销售量为 275 万台。

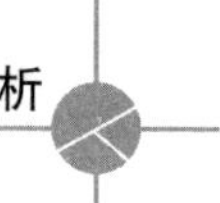

4.2　供给弹性

供给弹性是指影响供给（量）的某个因素（如企业的生产技术水平）发生变化时，供给（量）会如何变化，即一种商品的供给量对其影响因素变动的反应敏感程度。由于影响供给的因素也很多，因此也相应有许多种供给弹性，在此，我们只介绍其中的供给的价格弹性。

4.2.1　供给价格弹性的概念

供给的价格弹性是指一定时期内，一种商品供给量的相对变动相对于其价格的相对变动的反应程度，即价格变动百分之一时引起的供给量变动的百分比，它是供给量变动率与价格变动率之比，其大小用供给价格弹性系数来表示，计算公式为：

$$\text{供给价格弹性系数}(E_S)=\frac{\text{供给量变动的百分比}}{\text{价格变动的百分比}}=\frac{\frac{\Delta Q}{Q}}{\frac{\Delta P}{P}}=\frac{\Delta Q}{\Delta P}\cdot\frac{P}{Q}$$

式中：E_S为供给的价格弹性系数；P 为某商品的价格；ΔP 为某商品价格的变化量；Q 为某商品的供给量；ΔQ 为某商品供给量的变化量；$\Delta P/P$ 为某商品价格变动的百分比；$\Delta Q/Q$ 为某商品供给量变动的百分比。

例如，某商品价格下降了 20%，供给量减少了 15%，则该商品的供给价格弹性 $E_S=15\%\div 20\%=0.75$。该数据表示该商品的价格下降 1%，其供给量就会减少 0.75%。

与需求价格弹性不一样，在其他因素不变的条件下，由于商品的供给量与商品的价格的变化是同方向的，所以一般来讲，供给价格弹性的计算结果是正值。

4.2.2　供给价格弹性的分类

与需求价格弹性一样，根据供给价格弹性的公式计算结果，可以把供给价格弹性分为五类：无弹性、缺乏弹性、单位弹性、富有弹性和无限弹性。

（1）若 $E_S=0$，则称该商品的供给无弹性。即意味着无论商品的价格如何变化，其供给量没有任何变化。珍稀物品如珍贵艺术品、古董等就属于此类，不管价格如何变化，其供给数量就这么多。此时，供给曲线是一条垂直线，具体见图 4-2（a）。

（2）若 $0<E_S<1$，则称该商品的供给缺乏弹性。即意味着当该商品的价格发生变化时（上升或下降），其供给量的变化幅度小于其价格变化的幅度。一般情况下，受各种因素的影响，生产调整比较困难的商品，其供给就缺乏弹性，比如农产品就属于此类。此时，如果供给曲线是线性的，则供给曲线的特征表现为其延长线会与供给量轴（横轴）相交，具体见图 4-2（b）。

(3) 若 $Es=1$，则称该商品的供给为单位弹性。即意味着该商品的价格变化幅度与供给量变化的幅度一样。在现实中，这类产品的例子很难找。此时，如果供给曲线是线性的，则供给曲线的特征表现为其延长线会通过坐标原点，具体见图 4-2 (c)。

(4) 若 $1<Es<\infty$，则称该商品的供给富有弹性。即意味着当该商品的价格发生变化（上升或下降）时，其供给量的变化幅度大于其价格变化的幅度。一般情况下，生产调整比较容易的商品，其供给就富有弹性，比如一般工业品就属于此类。此时，如果供给曲线是线性的，则供给曲线的特征表现为其延长线会与价格轴（纵轴）相交，具体见图 4-2 (d)。

(5) 若 $Es=\infty$，则称该商品的供给无限弹性。即意味着当该商品的价格上涨时，其供给量会无限大；当该商品的价格下降时，其供给量则会无限小。在现实中一般很难找到哪个产品属于此类。此时，供给曲线是一条水平线，具体见图 4-2 (e)。

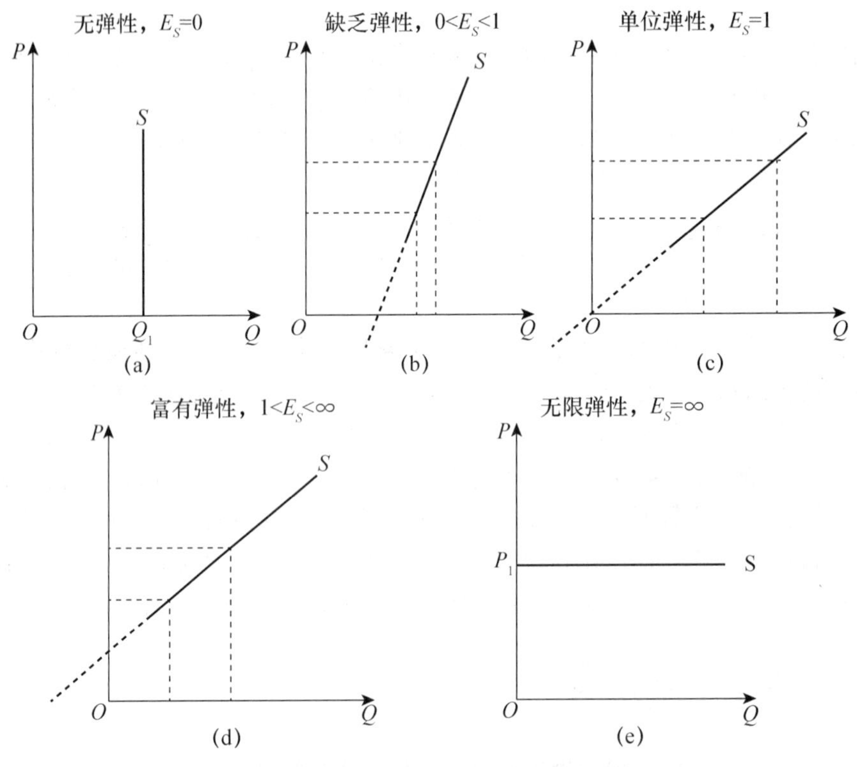

图 4-2　不同供给弹性下的供给曲线

4.2.3　影响供给弹性的主要因素

影响供给弹性的因素有很多，但主要因素是商品生产的时间长短、生产的难易程度、生产周期、生产规模和生产成本等。

(1) 商品生产时间的长短。当商品的价格变动时，企业对产量的调整需要一定的时间。在短期内，企业很难根据市场需求量来调整产量；在长期内，所有的资源都是可以变动的，企业可以根据市场需求量来调整产量。因此，短期的供给缺乏弹性，而长期的供给是富有弹性的。即随着时间的延长，商品的供给价格弹性将逐渐加大。

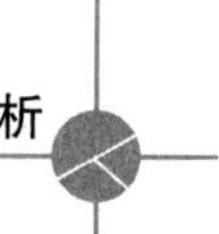

（2）商品生产的周期。不同的商品生产的周期是不一样的，当市场上商品的价格变动时，所需生产周期较长的商品很难在短时期扩大或减少其生产量，所以其供给弹性就小或缺乏弹性；而那些所需生产周期短的商品就很容易扩大或减少其生产量，及时向市场提供商品或减少供应，所以其供给弹性就大或富有弹性。如我们经常说的长线产品，如电力、能源产品等，一般供给弹性就小或缺乏弹性，而一般短线产品，如家电、日用品等，一般供给弹性较大或富有弹性。

（3）生产规模和规模变化的难易程度。一般来说，生产规模大的资本密集型企业，因受设计和专业化设备等因素的制约，其生产规模变动较难，调整的时间长，因而其产品的供给弹性小。反之，规模较小的劳动密集型企业，其产品供给弹性相对更大一些。

（4）生产成本的变化。在其他条件不变的情况下，如果生产成本随着产量的增加不会增加太多，则产品的供给弹性就大；相反，如果产品增加促使成本显著增加，则供给弹性就小。

此外，商品本身的特性也影响商品的供给弹性。比如，在经济学理论中，土地就是一个无弹性的商品，因为不管土地的价格如何变化，其供给量不会发生变化。

小思考

试比较基础产业如水电、交通、通信等产品与轻工业如服装、家电等产品的供给弹性的大小，并用供给弹性理论解释其中的原因。

本章小结

本章在对弹性做一般分析之后，分别对需求弹性、需求收入弹性、需求交叉弹性以及供给弹性的概念、公式及分类分别做了分析。需求弹性是指一种商品的需求量对其影响因素变动的反应敏感程度。在本章我们重点介绍常见的三个需求弹性：需求价格弹性、需求收入弹性和需求交叉弹性。供给弹性是指一种商品的供给量对其影响因素变动的反应敏感程度。由于影响供给的因素也很多，因此也相应有许多种供给弹性，本章只介绍其中的供给的价格弹性。

经济管理问题分析

从上述所学的弹性相关理论，我们可以分析本章开头的案例：通常旅游景区的需求价格弹性较大，特别是凤凰古城地处偏远，到凤凰古城旅游的游客除了旅行社组织的定点游客外，大多数是喜爱凤凰古城的散客，其中大部分散客来源于凤凰古城的周边地区，在免费政策下，周边地区游客时常会来度周末。古城商户的目标顾客大多数是这些旅游散客。对这部分目标顾客而言，凤凰古城的需求价格弹性很大，在收费入城，并且票价不菲的情况下，这部分游客短期滞留古城的成本极大上升，因而收费政策实施以后，凤凰古城游客人数骤减，当地个体商户受到很大冲击。凤凰古城商户及居民大量、多次上访，让凤凰县委、县政府感到“民意不可违”。2016年初，凤凰县政府曾在网上发起了一次民意调查，有76%的参与者对“围城设卡验票”政策投了反对票。最终凤凰县政府顺应民意取消了收费政策。自从2016年4月10日暂停收取进入古城的门票后，凤凰古城的旅游人数就已经开始出现增长的势头。凤凰县文旅局数据显示，2016年4月10日—26日，凤凰古城共计接待游客73.29万人次，旅游收入5.43亿元；2016年“五一”小长假期间，凤凰古城共接待游客22.88万人次，实现旅游收入1.63亿元，同比分别增长17.51%和14.79%。这些年我国许多旅游景区一味地提高门票价格，实际上，如果景区目标顾客的需求价格弹性较大的话，降低价格反而能够增加景区的收入。

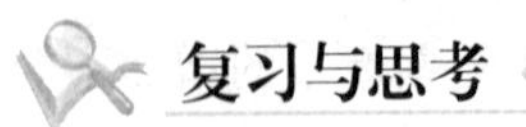

复习与思考

一、名词解释

需求价格弹性　需求收入弹性　需求交叉弹性　供给价格弹性　恩格尔系数

二、选择题

1. 需求的价格弹性等于：

A. 收益变动的百分比除以价格变化的百分比

B. 收益变动的百分比除以需求量增加的百分比

C. 需求量变动的百分比除以价格变动的百分比

D. 需求曲线的斜率

2. 万达影院的爆米花价格由每桶10.00元提升至每桶12.00元，由此造成其日销量由100桶降至80桶。据此回答以下问题。

（1）此时，依据弧弹性的计算公式，爆米花的需求价格弹性为：

A. −0.43　　B. −1.00　　C. −1.22　　D. −1.92

（2）由此可见，爆米花的需求价格弹性属于：

A. 富有弹性的商品　　B. 缺乏弹性的商品

C. 无弹性的商品　　D. 单位弹性的商品

（3）此时的爆米花的总收益将：

A. 下降　　B. 增加　　C. 不变　　D. 翻一倍

3. 当某人的收入增加一倍后，却对某种商品的需求量没有任何变化。我们一般就会将该商品视为：

A. 对收入缺乏弹性　　B. 对收入单位弹性

C. 对收入富有弹性　　D. 对收入无弹性

4. 假定有X和Y两种商品，同时假定X产品涨价，Y商品的销量也发生了变化，根据需求交叉弹性公式的计算，其结果为0.8，据此我们可以认定，X和Y两种商品属于：

A. 替代产品　　B. 互补产品　　C. 无关产品　　D. 同一产品

5. 对于一个中等收入家庭而言，他们常用的牙膏、香皂等产品，一般应属于：

A. 需求缺乏弹性的商品　　B. 需求富有弹性的商品

C. 需求无弹性的商品　　D. 需求单位弹性的商品

6. 薄利多销是指价格一定程度的下降，会导致总收益的增加。一般来说，最有可能出现这种情况的商品是：

A. 需求缺乏弹性的商品　　B. 需求富有弹性的商品

C. 需求无弹性的商品　　D. 需求单位弹性的商品

7. 当两种商品中的一种商品价格发生变动时，该两种商品的需求量向不同方向变化，则这两种商品的需求交叉价格弹性为：

A. 正值　　B. 负值　　C. 零　　D. 不确定

8. 某销售者打算通过提高某种商品价格，以达到获取更多销售收入的目的，但结果是，销售收入反而下降了。问该商品的需求价格弹性是：

A. 缺乏弹性　　B. 富有弹性　　C. 单位弹性　　D. 完全弹性

9. 如果某商品的价格上涨 10%，其产量增加 2%，则该商品的价格弹性系数为：

A. 0.2　　B. 5　　C. 10%/2%　　D. 2%/10%

三、问答题

1. 借助图示解释薄利多销的管理经济学含义。

2. 借助图示解释谷贱伤农的原因。

3. 影响商品的需求价格弹性的因素主要有哪些？

4. 影响商品的供给价格弹性的因素主要有哪些？

四、计算题

1. 某商场将服装 A 的价格由 120 元打 6 折促销，结果该服装的日销量由先前的 12 件升至 30 件，据此计算：

（1）该服装的需求价格弹性。

（2）该服装价格变化前后的收益变化。

2. 2010 年春节前后，由于南方旱灾和北方雪灾，导致许多城市的蔬菜供应紧张，价格飙升。西红柿价格由先前的 2.00 元升至 3.50～4.00 元，但许多蔬菜的需求量却没有大幅下降。现假定，某小区蔬菜超市的西红柿价格由 2.00 元升至 4.00 元，其销量从每天的 300 斤降至 260 斤，据此计算：

（1）西红柿的需求价格弹性。

（2）西红柿价格变化前后的收益变化。

3. 香烟的需求价格弹性是－0.3。如果现在每盒香烟为 5 元，政府想减少 15%的吸烟量，价格应该提高多少？

4. 甲公司生产靴子，现价每双 60 元，2010 年它的销售量是每月大约 10 000 双。2010 年 1 月它的竞争对手乙公司把靴子的价格从每双 65 元降为 55 元。甲公司 2 月份的销售量跌到只有 8 000 双。

（1）确定甲公司靴子和乙公司靴子的交叉弹性是多少（假定甲公司的价格不变）？

（2）确定甲公司靴子的价格弹性是－2.0，再假设乙公司把靴子的价格保持在 55 元，甲公司想把销售量恢复到每月 10 000 双的水平，问每双需要降价到多少元？

5. 某产品的需求函数为：$Q=50-20P+0.4A+0.05I$。式中的 Q 是需求量，P 是价格，A 是广告，I 是人均收入。设 $P=100$ 元，$A=6\,000$ 元，$I=9\,500$ 元，试求：

（1）需求的价格弹性。

（2）需求的收入弹性。

6. 已知某商品的需求方程和供给方程分别为：$Q_D=14-3P$，$Q_S=2+6P$。试求该商品的均衡价格，以及均衡时的需求价格弹性和供给价格弹性。

案例研究

面对西瓜市场的丰收悖论

卖炭翁心忧炭贱愿天寒，瓜贩和瓜农自然是心忧瓜烂愿天热。天当然是热了，连续近10天最高温度超过35℃，而且出现了历史上极为少见的夏旱。按常理，瓜贩和瓜农应该是数钱数到手发软才对，但实际却事与愿违，很多瓜农不仅没有由此提高收入，反而是收入减少甚至亏本了。应该说，在市场经济条件下，这种事情并不罕见，在很多行业都出现过。据媒体报道：2004年，山西、河南等多省大白菜丰收，但菜农却连本钱都收不回来了，原因是菜价太低了，菜贱伤农；2002年上半年，全国每个电信用户月均创造的业务收入同比下降12.9%，业内称“增量不增收”；中国企业需要更多的职业经理人，于是MBA越来越多，但其就业薪资却越来越低，甚至出现了1 200元/月；……经济学上有个理论，称丰收悖论，大意是农民获得了丰收，但是当将粮食出售后，才发现自己的实际收入减少了。这种事件不仅普遍存在于中国，在世界发达国家也屡见不鲜。

请结合前面章节所学的知识，并根据上述资料思考以下问题：

（1）上述案例中包含了我们学过的哪些管理经济学知识？

（2）用弹性理论解释丰收悖论的成因。

（3）政府应采取什么样的措施来解决丰收悖论问题？

第 5 章　生产要素投入的决策分析

经济管理问题

可再生能源成全球最大新增电能来源

2016 年 10 月 25 日，国际能源署发布报告称，2015 年可再生能源首次超过煤炭，成为全球最大新增电能来源。报告中说，2015 年可再生能源发电新增装机容量 153 吉瓦，占全球新增装机容量的 50%以上。不过，煤炭发电量仍占全球发电总量的 39%，可再生能源发电量仅占 23%，预计这一比例到 2021 年将增至 28%。

报告认为，可再生能源之所以能迅速发展，主要得益于美国、中国、印度、墨西哥等国政策的强力支持以及太阳能和陆上风力发电成本的大幅下降。

2015 年，全世界平均每天安装约 50 万块太阳能电池板，随着绿色电力激增，可再生能源取代煤炭成为世界最大的发电装机容量来源。其中，中国占全部可再生能源增量的 40%，占风能新增装机容量约一半份额，相当于每小时就有两台风力发电机安装到位。

“我们正在见证一场由可再生能源引领的全球电力市场变革，”国际能源署执行干事法提赫·比罗尔说，“可再生能源发展的重心正在向新兴市场转移。”

在当今时代，可再生能源对传统电能来源煤炭的替代，除了为了应对气候变化、治理空气污染等原因外，是否还有其他的经济原因，本章的管理经济学理论将对此给予解答。

在本章中，我们将企业定义为运用各种生产要素，生产出用于销售的产品和服务，以赚取利润的经济单位。企业生产经营的目标是追求利润最大化，即在既定的产量之下实现成本最小，或者在既定的成本下达到产量最大。企业管理者通过以上的市场供求分析和供给、需求弹性分析，可以初步确定企业应该生产什么，在此之后，企业面临的基本生产决策是：(1) 生产多少产品和服务；(2) 最有效地生产这些产品和服务需要多少劳动力、资本和其他生产要素。由此可见，本章主要研究的是如何生产的问题。

5.1 生产函数

在本节中，我们首先要定义企业投入的各种生产要素的分类，然后阐述生产函数在分析企业生产经营活动中的意义和作用。

5.1.1 生产函数的概念

(一) 生产要素

一个企业要进行生产，并生产出产品，就必须投入各种生产要素。生产要素是指从事生产所必须投入的各种经济资源。作为一个生产企业，最本质的功能，就是将各种生产要素转换为产品或服务，再通过市场出售给顾客。在管理经济学中，人们把生产要素分成四类：土地、劳动、资本和企业家才能。

(1) 土地 (N)。作为生产要素的“土地”是一种广义的概念，泛指自然界中一切能用于生产的物质，包括土地、矿产、阳光、雨水、海洋和森林等。

（2）劳动（L）。它是指人类在生产过程中提供的体力和智力的总和。

以上两种因素又称为原始要素。

（3）资本（K）。它是指由劳动与土地两种原始要素生产出来，再用于生产过程的中间产品。资本可以表现为实物形态或货币形态。资本的实物形态又称资本品或投资品，如机器、设备、厂房、工具、原材料等；资本的货币形态通常称为货币资本。

（4）企业家才能（E）。它是指企业家经营企业的组织能力、管理能力与创新能力。这些企业家是指决定生产什么商品并且调集生产要素生产这些商品的人，他们是生产风险的承受者。

以上将生产要素划分为四类的方法，是根据生产要素的自然特点来划分的，这种划分方法有下列严重缺点：

（1）认为所有生产要素都能加以分离并纳入四个有明显区别的大类中去，这是把问题过于简单化了。实际上，这四个大类本身是交叉的，如一个工人获得的技能，在很大程度上可以被看作培训时花在他身上的资本投资的收益，因而在生产过程中该工人技能的投入是应归纳在劳动大类中还是归纳在资本大类中，这显然是个问题。

（2）忽略了每一个类别内部存在的巨大差别。如一个建筑师与一个泥水匠是完全不同种类的劳动者，但是这种分类方法把他们一股脑儿地称为“劳动”，因而包含着这样的意思，即他们都是一样的人。从经济学的观点来看，只要一种生产要素能完全为另一种生产要素所替代，那么这两种要素是一样的。然而我们知道，在实际生产中，建筑师与泥水匠虽然都是“劳动”，但他们是不能相互替代的。

生产要素的任何形式的分类都会碰到许多困难，以上的分类方法对于经济决策分析是有帮助的，所以以下的研究将基于此种分类方法而进行。

通过对生产要素的运用，企业可以提供各种实物产品，如房屋、食品、机器、日用品等，也可以提供各种无形产品及服务，如理发、医疗、教育、旅游服务等。

小思考

管理经济学是如何划分生产要素的？每种要素是如何定义的？将管理经济学划分生产要素的方法与管理学、会计学划分生产要素的方法进行比较。

（二）生产函数

生产过程中生产要素的投入量和产品的产出量之间的关系，可以用生产函数来表示。生产函数表明投入和产出之间的函数依存关系。即生产函数是指在一定时期内，在技术水平不变的情况下，生产中所使用的各种生产要素的数量与所能生产的最大产量之间的关系。

如果以 L、K、N、E 分别代表劳动、资本、土地、企业家才能这四种生产要素，以 Q 表示所能生产的最大产量，则生产函数的一般形式为：

$$Q=f(L,K,N,E) \tag{5.1}$$

该生产函数表示在既定的生产技术水平下生产要素组合（L，K，N，E）在每一时期所能生产的最大产量为 Q。

应该指出，这个生产函数表明的是一定数量的生产要素所能产出的最大产量，一个企业生产要素的利用率可能不高，资源利用存在浪费，但生产函数代表了技术上的最高效率，即在给定的要素投入水平上可以得到最大产量。还应指出，任何一个生产函数总是以一定的技术条件为前提的，如果技术条件变化了，生产函数（即要素投入量与产出量之间的数量关系）就会随之发生变化。例如，由于技术进步，生产同样多的产品，原材料、人力等的投入数量或许就会减少，以致各个生产要素投入的组合比例会发生变化。这样，随着技术和管理能力的提高，企业将能达到更高的产出水平，因此，这些在生产能力上的进步将被新的生产函数所反映。

生产要素的组合比例可以用技术系数这个概念来说明。所谓生产函数的技术系数，是指为生产某一单位产品所需要的各种生产要素的配合比例。如果生产某一单位产品所需要的各种生产要素的配合比例固定不变，称为固定技术系数，它表明生产要素相互之间不能替代。如一辆汽车与一个司机是固定配合，两者之间不能相互替代。与固定技术系数相对应的生产函数称为固定技术系数的生产函数（也称固定配合比例生产函数）。如果生产某一单位产品所需要的各种生产要素的配合比例是可变的，则称为可变技术系数，它表明生产要素相互之间可以替代。如在炼钢生产中，可以多用废钢少用铁水、因吹氧而节油等。这种生产函数称为可变技术系数的生产函数（也称可变配合比例生产函数）。

为简化分析，我们假设企业使用两种生产要素：劳动和资本；只生产一种产出（产品或服务）。这样，生产函数就可记为：

$$Q=f(L,K) \tag{5.2}$$

这一函数式表明，在一定的技术水平下，生产 Q 的产量，需要一定数量劳动与资本的组合。同样，生产函数也表明，在劳动与资本的数量与组合为已知时，可以推算出最大的产量。

5.1.2 常见的生产函数

生产函数告诉我们每一种生产要素的组合能够生产的最大产量，然而企业如何寻找生产函数呢？在此，我们介绍两种最常见的生产函数，即柯布-道格拉斯生产函数和学习曲线。

（一）柯布-道格拉斯生产函数

柯布-道格拉斯生产函数（Cobb-Douglas production function）是由美国的数学家 C. 柯布和经济学家 P. 道格拉斯于 20 世纪 30 年代提出来的，并经受了无数的统计验证。柯布和道格拉斯根据美国 1899—1922 年资本、劳动和产量的统计资料，发现在美国制造业中，产量与劳动和资本之间的关系可用如下的函数式表示：

$$Q=AL^{\alpha}K^{\beta} \tag{5.3}$$

式中：Q 是制造业生产量；L 为劳动投入要素；K 为资本投入要素；A 和 α、β 都是正的常数，常用的假定是 $A=1$，$\alpha+\beta=1$，这样：$Q=L^{\alpha}K^{1-\alpha}$。

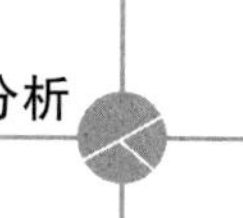

柯布-道格拉斯生产函数已被证明是一种简单而又很有用的生产函数。这是因为：

(1) 它的对数形式是线性函数，从而能用线性回归分析法进行经验估计，如上式 (5.3) 方程两边取常用对数后函数变为：

$$\lg Q=\lg A+\alpha \lg L+\beta \lg K$$

该函数可用最小二乘法估计系数 A、α 和 β。

(2) 它是齐次生产函数。所谓齐次生产函数，是指如果一个生产函数的每种投入要素都乘以大于零的任意常数 λ 之后，这个常数能够被完全分解为公因子的生产函数。即如果 $f(\lambda X, \lambda Y)=\lambda^n f(X, Y)$，则 $Q=f(X, Y)$ 是 n 次齐次生产函数，针对以上函数 (5.3) 可验证如下：

$$A(\lambda L)^{\alpha}(\lambda K)^{\beta}=\lambda^{\alpha+\beta}(AL^{\alpha}K^{\beta})=\lambda^{\alpha+\beta}Q \tag{5.4}$$

由此可看出柯布-道格拉斯生产函数为齐次生产函数，齐性次数为指数 α 与 β 之和。这样通过该生产函数，根据柯布-道格拉斯生产函数中的参数 α 与 β 之和，还可以判断规模报酬的情况：若 $\alpha+\beta>1$，则为规模报酬递增；若 $\alpha+\beta=1$，则为规模报酬不变；若 $\alpha+\beta<1$，则为规模报酬递减。该内容将在本章的第 4 节介绍。

柯布-道格拉斯生产函数中的参数 α 和 β 的经济含义是：当 $\alpha+\beta=1$ 时，α 和 β 分别表示劳动和资本的产出弹性（E_L、E_K①），据此可以展示劳动和资本在生产过程中的相对重要性。当时柯布和道格拉斯根据这一期间的统计资料，计算出 A 为 1.01，α 为 0.75，β 为 0.25，所以，当时柯布-道格拉斯生产函数可以具体化为：

$$Q=1.01L^{3/4}K^{1/4} \tag{5.5}$$

这个函数的经济含义是：当资本固定不变时，劳动（L）增加 1%，产量将增加 1%的 3/4；当劳动固定不变时，资本增加 1%，产量将增加 1%的 1/4。

柯布-道格拉斯生产函数说明，在资本和劳动对产量发生影响时，如果各自增加 1%，各自所引起产量的增长额之比为：

$$\frac{1/4}{100}:\frac{3/4}{100}=1:3$$

这说明，劳动因素对产量的影响是资本因素对产量影响的三倍。

柯布-道格拉斯生产函数可以通过单个企业或行业不同时间的数据（时间序列数据）来估计，也可以通过许多企业或行业同一时间点的数据（截面数据）来估计。在求取柯布-道格拉斯生产函数时，需要注意以下问题：

---

① 劳动的产出弹性是：

$$E_L=\frac{\partial Q}{\partial L}\cdot\frac{L}{Q}=\alpha AL^{\alpha-1}K^{\beta}\cdot\frac{L}{Q}=\frac{\alpha Q}{L}\cdot\frac{L}{Q}=\alpha$$

资本的产出弹性是：

$$E_K=\frac{\partial Q}{\partial K}\cdot\frac{K}{Q}=\beta AL^{\alpha}K^{\beta-1}\cdot\frac{K}{Q}=\frac{\beta Q}{K}\cdot\frac{K}{Q}=\beta$$

并且，$E_L+E_K=\alpha+\beta=$规模报酬。

(1) 如果企业生产许多不同类型的产品，则函数中的产出必须用货币单位来衡量；这样，在通过时间序列数据分析中，需要根据价格指数调节产出值；在通过截面数据分析中，需要调整不同地区企业或行业的价格差异。

(2) 在时间序列数据分析中，要考虑技术变化带来的影响，所以需要考虑时间趋势；在截面数据分析中，必须确定所有企业和行业都使用相同的技术。

当然柯布-道格拉斯生产函数只是一个一般的生产函数，另有不少新的生产函数对柯布-道格拉斯生产函数进行了修正与完善，但这个生产函数至今仍在使用，因为它不需要复杂的数学计算，并且较简洁地阐明了生产过程中的投入与产出的关系。

(二) 学习曲线

学习曲线是一种动态生产函数，或称生产改进函数。它以下面的假设为依据：知识对劳动的要素替代是生产经验的函数。即由于产量的累积、知识的增进，而不断进行“学习”，从而每单位产量所需要的劳动数量会有所降低。生产经验和单位产品所需劳动之间的关系，最早在美国航空工业中受到关注。一般“学习”效应这种现象广泛出现于计算机工业、国际贸易、技术引进等领域。在这些行业中人们发现，每台机器的劳动需要量的减少是可以预测的，它是特定机器累计生产量的函数。所得出的这一关系的函数形式为：

$$L=BN^{-\beta} \tag{5.6}$$

式中：L 是每单位产量的劳动投入量；N 是以前的产量累计数；B 和 β 是大于零的常数，且 $\beta<1$。

当 $\beta=0$ 时，$L=B$，这时单位产量的劳动投入量为一常数，N 的增加不会引起 L 的减少。于是，不存在学习效应。

当 $\beta=1$ 时，$L=B/N$，那么随 $N\to\infty$，$L\to 0$。这时，学习效应是充分的。

在通常情况下，$0<\beta<1$，β 的大小表示“学习效应”的大小。

对这个函数取对数后可转换为下式：

$$\lg L=\lg B-\beta\lg N \tag{5.7}$$

可见，学习曲线的对数形式是线性函数。

这个函数的特点是，当累计产量 N 增加一个给定百分数，L 会始终下降某一百分数。由于 L 与 N 之间存在这种有规则的关系，学习曲线在第二次世界大战时期曾用于预测飞机的生产。现在有些新工厂在投入生产开始运转时，就利用学习曲线来预测成本可能下降的速率。

5.2 短期生产函数分析

生产函数可以分为短期生产函数和长期生产函数，在进行具体的生产决策分析之前，需要明确短期和长期的概念，在管理经济学中，短期和长期并不单纯指时间的长与短，主要看在这个时期中，随着产量的变化，是否所有的投入要素都可以调整。

短期（short-run）是指在这个时期内，企业不能根据它所要达到的产量来调整其全部生产要素，只能调整部分可变要素。如一个企业可以在短期内调整原材料和劳动力的数量，但不能或无法在短期内随意扩大或缩小厂房和主体设备。长期（long-run）是指在这个时期内，企业可以根据它所要达到的产量来调整其全部生产要素，即企业的整个生产规模发生变化。如一个企业在长期内不仅可以调整原材料和劳动力的数量，而且可以改造厂房、更换主体设备等。

举例来说，当市场上对空调的需求急速增长，某空调制造商增雇了 100 名工人并且购买了更多原料，并加班加点，从而从现有的工厂中挤出更大产量来，这就是一个短期调整。相反，如果该制造商多建一个工厂（或者扩大现有设备规模），这就是长期调整。不同的行业，短期与长期的长度不同。在有些行业，工厂规模的大幅度变化可以在几个月内完成。而有些行业，特别是那些使用生产线和大型生产技术的行业（如飞机、钢铁和汽车工业），工厂规模的调整往往需要几年的时间。

小思考

在管理经济学中，划分短期和长期的标准是什么？列举具体事例说明短期和长期的含义。

管理经济学运用生产函数分析问题时，通常先假定其他生产要素投入量不变，单独考察一种生产要素的投入量变动对产出的影响，然后再考察两种或两种以上生产要素的投入量变动对产出的影响，由此生产函数的分析就可以区分为短期生产函数分析和长期生产函数分析，它们分别是下面所要讨论和介绍的内容。

5.2.1　短期生产函数的概念

短期生产函数是指企业在此期间内，只有一种投入要素的数量是可变的（如劳动力或原材料等），其他投入要素的数量不变（如厂房、机器设备等）。所以，短期生产函数又被称为单变量生产函数。短期生产函数主要研究产出量与投入的变动要素之间的关系，以确定单一可变要素的最佳投入量。

现假定企业生产过程中，劳动投入量是可变的，用 L 表示，资本投入量是固定的，用 $\overline{K}$ 表示，则短期生产函数可以表示为：

$$Q=f(L,\overline{K}) \tag{5.8}$$

在企业的日常生产经营决策中，会经常遇到短期生产函数要研究的问题。例如，短期内现有企业的厂房、设备都无法改变，但根据市场的需要，要增加产量，只有增加劳动力，那么要增加多少劳动力才是最佳的呢？这就属于单一可变投入要素的最佳投入量确定问题。为了研究短期生产函数中可变要素与产量之间的关系，首先需要了解总产量、平均产量和边际产量之间的关系。

5.2.2 总产量、平均产量和边际产量

表 5-1 是一家自行车厂生产自行车的产量表，反映出当劳动与资本在不同的组合下其生产量不同。

表 5-1　　　　产出量

资本投入量（K）＼劳动投入量（L）	1	2	3	4	5	6	7	8
1	1	3	8	12	15	17	18	16
2	3	8	18	24	28	30	30	26
3	8	18	28	40	51	62	71	79
4	11	23	35	50	65	78	90	111
5	12	26	42	60	80	98	112	124

现假定该企业所用资本投入量保持固定不变（如设定 $K=2$），则该企业生产函数可表示为：

$$Q=f(L/K=2) \text{ 或 } Q=f(L,\bar{K}) \tag{5.9}$$

为了说明劳动与资本投入量变动对产量的影响，把产量分为总产量、平均产量和边际产量。

总产量（TP）是指一定量的某种生产要素所生产出来的全部产量。其中 TP_L 是指一定量的劳动投入所生产出来的全部产量，则 $TP_L=Q=f(L,\bar{K})$。平均产量（AP）是指平均每单位某种生产要素所生产出来的产量。其中 AP_L 是指平均每单位劳动所生产出来的产量，则 $AP_L=\frac{TP_L}{L}$。边际产量（MP）是指某种生产要素每增加一单位所增加的产量。其中 MP_L 是指每增加一单位劳动所增加的产量，则 $MP_L=\frac{\Delta Q}{\Delta L}=\frac{\Delta TP_L}{\Delta L}$，当 $Q=f(L,\bar{K})$ 为连续的生产函数时，则 $MP_L=\frac{\mathrm{d}Q}{\mathrm{d}L}=\frac{\mathrm{d}TP_L}{\mathrm{d}L}$

据表 5-1 中的数据，当 $K=2$ 时，随着劳动投入数量的不同，其总产量（TP_L）、平均产量（AP_L）和边际产量（MP_L）如表 5-2 所示。

表 5-2　　　　一种可变投入要素的产量表

变动要素投入量（L）	总产量（TP_L）	平均产量（AP_L）	边际产量（MP_L）
0	0	0	0
1	3	3	3
2	8	4	5
3	18	6	10
4	24	6	6
5	28	5.6	4

续前表

变动要素投入量（L）	总产量（TP_L）	平均产量（AP_L）	边际产量（MP_L）
6	30	5	2
7	30	4.3	0
8	26	3.3	−4

对一个连续的生产函数来说，边际产量就是总产量曲线上每一点切线的斜率，平均产量就是原点与总产量曲线各点的连线的斜率，根据表 5－2，可画出总产量曲线、平均产量曲线和边际产量曲线（图 5－1）。

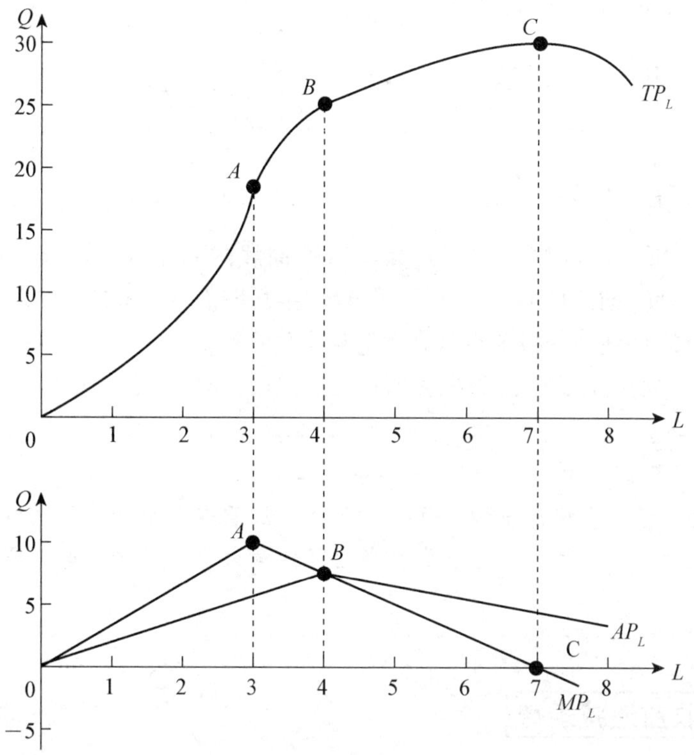

图 5－1　*TP*、*AP*、*MP* 曲线图

对图 5－1，必须注意总产量曲线上的 A、B、C 三点，每个点在平均产量曲线与边际产量曲线上都有相应的位置。A 点是总产量曲线的拐点，在 A 点之前，TP_L 曲线向上凹，表示当 L 增加，产量的增量（MP_L）是递增的。A 点之后 TP_L 曲线向下凹，表示总产量的增量（MP_L）开始随着 L 的继续增加而下降，所以 A 点是 MP_L 的最高点。在表 5－2 中，A 点所对应的 $L=3$，$MP_L=10$。B 点表明平均产量和边际产量相等时的产量。由于原点到总产量曲线上某一点的连线的斜率为该点的 AP_L，而 MP_L 则为总产量曲线上某一点切线的斜率。所以，在 B 点上，从原点到这点的连线正好与总产量曲线相切，即该连线正好与该点的切线重合。在 B 点之前，AP_L 一直上升，在 B 点 AP_L 达到最大，此时 AP_L 曲线与 MP_L 曲线相交，即 $AP_L=MP_L$。在 B 点之后 AP_L 逐渐下降。在表 5－2 中 B 点所对应的 $L=4$，$AP_L=MP_L=6$。C 点表示总产量的值达到最大，且 $MP_L=0$，C 点之后，随着 L 的增加，总产量开始减少，边际产量出现负值。在表 5-2 中，C 点所对应的 $L=7$，$TP_L=30$，$MP_L=0$。

根据图 5-1 及以上说明，可总结出 TP_L、AP_L 和 MP_L 三者之间的如下关系：

（1）随着劳动投入量的增加，最初 TP_L、AP_L 和 MP_L 都增加，但各自增加到一定程度后就分别开始递减。其中：TP_L 从 C 点开始递减，AP_L 从 B 点开始递减，MP_L 从 A 点开始递减。

（2）MP_L 曲线与 AP_L 曲线一定要在 AP_L 曲线的最高点（B 点）相交。在相交前，$MP_L>AP_L$；相交后，$MP_L<AP_L$；相交时，$MP_L=AP_L$。

关于这一点，可以用数学方法证明如下。

因为 AP_L 曲线的斜率可以表示为：

$$\frac{\mathrm{d}AP_L}{\mathrm{d}L}=\frac{\mathrm{d}\left(\frac{TP_L}{L}\right)}{\mathrm{d}L}=\frac{\frac{\mathrm{d}TP_L}{\mathrm{d}L}\cdot L-TP_L}{L^2}=\frac{1}{L}\left(\frac{\mathrm{d}TP_L}{\mathrm{d}L}-\frac{TP_L}{L}\right)$$
$$=\frac{1}{L}(MP_L-AP_L) \tag{5.10}$$

因为 $L>0$，所以，当 $MP_L>AP_L$ 时，AP_L 曲线的斜率为正，即 AP_L 曲线上升；当 $MP_L<AP_L$ 时，AP_L 曲线的斜率为负，即 AP_L 曲线下降；当 $MP_L=AP_L$ 时，AP_L 曲线的斜率为零，即 AP_L 曲线达到极值点（在此为极大值点）。

（3）当 $MP_L=0$ 时，TP_L 达到最大值；在此之后，$MP_L<0$，TP_L 开始下降。

小思考

请画出总产量、平均产量和边际产量曲线，注意这三个产量之间的关系，并请回答当总产量最大时，边际产量为多少？当边际产量大于平均产量时，平均产量是上升还是下降？

5.2.3 边际收益递减规律

19 世纪，英国经济学家大卫·李嘉图认为，农业土地的供给基本是固定不变的。他指出，随着越来越多的劳动、资本等可变投入被追加到固定投入（如土地）中，可变投入的额外产出将越来越低。李嘉图的这一理论就是后来著名的边际收益递减规律（law of diminishing marginal returns）。

由图 5-1 可以看出，边际产量具有先上升后下降的趋势，这种趋势就显示了边际收益递减规律。边际收益递减规律也称报酬递减法则，是指在技术水平不变的条件下，当把一种可变的生产要素连续地、等量地投入到一种或几种数量不变的生产要素中时，最初这种生产要素的增加会使产量的增量（即边际产量）增加，但当它的增加超过一定数量之后，继续增加该要素的投入，所得到的产量的增量（即边际产量）是递减的，最终还会使产量绝对减少。

边际收益递减规律是实践的总结，是生产体系中一种经验关系的概括。在任何一种生

产中，投入的各种生产要素之间客观上都存在着数量上的最佳配合比例。当固定要素投入不变，可变要素的连续投入量达到一定量之前，固定要素的数量相对于可变要素显得过多，这一方面会限制固定要素效率的充分发挥（如机器设备的闲置），另一方面相对不足的劳动力无法在生产中实行有效的分工协作，这样就无法使可变要素的效率得到充分发挥。所以，初始阶段，随着可变要素投入量的不断增加，过多的固定要素与逐渐增多的可变要素相配合，生产要素的组合逐渐接近最佳配合比例，各要素的使用效率不断提高，可变要素的边际产量不断增加。

生产要素的组合达到最佳配合比例时，可变要素的边际产量达到最大。此后，再持续增加可变要素的投入量，必然会出现固定要素相对不足，可变要素相对过多。过多的可变要素与过少的固定要素相配合，必然使要素的使用效率不断下降，可变要素的边际产量将不断减少。

最后，当可变要素的投入增加到妨碍生产正常进行时，将出现总产量开始下降的情况，边际产量出现负值。

对此规律，必须注意以下几点：

（1）这一规律是以生产技术状况既定不变为前提。技术进步一般会使边际收益递减的现象推迟出现，但无法改变边际收益递减规律。

（2）这一规律是以一种要素可变，而其他要素的投入量不变为前提。

（3）随着某种变动要素投入量的增加，边际收益一般要经历递增、递减，最后成为负数的过程。变动要素边际产量的递增过程可能很长，也可能很短，甚至不存在，但是变动要素边际产量递减却是任何生产过程不可避免的共同特征。由此可知，当可变要素投入量超过一定界限后，必然出现边际收益递减现象。

（4）可变生产要素的各个单位是同质的。即投入的可变要素本身的质量不变。如果投入要素的质量有了改进（如工人技术水平提高了），那么可变投入要素的生产率就会增长。这时，总产量曲线与平均产量曲线会上升，边际产量曲线也可能上升。

（5）如果各生产要素只能按固定比例组合，这个规律就不适用了。例如，如果必须是一个劳动力一把锹，才能获得任何产量，那么，仅仅增加劳动力数量就不会增加产量，边际产量为 0。所以这个规律要求生产要素组合的比例必须是可变的，即边际收益递减规律是对那些可变技术系数的生产函数而言的。由于这个原因，收益递减规律常常被称为“可变比例规律”。

资料链接

边际收益递减规律的产生①

收益递减思想已经有两百多年的历史。它最早是由法国重农学派经济学家杜尔阁于 1768 年提出，用来说明在一定条件下对耕地的追加投入与相应收益变动之间的关系。1777 年，英国经济学家詹姆斯·安德森从级差地租理论的角度出发，提出了有条件的相

① 斯凯恩，韩晓龙. 最受欢迎的哈佛经济课［M］. 上海：立信会计出版社，2015：257.

对收益递减思想。19 世纪初，英国经济学家马尔萨斯在研究人口问题时，提出了绝对收益递减理论。后来李嘉图、威斯特等人又把绝对收益递减理论纳入地租理论之中并广为传播。1836 年，英国经济学家西尼尔为收益递减明确地加上了“农业技术水平不变”的前提条件。1848 年，约·斯·穆勒在其《政治经济原理》一书中，强调了“生产技术水平不变”的前提条件。19 世纪 50 年代，德国经济学家屠能把“收益递减”原理从土地扩大到一切生产要素的投入分析中，奠定了“边际生产”理论的主要基础。19 世纪末 20 世纪初，经过英国经济学家马歇尔和美国经济学家克拉克等人的努力，原来的“土地收益递减”理论演变为适用于一切生产要素的“收益递减规律”，并引入了边际分析方法和静态分析方法，把“收益递减”从农业中长期发展的宏观动态分析，转变为对经营单位的短期微观静态分析，标志着传统的“土地收益递减”理论向现代化的“收益递减规律”过渡。

边际收益递减规律是否正确？若这一规律不成立，那么对固定投入连续追加单位可变投入将不会导致可变投入的边际产量下降，这样就意味着只要我们继续对固定投入要素增加可变投入，我们就可以无限制地增加产出。按照这一逻辑，全世界的粮食供应就可以在一个花盆中完成。现实中，我们没有看到全世界的粮食供应在一个花盆中完成。为什么呢？边际收益递减规律认为，随着可变投入的增加，边际产量将递减，最终将成为负数。

5.2.4 生产三阶段

究竟可变要素的投入应该为多少才是最佳的呢？要回答这个问题，需要根据上述总产量、平均产量、边际产量之间的关系，把整个生产过程划分为三个阶段（见图 5-2）。

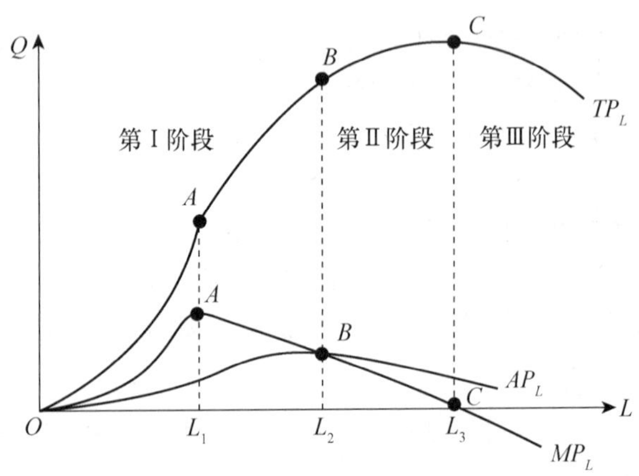

图 5-2　生产三阶段

第Ⅰ阶段，可变要素投入从零开始，到平均产量最大值 L_2 为止。这一阶段的特点是：可变要素的平均产量一直在递增，直至最大值，并且，边际产量大于平均产量。这意味着，在这一阶段相对于固定不变的投入要素 K 来说，L 缺乏，要素配合比例不当，效率不能充分发挥。所以增加 L 的投入，能调整 K 与 L 的配合比例，提高要素使用效率，并能获得高于平均水平的效率。很显然，在这一阶段增加投入是有效的。

第Ⅱ阶段，可变要素投入从平均产量最大值的 L_2 开始，到边际产量为 0 的 L_3 止。这一阶段的特点是：平均产量和边际产量随可变要素投入的增加而递减，边际产量小于平均产量即边际产量比平均产量递减得更快，边际产量的持续递减，说明总产量的增长率在不断下降。但由于边际产量仍为正值，总产量仍能保持增长的势头，直至最大值。因此，在这一阶段增加投入仍然会有所收益。

第Ⅲ阶段，可变要素投入从边际产量为 0 的 L_3 以后的阶段。这一阶段的特点是可变要素投入的平均产量继续递减，边际产量为负值，总产量开始递减。这意味着，相对于固定的 K 来说，L 已过剩，要素的配合比例失调。例如，当劳动增加到过多，妨碍生产的正常进行时，劳动效率必然降低。所以，在这一阶段，追加生产要素的投入显然是不合理的。

【例题 5－1】已知某企业的短期生产函数为 $Q=21L+9L^2-L^3$，试求该企业生产的三个阶段和最佳生产区域。

解：

$$AP_L=\frac{Q}{L}=21+9L-L^2,\quad MP_L=\frac{\mathrm{d}Q}{\mathrm{d}L}=21+18L-3L^2$$

（1）第Ⅰ生产阶段是由原点至 AP_L 曲线和 MP_L 曲线的交点，即 $AP_L=MP_L$ 据此建立方程：

$21+9L-L^2=21+18L-3L^2$，解该方程得：$L=4.5$

（2）第Ⅱ生产阶段是由 AP_L 曲线的最高点到 MP_L 等于零点，即 $MP_L=0$，据此建立以下方程：

$21+18L-3L^2=0$，解该方程得：$L=7$

根据以上计算可知：第Ⅰ生产阶段 L 的取值范围为：原点至 $L=4.5$；第Ⅱ生产阶段 L 的取值范围为：$L=4.5$ 至 $L=7$；第Ⅲ生产阶段 L 的取值范围为：$L>7$。企业最佳生产区域为第二生产阶段。

由以上的生产三阶段的分析可见，任何理性的生产者不会将生产停留在生产的第Ⅰ阶段，而是连续增加可变要素的投入量，以增加总产量，并将生产扩大到生产的第Ⅱ阶段。任何理性的生产者也不会在第Ⅲ阶段进行生产，所以，生产只能在第Ⅱ阶段进行，至于在生产的第Ⅱ阶段，生产者所应该选择的可变要素的最佳投入量究竟在哪一点，这一问题我们将在下面进行深入分析。

案例评析

从“大跃进”到杂交水稻①

边际收益递减规律在十八世纪被提出之后，曾发生了两种观点的争论。一种观点从递减性出发，引申出了资本主义的利润趋于下降的趋势，从李嘉图以后的众多西方学者据此为资本主义抱以同情；另一种观点通过强调技术进步的作用，而强烈批判了这一规律，认

① https://wenku.baidu.com/view/8127885fa4e9856a561252d380eb6294dd8822c0.html.

为它抹杀了技术进步对收益递减的反作用，马克思主义的经济学从列宁开始就非常强调这一批判性的结论。

实际上，技术进步因素在产量变化过程中到底重要不重要，主要与我们要考察的时期长短有关。假设我们是在一个充分长的时期内考察某种产品的生产，那么技术进步的因素很难不发挥作用；而在一个短期内假设技术水平没有发生变化可能会更现实一些。这样，在短期内边际收益递减应该被当作一个客观的规律来看待。说它是客观的规律，主要是因为这一规律是由生产的技术特征决定的。根据边际收益递减规律，边际产量先递增后递减，递增是暂时的，而递减则是必然的。边际产量递增是生产要素潜力发挥、生产效率提高的结果，而到一定程度之后边际产量递减，则是生产要素潜力耗尽，生产效率下降的原因所致。规律既然是客观的，就必须得到尊重，否则就会受到规律的惩罚。在"大跃进"时期，由于舆论导向把人定胜天的思想拔高到了让人头脑发昏的地步，于是有人错误地提出"人有多大胆，地有多高产"，超限度地强行"密植"导致了粮食产量大减，结果"人祸"加"天灾"，在当时造成了灾难性的后果。按照边际收益递减规律，连续追加投入，得到的产出的增加却越来越少，这似乎很可怕，但从长期着眼却也没有什么了不起。中华人民共和国自成立以来，一方面人口翻了一番还多，而另一方面可耕地的面积却一直在减少，然而改革开放以来，我国并没有出现所谓的"粮食危机"，这多亏了农业科技进步所发挥的作用。从边际收益递减规律的角度来看，我国没有发生"粮食危机"，主要是因为在长期中，这一规律的前提条件——技术水平不变——发生了变化。以袁隆平的事迹为例，为了提高水稻亩产量，他几十年如一日蹲在田间地头，经过无数次艰苦的试验和研究，终于将水稻种植技术推进到"杂交水稻"时代，大幅度地提高了水稻的亩产量。在袁隆平取得成就的基础上，我国科学家通过联合攻关，现在已全部破解了水稻的基因密码。这为我国今后继续大幅度提高水稻亩产量提供了美好的前景。从"大跃进"到杂交水稻的成就，给我们展示了如何对待边际收益递减规律的正反两方面的例证。在短期，我们必须尊重边际收益递减规律，确定合理的投入限度；但在长期，通过积极地实施技术创新战略，打破边际收益递减规律的限制，可为社会谋取更大的福利。

5.2.5 一种生产要素变动时要素最佳投入量的确定

在上面已经明确生产投入的第Ⅰ、第Ⅱ阶段为变动要素合理投入区间，但是具体在哪一点投入最合理呢？这必须根据企业的生产经营目标而定。如果企业的生产经营目标是追求最大产量，而不考虑产品成本的高低，则最佳生产要素投入点应在第Ⅱ生产阶段的 L_3 点（见图 5-2），因为在这点，总产量达到最大值。如果企业的生产经营目标是追求单位产品成本最低，则最佳生产要素投入点应在边际产量曲线与平均产量曲线的交叉点所对应的 L_2 点（见图 5-2），因为在这点平均产量最大，以致单位产品的成本最低。如果企业的生产经营目标是追求最大利润，则变动要素的最佳投入量应该在生产的第二阶段。

（一）边际产品价值

边际产品价值（value of marginal product，VMP）是指每增加一个单位某种可变生产

要素所增加的收入。如果假定变动要素为 L，则这种变动要素的边际产品价值的计算公式为：

$$VMP_L=\frac{\Delta TR}{\Delta L}=\frac{\Delta TR}{\Delta Q}\cdot\frac{\Delta Q}{\Delta L}=MR\cdot MP_L \tag{5.11}$$

公式中：VMP_L为变动要素 L 的边际产品价值；ΔTR 为收入的增量；ΔQ 为产品产量的增量；MR 为边际收益，即增加一单位产品所增加的收入（该概念将在第 6 章进行详细说明）；MP_L为变动要素 L 的边际产量。

在上式中，如果产品价格不变，则边际收益与产品价格相等，即：$MR=P$，所以，这时边际产品价值的计算公式可以表示为：

$$VMP_L=MP_L\cdot P \tag{5.12}$$

公式中：P 为产品单价。

例如，增加一单位劳动，可以增加两件产品，每件产品的单价为 6 元，则边际产品价值为 12 元。现假定产品单价不变，可计算出投入不同数量单位劳动的边际产品价值（见表 5－3）。

表 5－3　　边际产品价值

P	L	TP_L	MP_L	VMP_L
6	1	3	3	18
6	2	7	4	24
6	3	10	3	18
6	4	12	2	12
6	5	13	1	6

根据边际收益递减规律，即随着某种变动要素投入量的增加，其边际产量不断下降，边际产量曲线（MP_L）向右下方倾斜。如果假定产品价格固定不变，则边际产品价值曲线与边际产量曲线同样向右下方倾斜（见图 5－3）。需要注意的是，在前面我们曾经讨论边际产量还存在一个上升阶段，即存在边际收益递增阶段（参见图 5－2），但在此我们并不考虑边际收益递增的情况。这是因为根据前面对企业行为的分析，企业为获求利润最大化只会选择在生产的第Ⅱ阶段即在边际产量递减的情况下生产。所以，不需要考虑边际产量递增的阶段。

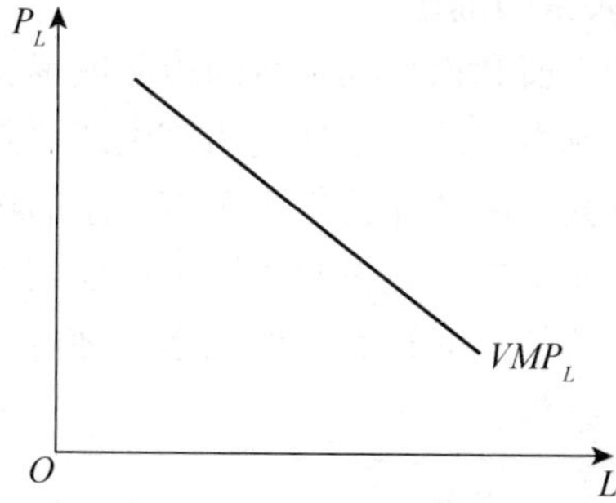

图 5－3　边际产品价值曲线

（二）生产要素的边际成本

生产要素的边际成本（marginal factor cost，MFC）也称边际要素成本，是指每增加使用一单位的某种可变生产要素所增加的成本。假定这种变动要素为 L，则 L 生产要素的边际成本用数学公式可以表示为：

$$MFC_L=\frac{\Delta TC}{\Delta L} \tag{5.13}$$

公式中：MFC_L 为生产要素的边际成本；TC 为总成本；ΔTC 为总成本的增量。

假定这种变动要素 L 的价格为 P_L，并且假定要素的价格（P_L）固定不变，并且在企业诸多投入要素中，确定只有 L 要素是唯一的可变投入要素，则 L 生产要素的边际成本可以表示为：

$$MFC_L=\frac{\Delta TC}{\Delta L}=\frac{\Delta(P_L \cdot L)}{\Delta L}=P_L$$

公式中：P_L 为变动要素 L 的价格。

由此可见，可变生产要素唯一且价格既定时，则该要素的边际成本就为该要素的价格，该要素的边际成本曲线表现为从既定的生产要素价格水平出发的一条水平直线（见图 5-4）。但在实际生产经营中，往往随着一种可变投入要素投入量的变化，也伴随着其他要素投入量的变化，如随着劳动力的增加，会带来原材料的增加，这时，L 要素的边际成本，除了包括 L 要素的价格以外，还包括增加一个单位 L 要素而引起的其他要素支出的增加额。

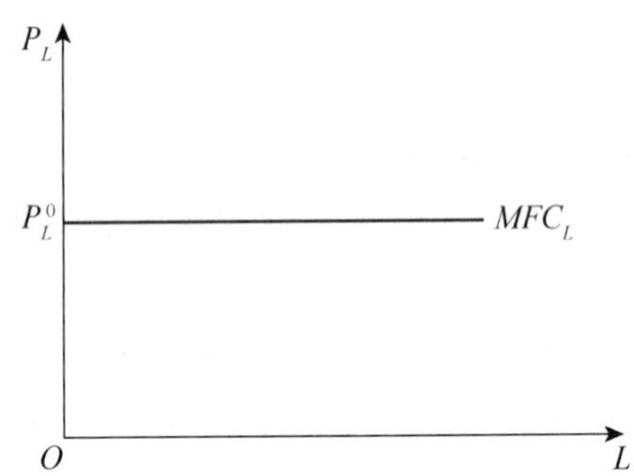

图 5-4　生产要素 L 的边际成本曲线

（三）生产要素的最佳投入量的确定

把某变动要素的边际产品价值和该变动要素的边际成本相比，如果一种可变要素的边际产品价值超过该要素的边际成本，那么增加使用该生产要素将导致利润的增加，因此企业会增加生产要素的投入；当其边际产品价值小于该要素的边际成本时，其边际利润将出现负值，总利润减少，这样企业就应该减少投入该生产要素；只有在边际产品价值等于该要素的边际成本时，企业所获得的利润最大。所以当一种生产要素变动时，生产要素最佳投入量的确定应满足以下均衡条件：

$$VMP_L=MFC_L \tag{5.14}$$

假定生产过程中可变生产要素唯一且价格既定时，生产要素的边际成本等于变动生产

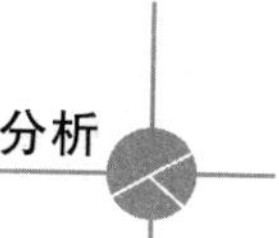

要素的价格，则变动生产要素最佳投入量的均衡条件为：

$$VMP_L = P_L \tag{5.15}$$

公式中：P_L 指变动要素 L 的价格。

根据以上均衡条件，在图 5－5 中该变动要素的投入量为 L^* 时，企业所获得的利润最大。

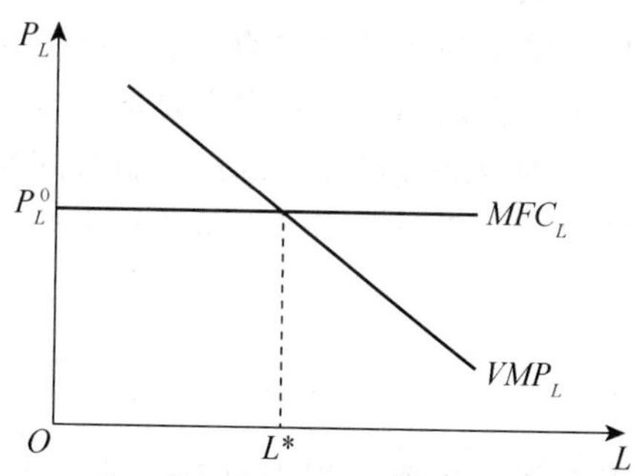

图 5－5 生产要素 L 的最佳投入量的确定

在上例中（见表 5－3），如果生产要素的价格为 12 元，根据生产要素的最佳投入原则，则企业应投入 L 要素 4 个单位，此时 $VMP_L = P_L = 12$。

【例题 5－2】 某计算器企业每天生产的计算器数量 Q 和每天投入的工人人数 L 之间的函数关系是：

$$Q = 147L - 2L^2$$

该企业可以按照每台计算器 40 元的批发价格卖出其生产的全部计算器，该企业生产工人每天的工资为 120 元。那么，该企业为了获取最大利润，每天应该雇用多少工人？每天的计算器产量为多少？

解：

$$MP_L = \frac{dQ}{dL} = 147 - 4L，P = 40，P_L = 120$$

$$VMP_L = P \cdot MP_L = 40 \times (147 - 4L)$$

根据利润最大化的要素投入原则 $VMP_L = P_L$，可建立以下方程：

$$40 \times (147 - 4L) = 120$$

解该方程得：

$$L = 36$$

将 $L = 36$ 代入生产函数，可得每天产量为：

$$Q = 147 \times 36 - 2 \times 36^2 = 2\,700(台)$$

通过以上计算可知：该企业为了获取最大利润，每天应该雇用 36 人，每天产量为 2 700 台。

5.3 长期生产函数分析

以上研究了在短期生产状态下，一种可变投入要素变动对产量的影响，并确定了一种可变要素的最合理投入区域及其最佳投入点。在长期内，企业可以调整全部的生产要素的数量，在这种情况下，分析投入要素与产量之间的关系，即为长期生产函数分析。长期生产函数也称多变量生产函数，本节将以两种可变生产要素的生产函数，来分析两种可变生产要素与产量的关系，研究这两种变动生产要素的最佳组合问题。

为了研究生产要素的最佳组合，需要运用等产量曲线和等成本线。

5.3.1 等产量曲线

在上一节中，我们已经研究了当生产过程中只有一种生产要素的投入数量（如劳动）变动时，生产函数记为 $Q=f(L, \bar{k})$，并由此得出总产量曲线、平均产量曲线和边际产量曲线。如果生产过程中仅使用劳动（L）和资本（K）两种生产要素来生产一种产品，且二者都属可变投入，则生产函数可记为 $Q=f(L, K)$。此时，要表示产量与生产要素间的关系，往往使用等产量曲线来表示。

等产量曲线是用来表示在技术水平不变的条件下，生产同一产量的两种生产要素投入量的各种不同组合的轨迹。

例如，现有 L、K 两种变动生产要素，这两种生产要素有 A、B、C、D 四种组合方式，其结果都能生产出等量的产品 100 个单位。其组合方式见表 5-4。

表 5-4　生产 100 单位产品的生产要素组合

要素组合方式	劳动投入量（L）/人	资本投入量（K）/万元	产量（Q）/件
A	10	60	100
B	20	30	100
C	30	20	100
D	60	10	100

根据表 5-4 的数据，可以绘出一条等产量曲线（见图 5-6）。

对于给定的生产函数，可画出无数条等产量曲线，即一个生产函数可用一系列的等产量曲线来表示（见图 5-7），每一条等产量曲线都代表既定产量所需的劳动和资本的各种组合。图 5-7 中的 4 条等产量曲线分别表示可以生产出 100 单位、200 单位、300 单位和 400 单位产量的各种生产要素的组合。生产函数如不连续，等产量曲线会是折线，连续性生产函数则可形成光滑的等产量曲线。

等产量曲线具有以下特点：

（1）它是一条向右下方倾斜的曲线，即其斜率为负值。这意味着，在企业的资源与生产要素价格既定的条件下，为了保持产出量相等，当一种可变生产要素的投入减少时，另一种可变生产要素的投入就需增加。

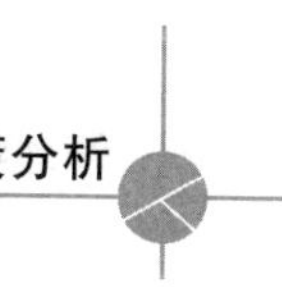

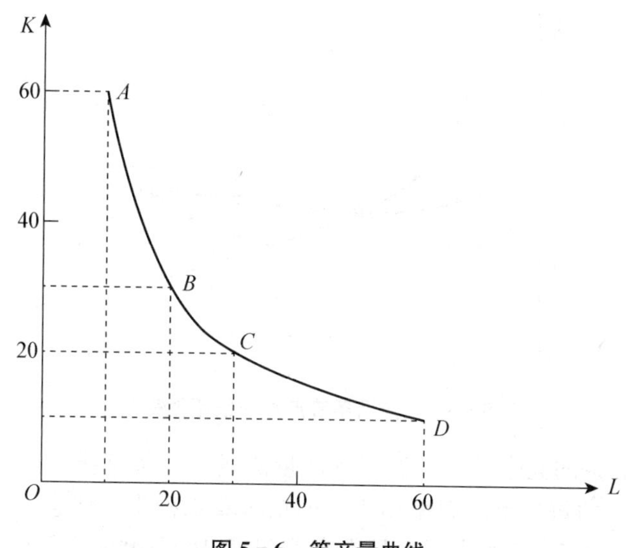

图 5-6　等产量曲线

(2) 在同一平面上，可以有无数条等产量曲线。同一条等产量曲线代表同样的产量，不同的等产量曲线代表不同的产量，离原点越远的等产量曲线所代表的产量水平越高，离原点越近的等产量曲线所代表的产量水平越低。图 5-7 中的 4 条等产量曲线所表示的产量水平不同，反映了不同的生产水平。其中，离原点最近的等产量曲线 Q_1 所代表的产量水平最低，离原点最远的等产量曲线 Q_4 所代表的产量水平最高。

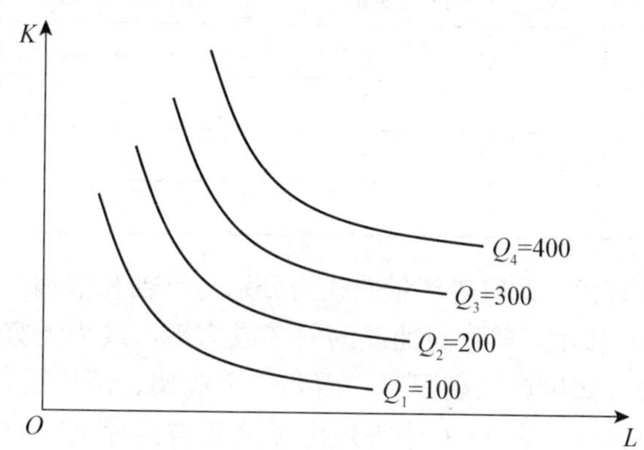

图 5-7　给定生产函数的等产量曲线

(3) 在同一平面图上，任意两条等产量曲线不能相交。如果相交（见图 5-8），由于 A 点与 B 点同处于同一条等产量曲线（Q_2）上，A 点与 C 点同处于同一条等产量曲线（Q_1）上，因此，依据等产量曲线的第（2）个特点，有 $Q_A=Q_B$、$Q_A=Q_C$，据此可得出 $Q_B=Q_C$，但 B 点与 C 点在不同的等产量曲线上，据等产量曲线的第（2）个特点，$Q_B \neq Q_C$，所以，在同一平面图上，任意两条等产量曲线不能相交。

(4) 等产量曲线的形状反映出两种投入要素的替代性。

在实际生产过程中，不同的生产要素之间有着相互替代性，如生产中的以铝代钢、以油代煤等。用等产量曲线可以表示出生产要素之间的替代关系。一般在生产过程中，生产要素的替代关系有以下三类：

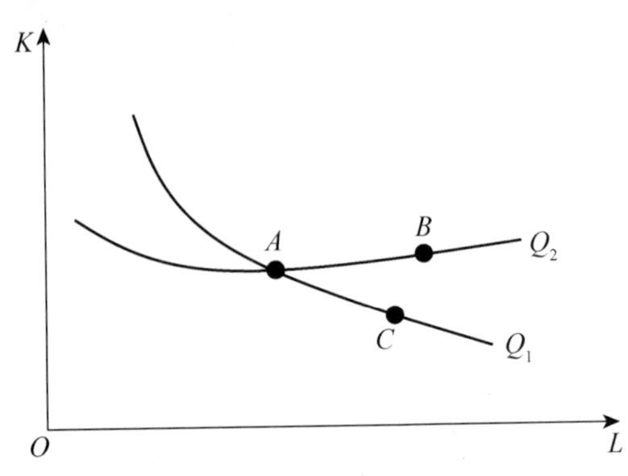

图 5-8　任意两条等产量曲线不能相交

第一类：生产要素的完全替代。这时等产量曲线是一条直线，如图 5-9（a）所示。这表明等产量曲线上的每一点的斜率相等，即意味着二种生产要素之间的替代比例保持不变，为一个常数。表 5-5 所表现的是在生产等量 10 个单位产品中，每增加 1 单位 X 要素的投入，就必须减少 2 单位的 Y 要素，这表明一个单位的 X 能完全替代两个单位的 Y。在实际生产中，这种生产要素间的完全替代关系是可能存在的。如发电厂的锅炉既可烧油，又可烧煤气。

表 5-5　两种生产要素完全替代

要素组合方式	产量（Q）	投入要素（X）	投入要素（Y）	替代比率 $\Delta Y/\Delta X$
A	10	1	8	—
B	10	2	6	−2
C	10	3	4	−2
D	10	4	2	−2

第二类：完全不可替代。此时等产量曲线为分别与纵轴和横轴平行且成直角相交的两条直线，如图 5-9（b）所示，等产量曲线的斜率或为零，或为无穷。这说明要素之间的投入比例必须是固定的。如生产一副眼镜，需要一个镜架、两块镜片；而生产两副眼镜，就需要两个镜架、四块镜片。表 5-6 中表现出了镜架与镜片之间没有替代关系，投入要素之间必须按比例同时增加或减少，如果单独增加某一投入要素的数量，产量不会发生变化，其要素的增加也就没有意义。如镜架只有一个，若镜片增加为四片，但产量仍然是一副眼镜。

表 5-6　两种生产要素完全不可替代

产量（Q）	镜架（X）	镜片（Y）	投入比率（Y/X）
1	1	2	2
2	2	4	2
3	3	6	2
4	4	8	2

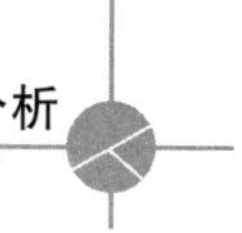

第三类：一般的替代。在实际生产中，投入要素之间的替代性更多的是介于以上两种替代关系之间的，即可以互相替代，但替代性并不完全。在图 5－9（c）中，这时等产量曲线的斜率有正有负。应指出，在等产量曲线的正向倾斜部分，即图 5－9（c）中的 *BD* 部分，投入要素组合是不合理的。从图上可以看出：在 *BD* 之间任一点上，生产同一产量所需用的两种投入要素的数量，都分别比在 *B* 点上所需用的两种投入要素的数量多，这时减少要素投入量，产量并不会下降。

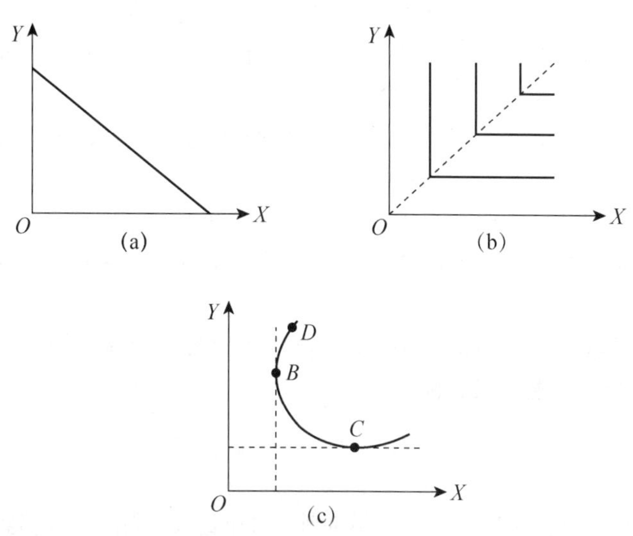

图 5－9　两种投入要素的替代关系

（5）等产量曲线是一条凸向原点的曲线。

这是由边际技术替代率递减所决定的。所谓边际技术替代率（marginal rate of technical substitution，MRTS），是指为了维持相同产量水平，增加一种生产要素的数量与可以减少的另一种生产要素的数量之比。如果一个企业可以通过减少 1 台机器和增雇 2 名工人生产出相同的产量，那么，企业就有可能以 2 名工人来代替 1 台机器。在这种情况下，工人与机器之间的边际技术替代率就是 1/2。

设两种可替代的投入要素分别为 L 与 K，则边际技术替代率可表示为

$$MRTS_{LK}=-\Delta K/\Delta L \tag{5.16}$$

式中：$MRTS_{LK}$ 为劳动（L）对资本（K）的边际技术替代率；ΔK 为资本（K）的减少量；ΔL 为劳动（L）的增加量。

由边际技术替代率的含义及其计算可以看出，等产量曲线上某一点的边际技术替代率就是等产量曲线在该点的切线的斜率的绝对值。由于在一般情况下，边际技术替代率并非固定不变的，而是随着劳动和资本要素数量的变动而变动。随着劳动数量（L）的增加，资本数量（K）越来越少，用劳动来代替资本就会越来越困难，因而劳动对资本的边际替代率逐渐递减，这就决定了等产量曲线为凸向原点的曲线。

根据 $MRTS$ 的计算公式，可计算出上例中（见表 5－4）为维持 100 单位产量，劳动（L）要素替代资本（K）要素的 $MRTS_{LK}$。计算结果见表 5－7。

表 5-7　　两种投入要素的 *MRTS*

要素组合变动情况	ΔL	ΔK	$MRTS_{LK}$
A→B	10	−30	3
B→C	10	−10	1
C→D	30	−10	0.33

由表 5-7 也可看出 *MRTS* 是逐渐减少的。这就是说，在维持产量不变的前提下，当一种生产要素的投入量不断增加时，每一单位的这种生产要素所能代替的另一种生产要素的数量是递减的，这一现象被称为边际技术替代率递减规律。

边际技术替代率递减是由于边际收益递减规律作用的结果。以劳动对资本的替代为例，随着劳动（*L*）对资本（*K*）的不断替代，劳动要素不断增加，资本要素不断递减，因而使劳动的边际产量逐渐下降，资本的边际产量逐渐上升。因此，边际产量逐渐下降的劳动所能代替的边际产量逐渐上升的资本的数量就越来越少，这样，就表现为边际技术替代率递减。

另外，等产量曲线上任一点的劳动（*L*）对资本（*K*）的 *MRTS*，也可用劳动与资本两种要素的边际产量之比来表示，即：

$$MRTS_{LK}=\frac{MP_L}{MP_K} \tag{5.17}$$

如图 5-10 所示，*A*、*B* 为既定等产量曲线上的两点，现由 *A* 点移到 *B* 点，这时由于 *L* 投入要素增加了 ΔL 单位，使产量增加了 $\Delta L \cdot MP_L$ 单位。同时由于 *K* 投入要素减少了 ΔK 单位，使产量减少了 $\Delta K \cdot MP_K$ 单位。但是根据等产量曲线的特性，*A*、*B* 两点的产量相等，所以只有使增加 *L* 所带来的产量增量与减少 *K* 所带来产量的减量两者正好抵消，才能保证 *A*、*B* 两点的产量相等，这样可得：

$$MP_L \cdot \Delta L+MP_K \cdot \Delta K=0$$

所以　$$-\frac{\Delta K}{\Delta L}=\frac{MP_L}{MP_K}$$

即　$$MRTS_{LK}=\frac{MP_L}{MP_K}$$①

请注意，边际技术替代率的数值并不能告诉我们企业应该以劳动代替资本还是以资本代替劳动，其数值只能提供在现有技术条件下两种投入要素相互替代的信息。企业为了决定选择哪一种投入组合，还必须考虑这两种要素的市场价格及其在生产过程中的成本限制。

① 关于这一点，可以用微分方法证明如下：

假设等产量曲线的生产函数为：$Q=f(L、K)=Q^0$

因为 Q^0 是一条等产量曲线，所以 Q^0 是常数。

在等式两边取全微分得：$\frac{\partial f}{\partial L}\mathrm{d}L+\frac{\partial f}{\partial K}\mathrm{d}K=0$，$\therefore -\frac{\mathrm{d}K}{\mathrm{d}L}=\frac{\partial f}{\partial L}\Big/\frac{\partial f}{\partial K}=\frac{MP_L}{MP_K}$

由边际技术替代率定义公式可得：$MRTS_{LK}=-\frac{\mathrm{d}K}{\mathrm{d}L}=\frac{MP_L}{MP_K}$

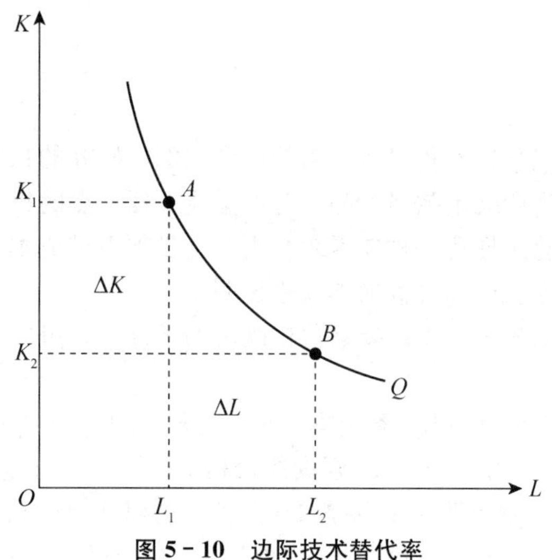

图 5－10　边际技术替代率

经济管理实务

小鸡生产的等产量曲线①

在美国，每年生产的用于烤焙的小鸡的价值超过 80 亿美元。这种小鸡的主要饲料是玉米和大豆油渣粉。根据经济合作与发展组织提供的数据，如果在某一时期喂养小鸡的饲料玉米和大豆油渣粉是表 5－8 中的几种组合，小鸡的重量都会增加一磅。

表 5－8　　小鸡的饲料组合

玉米的数量（磅）	1.0	1.1	1.2	1.3	1.4
大豆油渣粉的数量（磅）	0.95	0.76	0.60	0.50	0.42

依据表 5－8 中的数据，可以绘制出相应的等产量曲线，并计算出等产量曲线上各点的边际替代率。

由以上所描述的等产量曲线的特征可以看出，等产量曲线与无差异曲线类似。无差异曲线所表示的是给消费者带来相同效用水平的两种商品的不同数量的组合；等产量曲线表示的是可以使企业生产出相同产量水平的两种投入要素的不同数量的组合。

小思考

请比较无差异曲线和等产量曲线的特征，并比较边际替代率与边际技术替代率。

① 刘东，梁东黎．微观经济学教程．北京：科学出版社，2005：123．

5.3.2 等成本线

上面利用等产量曲线分析两种投入要素的组合比例，研究的只是投入与产出之间的物质技术关系，表示出为生产既定数量产品，等产量线上任一点的投入要素之间的组合都是有效的。然而，企业究竟选择哪一种要素组合呢？这必须引进成本与收入的概念，即研究经济关系才能确定，下面我们通过等成本线来说明。

等成本线是一条表明成本与生产要素价格既定的条件下，可以购买到的两种生产要素数量的最大组合的线。

设投入的生产要素有劳动（L）和资本（K）两种，现生产成本已经固定为 1 000 元，并且已知 L 要素的价格 P_L 为 50 元，K 要素的价格 P_K 为 25 元。这样，企业可以将 1 000 元全部用来购买 L 要素，则可购买 L 要素 20 单位。若将 1 000 元全部用来购买 K 要素，则可购买 K 要素 40 单位。或者也可购买 10 单位 L、20 单位 K……从而形成各种不同的组合，将这些组合点用线连接起来，就是一条等成本线（见图 5－11）。

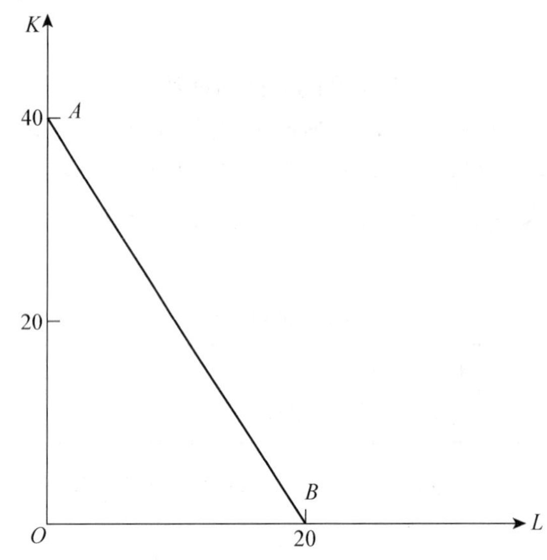

图 5－11　等成本曲线

很明显，只有等成本线 AB 上的各点才是一定成本（1 000 元）所能购买的各种投入要素最大数量的适当配合。因为在 AB 线以内的任何一点，所购买的 L 和 K 都不能把可能投入的金额充分使用；AB 线以外的任何一点，所拥有的投入金额不足以购买到该点所显示的 L 和 K 的组合数量。所以等成本线就是用来表示企业在投入要素价格已定的条件下，用一定成本所能购买到的各种投入要素的最大数量界限。

综合上述分析可得等成本线的方程为：

$$P_L \cdot L + P_K \cdot K = C \tag{5.18}$$

公式中：C 为既定的成本，P_L、P_k 分别为 L、K 要素的价格。

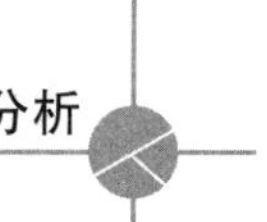

在要素价格保持不变的情况下，等成本线必是一条直线。如果投入的成本增加，则等成本线将平行地向右移动；如果投入的成本减少，则等成本线将平行地向左移动。当然，企业会有许多条等成本线（见图 5－12），其中每一条都代表一定的成本水平，其中，距离原点越近的等成本线（A_1B_1）表明所支出的成本越低，距离原点越远的等成本线（A_3B_3）表明所支出的成本越高。

根据等成本线的方程，可得等成本线的斜率为：

$$\text{等成本线的斜率}(k)=-\frac{C/P_K}{C/P_L}=-\frac{P_L}{P_K} \tag{5.19}$$

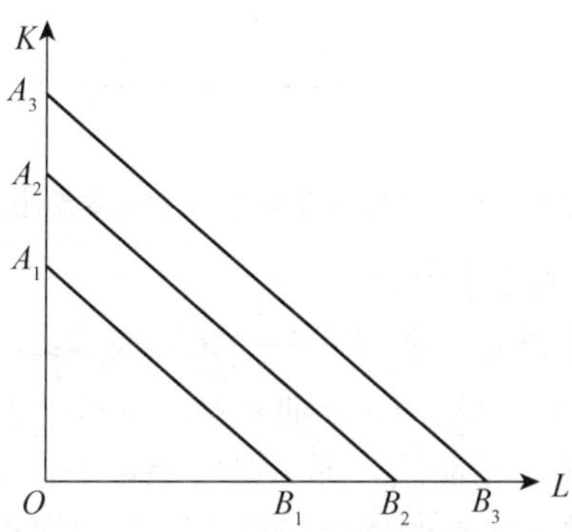

图 5－12　许多条等成本线

上式说明等成本线的斜率的绝对值等于两种投入要素的价格之比。

等成本线类似于消费者的预算线，所以等成本线也称企业预算线。

5.3.3　生产要素最佳组合的确定

生产要素的最佳组合，就是选择一种要素投入的组合，使得企业能够在既定的产量下，所费成本最少；或者在既定成本下，所生产的产量最大。这样就必须将等产量曲线和等成本线结合起来分析。现分两种情况来说明如何用等产量曲线和等成本曲线来确定生产要素的最佳组合。

（一）产量既定成本最小的要素组合

在图 5－13 中，由于产量既定，所以只有一条等产量曲线 Q_0，即等产量曲线是唯一的，而 A_1B_1、A_2B_2、A_3B_3 分别表示总成本为 C_1、C_2 和 C_3 的等成本线。当然，除此以外还可画出许多等成本线，那么我们必能找出一条与既定的等产量曲线相切的等成本线。这样，在等产量线与等成本线的切点上（E 点）就实现了生产要素的最佳组合。图 5－13 中等成本线 A_3B_3 与既定的等产量线 Q_0 相交，表示用较高的成本 C_3 可以生产产量 Q_0，但不经济；等成本线 A_1B_1 与既定的等产量线 Q_0 既不相交也不相切，表明较低的成本 C_1 虽然经济，但却不能生产产量 Q_0，达不到产量条件的要求；只有等成本线 A_2B_2 与既定的等产量线 Q_0 相切，该切点称作企业的投入均衡点，表明用成本 C_2 生产产量 Q_0，既有可能，又最经济。这是因为在等产量曲线 Q_0 上，除了切点（E 点）以外，其他的点所通过的等成本

线相比 A_2B_2 都离原点更远，所以，唯有切点的成本最低，即该切点的投入要素组合（L_0 K_0）是使既定产量成本最小的最佳组合。

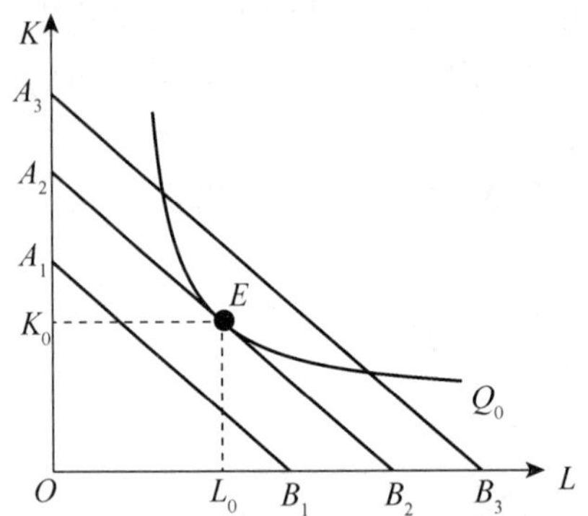

图 5－13　产量既定成本最小的要素组合

（二）成本既定产量最大的要素组合

在图 5－14 中，由于成本既定，所以只有一条等成本线 A_0B_0，即等成本线是唯一的，代表目标成本水平为 C_0，而 Q_l、Q_2、Q_3 分别表示产量水平为 Q_l、Q_2 和 Q_3 的等产量曲线。除此以外，还可画出许多条等产量曲线，那么必定能从中找出一条等产量曲线正好与既定的等成本线 A_0B_0 相切。这样，在等产量线与等成本线的切点上就实现了生产要素的最佳组合。图 5－14 中与既定等成本线 A_0B_0 相交的是等产量线 Q_1，相切的是等产量线 Q_2，既不相交也不相切的是等产量线 Q_3。这表明，产量 Q_1，可以在既定的成本 C_0 条件下生产，但不经济，产量水平太低；较高的产量 Q_3 虽然经济，但在既定的成本 C_0 条件下无法实现；产量 Q_2 和成本水平 C_0 相结合，既有可能，又最经济。等产量线 Q_2 与等成本线 A_0B_0 相切的切点也称企业的投入均衡点，它表示该点的投入组合是既定成本下使产量最大的组合。这是因为在唯一的一条等成本线 A_0B_0 上，除了切点（E 点）以外的其他点所通过的等产量曲线相比等产量线 Q_2 都要离原点更近，因此按照切点（E 点）所指示的要素数量（L_0、K_0）进行组合，能够在既定的成本下获得最大的产量。

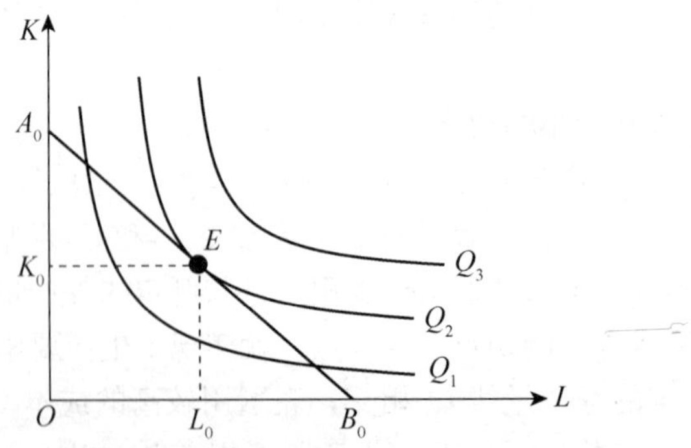

图 5－14　成本既定产量最大的要素组合

（三）生产要素最佳组合原则

综合以上两种情况，无论是既定产量成本最小，还是既定成本产量最大，其要素投入

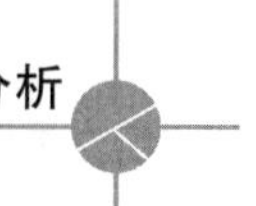

最佳组合点都在等产量曲线和等成本曲线相切的切点上。在切点上，由于等产量曲线的斜率的绝对值正好等于等成本线的斜率的绝对值，而等产量曲线的斜率的绝对值为边际技术替代率，等成本线的斜率的绝对值为生产要素的价格之比，所以企业投入要素最佳组合的均衡条件是：

$$MRTS_{LK}=\frac{P_L}{P_K}\quad \text{或}\quad \frac{MP_L}{MP_K}=\frac{P_L}{P_K}$$

即 $$\frac{MP_L}{P_L}=\frac{MP_K}{P_K}\text{①} \tag{5.20}$$

上式就是企业生产要素最佳投入组合的均衡条件，或称为生产要素最佳组合原则。这意味着企业为了能在既定产量下所费成本最低，或在既定成本下所生产的产量最大，必须使其单位成本支出所获得的各种要素的边际产量都相等。

要素的最佳组合原则可以根据追求最大产量来理解。如果在生产的过程中，L 要素替代 K 要素时出现$\frac{MP_L}{P_L}>\frac{MP_K}{P_K}$，则表明在 L 要素上多投入 1 单位货币所得到产量要大于在 K 要素上少投入 1 单位货币所损失的产量，所以增加 L 要素的投入减少 K 要素的投入可以使净收益增加，即利润增加，这时应该增加 L 要素的投入，而减少 K 要素的投入；如果在 L 要素对 K 要素的替代中出现$\frac{MP_L}{P_L}<\frac{MP_K}{P_K}$，则表明在 L 要素上多投入 1 单位货币所得到产量要小于在 K 要素上少投入 1 单位货币所损失的产量，所以增加 L 要素的投入减少 K 要素的投入会出现亏损，这时应该减少 L 要素的投入，而增加 K 要素的投入；如果在 L 要素对 K 要素的替代中出现$\frac{MP_L}{P_L}=\frac{MP_K}{P_K}$，则表明在 L 要素上多投入 1 单位货币所得到的产量等于在 K 要素上少投入 1 单位货币所损失的产量，利润达到最大，所以这时的 L 要素与 K 要素的组合达到最佳。

---

① 既定成本条件下的产量最大化的生产要素最佳组合原则的数学证明如下：

$$\max_{L,K}\{f(L,K)\},\quad s.t.\ P_L\cdot L+P_K\cdot K\leqslant C_0$$

构造拉格朗日函数：$V=f(L,\ K)+\lambda(C_0-P_L\cdot L-P_K\cdot K)$

分别求偏导，得：

$$\frac{\partial V}{\partial L}=\frac{\partial f}{\partial L}-\lambda P_L=0 \tag{1}$$

$$\frac{\partial V}{\partial K}=\frac{\partial f}{\partial K}-\lambda P_K=0 \tag{2}$$

$$\frac{\partial V}{\partial \lambda}=C_0-P_L\cdot L-P_K\cdot K=0 \tag{3}$$

由（1）、（2）式可得：

$$\frac{\partial f}{\partial L}\Big/\frac{\partial f}{\partial K}=\frac{P_L}{P_K}\Rightarrow\frac{MP_L}{MP_K}=\frac{P_L}{P_K}$$

$\frac{MP_L}{MP_K}=\frac{P_L}{P_K}$是企业决定生产要素最佳组合的必要条件。

生产要素的最佳组合除了既定成本条件下的产量最大化的解法外，还可以采用既定产量条件下的成本最小化的分析方法，其为前者的对偶问题。

要素的最佳组合原则也可以根据追求最小成本来理解。如果在生产的过程中，出现$\frac{MP_L}{P_L}>\frac{MP_K}{P_K}$，则表明在$L$要素上支付单位成本所获得的产量要大于在$K$要素上支付单位成本所获得的产量，所以企业为了追求更低的成本会增加L要素的投入而同时减少K要素的投入。如果在生产的过程中，出现$\frac{MP_L}{P_L}<\frac{MP_K}{P_K}$，则表明在$L$要素上支付单位成本所获得的产量要小于在$K$要素上支付单位成本所获得的产量，所以企业为了追求更低的成本会减少L要素的投入而同时增加K要素的投入。

根据要素的最佳组合原则可以看出，如果一种投入要素，比如说劳动的价格增加，出现$\frac{MP_L}{P_L}<\frac{MP_K}{P_K}$，企业就会通过资本替代劳动来调整投入组合，即增加资本（K）要素的投入而减少劳动（L）要素的投入。如果劳动的价格下降，也就是说劳动变得相对便宜，就会出现$\frac{MP_L}{P_L}>\frac{MP_K}{P_K}$，企业就会用劳动来替代资本，即增加劳动要素的投入而减少资本要素的投入。一般来说，如果投入要素的相对价格发生变化，企业就会用相对便宜的投入要素来替代相对变得更贵的投入要素。

【例题 5-3】某企业现有熟练工 100 人，学徒工 120 人。如再增加一名熟练工，每月可增加产量 240 件；再增加一名学徒工，每月可增加产量 200 件。假如每增加一名熟练工每月增加支出 5 000 元（包括工资及各种福利费等），每增加一名学徒工每月增加支出3 500 元。问：该企业目前熟练工和学徒工的比例是否最优？如果不是最优，应如何调整？

解：根据题意已知：$MP_{熟练工}=240$（件），$MP_{学徒工}=200$（件）；$P_{熟练工}=5\ 000$（元），$P_{学徒工}=3\ 500$（元），所以：

$$\frac{MP_{熟练工}}{P_{熟练工}}=\frac{240}{5\ 000}=0.048(件/元),\quad \frac{MP_{学徒工}}{P_{学徒工}}=\frac{200}{3\ 500}=0.057(件/元)$$

即
$$\frac{MP_{熟练工}}{P_{熟练工}}<\frac{MP_{学徒工}}{P_{学徒工}}$$

由此可见，熟练工每月增加 1 元支出，可增加产量 0.048 件；学徒工每月增加 1 元支出，可增加产量 0.057 件。两者不等，说明该企业目前熟练工和学徒工的比例不是最优，应该增加学徒工同时减少熟练工。

案例评析

较高的能源价格引起投入要素的替代①

在 20 世纪 70 年代，几乎所有能源产品的价格都急剧上涨。汽油、煤油和天然气价格的上涨比其他产品要快得多。例如，1971—1980 年，原油、天然气和煤的实际价格（即经过通货膨胀调整后的价格）分别增长了 240%、347%和 113%。

① 彼得森，刘易斯. 管理经济学. 3 版. 吴德庆，译. 北京：中国人民大学出版社，1999：153.

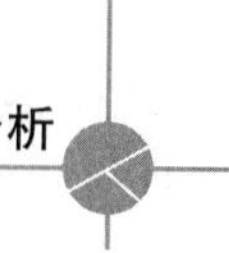

由于能源是许多部门的重要投入，从经济学原理上来讲，企业会用其他投入要素来替代相对更贵的能源产品。在图5-15中，纵轴代表能源的投入量，横轴综合地代表其他投入要素。假定在能源价格上涨之前，一家假设的企业在 a 点（即等产量曲线 Q_1 和等成本曲线 C_1 相切之点）生产。最优的投入要素比率为10∶7，即每7个单位其他投入要素与10个单位能源相组合。

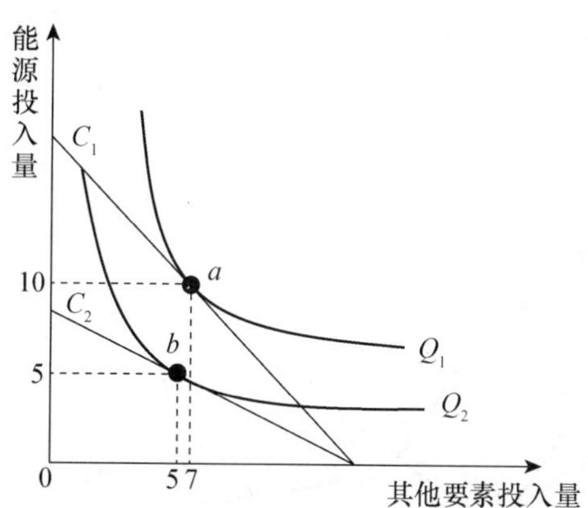

图5-15　能源成本提高对最佳投入量的影响

如果能源价格提高，等成本曲线就会从 C_1 向下移动到 C_2。现在企业就会在 b 点经营，这里能源对其他投入要素的比率为5∶5，即每5个单位其他要素与5个单位的能源相组合。因此，较高的能源价格会导致企业用其他投入要素来替代能源。

在现实中，如表5-9所示，美国的生产者的确通过用其他投入要素来代替能源以减少其对能源的依赖。正如对每美元增加值的能源消耗的度量（单位为千Btu）所示，对这一投入要素的依赖大大减轻了。即使是能源生产部门，如石油精炼业，也通过相对较多地使用其他投入要素来减少对能源的消耗。

表5-9　在某些行业中每1美元增加值的能源消耗

年份	部门					
	所有制造业	纸	有机化学	石油精炼	钢	铝
1971	52.5	316.2	277.9	631.4	314.7	418.5
1977	42.3	308.7	193.9	573.4	282.7	379.9
变化（%）	−19.4	−2.4	−30.2	−9.2	−10.2	−9.2

（四）生产扩展线

所有等产量曲线和等成本线的切点都代表一定产量或成本条件下的生产要素投入最佳组合，都是企业的投入均衡点。在要素价格不变、生产函数和其他条件不变的情况下，如果企业改变成本，等成本线就会发生平移；如果企业改变产量，等产量曲线就会发生平移。这些不同的等产量曲线将与不同的等成本线相切，形成一系列不同的投入均衡点，将所有投入均衡点连接起来的曲线即所有投入均衡点的轨迹，被称为企业的生产扩展线。

图 5－16 中的 OE 就是企业生产扩展线，扩展线是在要素价格不变、生产函数和其他条件不变的情况下，企业扩大生产规模的途径。因为该曲线上任何点都是在不同产量水平下成本最低的投入要素的最佳组合。所以，有理性的企业都力图按生产扩展线来扩大生产。至于企业究竟能把生产扩大到扩展线上的哪一点，这还要综合考虑产品的需求状况。

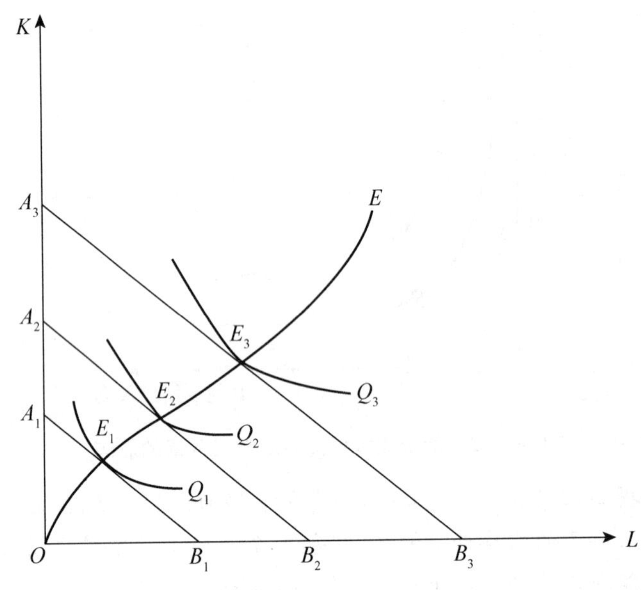

图 5－16　生产扩展线

【例题 5－4】 假定某企业的生产函数为：$Q=10L^{0.5}K^{0.5}$，其中，劳动的价格 $P_L=40$，资本的价格 $P_K=10$。

（1）如果企业希望生产 400 个单位的产品，应投入 L 和 K 各多少才能使成本最低？此时成本为多少？

（2）如果企业打算在劳动和资本上投入 6 000 元，那么应投入 L 和 K 各多少才能使产量最大？最大产量是多少？

解：

$$MP_L=\frac{\partial Q}{\partial L}=5L^{-0.5}K^{0.5}\quad MP_K=\frac{\partial Q}{\partial K}=5L^{0.5}K^{-0.5}$$

将 MP_L、MP_K 代入均衡条件 $\frac{MP_L}{P_L}=\frac{MP_K}{P_K}$ 得：

$$\frac{5L^{-0.5}K^{0.5}}{40}=\frac{5L^{0.5}K^{-0.5}}{10}$$

由此得：

$$K=4L$$

（1）因为 $400=10L^{0.5}K^{0.5}$，将 $K=4L$ 代入该式得：

$$400=10L^{0.5}\cdot(4L)^{0.5}$$

由此得成本最低时：

$$L=20\quad K=4\times20=80$$

此时最低成本为：

$$C=40L+10K=40\times20+10\times80=160$$

(2) 因为 6 000$=40L+10K$，将 $K=4L$ 代入该式得：

$$6\,000=40L+10\cdot(4L)$$

由此得产量最大时：

$$L=75\quad K=4\times75=300$$

此时最大产量为：

$$Q=10L^{0.5}K^{0.5}=10\times75^{0.5}\times300^{0.5}=1\,500$$

由以上计算可知：成本最低时劳动 L 投入 20、资本 K 投入 80，此时最低成本为 160；产量最大时劳动 L 投入 75、资本 K 投入 300，此时最大产量为 1 500。

5.4　规模报酬

在 5.2 节，我们考察了生产过程中当一种投入要素变动对产量的影响；在 5.3 节，我们考察了两种投入要素变动对产量的影响。在本节中，我们将分析当所有生产要素的投入量都按同一比例变化时，产量将如何变化，这就是规模报酬问题。由于企业只有在长期才可能变动全部生产要素，因此规模报酬分析属于长期生产问题。

5.4.1　规模报酬的含义

所谓规模报酬，是指在一定的技术条件下，所有生产要素的投入都按同一比例变化，从而生产规模变动时所引起的产量或收益的变动。

在理解规模报酬这一概念时，要注意以下几点：

(1) 规模报酬发生作用的前提是技术水平不变。

(2) 规模报酬所指的是生产中使用的生产要素都在同比例地变化，因此并不会造成技术系数的变化，从而生产要素的增加只是一种量的增加。由此可见，规模报酬仅仅研究技术系数不变时各种生产要素的变化所引起生产规模的变化及由此给产量或收益带来的影响。例如农业中土地与人力同时增加，或把若干小农场合并为大农场；工业中设备与人力的同时增加，或把若干小厂合并为大厂等，都属于这种情况。

随着各种投入要素同比例增加，生产规模扩大，收益或产量的变动大致可经过三个阶段（见图 5－17）。

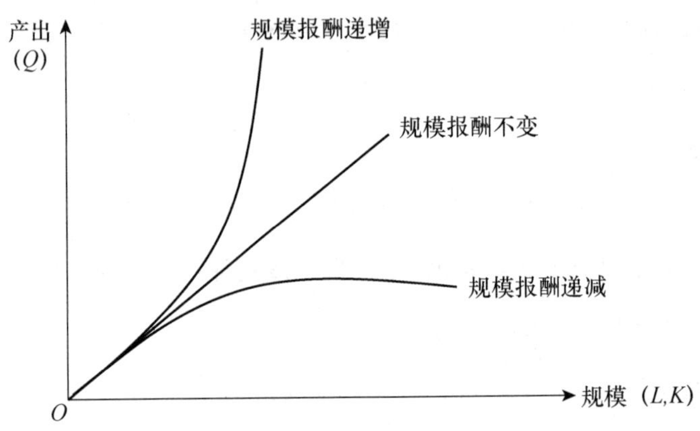

图 5－17　规模报酬的变化

第一阶段：规模报酬递增阶段。即产量或收益增加的幅度大于各种要素投入（规模）增加的幅度。如劳动和资本的投入量都增加一倍，而产出量增加一倍以上，这种情况就称规模报酬递增，表示规模报酬递增的曲线是从原点向左上方倾斜的曲线。规模报酬递增阶段不会无限地继续下去，当规模扩大到一定程度时，其规模报酬会进入第二阶段。

第二阶段：规模报酬不变阶段。在这一阶段，产量或收益增加的幅度与规模扩大的幅度相等。如劳动与资本投入增加一倍，产出量也增加一倍。表示规模报酬不变的曲线是从原点引出的一条直线。

第三阶段：规模报酬递减阶段。在这一阶段，产量或收益增加的幅度小于规模扩大的幅度，甚至产量或收益绝对减少。如投入的劳动和资本等都增加一倍，产量或收益的增加却不到一倍，或者根本没有增长。规模报酬递减的曲线是从原点向右上方倾斜的曲线。

为了更好地理解规模报酬递增、递减和不变等概念，假定某生产投入要素劳动和资本的比例为 1∶2，如果该比例保持不变，则随着生产规模的扩大，其产量也逐渐变化。用产量增长的百分数与规模扩大的百分数相比较，就可表示出规模报酬的状况（见表 5－10）。

表 5－10　　**规模报酬**

劳动：资本	规模扩大百分数（与前一栏相比）	产量	产量增长百分数（与前一栏相比）	规模收益
1∶2	—	3	—	—
2∶4	200	19	633	递增
3∶6	150	62	326	递增
4∶8	133	110	177	递增
5∶10	125	198	180	递增
6∶12	120	238	120	不变
7∶14	117	273	115	递减
8∶16	114	300	110	递减

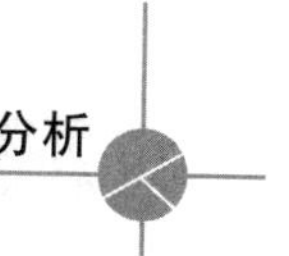

由表 5－10 可以看出，最初随着规模的扩大，规模报酬持续递增，直到 6 个单位劳动与 12 个单位资本相结合的规模为止，此时规模报酬不变，规模再扩大，就开始出现规模报酬递减。

规模报酬的变化也可以通过生产函数表现出来。

设生产函数为：

$$Q_0=AL_0^{\alpha}K_0^{\beta}$$

当规模（L 与 K）增加 λ 倍时，即 $L=\lambda L_0$，$K=\lambda K_0$，则生产函数为：

$$Q=A(\lambda L_0)^{\alpha}(\lambda K_0)^{\beta}=\lambda^{\alpha+\beta}(AL_0^{\alpha}K_0^{\beta})=\lambda^{\alpha+\beta}Q_0$$

因此：

当 $\alpha+\beta>1$ 时，$Q>\lambda Q_0$，即产出的增长大于 λ 倍，此时，表示规模报酬递增。

当 $\alpha+\beta=1$ 时，$Q=\lambda Q_0$，即产出的增长等于 λ 倍，此时，表示规模报酬不变

当 $\alpha+\beta<1$ 时，$Q<\lambda Q_0$，即产出的增长小于 λ 倍，此时，表示规模报酬递减。

5.4.2 规模报酬变动的原因

当一个企业在生产规模扩大时，之所以会出现规模报酬递增、不变和递减这样三个阶段，是因为在不同的阶段，有不同的因素在起作用。

（一）规模报酬递增的原因

随着规模的扩大，之所以产生规模报酬递增，其主要原因来自以下五个方面所获取的经济效果。

1. 技术方面的经济效果

在实际生产中，当规模扩大时，会从技术上获取较多的经济性。

首先，生产规模越大，专业化的程度越高，可以在内部实行更精细的分工。即可将生产分割成许多独立的工作，每件工作可由专人来做，这样就能获取劳动分工的好处，提高生产效率。200 多年前，亚当·斯密就注意到，当第一个人抽线，第二个人抻直，第三个人剪线，第四个人磨尖，第五个人造针头，等等；如此这般时，一个针厂的产量要翻好多倍。专业化使人们有机会对非常小的但又是不可或缺的动作非常精通，结果是劳动生产率大幅度提高。

其次，较大规模的企业能够采用专用机器，可以有条件购买大型的更先进的机器设备，并能使先进设备得到高效率的使用。如大型的汽车制造厂可以拥有自已的电炉，并保证电炉能不断运转，而每周只生产几辆汽车的企业就做不到这一点。同样，只有大规模企业才有可能进行科学技术研究。

最后，大规模生产可以对生产的副产品进行综合利用。在小规模生产中，许多副产品往往被作为废物处理，而在大规模生产中，就可以对这些副产品进行再加工，做到“变废为宝”。

一般来说，技术方面的经济效果决定实际生产单位的规模，而不是决定企业的规模，一个企业也许是由许多生产单位组成的。

2. 管理方面的经济效果

这主要是指大规模生产可以对管理工作进行有效的分工。管理的职能本身是可以分割的，在大规模生产的前提下，可以安排专门的管理人员负责生产、销售、运输和人事等。而这些部门本身又可以进一步划分，如销售部门可分成负责广告、出口等科室。如此这般，企业的领导者就可全力以赴从事领导、决策、组织等工作。

3. 商业方面的经济效果

这种经济效果是通过大企业在购买原料和出售成品时获得的。

首先，订购大批原料的大企业有可能取得各种有利条件。如价格上的折扣，并且在成品或原料的运输过程中，大企业也许能获得特别的运费率，因为运输成本，特别是铁路运输，并不随着所运商品的数量按相同的比例增加。由此可见，大规模企业在原材料采购及其运输过程中具有更强的谈判能力。

其次，在产品的销售方面，也能取得经济效果。如在销售过程中，包装和托运一大笔订货，从比例上讲，要比处理相同数量的但分成许多份的订货所包含的工作量要少得多。还有，大企业常常生产许多种产品。因此，一种商品可以为另一种商品做宣传。例如海尔公司的电冰箱也可为它们的电视、洗衣机等做广告。此外，大企业还能够出售它的副产品，虽然这对小企业来说是无利可图的，如一家大影院可借助销售瓜子、汽水等的收入来充实票房收入。

最后，当企业的规模足够大时，劳动分工的原则也可以被应用在商业方面，即可以雇用专门的购货员和销售员。

这些商业方面的经济效果，常常有助于降低产品价格，所以对社会也是有益的。

4. 金融方面的经济效果

当企业为了发展而筹措资金时，大企业往往具有非常有利的条件，如它能够向银行提供更可靠的担保、它能够以较低的费用通过发行股票和债券来筹集资金，小企业往往没有这方面的优势。

5. 承担风险方面的经济效果

这里所指的风险，主要来自产品需求和原料供给发生突然变化而带来的“不确定性”风险，一家大企业可以用各种方法来预防这类风险。为了应对产品需求的变化，可以通过产品多样化生产多种产品，从而做到“东方不亮西方亮”“堤内损失堤外补”。如许多大型钢铁企业的产品及经营项目已不仅仅局限在钢铁范围内，而开始经营运输、建筑及服务业等，这样当钢铁市场不景气时，完全可以在其他的产品市场获取收益。在原料的供应方面，大企业往往有许多供应来源，这样，当遇到自然灾害或某家供应商提高价格而致使原料供应出现问题时，可以从其他途径获取所需原料，譬如突然供电中断，大企业往往有自己的发电设备以应付这类紧急情况。

（二）规模报酬不变的原因

规模报酬递增的趋势不可能是无限的，当生产达到一定规模之后，上述促使规模报酬递增的经济效果会逐渐消失。例如，工人如果分工过窄，就会导致工人工作单调，影响工人的积极性。先进设备带来的高效率，最终也要受当前技术水平的限制，昨天的先进设备，必将会被今天或未来更加先进的设备所超越。因此，通常工厂总会有一个最优规模，

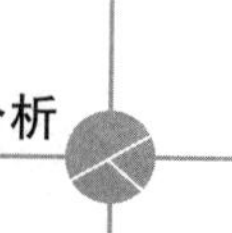

对企业来说，当工厂达到最优规模时，如果再需要扩大生产，就会采用建若干个规模基本相同的工厂的办法，这时，就表现为规模报酬不变。这个阶段往往要经历相当长的一个时期，但最终会进入规模报酬递减阶段。

（三）规模报酬递减的原因

如果一个企业的生产规模过大，会引起收益减少，这就是规模报酬递减。造成规模报酬递减的主要原因就是过大规模所带来的管理效率的降低，如一个企业生产规模过大，造成了协调、沟通和监控等问题时，企业内部的管理费用就会上升，管理效率就会下降，因此就会出现规模报酬递减。通常企业会想方设法避免规模报酬递减：重组、分割工作、调整组织结构、雇用新的管理者等。如微软在它庞大的公司结构中创造了不多于 35 个雇员的自治单位（小“工厂”），以试图避免这种规模报酬递减。由此可见，企业的生产规模并非越大越好。特别是在那些需求变动的行业中（如时装贸易），或者供给条件有变化的情况下（如农业中的气候变化），需要迅速做出决策，并且要求管理上非常细致等。这样的行业，规模大往往出现不经济性。所以在某些特定的行业如农业、零售业、专业服务和个人服务等，小企业占据优势地位，而大企业却往往处于不利地位。

任何企业在扩大其规模时，首先要经过一个规模报酬递增阶段。在企业得到了由生产规模扩大所带来的产量（或收益）递增的全部好处以后，一般会继续扩大生产规模，这样其生产会保持在规模报酬不变阶段，这个阶段可能比较长。在这以后，企业若继续扩大规模，最后就会进入规模报酬递减阶段。因此适度规模的原则是：尽可能使规模报酬递增，至少使规模报酬不变，绝对避免规模报酬递减。如果企业规模扩大到使收益发生递减现象，那就表明企业规模过大了，应该及时缩小规模。

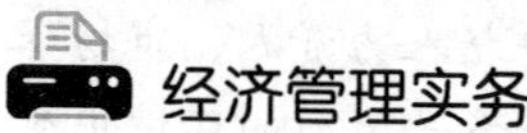

经济管理实务

国内外烟草企业的兼并浪潮①

中国烟草企业的规模与烟草业中的巨头——菲利普·莫里斯、英美烟草等跨国烟草巨头相比，差距甚远。2009 年，中国最大的卷烟企业——红塔集团的年销量为 483 万箱，而世界排名前三位的菲利普·莫里斯公司、英美烟草公司和日本烟草公司的年销量则分别达到了 1 800 万箱、1 650 万箱和 900 万箱。中国全年烟草总销售收入和利润还比不上一个菲利普·莫里斯公司。即使这样，这些烟草巨头们仍不满足现状。

1999 年 5 月，世界第二大烟草公司英美烟草公司（BAT）斥资 215 亿美元收购时为世界第四大烟草公司的乐富门国际公司（RI），打响了近年烟草界兼并第一炮。BAT 与 RI 的合并，使 BAT 在品牌组合与区域分布上达到高度的互补。合并后的集团使 BAT 在拉美、非洲、亚洲及澳新地区占有领先地位，同时在西欧的实力也大大加强，为其“重新夺回世界第一的宝座”奠定了基础。1999 年 9 月，日本烟草公司（JT）击败菲莫公司（PM）和 BAT，以 78 亿美元成功收购雷诺士国际，一跃为世界第三大烟草公司；2007 年，日本烟草公司又以 148 亿美元收购英国加莱赫烟草集团，这使日本烟草公司海外卷烟

① 吕志勇，陈建萍．红旗渠魂．北京：红旗出版社，2009.

销售迅速增加，其市场覆盖面从40多个国家一下子扩大到70多个国家，目前已进一步扩大到120多个国家。2002年3月，英国的帝国烟草公司以52.21亿欧元收购了德国利是美公司90%的股份，从而控股该公司，开创了继JT收购雷诺士国际之后又一个“小鱼吃大鱼”的成功典范，使其销量从100万箱骤增至359万箱，成为世界第四大烟草公司。2003年10月27日，美国烟草业再掀重组高潮：美国第二大烟草公司雷诺控股公司和美国第三大烟草公司布朗·威廉姆森烟草公司达成协议，将合并两家公司的业务，组建一个公开上市的新控股公司，名为雷诺美国公司。新公司成为继菲莫美国公司之后的美国第二大烟草公司。2014年7月，雷诺美国公司和美国第三大烟草公司罗瑞拉德已经进入合并交易的最后阶段，两家烟草商将结合成为一家市值高达560亿美元的烟草巨头。世界烟草兼并方兴未艾，此起彼伏。小规模的跨国兼并一浪接一浪。自20世纪90年代以来，跨国参股、控股、收购、兼并的案件多达30余起。

在我国，根据2004年国家烟草专卖局的战略思路，到2004年底，年产10万箱以下的小烟厂要全部被关闭，这只是第一步；第二步是推进年产10万至30万箱中型企业的兼并重组；对剩余的大企业进行再优化是第三步。在这三步之后，最终的目标是组建10个左右的大型烟草集团，卷烟工业企业调整到30～50家，品牌调整到100个左右，烟草企业的年产量要达到300万箱以上，从而形成一批具有国际竞争力的大企业，最终形成华东、西南、华中-华南这三大烟业中心。

在国家烟草专卖局战略思路的指导下，国内烟草界兼并重组的热潮也一浪高过一浪。红塔集团跨省兼并长春烟厂、上海烟草集团北上兼并北京和天津烟草公司、杭州烟厂兼并嘉兴烟厂、成都烟厂兼并四川烟厂、重庆烟厂与涪陵烟厂合并等，至2006年，全国烟草企业只剩下了50多家。无论国外烟草巨头，还是国内烟草霸主，它们都清楚地知道，只有通过企业兼并和资产重组，才能迅速壮大自己，以更多的资源，包括人力资源、市场资源、品牌资源、金融资源等来参与更大的竞争，夺取更多的胜利，在竞争激烈的环境中生存下去。

企业的适度规模取决于企业的生产技术特点、管理水平和市场条件等。只有在这些因素的恰当配合下，才能实现规模报酬不变或递增。不同行业的适度规模有很大的差异。一般来说，投资大、生产过程复杂的企业，其适度规模较大，如钢铁、汽车等行业；投资小、生产过程简单的企业，其适度规模较小，如服装、制鞋等行业。

在当今时代，消费者的需求越来越呈现多样性、个性化的特点，如果企业一味地追求规模报酬递增，将无法满足消费者需求多样性的要求，因此企业要想在竞争中取胜，更应该关注“范围经济”，即通过范围经济来寻求成本的降低、收益的增加。所谓范围经济，是指同时生产多种有关的产品或服务所产生的节约。如家电企业可以利用所有家电产品生产技术及生产设备的关联性，既生产电视，同时也生产电冰箱、洗衣机、空调等。范围经济的概念有助于我们理解为什么同一家企业通常要生产多种关联产品。范围经济实证研究指出，对通用汽车公司而言，将大汽车与小汽车、卡车组合在一起生产有足够大的好处。范围经济的观点对于讨论国家对有些行业的管制问题也起着重要作用。如美国电报电话公司曾经控制着地方和长途电话服务以及电信研究领域，当它被拆成几家公司时，有些经济

学家以这些活动之间存在重要的范围经济为理由反对这种肢解。经济学家担心，肢解将会降低效率。

规模报酬理论分析了企业的规模与收益之间的关系，这对设计企业规模大小有一定的参考价值。企业规模与收益的关系也可转化为规模与成本的关系，任何企业追求的都是成本最低、收益最大的适度规模。

【例题 5-5】 某企业的生产函数为 $Q=6LK$，其中，Q 为该企业每日产量，L 为该企业每日投入生产的劳动量，K 为每日使用的资本量，劳动的价格为每单位劳动 1 元，资本的价格为每单位资本 2 元。如果该企业计划每日必须实现 27 单位的产出，问：(1) 该企业每日应投入 L 和 K 各多少？(2) 该企业的规模报酬状况如何？

解：

$$MP_L=\frac{\mathrm{d}Q}{\mathrm{d}L}=6K,\ MP_K=\frac{\mathrm{d}Q}{\mathrm{d}K}=6L,\ P_L=1,\ P_K=2$$

将以上代入生产要素最佳组合的均衡条件 $\frac{MP_L}{P_L}=\frac{MP_K}{P_K}$ 中，得：

$$\frac{6K}{1}=\frac{6L}{2}$$

由此得：$K=\frac{1}{2}L$　　　(1)

又因为 $Q=27$，根据企业生产函数可知：

$$27=6LK \qquad (2)$$

将 (1) 式代入 (2) 式，得：

$$27=6L\times\frac{1}{2}L$$

求得：$L=3$，$K=1.5$

因为该企业生产函数为柯布—道格拉斯生产函数，其 L、K 的指数 $\alpha=1$，$\beta=1$。

所以 $\alpha+\beta=2>1$，因此该企业处于规模报酬递增阶段。

根据以上计算，该企业为达到产出量 27，应该投入 L 要素 3 单位，K 要素 1.5 单位，该企业处于规模报酬递增阶段，适宜继续扩大规模。

5.5　生产函数与技术进步

在前面的分析中，我们都设有一个共同的假定条件，这就是技术水平保持不变。然而，在当今时代，技术进步日新月异，技术创新层出不穷。技术进步改变了企业生产运营的理念、平台和方式，同时也彻底改变了消费者的消费观念和消费方式。技术进步可以使边际收益由递减重新走向递增，可以使等产量曲线的形状及位置发生变化。在本节中，我们将通过生产函数来分析技术进步在经济增长中所起的作用。

5.5.1 技术进步导致生产函数的改变

一定的技术水平决定了从一定的资源中能得到产品数量和质量的极限，一定的技术水平是可以由一定的生产函数来代表的。

由于新知识的应用，技术进步应当表现为用较少的投入，能够生产出与以前同样多的产品。所以，技术进步导致生产函数的改变，这种改变可以用等产量曲线的位移来说明。在图 5-18 中，两条等产量曲线所代表的产量均为 Q，一条为技术进步前，另一条为技术进步后。技术进步后的等产量曲线表明，用比技术进步前更少的资本（K）和劳动（L），可以生产出与技术进步前一样多的产量，这说明在这期间技术进步了。可见，等产量曲线位移的程度越大，说明技术进步越快。

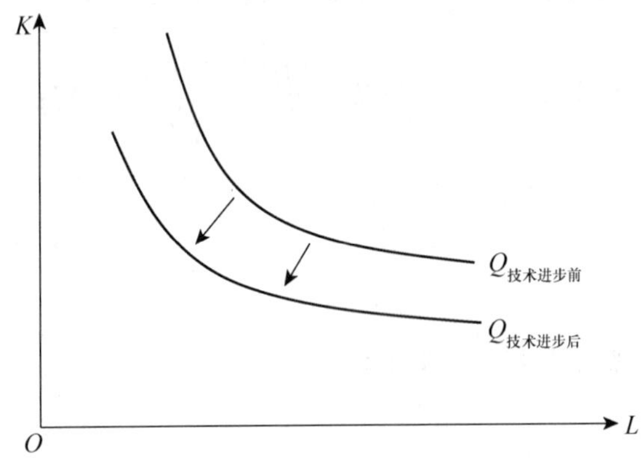

图 5-18 技术进步与等产量曲线的变化

5.5.2 技术进步的测定

经济增长的方式基本可以分为两种：一是依靠投入的增加；二是主要依靠技术的进步。前者称为粗放型增长方式，后者称为集约型增长方式。当今时代为了整个社会资源能够更高效率地利用以及更好地保护生态环境，要求企业经济的增长方式从粗放型向集约型转变。那么，究竟如何测量技术进步对经济增长的贡献呢?

假定某企业期初的生产函数为：

$$Q=AL^{\alpha}K^{\beta}$$

那么，$MP_L=\dfrac{\mathrm{d}Q}{\mathrm{d}L}=\alpha AL^{\alpha-1}K^{\beta}$，$MP_K=\dfrac{\mathrm{d}Q}{\mathrm{d}K}=\beta AL^{\alpha}K^{\beta-1}$

假定在这一期间，该企业增加的全部产量为：

$$\Delta Q=MP_L\cdot\Delta L+MP_K\cdot\Delta K+\Delta Q'$$

式中：$MP_L\cdot\Delta L+MP_K\cdot\Delta K$ 为因增加 L、K 要素的投入而引起的产量的增加，$\Delta Q'$

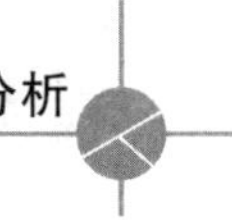

为技术进步引起的产量的增加，上式方程两边除以 Q，得：

$$\frac{\Delta Q}{Q}=\frac{MP_L\cdot L}{Q}\cdot\frac{\Delta L}{L}+\frac{MP_K\cdot K}{Q}\cdot\frac{\Delta K}{K}+\frac{\Delta Q'}{Q}$$

$$\because\quad \frac{MP_L\cdot L}{Q}=\frac{\alpha AL^{\alpha-1}K^{\beta}\cdot L}{AL^{\alpha}K^{\beta}}=\alpha,\ \frac{MP_K\cdot K}{Q}=\frac{\beta AL^{\alpha}K^{\beta-1}\cdot K}{AL^{\alpha}K^{\beta}}=\beta$$

$$\therefore\quad \frac{\Delta Q}{Q}=\alpha\frac{\Delta L}{L}+\beta\frac{\Delta K}{K}+\frac{\Delta Q'}{Q}$$

如果 $\Delta Q/Q$ 为全部产量增长率，记为 G_Q；$\Delta L/L$ 为劳动增长率，记为 G_L；$\Delta K/K$ 为资本增长率，记为 G_K；$\Delta Q'/Q$ 为因技术进步引起的产量增长率，记为 G_A，则上式可改写为：

$$G_Q=\alpha G_L+\beta G_K+G_A$$

或

$$G_A=G_Q-(\alpha G_L+\beta G_K)$$

由上式就可以测量出技术进步对经济增长的贡献。

【例题 5-6】 假定某企业期初的生产函数为：$Q=5L^{0.4}K^{0.6}$。在这期间资本投入增加了 15%，劳动投入增加了 10%，到期末总产量增加了 20%。问：(1) 在此期间该企业因技术进步带来的产量增长率是多少？(2) 在此期间，技术进步在全部产量增长中所起的作用有多大？

解：

(1) 因技术进步带来的产量增长率为：

$$G_A=G_Q-(\alpha G_L+\beta G_K)=20\%-(0.4\times10\%+0.6\times15\%)=7\%$$

即在全部产量增长率中，因技术进步带来的产量增长率为 7%。

(2) 技术进步在全部产量增长中所起的作用为：

$$\frac{G_A}{G_Q}\times100\%=\frac{7\%}{20\%}=35\%$$

即在全部产量增长中，有 35%是由于技术进步引起的。

小　结

本章明确了生产函数的概念，即生产函数是指在一定时期内，在技术水平不变的情况下，生产中所使用的各种生产要素的数量与所能生产的最大产量之间的关系。本章还介绍了经济分析中最常用的两个生产函数：柯布-道格拉斯生产函数与学习曲线。在此基础上，分析了短期生产函数、长期生产函数及规模报酬。通过短期生产函数分析，得出边际收益递减规律，并最终确定了生产过程中一种要素变动时的最佳投入量；通过长期生产函数分析，寻找出两种要素变动时这两种要素的最佳组合原则。在规模报酬的分析中，分析了规模报酬产生的原因、规模报酬变动规律等。由于新知识的应用，技术进步应当表现为用较少的投入，能够生产出与以前同样多的产品。所以，技术进步导致生产函数的改变，技术进步对经济增长的贡献可以用公式 $G_A=G_Q-(\alpha G_L+\beta G_K)$ 来测度。

经济管理问题分析

可再生能源取代煤炭成为全球发电装机容量最大来源的原因，除了各国为了治理空气污染，对可再生能源实施支持政策以外，主要是可再生能源发电的成本大大降低。根据生产要素的最佳组合原则，当可再生能源的发电成本降低时，$\frac{\text{煤炭发电的边际产量}}{\text{煤炭发电的要素价格}}<\frac{\text{可再生能源发电的边际产量}}{\text{可再生能源发电的要素价格}}$，这样，发电企业自然会增加可再生能源的发电比例。国际能源署的报告也显示。2010 年至 2015 年，新增陆上风电场的全球平均发电成本下降了约 30%，大型太阳能电站的成本更是下降了约 67%，今后五年里成本可能会进一步降低，风能平均下降 15%，太阳能平均下降 25%。到 2021 年，太阳能光伏和陆地风电增量预计将占全球可再生能源新增总量的 2/3 左右。我国新能源装机容量大幅增加，比重逐年提高。2015 年全年新增清洁能源装机高达 6 600 万千瓦，其中，并网风电新增容量 3 300 万千瓦，创历史新高，全国并网风电容量近 1.3 亿千瓦；新增水电装机 1 608 万千瓦，总装机达到 3.2 亿千瓦。到 2021 年，中国太阳能光伏和陆地风电累计装机容量将占全球的 1/3 以上。

复习与思考

一、名词解释

生产函数　柯布-道格拉斯生产函数　总产量　平均产量　边际产量　边际收益递减规律　规模报酬　范围经济　边际产品价值　等产量曲线　边际技术替代率　等成本线

二、选择题

1. 当生产函数 $Q=f(L)$ 的 AP_L 为正且递减时，MP_L 可以是：

A. 递减且为正　　B. 递减且为负

C. 为零　　D. 上述任何一种情况

2. 生产的第Ⅱ阶段应该：

A. 开始于 AP_L 开始递减处（即 AP_L 的最高点），终止于 MP_L 为零处

B. 开始于 AP_L 曲线和 MP_L 曲线的相交处，终止于 MP_L 曲线和水平轴的相交处

C. 开始于 AP_L 的最高点，终止于 MP_L 为零处

D. 上述说法都对

3. 依据生产三阶段理论，生产应处的阶段是：

A. 边际产量递增，总产量递增　　B. 边际产量递增，平均产量递增

C. 边际产量为正，平均产量递减　　D. 以上都不是

4. 在维持产量水平不变的条件下，如果企业增加三个单位的劳动投入量就可以减少六个单位的资本投入量，则有：

A. $MRTS_{LK}=2$，且 $MP_K/MP_L=2$

B. $MRTS_{LK}=1/2$，且 $MP_K/MP_L=2$

C. $MRTS_{LK}=2$，且 $MP_K/MP_L=1/2$

D. $MRTS_{LK}=1/2$，且 $MP_K/MP_L=1/2$

5. 总产量处于递增阶段时，边际产量：

A. 递减　　B. 递增　　C. 为正　　D. 上述任何一种

6. 以下说法正确的是：

A. 只要边际产量减少，平均产量就减少

B. 只要边际产量减少，总产量就减少

C. 只要总产量减少，边际产量就一定为负

D. 只要平均产量减少，总产量就减少

7. 已知某企业的生产函数为 $Q=10\sqrt{L}\sqrt{K}$，则该企业生产处于：

A. 规模报酬递增阶段　　B. 规模报酬不变阶段

C. 规模报酬递减阶段　　D. 边际报酬递减阶段

8. 规模报酬递减可能是在下述哪种情况下发生的：

A. 按比例连续增加各种生产要素

B. 不按比例连续增加各种生产要素

C. 连续地投入某种生产要素而保持其他生产要素不变

D. 不投入某种生产要素而增加其余生产要素的投入

9. 当边际产量大于平均产量时，平均产量：

A. 增加　　B. 减少

C. 不变　　D. 达到最低点

10. 对于生产函数 $Q=f(L, K)$ 和等成本线 $C=P_L\times L+P_K\times K$ 来说，在最优的生产要素组合点上，应该有：

A. 等产量曲线和等成本线相切　　B. $MRTS_{LK}=P_L/P_K$

C. $MP_L/P_L=MP_K/P_K$　　D. 上述说法都对

11. 某企业在其生产经营过程中发现，现有投入组合下，劳动与资本间边际产量之比大于劳动与资本间价格之比，那么，该企业：

A. 要增加产量，必须增加成本　　B. 现有投入组合可能是较好的

C. 应增大劳动投入比例　　D. 应增大资本投入比例

12. 当企业处在利润最大化的均衡点上，则下列说法不正确的有：

A. 劳动对资本的边际技术替代率等于劳动的价格与资本的价格的比率

B. 等产量曲线的斜率等于等成本线的斜率

C. 等成本线与等产量曲线相切

D. 劳动的边际产量等于资本的边际产量

13. 等成本线向外平行移动表明：

A. 产量提高了

B. 生产要素的价格同比例下降了

C. 生产要素的价格按不同的比例下降了

D. 成本降低了

14. 企业在生产中采用了最低成本的生产技术，劳动对资本的边际技术替代率为 0.4，资本的边际产量为 5，则劳动的边际产量为：

A. 2　　B. 1　　C. 3　　D. 5

15. 增加一单位某投入要素引起的总收益的增加量，是指：

A. 边际收益　　B. 边际成本

C. 边际产品价值　　D. 边际产量

16. 假定产品的价格不变，某企业在生产过程中，其投入要素的价格为 6 元，该投入要素的边际产量为 1/3 时，企业获得最大利润，则企业生产的产品价格为：

A. 2 元　　B. 18 元　　C. 1.8 元　　D. 9 元

三、问答题

1. 1958 年，有些地方盲目推行密植，结果引起减产，试用边际收益递减规律来解释这种现象。

2. 生产规模扩大导致收益的变动可分为哪几个阶段？它说明什么问题？

3. 生产三阶段是如何划分的？为什么生产者大多会在第Ⅱ阶段生产？

4. 应用边际收益递减规律论述国有企业改革之初实施减员增效措施的意义。

5. 一个企业主在考虑雇用一个工人时，针对劳动的平均产量和边际产量，他更关注哪一个？为什么？

6. 假定 A、B 两国各有一钢铁厂，A 国钢铁厂生产一吨钢需要 10 人，而 B 国只需要 1 人，是否能认为 B 国钢铁厂的效率比 A 国高，为什么？

四、计算题

1. 设某企业总产量函数为 $TP=72L+15L^2-L^3$，求：

(1) 当 $L=7$ 时，边际产量 MP_L 是多少？

(2) L 的投入量为多大时，边际产量 MP_L 将开始递减？

2. 某企业使用资本和劳动生产一种小器具，在短期中，资本固定、劳动可变，短期生产函数为 $TP=-L^3+24L^2+240L$，其中 TP 是小器具的每周生产量，L 是雇用工人的数量，请计算在下列情况下 L 的取值范围：

(1) 第Ⅰ生产阶段；(2) 第Ⅱ生产阶段；(3) 第Ⅲ生产阶段。

3. 在下列生产函数中，哪些属于规模报酬递增、不变和递减？

(1) $Q=10K+8L-0.2KL$

(2) $Q=K^2L$

(3) $Q=K+2L$

4. 某企业仅生产一种产品，唯一的可变要素是劳动。其生产函数为：$Q=-0.1L^3+6L^2+12L$，其中 Q 是每周生产量，L 是雇用工人的数量，问：

（1）劳动的平均产量最大时，需要雇用多少工人？

（2）劳动的边际产量最大时，需要雇用多少工人？

（3）总产量最大时，需要雇用多少工人？

5. 表 5-11 是某种可变生产要素的短期生产函数的产量表。

表 5-11　　某可变生产要素的短期生产函数的产量表

可变要素的投入数量	可变要素的总产量	可变要素的平均产量	可变要素的边际产量
1		2	
2			10
3	24		
4		12	
5	60		
6			6
7	70		
8			0
9	63		

（1）请将上表中的空格填上。

（2）该生产函数是否表现出边际收益递减？如果是，是从第几单位的可变要素投入量开始的？

6. 已知某企业的生产函数为 $Q=L^{2/3}K^{1/3}$，劳动的价格为 $P_L=2$，资本的价格为 $P_K=1$。求：

（1）当成本 $C=3\,000$ 时，企业实现最大产量时的 L、K 和 Q 的均衡值。

（2）当产量 $Q=800$ 时，企业实现最小成本时的 L、K 和 C 的均衡值。

7. 某企业的短期生产函数为 $Q=-0.1L^3+6L^2+12L$（其中：L 为劳动人数）。问：

（1）应投入多少劳动人数时使平均产量最大？

（2）平均变动成本最小时的总产量为多少？

（3）如果劳动者每周工资为 360 元，产品价格为 30 元，则该企业获得最大利润时的劳动投入应为多少？此时企业总产量为多少？

8. 下面的生产表（见图 5-19）提供了 X、Y 两种投入要素不同组合的最大可能日产量估计数。

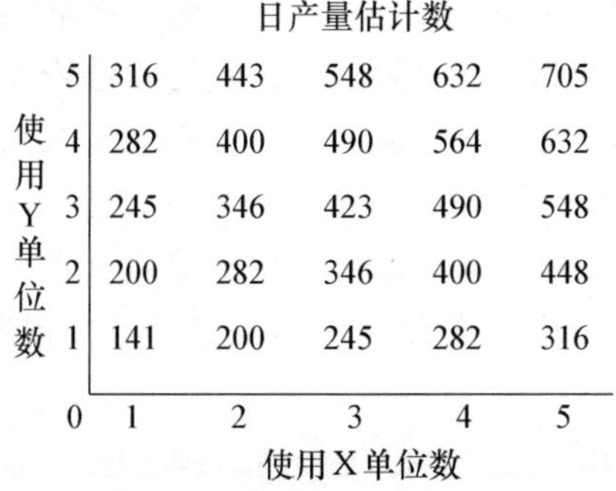

日产量估计数

使用Y单位数 \ 使用X单位数	1	2	3	4	5
5	316	443	548	632	705
4	282	400	490	564	632
3	245	346	423	490	548
2	200	282	346	400	448
1	141	200	245	282	316
0					

图 5-19　日产量估计表

（1）这两个投入要素所显示的边际技术替代率是不变、递增、还是递减？为什么？

（2）假设产品单价为 0.25 元，试填写完成表 5－12 和表 5－13。

表 5－12

使用 Y 单位数	X 固定为 2 单位			
	总产量（TP_Y）	边际产量（MP_Y）	平均产量（AP_Y）	边际产品价值（VMP_Y）
1				
2				
3				
4				
5				

表 5－13

使用 X 单位数	Y 固定为 3 单位			
	总产量（TP_X）	边际产量（MP_X）	平均产量（AP_X）	边际产品价值（VMP_X）
1				
2				
3				
4				
5				

（3）假定 X 的数量固定为 2 单位，Y 的日成本是 16 元，问将使用 Y 多少个单位？

（4）假定目前企业结合使用 4 个单位的 X 和 2 个单位的 Y，每日生产产品 400 个单位。X 的单位成本是每日 15 元，Y 也是 15 元。你认为现行的要素组合是否应当改变？为什么？

案例研究

全球变暖与温室气体减排①

自工业革命以来的两百多年间，大气中的二氧化碳（CO_2）在大量增加，且二氧化碳的浓度仍在持续上升。科学家越来越认识到，二氧化碳和其他有关气体（称为温室气体）浓度的增加将导致全球变暖，对环境产生巨大的潜在影响。作为对这种共识的反应，1992 年，世界各国在里约热内卢签订了旨在限制温室气体浓度增加的协议，并且在随后的 1997 年的日本京都会议上强化了各国减少温室气体排放的承诺。为了保证这一协议有效实施，《京都议定书》必须首先征得那些占世界温室气体排放量 55%的国家的认可。2001 年，美国乔治 · W. 布什总统正式宣布，美国不会批准该协定。美国的这

① 斯蒂格利茨，沃尔什. 经济学：上册. 4 版. 黄险峰，张帆，译. 北京：中国人民大学出版社，2015. 有改编.

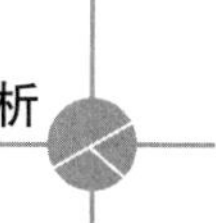

一态度激起了世界其他国家的极大愤慨，因为美国是最大的排放国，其排放量占世界排放总量的 36%。《京都议定书》的反对者声称，该协定对于限制像中国这种经济迅速发展的国家的排放量做得不够：因为对于发达国家来说，这种限制是强制性的；而对于发展中国家来说，这种限制仅仅是出于自愿。此外，许多人认为，限制排放的经济成本太高。《京都议定书》的支持者认为，从人均排放量的角度看，发展中国家的排放量比美国低得多。此外，要求那些在想方设法推进经济增长和减少贫困的发展中国家承担减少温室气体排放的成本是不公平的，因为正是富裕的发达国家过去的污染造成了这一问题。中国政府于 2002 年 9 月 3 日签署了《京都议定书》。2004 年末，普京总统宣布俄罗斯批准该协定（俄罗斯 1990 年的排放量占全球总排放量的 17%），终于突破了温室气体排放量之和占 1990 年总排放量 55%的国家认可这一大关。《京都议定书》于 2005 年 2 月 16 日开始强制生效，到 2009 年 2 月，一共有 183 个国家通过了该条约（超过全球排放量的 61%），引人注目的是美国没有签署该条约。《京都议定书》使得工业化国家承诺在 2012 年之前大幅度减少温室气体的排放。

2009 年 12 月 7—18 日在丹麦首都哥本哈根召开《联合国气候变化框架公约》第 15 次缔约方会议暨《京都议定书》第 5 次缔约方会议，简称哥本哈根联合国气候变化大会。本次会议需要通过一份新的《哥本哈根议定书》，以代替 2012 年即将到期的《京都议定书》。会议最终达成了不具法律约束力的《哥本哈根协议》。会议提出了将全球平均温升控制在工业革命以前 2℃的长期行动目标。各国承诺了减排目标：到 2020 年俄罗斯的温室气体排放量将下降 25%。也就是说，在 1990 年至 2020 年期间，俄罗斯将保证温室气体的总排放量减少逾 300 亿吨。欧盟将在 2050 年前削减高达 95%的温室气体排放，在 2020 年前减少 30%。印度将在 2020 年前将其单位国内生产总值（GDP）二氧化碳排放量在 2005 年的基础上削减 20%～25%。中国承诺到 2020 年单位 GDP 碳排放量比 2005 年减少 40%～45%。时任美国总统奥巴马表示在 1990 年的基础上减排温室气体 4%的目标亦难以承诺。2009 年 6 月底，美国众议院通过的一项征收进口产品“边界调节税”法案，实质就是从 2020 年起开始实施“碳关税”——对进口的排放密集型产品，如铝、钢铁、水泥和一些化工产品，征收特别的二氧化碳排放关税。

2015 年 11 月 30 日至 12 月 11 日，第 21 届联合国气候变化大会在巴黎召开，有 184 个国家提交了应对气候变化的“国家自主贡献”文件，涵盖了全球碳排放量的 97.9%。2015 年 12 月 12 日，《联合国气候变化框架公约》近 200 个缔约方一致同意通过《巴黎协定》。《巴黎协定》指出，各方将加强对气候变化威胁的全球应对，把全球平均气温较工业化前水平升高控制在 2℃之内，并为把升温控制在 1.5℃之内而努力。全球将尽快实现温室气体排放达峰，21 世纪下半叶实现温室气体净零排放。根据协定，各方以“自主贡献”的方式参与全球应对气候变化行动。发达国家将继续带头减排，并加强对发展中国家的资金、技术和能力建设支持，帮助后者减缓和适应气候变化。美国减排目标为到 2025 年较 2005 年减少 28%的温室气体排放。然而令人遗憾的是，美国新任总统特朗普在 2017 年 6 月宣布退出《巴黎协定》。中国决定自主贡献：二氧化碳排放 2030 年左右达到峰值并争取尽早达峰、单位国内生产总值二氧化碳排放比 2005 年下降 60%～65%，非化石能源占一次能源消费比重达到 20%左右。

以上述案例资料为线索回答以下问题：

（1）依据本章经济学理论，说明减少温室气体排放的主要措施及其实现减排的可能性。

（2）中国自签署《京都议定书》以来采取了哪些措施实现温室气体减排承诺？

（3）美国对进口产品征收碳关税，对中国经济有何影响？会引起中国哪些生产要素之间的替代？

（4）我们在日常生活中如何通过要素替代减少温室气体的排放？

第 6 章　成本分析

经济管理问题

盈利还是亏损?

李明辞去了年薪 7 万元的会计师工作，自己创建了一家私营的小企业，自己担任企业的总经理，并将自己的 5 万元资金投入企业。去年该企业年销售收入 30 万元，因生产与销售产品发生的生产成本为 20 万元、销售成本为 3 万元。我们的问题是：这样的经营状况，李明去年挣钱了吗?

上述案例引出一个企业运营中非常重要的概念：成本。任何一家企业的管理者在企业创立和经营过程中都自然而然地会谈到成本问题：原材料涨价如何影响成本；面对激烈的市场竞争如何消化成本；在日常管理中如何控制成本和减少成本等。这是因为，每个企业都追求尽可能高的利润，而成本——在计算利润时必须从收入中扣除的部分——就成为决定企业最后盈利与否的关键。第 5 章分析了企业生产过程中生产要素的投入量与产量之间的经济规律，并由此分析了企业应当怎样选择投入要素组合，才能使成本达到最小。在本章，我们将进行扩展分析，研究不同产量水平下的成本变动规律，并提出成本分析的管理经济学观念和决策思路。只有在成本分析的基础上，企业才能对产量、价格和广告等进行有效及科学的决策。

6.1 成本与利润概述

6.1.1 成本的含义

在企业经营管理过程中，成本（cost）是一个非常重要的概念，是企业从事经济活动必须要考虑的一个因素，决定着企业的竞争能力和利润水平。

一般来讲，成本被认为是企业进行生产经营活动所使用的生产要素的价格，或生产要素的所有者必须得到的报酬或补偿。管理经济学认为：劳动、资本、土地和企业家才能都是生产要素，都为生产做出“贡献”，因而这些生产要素不仅要得到补偿，而且还应得到相应的报酬。所以，企业运营过程中的成本除了包括我们通常所说的工资、材料费、折旧费之外，还包括支付给资本的利息和土地的地租以及支付给企业家才能的正常利润。由此可见，管理经济学中成本的含义很广。

6.1.2 成本的分类

为了使企业在经营管理过程中做出正确的决策，管理经济学将成本按照不同的标准进行划分，并提出了一些独特的成本概念。

（一）固定成本和变动成本

成本按照其总额与产量的关系，可分为固定成本（fixed cost）和变动成本（variable cost）。

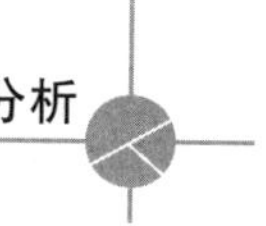

固定成本是指在一定限度内成本总额不随产量变动而变动的成本，是企业在短期内不能随意调整的固定生产要素投入的成本。如投资饭店借入资金的利息、饭店的租金、投入的厨具、桌椅和部分餐具等。

变动成本是指在一定限度内成本总额随产量变动而变动的费用，是企业在短期内可以随意调整的可变生产要素投入的费用。如原材料费、员工工资、水电费等。

在此需要注意的是，只有在短期内，企业的生产成本才有固定成本和变动成本之分，总成本等于固定成本与变动成本之和；但从长期来看，企业全部投入都是可变的，所以企业的全部成本都是变动成本。

（二）显性成本和隐性成本

成本按其收回后归属的不同，可分为显性成本（explicit costs）和隐性成本（implicit cost）。

显性成本是指企业在生产要素市场上购买或租用所需要的生产要素的实际支出。如支付给工人和管理人员的工资、支付给贷款银行的利息、支付给土地出租者的地租、支付给电力公司和原料公司的电费和材料费等，显性成本就是后面所讲的会计成本。

隐性成本是指在形式上没有支付义务的，企业为使用自己提供的那一部分生产要素而支付的作为报酬的费用。在企业生产过程中，为了进行生产，除了要使用他人所提供的生产要素外，还可能要动用自己所拥有的生产要素，如自己的资金和土地，并可能亲自进行管理。经济学家认为，既然使用他人的资金需要付利息，租用他人的土地需要付地租，聘用他人来管理企业需要付薪金，那么，同样的道理，当企业使用了自有生产要素时，也需要支付相应的报酬，这笔报酬费用也应该计入成本之中。由于这部分费用在形式上没有契约规定一定要支付，并且在企业的会计账目上没有体现，所以被称为隐性成本

由此可见，在会计上起支配作用的是显性成本，而管理经济学中的成本概念应当包括显性成本和隐性成本的全部。在不同的成本理念指导下，企业在生产经营过程中可能做出不同的经营决策。

（三）会计成本与机会成本

会计成本（accounting cost）是在财务分析中使用的一种成本概念。它是指企业在生产活动中按市场价格支付的一切生产要素的费用。会计师一般只从收入中减去那些实际发生的成本和以前发生的某项总计成本（如机器设备等）的分摊部分，由此而得到相应的利润数据，因而利润体现了企业所有者投入资本后的净收入。然而，企业在进行经营决策时，仅考虑会计成本是不够的，而应该较为广泛地考虑资源的有效配置问题，因而要考虑每项资源的机会成本（opportunity cost）。

一种资源可有多种用途，如果用于某一用途，就不能同时作为它用，即失去了投入其他用途的机会。这就是说，某个企业所获得的一定数量的产品收入，是以放弃用同样的经济资源来生产其他产品时所能获得的收入作为代价的。如一笔资金用来投资建厂，就不能将它存入银行获取利息。由此，便产生了机会成本的概念。生产一单位的某种商品的机会成本是指生产者所放弃的使用相同生产要素在其他生产用途中所能得到的最高收入。机会成本通常不出现在账面上，但它是经营管理人员做决策时必须明确考虑的，通过机会成本分析，能够使各种资源得到最有效的利用，做到资源的最优配置。

（四）增量成本与沉没成本

增量成本（incremental cost）是指由于某项生产决策而产生的相关成本，即总成本的

增量。例如，某企业接到一批订单，因生产该批产品所引起的总成本的变化就是增量成本。在此需要注意的是，增量成本与边际成本虽然都是表示总成本的增加值，但两者的主要区别在于，边际成本主要是按单位产品的增加来计算的，而增量成本则主要是按总产量的增加来计算的。当产量不是增加一个单位，而是增加许多单位时，这时引起的总成本的增加量就是增量成本，所以增量成本概念包含边际成本（边际成本的概念将在后面详细说明）。另外，企业实施某一项目的管理决策时所引起的总成本的变化都属于增量成本。例如，当企业引进一条新的生产线，或者开展一项新的广告宣传活动等引起的总成本的变化都属于增量成本。

增量成本概念隐含着这样一种成本思想：不受某项决策影响的任何成本都是该项决策的非相关成本，这种非相关成本就是沉没成本。沉没成本（sunk cost）是指企业已发生而无法收回，或不因生产决策有所改变的成本。例如，某手机企业在生产和销售手机之前，必须花 10 万元购买政府许可证，同时政府不会购回许可证，而且还不允许对其再出售，那么该企业用来购买许可证的 10 万元就是沉没成本。沉没成本提供了与现在决策相关的信息，但是与具体成本本身无关。当无法更改过去的决策时，已经花出去的钱就已经没有了。一旦成本沉没，它就不再是机会成本，从而就与决策无关了。因此，沉没成本是决策非相关成本，在项目决策时无须考虑，否则可能会使企业陷入错误决策之中。相对的，新增成本即增量成本是决策相关成本，在项目决策时必须考虑。

在短期中，企业的固定成本就是沉没成本，企业在决定生产多少时可以不考虑这些成本。固定成本的大小对供给决策无关紧要。例如，某出版商为出版某本书已经花费了大量成本，其中之一就是管理层的薪水。假设该书第一次印刷的已经全部卖完，正在考虑是否增加发行 10 000 本，此时的决策是否应该考虑管理层的薪水呢？绝对不应该考虑！因为已支付的管理层薪水是一种沉没成本，与决策无关。目前决策应该考虑的成本是与第二次印刷相关的变动成本：印刷成本、装订成本和售书成本。企业在做出决策时应该忽略沉没成本，只有那些非沉没成本才能进入企业的决策制定过程。有关沉没成本的经济原理，我们还会在下面的内容中进行深入分析。

怎样运用增量成本做决策呢？方法是：把增量成本与增量收入相比较（这里，增量收入是指因做出某一特定决策而引起的总收入的变化），如果增量收入大于增量成本，说明这一方案会导致总利润的增加，因而是可以接受的，否则就是不可接受的。

【例题 6-1】某企业有一台设备，现在用于生产产品 A，其销售收入、成本和利润如表 6-1 第二列所示。现在，企业如果把这台设备用于生产产品 B，其预期的销售收入、成本和利润如表 6-1 第三列所示。

表 6-1　　生产 A、B 产品的成本收益表　　单位：元

项目	生产 A 产品	生产 B 产品
销售收入	50 000	60 000
全部成本	41 000	56 000
其中：		
变动成本	31 000	46 000
固定成本	10 000	10 000
会计利润	9 000	4 000

问：这台设备转产 B 产品在经济上是否合理？

解： 增量收入＝生产产品 B 的收入－生产产品 A 的收入
＝60 000－50 000＝10 000（元）

增量成本＝生产产品 B 的变动成本－生产产品 A 的变动成本
＝46 000－31 000＝15 000（元）

增量利润＝增量收入－增量成本＝10 000－15 000＝－5 000（元）

可见，如果该设备用于生产产品 B，会使利润减少 5 000 元。所以，生产 B 产品的方案是不可取的。

在这个例子中，我们看到：从生产产品 A 改为生产产品 B 引起的产品成本增加量就是增量成本，是决策时应予考虑的成本，但固定成本 10 000 元是沉没成本，在决策时不予考虑。

从上面可以看出成本有很多种，但究竟怎样计算它、衡量它，要根据使用这个成本数据的目的以及决策的具体内容而定。

小思考

吴晶花 800 元买了一双皮鞋，穿了几天之后，感觉非常不合脚。如果她不能退货，你会建议吴晶继续穿这双鞋吗？在你的建议中，800 元的鞋款是否在考虑的范畴之中？

6.1.3　利润

同成本一样，在管理经济学中，利润的含义和企业实际生产经营活动当中的利润含义也有所不同，下面我们分别介绍和对比一下几个不同的利润概念。

（一）正常利润

正常利润（normal profit）是企业家才能的报酬，是承担风险的报酬，是企业家人才的价格，是企业家人才的机会成本。企业家才能使劳动、资本、土地结合在一起生产出更多产品，因此，对企业家才能的需求是很大的。然而，企业家才能的供给又是很小的，并不是每个人都具有企业家的天赋，受过良好的教育。只有那些有胆识、有能力、又受过良好教育的人才具有企业家才能。所以，培养企业家才能所耗费的成本也是高的。企业家才能的需求与供给的特点，决定了企业家才能的收入——正常利润必然是很高的。可以说，正常利润是一种特殊的工资，其特殊性就在于其数额远远高于一般劳动所得到的工资。

如果企业家是自己雇用自己，那么正常利润是隐性成本；如果是购买他人的企业家才能而支付的薪金也构成正常利润，但其是显性成本。由此可见，在企业的经营管理决策中，应该将正常利润计入成本之中。由于企业的利润等于总收益减去总成本，所以，当企业的利润为零时，企业仍然可以得到全部的正常利润，因而企业可能会选择继续生产。

正常利润就是吸引企业家在生产中承担风险而不至于流失的报酬，其数值大小等于企业家人才的机会成本。由于正常利润是承担风险的报酬，故自然可以想到，由于不同行业的风险是不一样的，如产品样式或工艺技术频繁变化的行业的不确定性可能更大一些，在这些行业中的正常利润也要稍高一些。正常利润是使一个企业家滞留在原行业从事生产经营活动的必要条件。如果企业家得不到正常利润，对于一个特定行业来说，其企业家才能的供给便会日益枯竭。

（二）经济利润

经济利润（economic profit）也称超额利润，是指企业的总收益和总成本之间的差额，即：

经济利润＝总收益－总成本＝总收益－(显性成本＋隐性成本)

这里所说的总成本是包含正常利润在内的所有显性成本和隐性成本，这里所说的利润是指超过正常利润的超额利润。管理经济学中所说的“企业的目的是追求利润最大化”，这里的“利润”就是指经济利润。

（三）会计利润

会计利润（accounting profit）是企业销售产品的总收益减去会计成本（显性成本）后的余额，是企业在一定会计期间的经营成果。会计利润也就是我们通常所说的账面利润。

会计利润是由财务会计核算的，其确认、计量和报告的依据是企业会计准则、企业会计制度。在会计核算中，对收益的确认严格遵循会计制度确定的权责发生制原则，对成本和费用的确认严格遵循与收入配比的原则。为了使企业财务报表真实反映企业期末的财务状况和期间的生产经营成果，企业可以在遵循一致性及可比性原则的前提下，自由选择会计准则与会计制度允许的会计处理方法。

对企业管理者而言，在生产经营管理决策中仅考虑会计利润是不够的，因为会计利润只考虑了企业表面发生的成本费用，即显性成本，没有考虑隐性的成本，也没有考虑期末的资产升值或贬值。

以微软为例。在1996年6月末，微软的会计利润为78亿美元，但这并不是它的经济利润。微软公司的所有者——股票持有人——已经投资了大约300亿美元，这笔资金如果存入银行或进行其他金融投资肯定能够赚取利息。假设进行其他投资肯定能赚5%的收益，那么预计的投资收益就是15亿美元（300×5%＝15)。假设预计的投资收益是微软的唯一隐性成本，那么微软的经济利润就是会计利润减去隐性成本，最终结果为63亿美元(78－15＝63)。

由此可见：

会计利润＝总收益－显性成本

经济利润＝总收益－(显性成本＋隐性成本)

显然，会计利润大于经济利润。

（四）利润贡献

所谓利润贡献（profit contribution)，是指销售收入减去变动成本后的余额，它常常被人们通俗地称作毛利，是管理会计中一个经常使用的十分重要的概念。利润贡献一般可分为单位产品的利润贡献和全部产品的利润贡献，其计算方法如下：

$$D=Q\times(P-V) \tag{6.1}$$

式中：Q 为销售量，P 为销售单价，V 为单位变动成本，D 为利润贡献总额。

显然，单位产品的利润贡献为：

$$d=(P-V) \tag{6.2}$$

式中：d 为单位利润贡献。

利润贡献是企业生产经营活动中最低限度的要求，即一种产品如不能提供利润贡献，则这种产品的生产经营活动一般应予放弃。很显然，利润贡献越大越好。利润贡献的作用一是补偿成本，二是形成利润。企业在生产经营决策中对众多方案进行效益评价时，可根据利润贡献作为决策依据，如产品的生产结构决策、产品定价决策等。

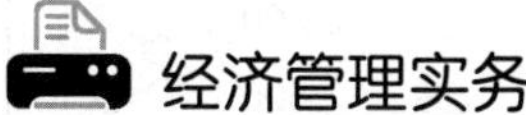

经济管理实务

餐厅的方案选择[①]

甲、乙两人合伙经营南方餐厅，40 000 元资金和餐厅所用的房屋设施都是他俩自己的。他们兼任餐厅经理，自己管理该餐厅。餐厅 2017 年 12 月份的利润报表见表 6-2。

表 6-2　南方餐厅 2017 年 12 月份利润表　(单位：元)

项目	金额
总收入（20 000 份客饭，平均单价 12 元）	240 000
减：销售成本（20 000 份客饭的原料，平均单价 8.4 元）	168 000
毛利	72 000
减：固定营业费用	40 000
变动营业费用（20 000 份客饭，平均每份 1 元）	20 000
合计	60 000
会计利润	12 000
减：	
机会成本（放弃的租金收入）	4 000
机会成本（放弃的薪水收入）	5 200
机会成本（放弃的利息收入）	300
合计	9 500
经济利润	2 500

该餐厅每月销售 20 000 份客饭，这一销售量已接近餐厅的经营能力。现在他俩打算对餐厅进行扩建，目前有两个方案。第一个扩建方案是对原餐厅进行重新改装，以扩大就餐面积。这个方案能使餐厅的经营能力扩大 50%，使月销售量增加到 30 000 份客饭。实现该方

① 赵文平. 管理经济学. 西安：西安电子科技大学出版社，2017：132.

案需投资 120 000 元，其中 40 000 元为两人自有，其余 80 000 元则需从别处筹借，年利率为 9%。假如扩建后的餐厅能按其全部经营能力经营，那么，预期月经济利润见表 6-3。

表 6-3　南方餐厅预期的月利润表
（按第一方案设计的经营能力计算）

（单位：元）

项目	金额
总收入（30 000 份客饭，平均单价 12 元）	360 000
减：销售成本（30 000 份客饭的原料，平均单价 8.3 元）	249 000
毛利	111 000
减：固定营业费用	58 000
变动营业费用（30 000 份客饭，平均每份 0.92 元）	27 600
利息支出（80 000 元×9%÷12）	600
合计	86 200
会计利润	24 800
减：	
机会成本（放弃的租金收入）	4 000
机会成本（放弃的薪水收入）	5 200
机会成本（放弃的利息收入）	600
合计	9 800
经济利润	15 000

第二个扩建方案是购买隔壁的小楼。这样，增加的营业面积可使餐厅的经营能力翻倍，即每月销售 40 000 份客饭。这个方案需投资 200 000 元，除自有资金 40 000 元外，另需外借 160 000 元，年利率 9%。假如按这一方案扩建并能按其全部经营能力经营，那么，预期月经济利润见表 6-4。

表 6-4　南方餐厅预期的月利润表
（按第二方案设计的经营能力计算）

（单位：元）

项目	金额
总收入（40 000 份客饭，平均单价 12 元）	480 000
减：销售成本（40 000 份客饭的原料，平均单价 8.2 元）	328 000
毛利	152 000
减：固定营业费用	71 000
变动营业费用（40 000 份客饭，平均每份 0.8 元）	32 000
利息支出（160 000 元×9%÷12）	1 200
合计	104 200
会计利润	47 800
减：	
机会成本（放弃的租金收入）	4 000
机会成本（放弃的薪水收入）	5 200
机会成本（放弃的利息收入）	600
合计	9 800
经济利润	38 000

在表 6－3 和表 6－4 中，由于经营能力分别增加了 50%和 1 倍，能够大批量地购买原料和其他用品，并能有效地利用设备，使每份客饭的销售成本和变动营业费用都有所降低。如果甲、乙认为他们很有可能每月销售 40 000 份客饭，那么他们显然会选择第二方案，因为第二方案的经济利润（38 000 元）大于第一方案（15 000 元）。但假如他们估计在未来几年中，每月仅能销售 29 000 份客饭。据此计算出以上两方案的经济利润见表 6－5 和 表 6－6。

表 6－5　　南方餐厅预期的月利润表

（按第一方案，月销售 29 000 份客饭计算）

（单位：元）

项目	金额
总收入（29 000 份客饭，平均单价 12 元）	348 000
减：销售成本（29 000 份客饭的原料，平均单价 8.3 元）	240 000
毛利	107 000
减：固定营业费用	58 000
变动营业费用（29 000 份客饭，平均每份 0.92 元）	26 680
利息支出（80 000 元×9%÷12）	600
合计	85 280
会计利润	22 020
减：	
机会成本（放弃的租金收入）	4 000
机会成本（放弃的薪水收入）	5 200
机会成本（放弃的利息收入）	600
合计	9 800
经济利润	12 220

表 6－6　　南方餐厅预期的月利润表

（按第二方案，月销售 29 000 份客饭计算）

（单位：元）

项目	金额
总收入（29 000 份客饭，平均单价 12 元）	348 000
减：销售成本（29 000 份客饭的原料，平均单价 8.3 元）	240 700
毛利	107 000
减：固定营业费用	71 000
变动营业费用（29 000 份客饭，平均每份 0.92 元）	26 680
利息支出（160 000 元×9%/12）	1 200
合计	98 880
会计利润	8 420
减：	
机会成本（放弃的租金收入）	4 000
机会成本（放弃的薪水收入）	5 200
机会成本（放弃的利息收入）	600
合计	9 800
经济利润	－1 380

由表 6－5 和表 6－6 的计算结果可见，第一方案的经济利润更大。考虑到未来销售量只有 29 000 份，最后他们选择了第一方案。

6.2 短期成本与长期成本分析

成本分析是通过相应的成本曲线和成本函数来实现的，要进行成本分析，首先必须确定企业的成本函数，成本函数反映了企业产品成本与产量之间的变动关系，其函数表达式为：

$$C=f(Q) \tag{6.3}$$

式中：C 为成本，Q 为产量。

成本函数与生产函数存在紧密的联系。成本函数取决于产品的生产函数和投入要素的价格。第 5 章研究的生产函数表明投入与产出之间的技术关系，这种技术关系与投入要素的价格相结合，就决定了产品的成本函数。由此可见，成本函数来源于生产函数，因此只要知道某种产品的生产函数以及投入要素的价格，就可以推导出它的成本函数。

生产函数可以分为短期生产函数和长期生产函数，与此对应，成本函数也可以分为短期成本函数和长期成本函数。短期是指生产经营过程中至少有一种或若干种投入要素的数量固定不变，这样形成的产量和成本之间的关系，称为短期成本函数。例如，对一家已经建成投产的钢铁企业来说，在短期内，无论产量如何变化，厂房和设备不会有大的变化，可变的只是投入的劳动力和原材料的数量。在这种条件下形成的就是短期成本函数。短期成本函数通常用来反映现有企业中产量和成本的关系，所以，它主要用于企业日常经营管理决策。长期是指生产经营过程中所有的投入要素都是可以改变的，这样形成的产量和成本之间的关系，称为长期成本函数。例如，一家已经建成的钢铁企业，制定 10 年后的战略规划，这时企业要在各方面进行战略选择，企业所有的生产要素都可能发生改变，在这种条件下形成的就是长期成本函数。换言之，长期成本函数是指从长期看，企业在有可能调整它的各种资源、寻求最优要素组合条件下的成本函数，所以长期成本函数主要用于企业制定长期战略规划。

6.2.1 短期成本分析

在短期内，企业的某些生产要素是固定的，某些生产要素是可变的，因此，企业的成本可以分为固定成本和变动成本。具体来讲，企业的短期成本有以下七种：总固定成本、总变动成本、总成本、平均固定成本、平均变动成本、平均成本和边际成本。

（一）短期总成本（*STC*）

短期总成本（*STC*）是指在短期内生产一定量产品所消耗的全部成本。它又可再分为总固定成本（*TFC*）和总变动成本（*TVC*）。

短期总成本＝总固定成本＋总变动成本

即 $STC=TFC+TVC$ (6.4)

表6-7中第(1)栏与第(2)、(3)、(4)栏分别反映出产量Q与固定成本(TFC)、变动成本(TVC)、短期总成本(STC)之间的关系，根据它们之间的关系，可分别画出短期的总成本曲线、总固定成本曲线和总变动成本曲线(见图6-1)。

表6-7 某企业短期成本

产量 Q (1)	总固定成本 TFC (2)	总变动成本 TVC (3)	总成本 $TC=TFC+TVC$ (4)	平均固定成本 $AFC=\frac{TFC}{Q}$ (5)	平均变动成本 $AVC=\frac{TVC}{Q}$ (6)	平均成本 $AC=\frac{TC}{Q}$ (7)	边际成本 $MC=\frac{\Delta TC}{\Delta Q}$ (8)
0	55	0	55	—	—	—	—
1	55	35	90	55	35	90	35
2	55	55	110	27.50	27.50	55	20
3	55	75	130	18.33	25	43.33	20
4	55	105	160	13.75	26.25	40	30
5	55	155	210	11	31	42	50
6	55	210	265	9.17	35	44.17	55

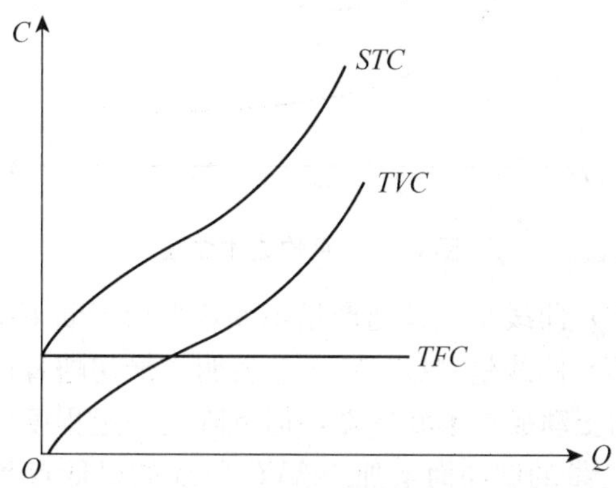

图6-1 短期总成本曲线

总固定成本(TFC)曲线为一条平行于横轴的水平线。它表示总固定成本不随产量的变化而变化。

总变动成本(TVC)曲线是一条从原点向右上方不断上升的曲线。它表明当产量为0时，不发生变动成本，随产量增加，变动成本不断提高。从TVC曲线的形状可以看出总变动成本的变化过程，即总变动成本的增加速度是先递减后增加。这种变化过程同边际收益递减规律及固定要素和可变要素之间的配合比例的变化有密切关系。最初增加产量时，使固定要素得到更充分利用，固定要素与可变要素的配合趋向于合理，因而成本的递增速度随产量的增加而下降；随着产量的增加，由于边际收益递减，固定要素与可变要素之间的配合比例失调，成本的增加速度随之加快。

短期总成本(STC)曲线是TVC曲线向上平移一个TFC数额。所以STC曲线的变

化过程同 TVC 曲线的变化过程相同。

(二) 短期平均成本 (SAC)

短期平均成本（SAC）是指在短期内平均每一单位产品所消耗的成本。平均成本又可分为平均固定成本（AFC）和平均变动成本（AVC）。

$$短期平均成本=\frac{短期总成本}{产量}=\frac{总固定成本+总变动成本}{产量}$$

即：

$$SAC=\frac{TC}{Q}=\frac{TFC+TVC}{Q}=AFC+AVC \tag{6.5}$$

表 6-7 中第（1）栏与第（5）、（6）、（7）栏分别表示出产量 Q 与平均固定成本（AFC）、平均变动成本（AVC）和短期平均成本（SAC）之间的关系，根据它们之间的关系，可分别画出 AFC、AVC 及 SAC 曲线（见图 6-2）。

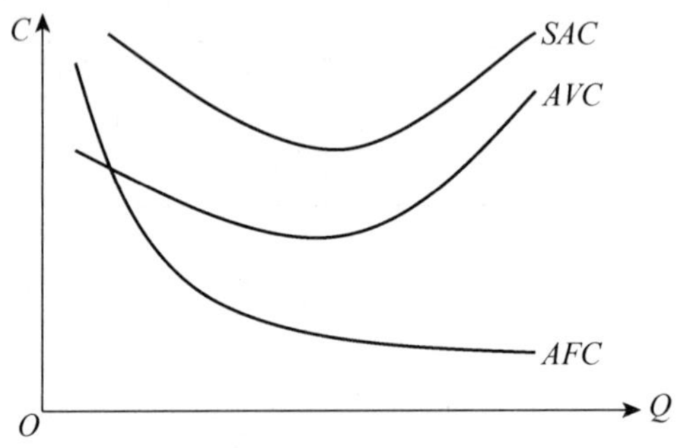

图 6-2 平均成本曲线

平均固定成本（AFC）曲线是一条随产量不断增加而不断下降的双曲线。

平均变动成本（AVC）曲线呈“U”形。它表明，最初随着产量的增加，生产要素的效率得到充分发挥，平均变动成本不断下降，但下降到一定程度之后，由于边际收益递减规律的作用，AVC 随着产量的增加而增加。AVC 曲线的最低点与上章平均产量曲线的最高点相对应。

短期平均成本（SAC）是 AFC 和 AVC 之和，其曲线也呈“U”形。表明开始时 SAC 随着产量的增加而减少，减少到一定程度后，又随着产量的增加而增加。SAC 曲线是 AVC 曲线与 AFC 曲线共同作用的结果，从图 6-2 中可以看出，最初 AFC 曲线和 AVC 曲线都下降，因而二者之和的 SAC 曲线必然下降，但当下降到一定程度后，AVC 上升的幅度大于 AFC 下降的幅度，使得 SAC 曲线转为上升。这里还应注意到，AVC 曲线比 SAC 曲线先上升，这是因为当平均变动成本曲线开始上升时，总固定成本对平均成本的影响仍然大于平均变动成本，即此时单位产品成本中所含的固定要素的成本分摊额的比例仍然大于可变要素的成本分摊额，所以平均成本受平均固定成本的作用而下降。如果生产进行到一定程度，固定要素发挥了充分的效用，这时平均成本将随着平均变动成本的上升而上升。由以上分析可见，短期平均成本曲线呈“U”形是由于 AVC 曲线形状的影响，而 AVC 呈“U”形是由于边际收益递减规律的作用，所以，SAC 曲线呈“U”形也是由于边际收益递减规律作用的结果。

(三) 短期边际成本 (*SMC*)

短期边际成本（*SMC*）是指企业在短期内每增加一单位产品所增加的成本。

$$\text{短期边际成本}=\frac{\text{短期总成本的增量}}{\text{总产量的增量}}$$

即：

$$SMC=\frac{\Delta STC}{\Delta Q} \tag{6.6}$$

或 $$SMC=\lim_{\Delta Q\to 0}\frac{\Delta STC}{\Delta Q}=\frac{\mathrm{d}STC}{\mathrm{d}Q} \tag{6.7}$$

短期边际成本曲线（*SMC*）也呈“U”形（见图 6－3），即边际成本曲线是一条先下降后上升的曲线，这同样是由于边际收益递减规律作用的结果。

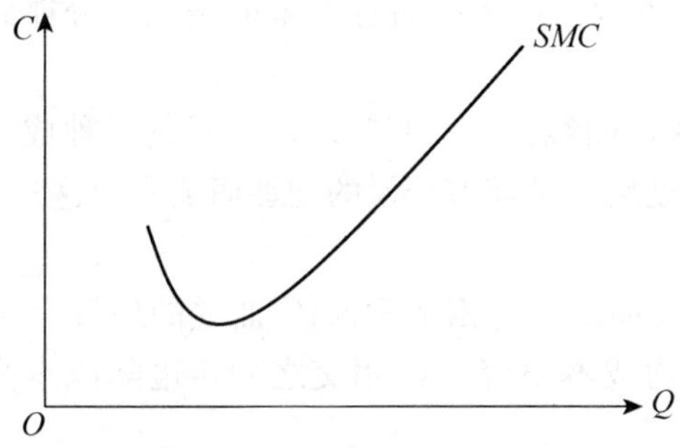

图 6－3　短期边际成本曲线

由于边际成本是每增加一个单位产量所增加的总成本，因此边际成本的变动取决于总成本的变动。又由于在短期内固定成本不随产量的变动而变动，所以短期边际成本不受固定成本的影响，也就是说，短期边际成本也可表示为增加一个单位产量所增加的变动成本。从以下的公式可以看出这一点：

$$SMC=\frac{\Delta STC}{\Delta Q}=\frac{\Delta TFC+\Delta TVC}{\Delta Q}$$

因为：

$$\Delta TFC=0$$

所以：

$$SMC=\frac{\Delta TVC}{\Delta Q} \tag{6.8}$$

小思考

举例说明边际成本的含义，在短期内，边际成本与固定成本无关，那么，在长期中这个结论依然成立吗？

(四) *SAC* 曲线与 *SMC* 曲线之间的关系

现在通过图 6-4 来说明 *SAC* 曲线与 *SMC* 曲线之间的关系。

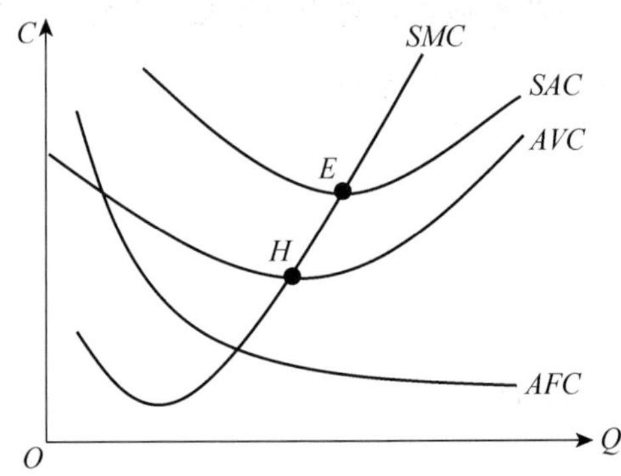

图 6-4　短期成本曲线

(1) *AFC* 一直向右下方倾斜，表明随着产量的增加，分摊到每件产品中的固定费用减少。

(2) *AVC*、*SAC*、*SMC* 曲线都呈“U”形，表明这三种成本最初都随着产量的增加而下降，当下降到一定程度后，又随着产量的增加而上升。这是边际收益递减规律作用的结果。

(3) *SMC* 曲线与 *SAC* 曲线一定相交于 *SAC* 曲线的最低点（*E* 点）。在相交之前，边际成本低于平均成本，平均成本下降；在相交之后，边际成本高于平均成本，平均成本上升。

SMC 与 *SAC* 之间的关系，还可通过数学方法加以证明：

因为：

$$AC=\frac{TC}{Q}$$

$$MC=\frac{dTC}{dQ}$$

要使 *AC* 取最小值，其必要条件是：$\frac{\mathrm{d}AC}{\mathrm{d}Q}=0$，而：

$$\frac{\mathrm{d}AC}{\mathrm{d}Q}=\frac{\mathrm{d}}{\mathrm{d}Q}\left(\frac{TC}{Q}\right)=\left(Q\frac{\mathrm{d}TC}{\mathrm{d}Q}-TC\frac{\mathrm{d}Q}{\mathrm{d}Q}\right)\Big/Q^2=\frac{1}{Q}\left(\frac{\mathrm{d}TC}{\mathrm{d}Q}-\frac{TC}{Q}\right)=\frac{1}{Q}(MC-AC)$$

所以，要使$\frac{\mathrm{d}AC}{\mathrm{d}Q}=0$，则必须使$\frac{1}{Q}(MC-AC)=0$，即 $MC=AC$。

所以，当 $MC=AC$ 时，*AC* 有最小值（*AC* 有最小值的充分条件 $d^2AC/dQ^2>0$ 的证明从略）。

(4) *SMC* 曲线与 *AVC* 曲线相交于 *AVC* 曲线的最低点（*H* 点）。此种关系也可通过上述相类似的数学方法加以证明，在此从略。

在图 6-4 中，*SMC* 曲线与 *SAC* 曲线的交点（*E* 点）称为盈亏平衡点，表明在短期内，若企业的产量小于该点所对应的产量，或市场价格低于平均成本，则企业将会亏损；

若企业的产量大于该点所对应的产量，或市场价格高于平均成本，则企业将会盈利；在 E 点，企业盈亏平衡。

小思考

为什么 AVC、SAC、SMC 曲线都呈“U”形的原因是由于边际收益递减规律作用的结果？请进行相关的定性解释，并从下面的内容中找出定量的证明答案。

在图 6－4 中，SMC 曲线与 AVC 曲线的交点（H 点）称为停止营业点或生产关闭点。当企业在短期内其生产经营处于亏损状态，是否停产就由停止营业点所决定。停止营业点表明，若企业的产量小于该点所对应的产量，或市场价格低于平均变动成本，则企业应该停止生产或交易；若企业的产量大于该点所对应的产量，或市场价格高于平均变动成本，虽然亏损，但企业应该继续生产或接受交易；而在停止营业点上，生产与停产企业所遭受的亏损额一样。

【例题 6－2】某公司短期总成本函数为：$STC=200+50Q$，请计算：该公司的总固定成本（TFC）；该公司生产 100 单位产品时的短期平均成本（SAC）；该公司短期生产的边际成本（SMC）。

解：由 STC 函数可知：

$$TFC=200$$

$$SAC=\frac{STC}{Q}=\frac{200}{Q}+50=\frac{200}{100}+50=52$$

$$SMC=\frac{dSTC}{dQ}=50$$

由以上计算可得答案：该公司的总固定成本为 200，该公司生产 100 单位产品时的短期平均成本为 52，该公司短期生产的边际成本为 50。

（五）短期成本函数与生产函数之间的关系

由以上对短期成本函数与曲线的分析可见，短期成本函数和曲线的变化规律与边际收益递减规律密切相关，而边际收益递减规律是通过生产函数表现的。在此将第 5 章已经提出的短期生产函数（即只有一种生产要素的投入量变动）和短期成本函数之间的关系进行进一步的分析。

短期生产函数为：

$$Q=f(L,\bar{K})$$

短期成本函数为：

$$TC(Q)=TVC(Q)+TFC \tag{6.9}$$

$$TVC(Q)=P_L\cdot L(Q) \tag{6.10}$$

式中：L 为变动生产要素；P_L 为变动生产要素 L 的价格，并假定该价格是既定的。

1. 边际产量和边际成本的关系

由式（6.9）可得：

$$MC=\frac{\mathrm{d}TC}{\mathrm{d}Q}=\frac{\mathrm{d}TVC}{\mathrm{d}Q}+\frac{\mathrm{d}TFC}{\mathrm{d}Q} \tag{6.11}$$

根据式（6.10），得：

$$\frac{\mathrm{d}TVC}{\mathrm{d}Q}=P_L\cdot\frac{\mathrm{d}L}{\mathrm{d}Q}$$

因为 TFC 是一个常数，于是有：

$$\frac{dTFC}{dQ}=0$$

所以，（6.11）式可以写为：

$$MC=\frac{\mathrm{d}TC}{\mathrm{d}Q}=P_L\cdot\frac{\mathrm{d}L}{\mathrm{d}Q}$$

$$MC=P_L\cdot\frac{1}{MP_L} \tag{6.12}$$

由此可得以下结论：由于边际收益递减规律的作用，可变要素的边际产量 MP_L 是先上升，达到最高点后再下降，所以，边际成本 MC 是先下降，达到一个最低点以后再上升；当 MP_L 达到最高时，对应的 MC 达到最低。短期生产函数与短期成本函数之间的关系见图 6－5。

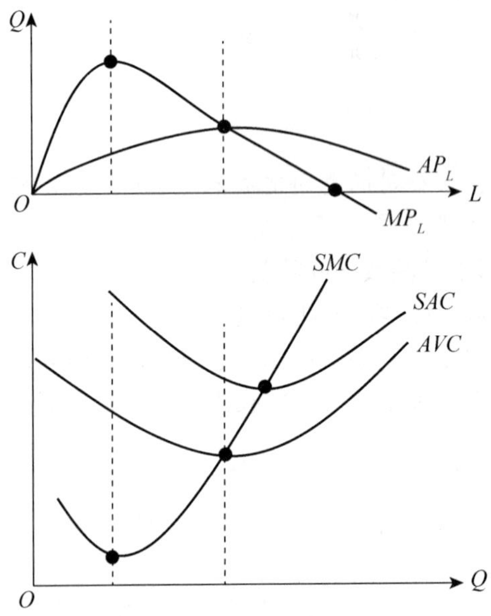

图 6－5　短期生产函数与短期成本函数之间的关系

2. 平均产量和平均变动成本的关系

根据式（6.10）有：

$$AVC=\frac{TVC}{Q}=P_L\cdot\frac{L}{Q}=P_L\cdot\frac{1}{AP_L} \tag{6.13}$$

由此可得以下结论：

（1）可变生产要素的平均产量 AP_L 和平均变动成本 AVC 之间存在对应关系。当 AP_L 上升时 AVC 下降；当 AP_L 下降时 AVC 上升；当 AP_L 达到最高时 AVC 处于最低点。

（2）由于 MC 曲线与 AVC 曲线相交于 AVC 曲线的最低点，MP_L 曲线与 AP_L 曲线相交于 AP_L 曲线的最高点，所以，MC 曲线与 AVC 曲线的交点与 MP_L 曲线与 AP_L 曲线的交点是对应的，如图 6－5 所示。

6.2.2　长期成本分析

长期成本函数和短期成本函数有着密切的关系。在长期，企业可以根据需求的预测和现行的技术与生产方法选择工厂规模、设备类型、各种劳动技能和原材料，并使各个生产要素达到最佳配合，从而使成本达到最低水平。一旦工厂已经建立，生产特定产量的投入要素最佳组合已经选定，便处于短期状态。在长期状态中，企业可以改变所有的生产要素，即可以对生产规模做出调整，在整个生产过程中，一切生产要素都是可变的，因此其成本最大的特点就是没有固定成本和变动成本之分，一切成本都是可变的。这样，在长期成本函数中，只有长期总成本、长期平均成本与长期边际成本三个成本概念。

（一）长期总成本（*LTC*）

在长期内对企业全部生产要素投入量的调整就意味着对企业的生产规模的调整。也就是说，从长期看，企业总是可以在每一个产量水平上选择最优的生产规模进行生产。长期总成本是指企业在长期中调整生产规模，生产各种产量所需的最低成本点的轨迹。如果在各种产量水平下，企业都以最优生产规模来进行生产，则企业为此所支付的总成本便是长期总成本。相应地，长期总成本函数可写成以下形式：

$$LTC=LTC(Q) \tag{6.14}$$

根据对长期总成本函数的定义，可以由短期总成本曲线出发，推导长期总成本曲线。

在图 6－6 中，有三条短期总成本曲线 STC_1、STC_2 和 STC_3，它们分别代表企业三个不同的生产规模。这三条短期总成本曲线在纵轴上的截距代表企业在三个不同生产规模下的固定成本水平，由图可知，STC_1 曲线所表示的总固定成本小于 STC_2 曲线，STC_2 曲线所表示的总固定成本又小于 STC_3 曲线，而总固定成本的多少（如厂房、机器设备等）往往可以代表生产规模的大小。因此，从三条短期总成本曲线所代表的生产规模看，STC_1 曲线最小，STC_2 曲线居中，STC_3 曲线最大。

假定企业目前期望生产的产量为 Q_2，那么应该如何调整生产要素的投入量以降低总成本呢？在短期内，企业如果正处于 STC_1 曲线所代表的生产规模状态下，则企业为了生产产量 Q_2 将要付出的总成本为 C_1；如果正处于 STC_3 曲线所代表的生产规模状态下，则为了生产产量 Q_2 将要付出的总成本为 C_3。由于是短期，企业无力调整生产规模，因此要付出较高的成本。但在长期，情况就会发生变化。企业在长期内可以变动全部的要素投入量，选择最优的生产规模，于是，必然会选择 STC_2 曲线所代表的生产规模进行生产，从而将总成本降低到所能达到的最低水平 C_2，即是在 STC_2 曲线上的 R 点进行生产。类似

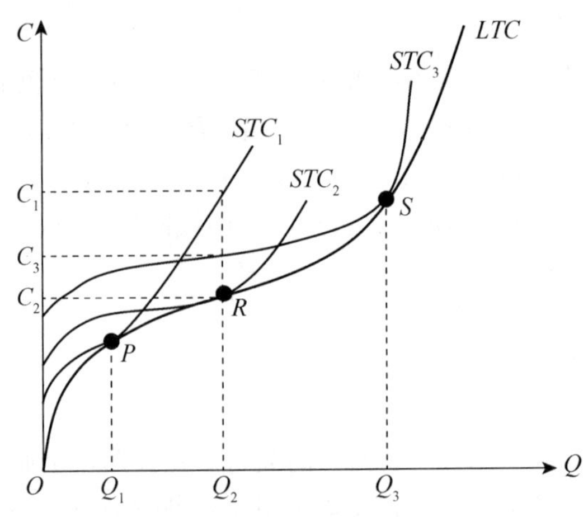

图 6-6　长期总成本曲线

的，在长期内，企业会选择 STC_1 曲线所代表的生产规模，在 P 点上生产 Q_1 的产量；选择 STC_3 曲线所代表的生产规模，在 S 点上生产 Q_3 的产量。这样，企业就都实现了既定产量下的最低总成本。

虽然在图中只有三条短期总成本曲线，但在理论分析上可以假定有无数条短期总成本曲线。这样一来，企业可以在任何一个产量水平上，都找到相应的一个最优的生产规模，都可以把总成本降到最低水平。也就是说，可以找到无数个类似于 P、R 和 S 的点，这些点的轨迹就形成了图中的长期总成本 LTC 曲线。显然，长期总成本曲线是无数条短期总成本曲线的包络线。在这条包络线上，在连续变化的每一个产量水平上，都存在着 LTC 曲线和一条 STC 曲线的相切点，该 STC 曲线所代表的生产规模就是生产该产量的最优生产规模，该切点所对应的总成本就是生产该产量的最低总成本。所以，LTC 曲线表示长期内企业在每一产量水平上由最优生产规模所带来的最小生产总成本。

从长期总成本曲线与短期总成本曲线的关系来看，由于在短期内企业无法调整固定要素，即无法使要素组合达到最优，机器设备等固定要素常出现过剩或不足。而长期内企业可以根据需要进行全面调整，使要素的组合达到最优状态，即任一产量所对应的长期总成本都是最优要素组合下的最低成本。所以，对于既定固定投入的短期生产来说，只有在最佳的产量水平下，短期总成本才等于长期总成本，而在其他产量水平下，短期总成本总是高于长期总成本。

长期总成本 LTC 曲线是从原点出发向右上方倾斜的。它表示：当产量为零时，长期总成本为零，以后随着产量的增加，长期总成本是增加的。而且，长期总成本 LTC 曲线的斜率先递减，经拐点之后，又变为递增。

（二）长期平均成本（LAC）

长期平均成本是单位产量所分摊的长期总成本。长期平均成本函数可以写为：

$$LAC(Q)=\frac{LTC(Q)}{Q} \tag{6.15}$$

显然，长期平均成本也是生产各种产量所需的最低平均成本点的轨迹。

长期平均成本（LAC）与短期平均成本（SAC）之间的关系可用图 6-7 说明。图中，

SAC_1、SAC_2、SAC_3分别代表企业三种不同规模下的短期平均成本曲线，假定企业在第一种规模下生产 Q_1产量，短期平均成本曲线为 SAC_1，所以生产 Q_1产量的平均成本为 C_1。现在企业想扩大产量到 Q_2，在短期，在第一种规模下，有些投入要素是固定的，无法调整，因此其平均成本为 C_2。但在长期，可以根据需要及所要达到的产量进行全面调整，这样企业就能建立一座第二种规模的工厂，其平均成本函数为 SAC_2，生产 Q_2产量的平均成本只有 C_2'。如果企业期望产量能达到 Q_3，则应该建立一座第三种规模的工厂。由此可见，在短期固定不变的生产投入要素与成本情况，在长期则可能是可变的，以达到更为有效的资源配置。

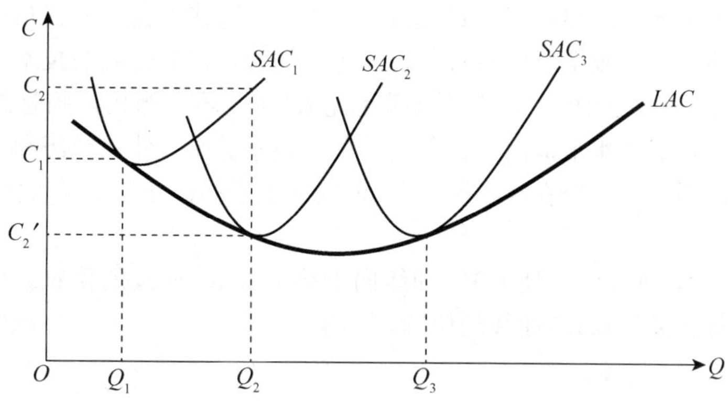

图 6－7　长期平均成本曲线

以上假定可供选择的规模只有三种。若假定规模可以无限细分，便有无穷多条短期平均成本曲线，对应于每一个产量，都有一个最佳的短期平均成本点，把所有这些点用一条平滑的曲线连接起来，就是该企业的长期平均成本曲线，见图 6－7 中粗线所表示的曲线。所以长期平均成本曲线就是一条与无数条短期平均成本曲线相切的包络线。在这条包络线上，在连续变化的每一产量水平，都存在 *LAC* 曲线和一条 *SAC* 曲线的相切点，该 *SAC* 曲线所代表的生产规模就是生产该产量的最优生产规模，该切点所对应的平均成本就是相应的最低平均成本。*LAC* 曲线表示企业在长期内在每一产量水平上可以实现的最小的平均成本。

从图 6－7 还可以看出，生产任何已知产量水平的长期平均成本，一般说来并不出现在短期平均成本曲线的最低点，只有在 *LAC* 曲线的最低成本点上，长期平均成本等于最低的短期平均成本。在 *LAC* 的递减阶段，*LAC* 曲线与 *SAC* 曲线最低点的左侧相切；在 *LAC* 的递增阶段，*LAC* 曲线与 *SAC* 曲线最低点的右侧相切；只有在 *LAC* 曲线的最低点，*LAC* 曲线才与 *SAC* 曲线最低点相切。由此可见，长期平均成本曲线呈“U”形。长期平均成本曲线的形状与位置分别由规模内在经济和外在经济所决定。

(1) 长期平均成本曲线呈先降后升的“U”形特征是由于规模经济规律作用的结果。在企业生产扩张的开始阶段，由于规模经济的存在，随着生产规模的扩大，呈现规模收益递增，长期平均成本下降。当生产扩张到一定的规模，规模经济消失，生产处于规模收益不变阶段，即随着规模的扩大，长期平均成本将在一定范围内保持不变。当生产规模进一步扩大，企业将可能出现规模不经济，即随着生产规模的扩大，规模收益递减，长期平均成本上升。规模经济和规模不经济都是由企业变动自己的企业生产规模所引起的，因此，它们也被称为规模内在经济和规模内在不经济。根据长期平均成本曲线，企业可以确定最佳的生产规模。

长期平均成本曲线和短期平均成本曲线都呈先降后升的"U"形特征。但是，两者形成"U"形的原因各不相同。短期平均成本曲线呈"U"形的原因是短期生产的边际收益递减规律的作用，而长期平均成本曲线呈"U"形的原因是长期生产中的规模经济规律的作用。

（2）长期平均成本曲线的位置由外在经济和外在不经济所决定。外在经济是由于企业的生产经营活动所依赖的外界环境得到改善而产生的。这些外在环境包括：资源价格、技术变革、国家税收或补贴政策、政府管制行为等。例如，整个行业的技术水平发展使行业内的单个企业受益。企业的生产经营活动所依赖的外界环境恶化，则是外在不经济。例如，整个行业的生产成本水平提高使行业内的单个企业受损。外在经济和外在不经济是由企业以外的因素所引起的。外在经济使 LAC 曲线向下平移；外在不经济使 LAC 曲线向上平移。

如图 6－8 所示，外在经济使 LAC_1 曲线向下移至 LAC_2 曲线的位置。反之，外在不经济使 LAC_2 曲线向上移至 LAC_1 曲线的位置。

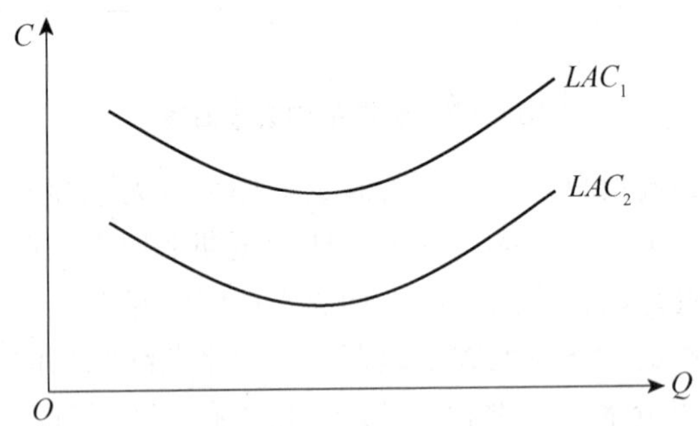

图 6－8　长期平均成本曲线位置的变化

案例评析

家电企业缘何扎堆合肥

2007 年 11 月 27 日人民网报道：失去一棵大树却拥有了整个森林。用这句话来形容合肥家电业目前的状况最恰当不过。合肥家电产业曾以"美菱"和"荣事达"两大家电品牌而扬名，亦因两品牌遭遇发展阵痛而步入低谷。

然而时至今日，据合肥市有关部门资料显示，从 20 世纪 90 年代起，全国和世界知名家电企业如海尔、长虹、美的、格力、美菱、荣事达、三洋、华凌、天鹅、日立、西门子等相继入驻合肥，形成了集家电研发、生产、销售、物流及相关配套为一体的较为完善的产业链和产业集群。

经过多年的苦心经营，合肥已成为全国家电产品种类、品牌集中度最高的区域，并形成了以白色家电为雄厚基础，以黑色家电为增量重点，并在品牌经营的模式下，带动小家

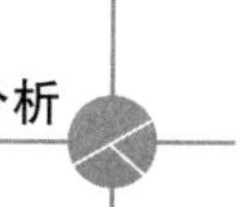

电产业规模发展的格局。在各大家电品牌不约而同做出入驻合肥的决策之后，又无一例外地将合肥打造成为继总部之后的“第二大基地”，从而让这些企业在行业内的领军地位更加稳固。究其根源就在于，区域内正在形成日渐完整的家电产业链。以合肥为例，冰箱、洗衣机、空调、彩电、微波炉70%以上的本地配套率，以及正在建设中的年产120万片液晶面板和150万片大尺寸等离子面板的平板显示基地，都使合肥成为各大企业眼中的发展“宝地”。与此同时，合肥家电行业也形成了一支20多万人的家电业从业人员队伍，专业技术人才约占20%，并且有70多所职业学校为家电业培养技术工人，造就独特的家电人才库。

2016年4月14日合肥日报讯：尽管2015年是公认的家电冷年，但是有着“中国家电之城”美誉的合肥却在这股寒流中递上了一份不错的成绩单。2015年合肥市家电“四大件”产量再次突破6 000万台，达6 086.6万台，同比增长12.6%。冰箱、洗衣机、空调产量一直稳居千万级水平，分别生产2 550.1万台、1 584.6万台、1 177万台；全年彩电产量达696.8万台，同比增长206.9%，创历史新高。合肥已发展成为全国最大的家电产业基地、国内家电品牌最为集中的地区。

众多知名家电企业相继进驻合肥投资建厂，使之形成家电生产的完整的生产、销售、研发、物流等生产服务配套网络，由此，会对各家电企业产生良好的外在经济性，即各家电企业可以利用该共享网络中的技术资源、人力资源和其他配套设施、资源，从而可以共同降低成本、共同受益，使长期平均成本曲线下移。由此，也可以说明为何要建立经济开发区以及为何众多企业愿意进入经济开发区，因为经济开发区的建立，可以使开发区内的所有企业享有外在经济带来的好处。

需要指出的是，关于*LAC*曲线的形状，近些年来的经验性的研究结果表明，在大多数行业的生产过程中，企业在得到全部规模内在经济之后，规模内在不经济的情况往往要在很高的产量水平上才会出现。这也就是说，下降的*LAC*曲线需要经历很大范围的产量变化以后，才会转变成上升的*LAC*曲线（如图6-9所示）。*LAC*曲线的这种形状被称为“L”形，在这种情况下，企业往往可以据此确定最小最优生产规模（minimum efficient scale，MES），图6-9中的Q^*就为最小最优生产规模。

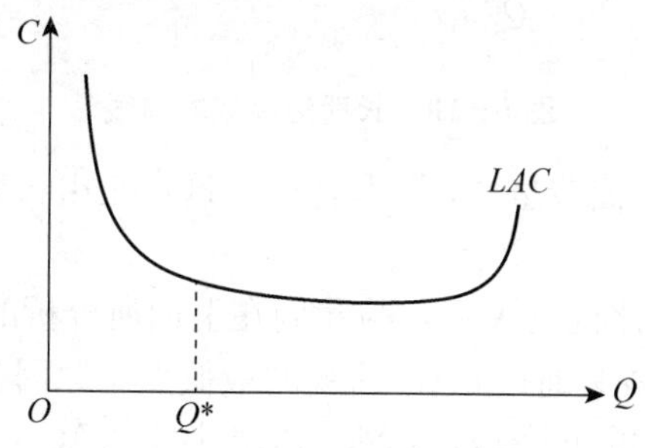

图6-9 “L”形的长期平均成本曲线

一般来说，相对于行业总需求，*MES*较低时，意味着该行业进入壁垒较低，所以行业内竞争比较激烈。当相对于行业总需求*MES*较高时，意味着该行业进入壁垒较高，限制了潜在竞争对手的进入，所以行业内的竞争就不那么激烈。当然，在分析*MES*对竞争的影响时，必须考虑行业的规模，某些行业很大，足以容纳为数众多的有效竞争者，这时尽管 MES 的绝对量较大，但相对量却较小，因此行业内依然会允许激烈的竞争存在。

（三）长期边际成本（LMC）

长期边际成本是指当企业有足够的时间根据生产产量调整其固定要素时，每增加一个单位的产量所增加的总成本。

即 $$LMC=\frac{\Delta LTC}{\Delta Q} \tag{6.16}$$

当 LTC 为连续的函数时，有：

$$LMC=\frac{dLTC}{dQ} \tag{6.17}$$

在连续变化的每一个产量水平上，都存在着长期边际成本 LMC 曲线和一条短期边际成本 SMC 曲线的相交点，如图 6－10 中的 P、R、S 点。该 SMC 曲线所代表的生产规模就是生产该产量的最优生产规模，该交点所对应的边际成本就是生产该产量的最低边际成本。在生产规模可以无限细分的条件下，可以得到无数个类似于 P、R 和 S 点，将这些点连接起来便得到一条光滑的长期边际成本 LMC 曲线。另外，与长期总成本曲线和长期平均成本曲线不同，长期边际成本不是短期边际成本的包络线。

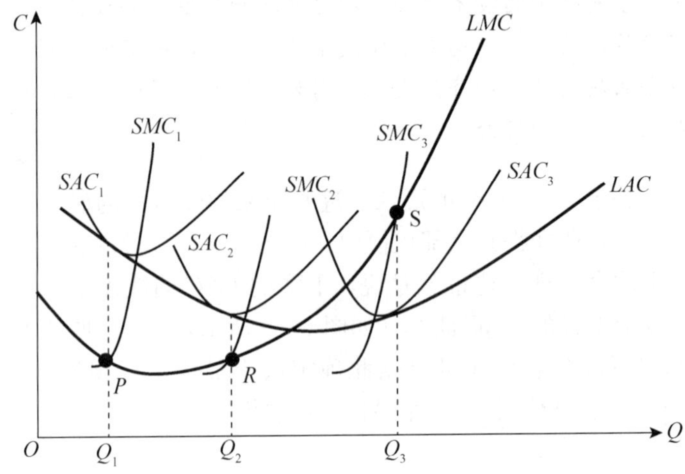

图 6－10　长期边际成本曲线

由图 6－10 可见，LMC 曲线呈“U”形特征，这也是由长期生产中的规模经济和规模不经济所决定。

LAC 曲线与 LMC 曲线之间的关系，与我们在上面所分析的 SAC 曲线与 SMC 曲线之间的关系相同，即 LMC 曲线必通过 LAC 曲线的最低点。原因在于：根据边际产量和平均产量的关系，在 LAC 曲线的下降段，LMC 必定小于 LAC，LMC 在 LAC 的下方；在 LAC 曲线的上升段，LMC 必定大于 LAC，LMC 在 LAC 的上方。由于 LAC 曲线呈“U”形，所以 LMC 曲线也必然呈“U”形，而且两者必然相交于 LAC 曲线的最低点。

其数学关系为：

$$\frac{dLAC}{dQ}=\frac{d}{dQ}\left(\frac{LTC}{Q}\right)=\frac{LTC'Q-LTC}{Q^2}=\frac{1}{Q}\left(LTC'-\frac{LTC}{Q}\right)=\frac{1}{Q}(LMC-LAC)$$

由上式可见，由于$Q>0$，所以，当$LMC<LAC$时，LAC曲线的斜率$\frac{dLAC}{dQ}$为负，LAC曲线是下降的；当$LMC>LAC$时，LAC曲线的斜率$\frac{dLAC}{dQ}$为正，LAC曲线是上升的；当$LMC=LAC$时，LAC曲线的斜率$\frac{dLAC}{dQ}$为零，LAC曲线达到极小值。

长期成本函数是供企业制定生产规模规划用的，若长期成本函数确定，企业可由此分析企业的规模经济性，确定最适当的生产规模范围。

【例题6－3】假定某企业的短期成本曲线为$TC=100+Q$，试问：

(1) 短期边际成本函数是什么？它说明了什么？

(2) 假定该产业中所有企业的成本函数都是$TC=100+Q$，而且产品的市场需求量为1 000，这时在一个占有40%市场的企业与一个占有20%的市场的企业之间，哪一个企业在成本上占有优势？

(3) 从长期角度看，该企业规模为规模经济还是规模不经济？为什么？

(4) 有人认为该企业产量水平越高，企业的利润也越高，这种想法正确吗？

解：(1) $SMC=\frac{dTC}{dQ}=1$，说明该企业的边际成本函数为常数1，即产量每增加1单位，成本也增加1单位。

(2) 由成本函数，可以求得企业的平均成本函数为$AC=TC/Q=(100/Q)+1$。

因为A企业的市场占有率为40%，A企业的市场需求量为$Q_A=1\,000\times 40\%=400$，所以可求得A企业的平均成本为$AC_A=(100/400)+1=1.25$。

因为B企业的市场占有率为20%，B企业的市场需求量为：$Q_B=1\,000\times 20\%=200$，所以可求得B企业的平均成本为$AC_B=(100/200)+1=1.5$。

由此可知，A企业的平均成本低于B企业，因此A企业在成本上占有优势。

(3) 因为$AC=TC/Q=(100/Q)+1$，由该平均成本函数可知，随着产量Q的增加，该企业的平均成本不断下降，所以该企业的规模为规模经济。

(4) 虽然随着产量的增加，企业的平均成本不断下降，但如果增加的产量无法销售出去，企业的利润也不会增加。

6.3　成本函数估计

从以上的分析我们已经了解，在日常经营决策中，短期成本是一项十分重要的考虑因素，企业只有当增加产量的边际收益大于边际成本时，增加产量才能创造利润，否则就应该减少产量。长期成本为企业选择最优生产规模提供了重要信息。如果某行业规模经济很重要，那么，通过建立一个大型企业，并将产品运送到各地市场就是企业的最优选择，否则建立小型的地方性企业可能就是最优选择。然而，企业要进行以上成本分析，其前提条件就是必须准确估计出企业的成本函数。如何估计成本函数呢？这正是本节要讨论的内容。

6.3.1 短期成本函数的估计

短期成本函数的估计有两种方式：一是由生产函数推导出成本函数；二是用统计方法进行估计。

（一）从生产函数推导成本函数

企业的生产函数与成本函数存在紧密的联系。生产函数反映的是生产要素投入量与产出量之间的关系；成本函数反映的是生产成本与产出量之间的关系，而各种生产要素投入量的价值总和就是企业的生产成本。因此，利用企业的生产函数，结合各种投入生产要素的价格，就可以推导出企业的成本函数。

例如，假定某企业的生产函数为柯布-道格拉斯生产函数，即：

$$Q=AL^{\alpha}K^{\beta}$$

要素 K 与 L 的价格分别为 P_K、P_L，并在短期内保持不变，于是，成本函数为：

$$C(L,K)=P_LL+P_KK \tag{6.18}$$

因为短期成本实际上是指给定规模下的最低成本，所以短期成本函数的估计，就可以转化为在给定产出量条件下，确定最低成本的问题。这样，在满足柯布-道格拉斯生产函数条件下，成本函数 $C(L,K)$ 的最小值即为短期成本函数。为此，引入拉格朗日函数：

$$F(L,K,\lambda)=P_LL+P_KK+\lambda(Q-AL^{\alpha}K^{\beta}) \tag{6.19}$$

分别求上式对 L、K、λ 的偏导数并令其等于零，得到如下方程组：

$$\begin{cases}\dfrac{\partial F}{\partial L}=P_L-\lambda A\alpha L^{\alpha-1}K^{\beta}=0\\ \dfrac{\partial F}{\partial K}=P_K-\lambda A\beta L^{\alpha}K^{\beta-1}=0\\ \dfrac{\partial F}{\partial \lambda}=Q-AL^{\alpha}K^{\beta}=0\end{cases} \tag{6.20}$$

解（6.20）方程组，求解出 L 与 K，或者直接根据第 5 章生产要素最佳组合原则：$\dfrac{MP_L}{P_L}=\dfrac{MP_K}{P_K}$求解出 L 与 K：

$$\begin{cases}L=A^{-\frac{1}{\alpha+\beta}}\times\left(\dfrac{\beta P_L}{\alpha P_K}\right)^{-\frac{\beta}{\alpha+\beta}}\times Q^{\frac{1}{\alpha+\beta}}\\ K=A^{-\frac{1}{\alpha+\beta}}\times\left(\dfrac{\beta P_L}{\alpha P_K}\right)^{\frac{\alpha}{\alpha+\beta}}\times Q^{\frac{1}{\alpha+\beta}}\end{cases} \tag{6.21}$$

将（6.21）代入成本函数（6.19），即得到短期成本函数：

$$C(Q)=P_LA^{-\frac{1}{\alpha+\beta}}\left(\frac{\beta P_L}{\alpha P_K}\right)^{-\frac{\beta}{\alpha+\beta}}\times Q^{\frac{1}{\alpha+\beta}}+P_KA^{-\frac{1}{\alpha+\beta}}\left(\frac{\beta P_L}{\alpha P_K}\right)^{\frac{\alpha}{\alpha+\beta}}\times Q^{\frac{1}{\alpha+\beta}} \tag{6.22}$$

据此我们可以进一步求出平均成本函数和边际成本函数，并进行相应的成本分析。

【例题 6-4】 令某企业的生产函数为 $Q=\sqrt{KL}$，已知 K 为固定要素，且 $K=4$，生产过程中 K 要素耗费的总成本为 100，L 的价格为 10。求该企业生产 Q 的总成本函数、平均成本函数和边际成本函数。

解： 已知 K 要素耗费的总成本为 100，且 $K=4$，即：

$$KP_K=100,\ 4P_K=100$$

那么 $P_K=25$

由生产函数 $Q=\sqrt{KL}$ 得：

$$MP_L=\frac{1}{2}K^{1/2}L^{-1/2}$$

$$MP_K=\frac{1}{2}L^{1/2}K^{-1/2}$$

根据生产者均衡条件 $\frac{MP_L}{P_L}=\frac{MP_K}{P_K}$ 可得：

$$\frac{\frac{1}{2}K^{\frac{1}{2}}L^{-\frac{1}{2}}}{\frac{1}{2}L^{\frac{1}{2}}K^{-\frac{1}{2}}}=\frac{10}{25}$$

$$\frac{K}{L}=\frac{2}{5}$$

即 $K=\frac{2}{5}L$

代入生产函数 $Q=\sqrt{KL}$ 得：

$$Q=\sqrt{\frac{2}{5}L^2}=\sqrt{\frac{2}{5}}\cdot L$$

得 L 的投入函数：$L=\sqrt{\frac{5}{2}}Q=\frac{\sqrt{10}}{2}Q$

得总成本函数为：$TC=KP_K+LP_L=100+10L=100+5\sqrt{10}Q$

平均成本函数为：$AC=\frac{TC}{Q}=5\sqrt{10}+\frac{100}{Q}$

边际成本函数为：$MC=\frac{\mathrm{d}TC}{\mathrm{d}Q}=\frac{\mathrm{d}}{\mathrm{d}Q}(100+5\sqrt{10}Q)=5\sqrt{10}$

（二）短期成本函数的统计估计

进行短期成本的统计估计，一般只估计全部变动成本函数，而不是估计总成本函数。这是因为在短期，固定成本不随产量变化而变化，所以它的大小不会影响短期决策。

估计短期成本函数的统计方法主要有简单外推法和回归分析法。

1. 简单外推法

外推是指根据基本数据内部的内在联系推测基本数据外部其他数据的值。简单外推法是成本估计的最简便方法，使用这种方法就是假定边际成本和平均变动成本在一定产量范围内保持不变，以这个假定为基础，根据目前的边际成本和平均变动成本，来推测其他产量水平上的边际成本和平均成本的值。需要指出的是，边际成本和平均变动成本在一定产量范围内保持不变这个假设并不是很精确，因此，用简单外推法来估计成本函数，其结果只能是近似值。

2. 回归分析法

回归分析法是常用的估计短期成本函数的方法，在使用该方法时，需要注意以下问题：

（1）成本数据的收集和整理。第一，由于估计短期成本函数只是估计变动成本，所以需要把成本区分为固定成本和可变成本；第二，调整投入的生产要素价格，需要使用当期的要素价格对成本数据进行调整；第三，应该收集时间序列成本数据，并且由于短期成本函数是指企业规模不变、技术水平不变条件下，成本和产量之间的关系，为此收集成本数据的观察期不宜太长。有的经济学家认为，总观察期定为2～3年，每月观察一次，共取24～36个观察值来估计成本函数是比较适中的。

（2）成本函数形式的选择。成本数据经过收集、整理之后，就需要确定与数据相拟合的成本函数形式。通常可以有以下三种形式：

第一种：线性方程。

$$TVC=a+bQ \tag{6.23}$$

$$AVC=\frac{TVC}{Q}=\frac{a}{Q}+b \tag{6.24}$$

$$MC=\frac{\mathrm{d}TVC}{\mathrm{d}Q}=b \tag{6.25}$$

以上公式中，a、b 为参数。

由以上公式可以看出，当企业产量 Q 相当大时，$AVC\approx MC=b$。这种成本函数的特点是：MC 是常数。

第二种：二次方程。

$$TVC=a+bQ+cQ^2 \tag{6.26}$$

$$AVC=\frac{a}{Q}+b+cQ \tag{6.27}$$

$$MC=b+2cQ \tag{6.28}$$

这种成本函数的特点是：MC 曲线是一条倾斜的直线。

第三种：三次方程。

$$TVC=a+bQ-cQ^2+dQ^3 \tag{6.29}$$

$$AVC=\frac{a}{Q}+b-cQ+dQ^2 \tag{6.30}$$

$$MC=b-2cQ+3dQ^2 \tag{6.31}$$

这种成本函数的特点是：MC 曲线是一条"U"形曲线。

在实际中，一般分别用上述几种方程去拟合成本数据，然后用统计方法检验估计结果，从中选择最合适的函数形式。

6.3.2　长期成本函数的估计

在长期中，企业所有的成本都是可变的，因此，估计长期成本函数就要估计全部成本。估计长期成本函数主要有以下两种方法，具体使用哪种方法要取决于所掌握的成本资料。

（一）回归分析法

用回归分析法估计长期成本函数需要注意以下问题：

（1）收集的成本数据应该是截面数据，即在同一特定时点上，各个不同规模工厂的成本数据。之所以不能使用时间序列数据：一是因为一家工厂规模的变化很少有大到足以估计长期成本函数的程度；二是因为它要求有一个很长的时期，而在这个很长的时期里，要求技术水平保持不变是不大可能的。所以估计长期成本函数通常使用截面数据，而且应该选择经营效率高的工厂作为样本单位，因为只有每个工厂的观察点正好处于短期成本与长期成本曲线的切点上，长期成本的估计才能准确。

（2）通常选择三次方程的函数形式来拟合总成本的观察数据，因为估计长期成本函数主要是为了分析企业是否存在规模经济性、规模不经济和规模收益不变，而三次方程的函数形式能说明这三种情况的存在。

【例题 6－5】联合化学品公司的工程部提出，一个建议中的生产硫酸铵肥料的新厂参考其他同类型工厂得出以下产量-成本数据（见表 6－8）①。

表 6－8　产量-成本表　　单位：美元

产量	50	100	150	200	250	300	350	400
总成本	870	920	990	1 240	1 440	1 940	2 330	3 100

（1）请估计总成本函数，并据此确定平均成本函数和边际成本函数。假定总成本函数是一个二次方程：

$$TC=a+bQ+cQ^2$$

（2）请确定平均成本最低时的产量和该产量上的单位成本。

（3）这种肥料的现行市场价格为每单位 5.50 美元，预期在可见的将来，这一价格不会变动。问该企业是否应当建设该厂？

解：（1）用最小二乘回归法，可得估计的总成本函数为：

$$TC=1\,016 \quad - \quad 3.36Q \quad + \quad 0.021Q^2 \qquad R^2=0.99$$
$$(11.45) \quad (-3.71) \quad (10.71)$$

① 徐惠平，李志青．MBA 管理经济学教学案例精选．上海：复旦大学出版社，2000：147-148.

上式括号中的 t 统计量表明，每个自变量的系数显著地为非零，可决系数的值表明总成本变差的 99%是可由产量的变化来解释的。

平均成本函数为：

$$AC=\frac{TC}{Q}=\frac{1016}{Q}-3.36+0.021Q$$

边际成本函数为：

$$MC=\frac{\mathrm{d}TC}{\mathrm{d}Q}=-3.36+0.042Q$$

（2）平均成本最低时，$AC=MC$，据此列方程解出单位成本最低时的产量为：

$$\frac{1\,016}{Q}-3.36+0.021Q=-3.36+0.042Q$$

$$Q=220$$

将求出的 Q 代入平均成本函数，得出该产量上的平均成本：

$$AC=\frac{1\,016}{220}-3.36+0.021\times 220=5.88(\text{美元})$$

（3）由于新建的工厂可能的最低平均成本为 5.88 美元，比市场价格高出 0.38 美元，因此该企业不应该建设此厂。

（二）技术法

技术法即直接从生产函数推导长期成本函数的方法。在本章的第 2 节中已经说明长期成本函数反映企业在自由选择最优规模条件下，在各个产量上可能的最低成本。这个最低成本是可以根据生产函数以及生产要素的价格计算出来的，即根据生产函数和生产要素的价格，运用生产要素的最佳组合原则$\left(\frac{MP_L}{P_L}=\frac{MP_K}{P_K}\right)$，计算出各个产量水平上各种生产要素的最优投入量，然后计算出各种投入要素的投入量与其价格的乘积之和，就是各个产量水平上的最低总成本。把各个产量水平上的最低总成本数据画在坐标图中，就可以得出长期总成本曲线。

由于技术法是以生产函数所表现的物质技术关系为基础的，所以它反映的是理论上的成本函数。这种方法的优点：一是能够避免在数据观察中经常遇到的随机的、不确定因素的影响；二是它是建立在同一生产技术基础上，避免了现实中不同规模企业技术水平差异对求取的成本函数的准确性的影响。这种方法的缺点是它不是以实际成本数据为依据，因而带有一定的主观性。尽管技术法有一定的缺陷，但这种方法对估计新产品的成本、用于检验用统计方法估计出来的成本函数来说还是很有用的。

成本函数在企业的生产经营决策中发挥着重要作用，但是，企业的管理者在运用这些成本估计曲线时必须持慎重的态度，特别是在做重大决策时，应该进行进一步的敏感性分析，检验如果估计的成本函数的变量发生合理变动时，决策是否应该重新调整。

小 结

本章首先介绍了与企业经营管理决策相关的几个重要成本概念。显性成本是指企业在生产要素市场上购买或租用所需要的生产要素的实际支出；隐性成本是指企业为使用自己提供的那一部分生产要素而支付的作为报酬的费用；机会成本是指生产者所放弃的使用相同生产要素在其他生产用途中所能得到的最高收入；沉没成本是指已经发生并且无法收回的成本。其次，本章分别论述了短期成本函数和长期成本函数及各成本间的相互关系。在短期成本函数中，充分说明了平均成本、平均变动成本及其边际成本曲线呈现“U”形的原因是由于边际收益递减规律作用的结果，同时说明了平均成本、平均变动成本及其边际成本相互之间的关系是边际成本曲线要通过平均成本、平均变动成本曲线的最低点；在长期成本函数中重点论述了各长期成本与规模经济之间的关系。最后，本章探讨了估计短期成本函数和长期成本函数的方法。短期成本函数的估计有两种方法：一是由生产函数推导成本函数，二是用统计方法进行估计；长期成本函数的估计也有两种方法：回归分析法和技术法。

经济管理问题分析

李明的企业的财务报表显示（见表6-9），从销售收入中减去生产成本和销售费用，李明的企业的收益超过显性成本7万元，由此得出该企业的会计利润为7万元（不考虑税收）。

表6-9　会计利润　单位：元

销售收入		300 000
生产成本	200 000	
销售费用	30 000	230 000
会计利润		70 000

然而，如果李明为了自己的企业辞去了年薪7万元的工作，为此意味着他损失了7万元的收入；李明拥有的5万元也可投放到别处获取利益，假设可以把它存入银行，年息4%，即每年可得0.2万元利息。如果考虑李明因为经营自己的企业所放弃的工资和利息收入，把这两项估算作为隐性成本记入损益表中，则该企业的总经济成本应为302 000元，该企业的经济利润是−0.2万元（见表6-10）。

表6-10　经济利润　单位：元

销售收入		300 000
生产成本	200 000	
销售费用	30 000	
估算经理年薪	70 000	
估算股息成本	2 000	302 000
经济利润		−2 000

从上面的案例可以看出，虽然李明所拥有的企业，其会计（账面）利润显示为 7 万元，看起来似乎李明赚到了钱，但是，加上所有未在账面上的隐性成本后，李明实际亏损了 2 000 元。所以，有些经营方案根据会计利润进行评估是可行的，但根据经济利润进行评估却是不可行的。

复习与思考

一、名词解释

机会成本　显性成本　隐性成本　会计成本　沉没成本　边际成本　正常利润　超额利润

二、选择题

1. 生产者为了生产一定数量的产品所放弃的使用相同的生产要素在其他生产用途中所得到的最高收入，这一成本定义是指：

A. 会计成本　　B. 隐性成本
C. 机会成本　　D. 边际成本

2. 小王经营一家饭店，下面哪项成本可能属于隐性成本？

A. 服务员的工资　　B. 饭店的租金
C. 自身的劳动力投入　　D. 饭店的水电费

3. 在长期中，下列成本中哪一项是不存在的？

A. 固定成本　　B. 机会成本
C. 平均成本　　D. 隐性成本

4. 下列项目中可称为可变成本的是：

A. 管理人员的工资　　B. 生产工人的工资
C. 厂房和机器设备的折旧　　D. 正常利润

5. 当产量为 3 单位，固定成本为 120 元，可变成本为 90 元时，平均成本为：

A. 10 元　　B. 30 元　　C. 40 元　　D. 70 元

6. 已知产量为 9 单位时，总成本为 95 元，产量增加到 10 单位时，平均成本为 10 元，由此可知边际成本为：

A. 5 元　　B. 10 元　　C. 85 元　　D. 195 元

7. 某企业每年从企业的总收入中取出一部分作为自己所提供的生产要素的报酬，这部分资金被视为：

A. 显性成本　　B. 隐性成本　　C. 沉没成本　　D. 超额利润

8. 正常利润：

A. 是经济成本的一部分　　B. 是经济利润的一部分
C. 是会计成本的一部分　　D. 是会计利润的一部分

9. 假定两个人一天能生产 10 个零件，三个人一天能生产 12 个零件，则：

A. 劳动的边际产量上升　　B. 边际成本下降
C. 平均变动成本上升　　D. A 和 B 正确

10. 边际成本曲线与平均变动成本的交点是：

A. 盈亏平衡点 B. 停止营业点

C. 企业均衡点 D. 平均成本最低点

11. 在长期平均成本线的递增阶段，长期平均成本曲线切于短期平均成本曲线的：

A. 右端 B. 左端 C. 最低点 D. 无法确定

12. 在规模内在经济作用下的 LAC 曲线：

A. 呈上升趋势 B. 呈下降趋势 C. 趋势不变 D. 趋势无法判定

13. 在从原点出发的射线与 TC 曲线相切的产量上，必有：

A. AC 值最小 B. $AC=MC$

C. MC 曲线处于上升段 D. 上述各点都对

14. 某先生辞去月薪 7 000 元的工作，取出自有存款 100 000 元（月息 1%），创办了一家独资企业，如果不考虑商业风险，则该先生自办企业按月计算的机会成本是：

A. 8 000 元 B. 100 000 元 C. 7 000 元 D. 107 000 元

15. 在短期生产中，当边际产量达到最大值时，下列哪项成本达到最小值？

A. 平均成本 B. 边际成本

C. 平均变动成本 D. 平均不变成本

16. 如果生产 10 单位某产品的总成本是 100 美元，第 11 单位的边际成本为 21 美元，那么：

A. 第 11 单位产品的 TVC 为 21 美元

B. 第 10 单位产品的边际成本大于 21 美元

C. 第 11 单位产品的平均成本为 11 美元

D. 第 10 单位产品的边际成本小于 12 美元

17. 以下说法不正确的有：

A. 短期生产中边际成本的变化只与可变成本有关

B. 长期内如果产量减少到零，总成本也将为零

C. 在总收益等于总成本时，企业的正常利润为零

D. 要素的边际收益递增引起了 MC 一开始的递减

18. 长期平均成本曲线呈“U”形的原因与

A. 要素的边际收益递减规律有关 B. 规模经济有关

C. 外部经济与不经济有关 D. 不变成本与可变成本所占比重有关

三、问答题

1. 会计利润和经济利润哪个更大？为什么？

2. 简要说明短期和长期平均成本曲线呈“U”形的原因。

3. 政府决定，某行业的企业必须为它生产经营的产品支付 10 000 元的税收。这一税收对总成本曲线和边际成本曲线会产生什么影响？

4. 某企业打算投资扩大生产，其可供选择的筹资方法有两种：一是利用利率为 10% 的银行贷款；二是利用企业利润。该企业的经理认为应该选择后者，理由是不用付利息因而比较便宜，你认为他的话有道理吗？

四、计算题

1. 某企业原生产产品 A1 000 件，单位变动成本 1 元，总固定成本为 1 000 元（单位固定成本 1 元），单位总成本为 2 元，单位价格为 3 元。现在有人只愿意以 1.3 元的价格再订购 1 000 件，如果企业生产能力有富余，该企业是否应该接受这笔订货？

2. 王某是某公司销售部经理，年薪 8 万元，存入银行可得利息 0.5 万元。现决定开一百货超市，将自己所拥有的一店面房作为超市营业用房，原店面房租收入 3 万元，还需要雇用 5 名员工，经营一年后，账目如下：总收入：25 万元；成本：6 万元；雇员工资：6 万元；水电费：1.5 万元。据此，请计算并回答以下问题：

（1）机会成本、经济成本与会计成本的含义是什么？

（2）会计利润、经济利润和正常利润的含义是什么？

（3）分别计算王某的百货超市一年后的会计成本和经济成本。

（4）分别计算王某的百货超市一年后的经济利润、会计利润和正常利润。

3. 假定某企业的短期成本函数是：$TC(Q)=Q^3-10Q^2+17Q+66$。

（1）指出该短期成本函数中的可变成本部分和固定成本部分。

（2）写出下列相应的函数：$TVC(Q)$、$AC(Q)$、$AVC(Q)$、$AFC(Q)$ 和 $MC(Q)$。

4. 根据表 6－11 中已给出的数字进行计算，并填写所有的空格。

表 6－11

产量	固定成本	可变成本	总成本	边际成本	平均固定成本	平均变动成本
0	120	0				
1	120		154			
2	120	63				
3	120		210			
4	120	116				
5	120		265			
6	120	180				
7	120		350			
8	120	304				
9	120		540			

5. 考虑表 6－12 中三个不同企业的长期总成本，分析这三家企业是处于规模经济还是规模不经济。

表 6－12

Q	A企业	B企业	C企业
	TC	*TC*	*TC*
1	60	11	21
2	70	24	34
3	80	39	49
4	90	56	66
5	100	75	85
6	110	96	106
7	120	119	129

6. 某企业生产函数为 $Q=L^{0.7}K^{0.3}$，要素价格分别为：$P_L=14$ 元和 $P_K=18$ 元。请推导出该企业的总成本函数和边际成本函数。

案例研究

企业参与碳交易，短期成本与长期利润的权衡①

2009 年 12 月 7 日，联合国在哥本哈根召开了气候变化框架公约第 15 次缔约方会议。为贯彻和响应本次大会的号召，我国政府就在此前的 11 月 26 日，正式对外宣布了控制温室气体排放的行动目标，决定到 2020 年单位国内生产总值二氧化碳排放比 2005 年下降 40%～45%。

学者们测算，这意味着我国每年要为此支付 300 亿美元的成本。

可以肯定，接下来的几年内，我国将有更多的企业加入这场减排的“革命”中去。而参与碳交易，可能将是企业投身这场“革命”获得的最大战利品。

（一）怎样进行碳交易

碳交易得以进行，基于环境改善需要成本、改善环境者应获收益这个前提。

中国正在参与的清洁发展机制（CDM）是国际上最重要的碳交易机制之一。具体内涵是：发达国家的企业在本国减排花费的成本很高，而发展中国家平均减排成本较低，因此，由发达国家提供资金、技术及设备，帮助发展中国家或经济转型国家的企业减排。由此产生的减排额度（即核证减排额，CERs）必须卖给帮助者。

在以低廉的价格购买了 CERs 后，帮助者们可以用之抵消其制造的超过规定标准的碳排放量，也可以将 CERs 继续置于市场中进行交易。帮助者们可以通过本国的金融机构的包装、开发，让 CERs 成为价格更高的金融产品、衍生产品及担保产品。不仅如此，发达国家还在全力吸引中国的金融机构参与到他们所建立的碳金融市场中，以赚取中国资本的利润。

在碳交易市场中，我国无异于“初级市场”，只是为发达国家提供众多的原材料和初级产品，而发达国家将其包装、开发成高端产品后再出售给我国，以赚取“剪刀差”利润。

（二）碳交易的利润池

坊间一直流传着这样的“神话”：某乡镇油脂厂老板为解决工厂经常停电减产问题，决定用当地最常见又最便宜的秸秆做燃料建一个小发电厂。自他购买了一套 400 千瓦的秸秆发电设备后，一连串意想不到的“好事”就砸向了他的脑袋。一位自称外国咨询公司总经理的人要和他进行合作，满口都是“碳减排”“CDM”……于是，这个准备因陋就简修建的发电小作坊摇身一变，成了一个投资 9 000 万元人民币、规划容量 1.2 万千瓦的电厂。如果这个电厂建成开始发电，除了卖电，由于减排了二氧化碳，这位油脂厂老板每年还将获得 100 万美元的收入。

“这种类似于天上掉馅饼的‘神话’，是关于 CDM 项目的最初的解释。”中国转让定价

① 张瑶瑶，余红燕．企业参与碳交易，短期成本与长期利润的权衡．中国会计报，2009-12-04（1）．

服务联盟总协调员、思威瑞特联合（北京）财税咨询有限公司业务总监王骏向《中国会计报》记者表示。

而透过这个“神话”，我们可以清晰地看到碳交易背后所蕴藏的经济价值。

“通过碳交易机制，发达国家政府和企业以低成本完成了在本国需要高成本完成的任务。而对于我国而言，原来的碳排放量变成了唾手可得的经济利益，还可以借此促进本国清洁能源产业的发展。”王骏进一步表示。

的确，鉴于碳交易的“双赢”甚至“多赢”，已经有越来越多的企业对此领域表达了兴趣。2004 年，我国政府首次批准了 4 个项目的 CDM 申请，但截至 2009 年 9 月 11 日，国家发改委批准的 CDM 项目已经达到 2 232 个。短短 5 年间，几乎每天都有 1 个 CDM 项目被批准。

（三）无法回避的成本劫

也有部分企业可能会因为短期成本的提高和利润的丧失而对碳交易驻足观望。

参与碳交易可能会给企业带来巨大的成本压力。这类成本通常包括显性成本和隐性成本。

从显性成本来看，要降低企业生产中的碳排放量，就意味着要改善生产流程、更新生产设备或是采购价格更高的环保型生产原料等。这些都会增加企业的生产成本。

从隐性成本来说，企业有可能因参与碳交易而带来机会成本，如为达到规定的减排量而放弃部分碳排量较高但却能给企业带来利润的产品，或者是当研发出一个新的产品之后，却因其不够环保而无法投入生产。

这些急剧增长的成本无疑会挫伤很多企业主的热情。不过，不管愿不愿意，一个毋庸置疑的现实却是，低碳经济浪潮不可逆转。因此，对于任何有远见的企业而言，这是一个必须经历的成本劫。

（四）短期的“舍”与长期的“得”

“在参与碳交易的过程中，企业容易走入目光短浅的误区，为了短期的经济利益而放弃营利周期更长的先进技术。”中央财经大学税务学院客座教授、北京市华税律师事务所高级合伙人刘天永在接受《中国会计报》采访时如此提示意欲进入碳交易领域的众多企业。

尽管碳交易可能让企业丧失短期利益，但是，如果企业将目光放得长远些，在做好成本效益分析的基础上，自主创新或者购买国外的先进技术，这从长期来看是可以节约成本、增加利润、促进企业持续发展的。

只有善于体察世界发展趋势，并对此给予主动出击和积极响应的企业，才能赢得持续发展。丰田就是一个很好的例子。

1993 年，丰田公司开始设计“21 世纪的汽车”。当时，工程师们首先想到的是“自然资源”和“环境”。因此，在历经 10 年之后，这项新技术成果——丰田普锐斯获得了巨大成功。普锐斯为丰田赢得了良好的社会声誉，它甚至带动了丰田全系车的热销。

今天，曾经的汽车行业老大通用汽车，因为其一系列高耗能的汽车产品线而宣告破产，后来者丰田却仍可以坐享丰厚利润。显然，作为创建新的环保优势的典范，丰田的价值创新为公司带来了更高的利润和持续增长的股东价值。

今天的历史也是昨天的未来，一如1993年的通用在放眼未来时，绝料不到会有今日之困。而若干年后，今天的未来也会变成过去，那个时候，谁是下一个通用？谁又会成为下一个丰田？

“至少，现在已知的一个趋势是，我国已经确立减排目标，将来可能会对单个企业做出具体的要求，从而将目标分解到各个企业。”刘天永说。

因此，他提醒企业要提早做好应对措施。被动进行改造不如主动进行改造，主动的话将来还可以拥有技术领先的优势。

请根据以上案例所提供的资料思考以下问题：

(1) 如何理解中国在参与低碳交易中的短期成本和长期成本？

(2) 参与低碳交易将会对我国今后的经济发展产生什么样的影响？

(3) 中国企业应如何应对低碳经济？

第 7 章　生产产出的决策分析

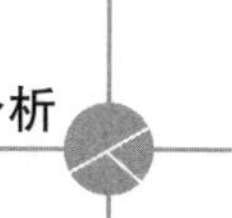

经济管理问题

美国大陆航空公司的成功①

在 20 世纪 60 年代，美国大陆航空公司（Continental Airlines）看上去正在犯致命的错误。当时所有其他航空公司都遵循一个简单规则：只有乘坐率在 65%以上时，它们才提供飞行服务。因为只有这样，一次飞行的收支才能平衡。然而，大陆航空公司只要乘坐率达到 50%就提供飞行服务，并且实际上在许多航线上还增加了飞行次数。当大陆航空公司的政策宣布以后，它的股东们非常愤怒，而竞争者们却在发笑，等着看大陆航空公司的倒闭。但是，大陆航空公司的利润却在继续增长。

为什么在低于盈亏平衡点的经营状态下，大陆航空公司依然能保持盈利的增长？利润究竟来源于何处？

前面我们分析研究了企业应该如何生产，即要在最低成本的条件下实现生产要素的最佳组合，然而一个企业还必须面临生产多少的问题。本章将在成本分析的基础上，依据成本函数和经济分析思想，结合管理学中的决策理论，进一步探讨企业为实现利润最大化的产出决策理论及方法。

7.1 边际分析

边际分析是经济学的重要分析方法，在第 1 章就对此做了简单的介绍。在本节中，我们将探讨边际分析思想及其方法在企业生产经营决策中的应用。企业确定长期的生产规模及短期的生产产量所遵循的唯一原则，就是追求利润最大化。那么在什么情况下才能实现利润最大化呢？这就需要在成本分析的基础上对收益和利润做进一步分析。

7.1.1 收益

收益是指企业销售产品所得到的收入。收益包括总收益、平均收益和边际收益三个概念。

（一）总收益

总收益（TR）是指企业销售一定量产品所得到的全部收入。其计算公式为：

总收益＝商品单价×销量

即：

$$TR=P\cdot Q \tag{7.1}$$

（二）平均收益

平均收益（AR）是指企业销售每一单位产品平均所得到的收入。其计算公式为：

① 霍尔，利伯曼．经济学：原理与应用．2 版．毛文博，译．北京：中信出版社，2003：192-193.

$$平均收益=\frac{总收益}{销量}$$

即：

$$AR=\frac{TR}{Q}=\frac{P\cdot Q}{Q}=P \tag{7.2}$$

由（7.2）式可见，企业的平均收益曲线也就是企业所售产品的需求曲线。

（三）边际收益

边际收益（*MR*）是指企业每增加销售一单位产品所增加的收入。其计算公式为：

$$边际收益=\frac{总收益增量}{销量增量}$$

即：

$$MR=\frac{\Delta TR}{\Delta Q}\quad 或\quad MR=\frac{\mathrm{d}TR}{\mathrm{d}Q} \tag{7.3}$$

表 7-1 表示了总收益、平均收益、边际收益之间的关系。

表 7-1　总收益、平均收益和边际收益

销量（*Q*）	单价（*P*）	总收益（*TR*）	平均收益（*AR*）	边际收益（*MR*）
0	—	0	0	—
1	21	21	21	21
2	20	40	20	19
3	19	57	19	17
4	18	72	18	15
5	17	85	17	13
6	16	96	16	11
7	15	105	15	9
8	14	112	14	7
9	13	117	13	5
10	12	120	12	3

由表 7-1 可见，*MR* 始终是下降的，企业销售的商品越多，其单位售价就越低，多售出一单位产品所增加的收入也就越低。事实上，*MR* 很容易变成负数，这意味着企业降低价格造成的损失大于其增加销售量所带来的收益。

然而 *MR* 是否一定随着产量的上升而下降呢？答案是：不一定。*MR* 曲线的形状取决于该企业所面临的需求曲线。在不同的市场结构中，*MR* 曲线的形状是不同的，这在第 8 章以后将会做出详细的说明。

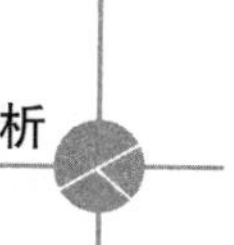

7.1.2　利润最大化原则

企业生产或出售产品的目的是赚取利润。很显然，如果总收益大于总成本，就会有剩余，这个剩余就是利润。若以 π 表示利润，则：

$$\pi = TR - TC \tag{7.4}$$

由于正常利润已包含在总成本中，则：$TR-TC>0$，企业获超额利润；$TR-TC<0$，企业亏损；$TR-TC=0$，超额利润等于零，但企业可以获得正常利润。

企业生产活动的目的不仅是追求利润，而且是力求获取最大利润。然而企业如何生产才能获取最大利润呢？请看表 7-2。

表 7-2　　　　TR、MR 与 TC、MC、π 表

Q	TR	MR	TC	MC	π
0	0	—	15	—	−15
1	21	21	32	17	−11
2	40	19	45	13	−5
3	57	17	54	9	3
4	72	15	61	7	11
5	85	13	69	8	16
6	96	11	80	11	16
7	105	9	92	12	13
8	112	7	108	16	4
9	117	5	126	18	−9
10	120	3	146	20	−26

企业在进行生产或销售时，一方面要考虑增加产量会增加多少收益（即 MR），另一方面还要考虑增加产量会增加多少成本（即 MC）。表 7-2 显示，当产量由 0 增加到 1，直至由 5 增加到 6，即当 $MR>MC$ 时，每增加一个单位产品都能带来更高的利润，所以产量应该继续增加。然而当产量在 6 以上，若继续增加，即当 $MR<MC$ 时，每增加一个单位产品所带来的收入的增加将小于成本的增加，利润下降，所以产量不应继续增加。

因此，只要产量低于 6 个单位，企业就应该增加产量，当产量为 6 个单位或更多时，企业就不应再增加产量。显然，该企业将产量定为 6，就是使利润达到最大的产量水平，此时 $MR=MC$。$MR=MC$ 就是利润最大化原则。因此，利润最大化原则可以这样表述：在其他条件不变的情况下，企业应该选择最优的产量，使得最后一单位产品所带来的边际收益等于所付出的边际成本。

利润最大化原则还可通过数学方法加以证明。设 Q 为产量，π 为利润，TR 为总收益，TC 为总成本，则：

$$\pi = TR - TC$$

利润取最大值的必要条件是：$\frac{d\pi}{dQ}=0$

即：$\frac{d\pi}{dQ}=\frac{dTR}{dQ}-\frac{dTC}{dQ}=0$

所以：$\frac{dTR}{dQ}=\frac{dTC}{dQ}$

即有：$MR=MC$ (7.5)

因此，当 $MR=MC$ 时，利润为最大值。即产量在这一点时能获取最大利润。

利润最大化的充分条件是：

$$\frac{d^2TR}{dQ^2}-\frac{d^2TC}{dQ^2}<0$$

即：$\frac{d^2TR}{dQ^2}<\frac{d^2TC}{dQ^2}$

或者 $\frac{dMR}{dQ}<\frac{dMC}{dQ}$ (7.6)

(7.6) 式表示，要实现利润最大，要求边际成本函数的斜率大于边际收益函数的斜率。一般来说，在不同的市场结构中，边际成本函数的斜率为正值，而边际收益函数的斜率在完全竞争市场中为0，在不完全竞争市场中为负值（该内容将在第8章以后进一步论述）。

图7-1中的 E 点就是企业实现最大利润，即 $MR=MC$ 的均衡点，此时该企业的最佳产量为 Q^*。

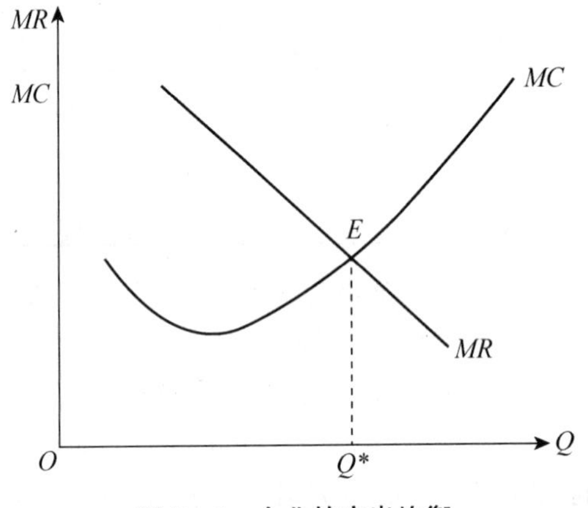

图7-1 企业的产出均衡

由图7-1可见，若 $MR>MC$，表示在现有生产状态下，每增加一单位产出所获取的收益大于为此而付出的成本，则企业应该增加产出；若 $MR<MC$，表示在现有生产状态下，每增加一单位产出所获取的收益小于为此而付出的成本，则企业应该减少产出；若 $MR=MC$，表示在现有生产状态下，每增加一单位产出所获取的收益等于为此而付出的成本，则企业达到最大利润，应该维持现有产出。因此，企业必须根据边际收益与边际成本之间的关系，尽可能地选择最接近边际收益等于边际成本的产出水平。

【例题7-1】 已知某商品生产成本 C 与产量 Q 的函数关系式为 $C=100+4Q$，价格 P 与产量 Q 的函数关系式为 $P=25-\frac{1}{8}Q$。求产量 Q 为何值时利润 π 最大？

解： 当利润达到最大时，边际收益＝边际成本。

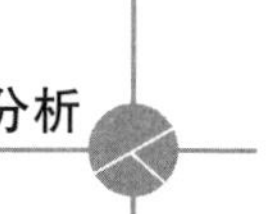

由总收益 $TR=P\cdot Q=\left(25-\frac{1}{8}Q\right)\cdot Q=25Q-\frac{1}{8}Q^2$ 得：

$$边际收益\ MR=\frac{dTR}{dQ}=25-\frac{1}{4}Q$$

由总成本 $TC=100+4Q$ 得：

$$边际成本\ MC=\frac{dTC}{dQ}=4$$

由边际收益等于边际成本，得：$25-\frac{1}{4}Q=4$

解得：$Q=84$

此时，利润 $\pi=TR-TC=782$

利润最大化原则就是边际分析方法在企业生产经营决策中的具体应用，它实际上阐述了企业经营过程中这样一个决策原则：企业的某种决策只要带来的边际收入大于边际成本，企业就应该付诸实施。因此应用边际分析方法不仅可以用于产出决策，还可以解释现实世界中的大部分企业的经营行为。它表明不管是游说政府获取优待、延长商店营业时间、收回有缺陷的产品，还是免费提供样品等，只要该行为增加的收入大于增加的成本，企业就应该行动。

【例题 7－2】某农场员工在小麦地里施肥，所用的肥料数量与预期收获量之间的关系如表 7－3 所示。假定肥料每千克的价格为 3 元，小麦每千克的价格为 1.5 元。问：每亩施肥多少能使农场获利最大？

表 7－3　　施肥量与预计收获量的关系　　单位：千克

每亩施肥量	预计每亩收获量	预计每亩边际收获量
0	200	—
10	300	10
20	380	8
30	430	5
40	460	3
50	480	2
60	490	1
70	490	0

分析：当边际收益等于边际成本时，施肥量为最优。这里的边际收益等于边际收获量乘以小麦价格，边际收获量为每亩每增加 1 千克肥料所增加的小麦收获量；边际成本等于肥料价格。据此，可计算出各种施肥数量条件下边际收益、边际成本和边际利润的数据（见表 7－4）。

表 7－4　　施肥量与预计收获量的关系

每亩施肥量（千克）	边际收益（元）	边际成本（元）	边际利润（元）
0	—	—	—
10	15	3	12

续前表

每亩施肥量（千克）	边际收益（元）	边际成本（元）	边际利润（元）
20	12	3	9
30	7.5	3	4.5
40	4.5	3	1.5
50	3	3	0
60	1.5	3	−1.5
70	0	3	−3

从表中可以看出，当每亩施肥量为 50 千克时，边际收益＝边际成本，边际利润为 0，此时施肥量最优，利润最大，为 570 元（总收益－总成本＝1.5×480－3×50＝570）。

经济管理实务

载客决策中的边际分析

林涛是一辆北京开往天津的长途汽车的老板兼司机。汽车出站后，还有 2 个空位，当车开到京津高速公路的收费站时，有一人出 40 元要求上车前往天津（假设北京到天津的汽车票价为 60 元），如果允许中途载客，林涛是否应该允许该客人上车？

这里的决策就可以应用边际分析方法：林涛如果允许该客人上车，其边际成本（增加一位乘客所增加的成本）几乎为零，而边际收益（增加一位乘客所增加的收益）则为 40 元，此时，边际收益大于边际成本，所以，林涛应该允许该客人上车，虽然他愿意出的票价比正常票价要低。

如果目前出现了另一种情况，车开到京津高速公路的收费站时，有 3 位客人愿意出 180 元要求搭车前往天津，按照规定，车不得超员，如超员一人，罚款 200 元。在这种情况下，林涛不应该让这 3 位客人上车：因为这时虽然这 3 人出的票价与正常票价相等，由此林涛可以得到边际收益 180 元，但此时边际成本已经上升为 200 元，边际成本大于边际收益。

7.2 盈亏平衡分析

盈亏平衡分析法又称量本利分析法、保本分析法，是通过考查产量（或销售量）、成本和利润的关系以及盈亏变化的规律来为决策提供依据的方法。这种方法是简便有效、使用范围较广的定量决策方法，它广泛应用于保本产（销）量的确定、生产方案的选择、目标成本预测、利润预测、价格制定等决策问题上。

7.2.1 盈亏平衡分析的基本原理

盈亏平衡分析的基本原理是边际分析理论，其主要目的是确定企业盈亏平衡的产销

量，其具体方法是：把企业的总成本分为固定成本和可变成本后，观察产品销售单价与单位可变成本的差额，若单价大于单位可变成本，便存在“边际贡献”。当总的边际贡献与固定成本相等时，恰好盈亏平衡。这时每增加一个单位产品，就会增加一个边际贡献的利润。在应用量本利分析法时，关键是找出企业不盈不亏时的产量（称为保本产量或盈亏平衡产量，此时企业的总收入等于总成本）。

图 7－2 是典型的盈亏平衡分析图，该图由企业的总成本曲线和总收入曲线构成，并有以下假定：单位变动成本和固定成本保持不变，产品的销售单价并不随产量的变化而变化，因此图 7－4 中的总成本曲线和总收入曲线表现为直线。在图 7－2 中，横轴代表企业产量或销量（Q），纵轴代表企业的总成本（TC）和总销售收入（TR），企业的固定成本（TFC）保持不变，为一条水平线，TC 是总成本曲线，它表明企业在生产各种产量水平上固定成本与变动成本的总额，TR 是总收益曲线。由图 7－2 可知，TR 曲线的斜率要大于 TC 曲线的斜率，其原因是产量或销售量增加一单位时，销售收入一定要大于单位成本，也正因为如此，TR 曲线和 TR 曲线一定会有一个交点，即图中的 E 点，该点被称为盈亏平衡点。

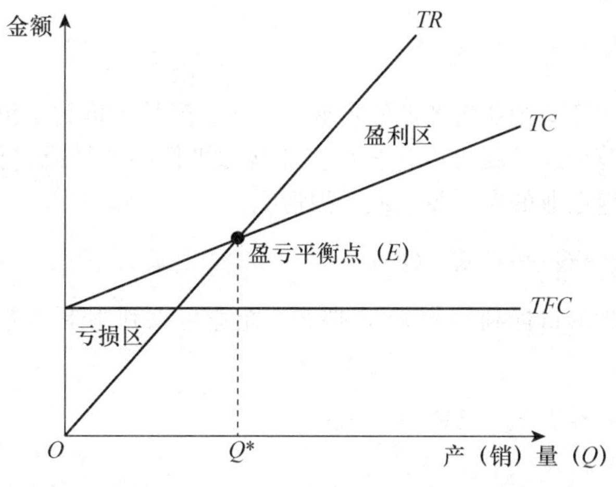

图 7－2　盈亏平衡分析图

从图 7－2 中可知：在盈亏平衡点上，总收益与总成本相等，这一点所对应的产量或销量（Q^*）被称为保本点产量或销量。在盈亏平衡点上，企业既不盈利也不亏损，因此盈亏平衡点又称保本点或盈亏临界点。企业的产量若低于盈亏平衡点的产量，则会发生亏损；而高于盈亏平衡点的产量，则会获得盈利。这一基本原理在企业的经营决策活动中运用得相当广泛。企业的经营决策几乎都与产量、成本、利润有关，许多问题都可以通过盈亏平衡分析加以解决。例如：企业是否应购置新设备、企业是否应进行技术改造、某种产品生产多少才能盈利、企业产品的定价水平是否合适等。

由上述可知，当产品的销售价格、固定成本、可变成本都已知的情况下，就可以找出盈亏平衡点。

假设 P 代表单位产品价格，Q 代表产量或销售量，TFC 代表总固定成本，AVC 代表单位产品变动成本，π 代表总利润。于是：

总成本＝总固定成本＋总变动成本

即：

$$TC=TFC+AVC\cdot Q$$

总收益＝单价×销售量

即：

$$TR=P\cdot Q$$

因此，当企业盈亏平衡时：

$$TR=TC$$

即：

$$P\cdot Q=TFC+AVC\cdot Q$$

所以，保本产量为：

$$Q^{*}=\frac{TFC}{P-AVC} \tag{7.7}$$

由此可见，只要知道了企业生产的固定成本总额、产品单价和单位产品变动成本，代入盈亏平衡保本点计算公式，就可以计算出企业盈亏平衡的产量或销售量。在此基础上，可利用下式进一步确定企业的实际盈利或亏损情况。

$$\pi=P\cdot Q-P\cdot Q^{*}=P(Q-Q^{*}) \tag{7.8}$$

假定企业计划实现的目标利润为 π^{*}，那么，企业可以利用下述方法来确定其目标销售量：

$$TR=TC+\pi^{*}=TFC+AVC\cdot Q+\pi^{*}$$

$$Q^{**}=\frac{TFC+\pi^{*}}{P-AVC} \tag{7.9}$$

Q^{**} 就是企业为实现目标利润 π^{*} 所必须实现的销售量。

【例 7－3】某企业生产某种产品，销售单价为 10 元，生产该产品的固定成本为 5 000 元，单位产品变动成本为 5 元。

求：(1) 企业经营的盈亏平衡产量；(2) 若企业目标利润为 5 000 元，求企业经营该种商品的目标利润销售量和销售额。

解：根据题意，盈亏平衡点产量为：

$$Q^{*}=TFC/(P-AVC)=5\,000\div(10-5)=1\,000(\text{件})$$

目标利润销售量 $Q^{**}=(TFC+\pi^{*})/(P-AVC)=(5\,000+5\,000)\div(10-5)$

$=2\,000(\text{件})$

目标利润销售额 $TR^{*}=P(TFC+\pi^{*})/(P-AVC)=10\times(5\,000+5\,000)\div(10-5)$

$=20\,000(\text{元})$

7.2.2　经营杠杆率

在盈亏平衡分析的基础上还可以进一步进行经营杠杆分析。所谓经营杠杆（operating leverage），是指企业固定成本总额与变动成本总额的比率。这一比率越高，盈亏平衡销售量越高；反之，这一比率越低，盈亏平衡销售量也越低。在图 7－3 中，当企业的固定成本为 TFC_1时，总成本曲线为 TC_1；当固定成本提高为 TFC_2时，总成本曲线为 TC_2。固定成本提高意味着企业提高了技术水平，资本设备的自动化程度提高了，这无疑会对变动投入要素（如劳动力等）产生明显的替代作用，由此提高生产效率。因此，固定成本总额较高时，企业的总成本增长速度必然比较慢。在图 7－3 上表现为 TC_2 曲线的斜率小于 TC_1 曲线的斜率。E_1 是固定成本总额比较低，变动成本总额增长比较快，也就是经营杠杆率比较低时的盈亏平衡点；E_2 是固定成本总额比较高，变动成本总额增长比较慢，也就是经营杠杆率比较高时的盈亏平衡点；一般来说，E_2 对应的产量 Q_2 会大于 E_1 对应的产量 Q_1。

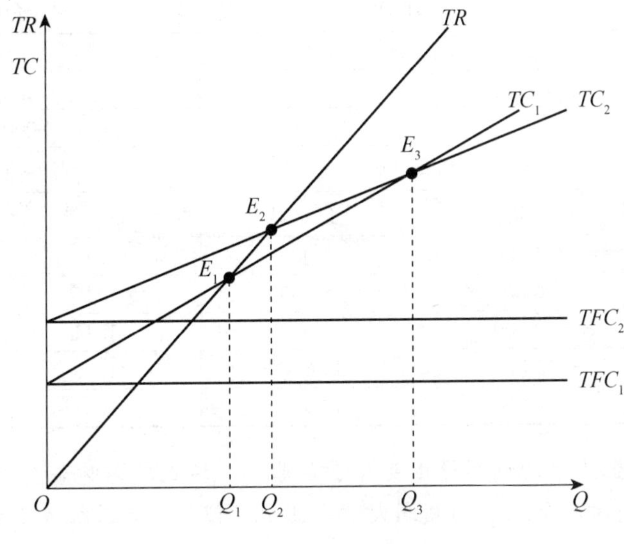

图 7－3　经营杠杆率

从图 7－3 中还可看出，在产量增加过程中，经营杠杆率比较高时，利润变动相对于产量的敏感程度也较高。例如，在图中的 E_3 点，TC_1 和 TC_2 相交，即产量为 Q_3 时，两种情况下的总成本相等，利润也相等。但产量大于 Q_3 时，经营杠杆率比较高的生产方式总成本增长的较慢，利润增长的较快。在管理经济学中，企业利润总额对于产量变动的敏感程度用经营杠杆测定度 DOL（degree of operating leverage）来描述。其计算公式为：

$$DOL=\frac{\text{利润变动百分比}}{\text{产量变动百分比}}=\frac{\frac{\Delta\pi}{\pi}}{\frac{\Delta Q}{Q}}=\frac{\Delta\pi}{\Delta Q}\cdot\frac{Q}{\pi} \tag{7.10}$$

由此可见，经营杠杆测定度其实就是企业利润的产量（销售量）弹性。

由于企业在某一产量水平上利润 $\pi = TR - TC = PQ - AVC \cdot Q - TFC = Q(P - AVC) - TFC$，所以 $\Delta\pi = \Delta Q(P - AVC)$，将 $\Delta\pi$ 和 π 代入公式（7.10）中得：

$$DOL = \frac{\Delta\pi}{\Delta Q} \cdot \frac{Q}{\pi} = \frac{\Delta Q(P-AVC)}{\Delta Q} \cdot \frac{Q}{Q(P-AVC)-TFC}$$

$$= \frac{Q(P-AVC)}{Q(P-AVC)-TFC} \tag{7.11}$$

由上式可以看出，企业的固定成本越大，经营杠杆测定度就越大，利润变动对产量变动的反应就越敏感，这也就意味着经营杠杆测定度较大的企业或经营方案，总成本的变化要小于产量的变化，因此，利润的变化就会大于产量的变化，当达到盈亏平衡点产量之后，其利润随产量的增长将会有更快的增长。对这个结论可以通过以下的例题说明。

【例 7-4】 表 7-5 显示的是 A、B 两家企业的经营数据①。

表 7-5　　A、B 企业的经营数据

	企业 A		企业 B	
价格（美元）	10.00		10.00	
AVC（美元）	5.0		2.0	
TFC（美元）	1 000		4 000	
产量	利润（π）		利润弹性（*DOL*）	
	企业 A	企业 B	企业 A	企业 B
1 000	4 000	4 000	1.25	2
1 500	6 500	8 000	1.15	1.5
2 000	9 000	12 000	1.11	1.33
2 500	11 500	14 000	1.09	1.25
3 000	14 000	16 000	1.07	1.2

表 7-5 显示，企业 B 的利润弹性要大于企业 A。这也就意味着企业 B 具有较大的经营风险。当产量较高时，企业 B 的利润大于企业 A。但是，如果经济不景气，导致企业需求减少，产量下降，经营杠杆测定度大的企业 B 的利润就会下降得更快；如果产量继续下降，企业 B 就会比企业 A 更早亏损；如果这种不景气持续的时间较长，企业 B 破产的风险就比企业 A 大。因此，经营杠杆测定度可用来作为企业风险的测定指标。

7.3　生产可能性曲线及产品产量最佳组合的确定

前两节分别讨论了企业在利润最大化原则指导下，如何确定企业的产出以及盈亏平衡点产量。以上讨论的问题实际上属于无约束条件最优化的决策问题，并且假定企业的产出是单

① 彼德森，刘易斯. 管理经济学. 3 版. 吴德庆，译. 北京：中国人民大学出版社，1999：187.

一的。在实际生产经营过程中，对于企业而言，其能投入生产经营中的资源往往是有限的，追求利润最大化的企业会努力避免其内部生产运营的无效率，使投入的生产资源尽可能多产出。那么，根据企业现有资源条件，企业所生产的各种产品的产量如何组合，才能使利润最大？这是本节需要解决的基本问题，这类决策问题属于有约束条件的最优化决策问题。

为了便于分析，我们需要先把问题简化。假定：企业只生产电冰箱和电视机两种产品；企业所拥有的生产资源（包括劳动、资本、土地等）的数量和构成也是固定的。现在的问题是，在上述假设下，怎样决定这两种产品（电冰箱和电视机）产量的最优组合？为此，需要使用两条曲线：生产可能性曲线和等收益曲线进行分析。

7.3.1　生产可能性曲线

所谓生产可能性曲线（production possibilities frontier，PPF），是指在既定资源和技术条件下，能够生产的各种产品产量的最大组合的轨迹。

表 7-6 给出了某家电企业在既定资源和技术条件下，电冰箱与电视机的四种可能的生产组合。例如，组合 A 表示将所有资源投入生产电冰箱，则电冰箱的产量为 50 000 台、电视机的产量为 0 台；组合 B 表示在既定资源下，如果生产电冰箱 40 000 台，则生产电视机为 20 000 台，依此类推。根据表 7-6 的数据，就可以描绘出该家电生产企业的生产可能性曲线（见图 7-4）。

表 7-6　　生产可能性表

生产组合	电视机（X）（台/年）	电冰箱（Y）（台/年）
A	0	50 000
B	20 000	40 000
C	40 000	25 000
D	60 000	0

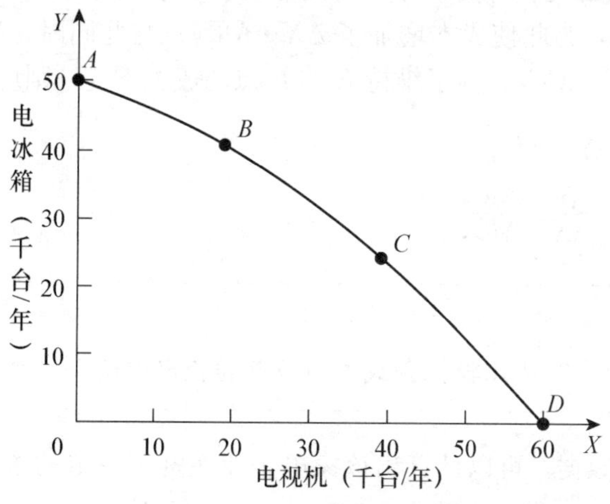

图 7-4　生产可能性曲线

由图 7－4 可见，生产可能性曲线的特征有以下三点。

（一）生产可能性曲线是向右下方倾斜的

这表明当企业资源一定的情况下，增加一种产品的生产，就必然会导致另一种产品产量减少。表 7－6 表明，该家电企业如果电视机产量由 0 增加到 20 000 台，则电冰箱的产量就必须由 50 000 台减少到 40 000 台。由该特性也可以说明两种产出之间的“转换”关系，即可以通过减少某种产品的产出数量来增加另一种产品的产出数量。因此，生产可能性曲线也称产品转换曲线。

（二）在一般情况下，生产可能性曲线是向右上方凸出的

这是由边际转换率递增所决定。所谓边际转换率（MRT），是指在资源一定的条件下，增加单位某种产品的生产所必须放弃的另一种产品的数量。假设某企业在现有资源条件下可以生产 X 与 Y 两种产品，则边际转换率的公式可以表述为：

$$MRT_{XY}=-\frac{\Delta Y}{\Delta X} \tag{7.12}$$

（7.12）式中：MRT_{XY}为 X 产品对 Y 产品的边际转换率，ΔX 为 X 产品的产出变化量，ΔY 为 Y 产品的产出变化量。

由边际转换率的定义及其计算公式可以看出，边际转换率是生产可能性曲线的斜率的绝对值。同时也可以看出，X 产品对 Y 产品的边际转换率表示增加 ΔX 就必须减少 ΔY，或者增加 ΔY 就必须减少 ΔX。因此 ΔY 可以看成 X 的边际成本（机会成本）；另一方面，ΔX 也可以看成 Y 的边际成本。如果用 MC_X 和 MC_Y 分别代表产品 X 和 Y 的边际成本，则 X 产品对 Y 产品的边际转换率可以定义为两种产品的边际成本的比率：

$$MRT_{XY}=-\frac{\Delta Y}{\Delta X}=\frac{MC_X}{MC_Y} \tag{7.13}$$

（7.13）式也可以这样解释：图 7－5 中，E、F 点同处于同一条生产可能性曲线上，所以这两点所消耗的资源是相等的，即所消耗的成本相等。现在，由 E 点移动到 F 点，X 产品的产量增加了 ΔX，为此使成本增加了 $\Delta X \cdot MC_X$；与此同时，Y 产品的产量减少了 ΔY，使成本减少了 $\Delta Y \cdot MC_Y$。为了维持 E 与 F 点的成本不变，则应该：

$$\Delta X \cdot MC_X+\Delta Y \cdot MC_Y=0$$

$$\therefore MRT_{XY}=-\frac{\Delta Y}{\Delta X}=\frac{MC_X}{MC_Y}$$

小思考

什么是边际转换率？请比较机会成本与边际转换率这两个概念。

根据表 7－6 中的数据，可以计算出该家电企业在资源一定的条件下，电视机对电冰箱的边际转换率（见表 7－7）。

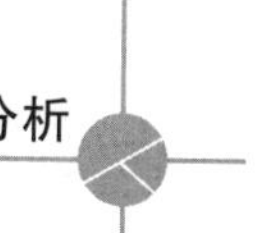

表 7-7　　电视机对电冰箱的边际转换率

生产组合变动	电视机产量变动量（ΔX）	电冰箱产量变动量（ΔY）	边际转换率（MRT_{XY}）
A→B	20 000	−10 000	0.5
B→C	20 000	−15 000	0.75
C→D	20 000	−25 000	1.25

由表 7-7 可见，随着电视机产量的增加，其边际转换率逐渐增加，这就意味着随着电视机产量的增加，所需要放弃的电冰箱产量变得越来越多。在实际的生产经营中，绝大多数情况下边际转换率是递增的。

边际转换率递增的原因主要是由于要素的边际收益递减规律作用的结果。为使分析更为简单，假定将生产中所使用的所有生产要素（L 和 K 要素）“捆”在一起，看成一种要素，并假定该要素在产品 X 和 Y 生产上的边际收益是递减的。由图 7-5 可见，当 X 和 Y 产品的产出组合由 E 点移到 F，X 产品的产量由 X_1 增加到 X_2，Y 产品的产量由 Y_1 减少到 Y_2，由于要素的边际收益递减，则一方面在 F 点增加一单位 X 产品所需要的生产要素（L 和 K）要比在 E 点增加一单位 X 产品所需要的生产要素（L 和 K）多；另一方面在 F 点减少一单位 Y 产品所释放出来的生产要素（L 和 K）要比在 E 点减少一单位 Y 产品所释放出来的生产要素（L 和 K）少。这样，相比于 E 点，就必须放弃更多的 Y 产品，从而释放出更多的要素（L 和 K），来满足在 F 点增加 X 产品产出的需要，最终导致 F 点的边际转换率高于 E 点的边际转换率。

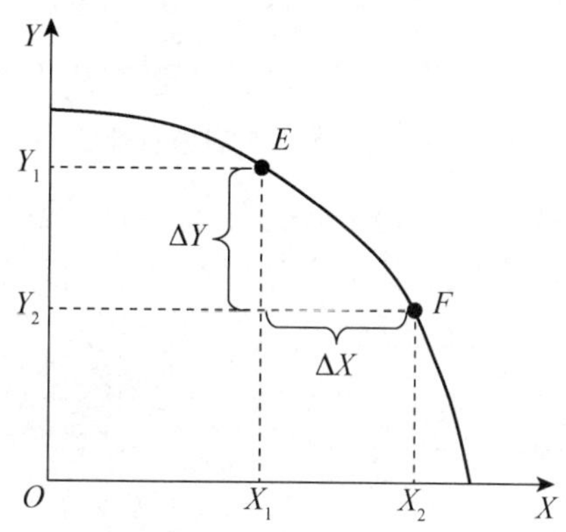

图 7-5　向右上方凸出的生产可能性曲线

边际转换率递增的原因也可从资源使用过程中的适用性方面来理解，我们仍以生产电视机和电冰箱的某家电企业为例。假定该企业生产工人有限，并已将工人分配到电视机和电冰箱的生产中。如果当前市场对电视机的需求急剧增加，该家电企业需要增加电视机的产量，为此需要从电冰箱的生产中抽调生产工人。最初，可以抽调那些曾经参与过电视机生产的具有丰富电视机生产经验的工人，这些工人生产效率较高，因此可以用较少的工人来生产电视机，这样，为此而减少的电冰箱产出并不多。但是，随着电视机产量的增加，具有电视机生产经验的工人越来越少，生产效率下降，需要从电冰箱生产中抽出更多的工人加入电视机的生产，这也就意味着需要放弃更多的电冰箱产出来增加电视机的生产。最终，使电视机对电冰箱的边际转换率增加。

需要注意的是，如果边际转换率为常数，则生产可能性曲线为直线。假定某家电企业每多生产 1 台电视机就必须减少 1 台电冰箱的生产，其电视机与电冰箱的生产组合情况见表 7－8。根据表 7－8 数据所画出的生产可能性曲线为直线（见图 7－6）。

表 7－8　边际转换率为常数的生产可能性表

生产组合	电视机（X）（台/年）	电冰箱（Y）（台/年）
A	0	30 000
B	10 000	20 000
C	20 000	10 000
D	30 000	0

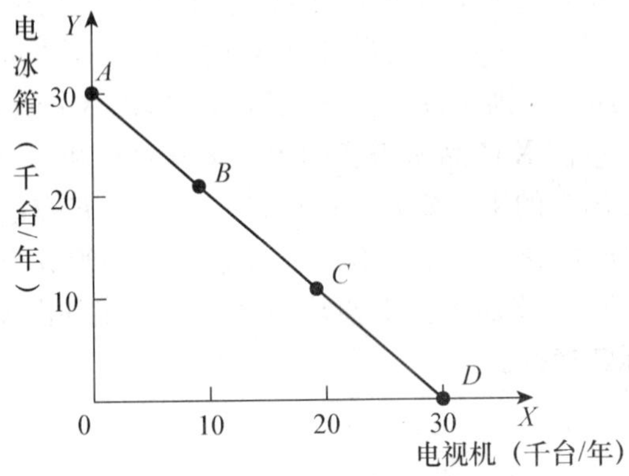

图 7－6　直线型生产可能性曲线

（三）通过生产可能性曲线，可以划分出生产可能性区域和生产无效率区域

图 7－7 的生产可能性曲线 PP' 将整个产品生产划分成三个区域：曲线 PP' 本身、曲线 PP' 左下方区域、曲线 PP' 右上方区域。

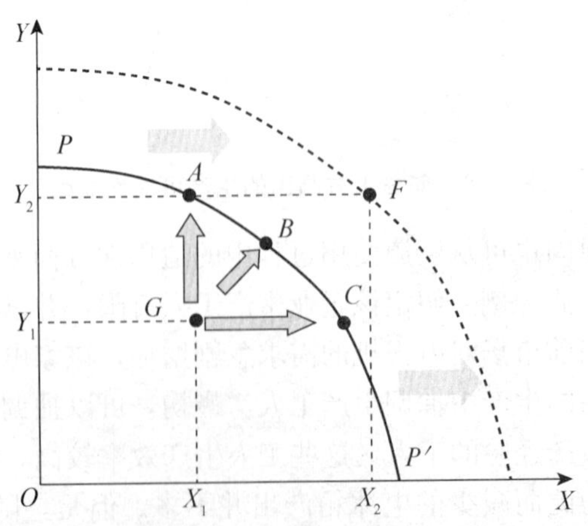

图 7－7　生产可能性曲线的区域划分及移动

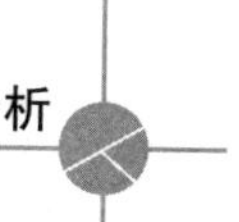

生产可能性曲线上的每一点均表示在现有资源和技术条件下整个经济所能达到的最大产出组合，此时整个企业的生产是有效率的。如图 7-7 中的 A、B、C 点都在生产可能性曲线上，这三点的产出组合是有效率的，此时，如果要得到更多的 X 产品必须以减少 Y 产品为代价，不可能出现在无代价的情况下获得更多的 X 或 Y 产品。

如果一个企业没有在给定的资源和技术条件下达到最大产量，就可以说该企业的生产是无效率的。图 7-7 中曲线 PP' 左下方区域就是“无效率”区域。所谓无效率是指有可能在不付出代价的情况下得到某种利益。从图 7-7 中的 G 点可以看出：在给定的资源和技术条件下，如果从 G 点移动到 A 点，可以在不减少 X 产品的情况下生产更多的 Y 产品；从 G 点移动到 B 点，可以生产更多的 X 产品和 Y 产品；从 G 点移动到 C 点，可以在不减少 Y 产品的情况下生产更多的 X 产品。因此，从 G 点出发有可能在不减少其他产品的情况下增加至少一种产品的产出，这说明 G 点是无效率的。在无效率区域，意味着某些资源未被充分利用，即存在某种程度的资源闲置。

在生产可能性曲线右上方区域表示在现有资源和技术条件下所不可能达到的生产组合，即“生产不可能区域”。如图 7-7 中，在现有资源和技术条件下，不可能生产出 F (X_2，Y_2) 点的产出组合。然而，随着技术进步、资源增加或新的资源出现，会使生产可能性曲线向外移动。如图 7-7 中，由于技术进步、资源增加或新的资源出现，使生产可能性曲线向外移动至虚线位置，这样使 F 的产出组合变为可能。由此也可以说明，生产可能性曲线的位置由资源的数量和技术水平所决定。

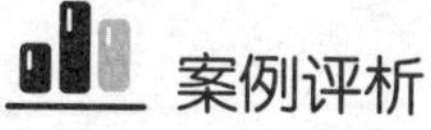

案例评析

战争的结果

第二次世界大战使许多国家的经济以及人民的生活受到了极大的影响。战争开始时，苏联国民的平均生活水平严重恶化；但是当美国加入战争时，美国国民的平均生活水平却有轻微的上升。同样的战争，为什么给苏联和美国带来如此不同的结果?

我们可以用生产可能性曲线的移动来解释为什么二战期间的美国和苏联会有不同的经济经历。美国 1941 年加入战争时，仍处在痛苦的大萧条之中。这次大萧条起始于 1929 年，它是现代史上最严重、历时最长的经济危机，大多数发达国家都受到了冲击。在这次经济危机中，美国的工业生产下降了 55.6%、国民生产总值从 1 044 亿美元下降到 410 亿美元、失业率由 3.1%上升到 25%，由此造成社会资源的严重闲置。在这样的经济状况下，参战有助于美国消除经济萧条，使闲置的资源得到充分利用，将经济从生产可能性曲线内的 A 点移到生产可能性曲线上的 B 点［见图 7-8 (a)］，从而使美国的“军用物资”和“民用品”生产都得到增加，国民的生活水平有所提高。而苏联的情况完全不一样。20 世纪 30 年代的苏联经济独立于世界，经济处于高速发展期间。因此，在战争之前，苏联的经济已经运行在生产可能性曲线之上或接近生产可能性曲线，假设在［图 7-8 (b)］上的 C 点。苏联进入战争，意味着军用物资生产的增加，它需要沿着生产可能性曲线移动，假设移动到 D 点。由此可见，参战使苏联要想增加军用物资的生产，就必须牺牲民用品的生产，由此导致国民生活水平的下降。

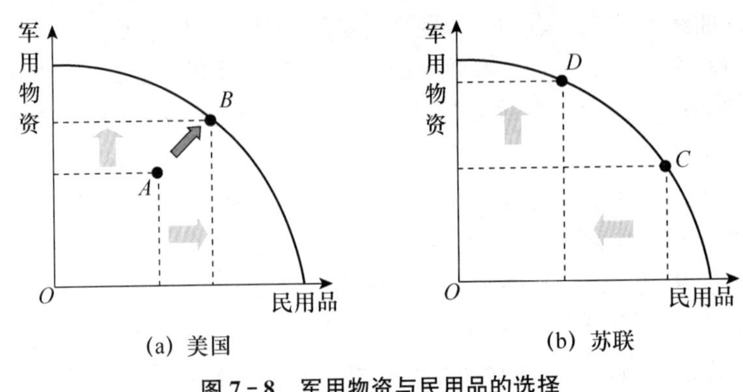

图 7-8　军用物资与民用品的选择

7.3.2　等收益线

等收益线是指在既定收入条件下，所必须生产的两种产品的产量的最大数量组合的轨迹（见图 7-9）。

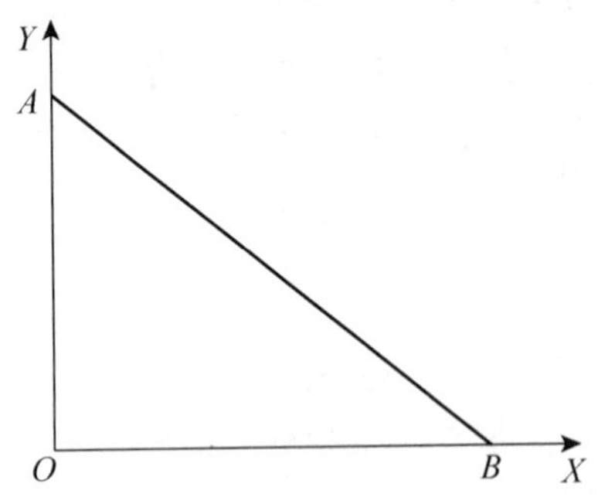

图 7-9　等收益线

设某企业生产 X 和 Y 产品的收益目标是 100 万元，X 产品的价格为 5 元，Y 产品的价格为 10 元。该企业为了实现 100 万元的销售收入目标，可以生产 Y 产品 10 万件，X 产品产量为零；也可以生产 X 产品 20 万件，Y 产品产量为零；也可以安排生产 10 万件 X 产品和 5 万件 Y 产品。将所有能够实现 100 万销售收入的这些 X 与 Y 产品的产量组合点连接起来所形成的线就是等收益线。所以，在同一条等收益线上的各点代表两种产品不同的产量组合都能得到相同的总销售收入。

等收益线所处位置说明企业所获取的总收益的大小，其中离原点越远的等收益线表明企业所获取的收益越大。在图 7-10 中，A_1B_1 等收益线所代表的收益水平最低，A_3B_3 等收益线所代表的收益水平最高。

综合以上分析可以看出等收益线的方程为：

$$TR=P_X \cdot X+P_Y \cdot Y \tag{7.14}$$

式中：TR 为总收益，P_X 为 X 产品的价格，P_Y 为 Y 产品的价格。

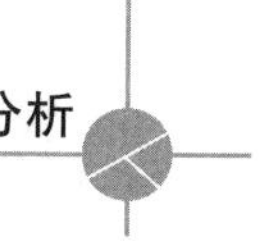

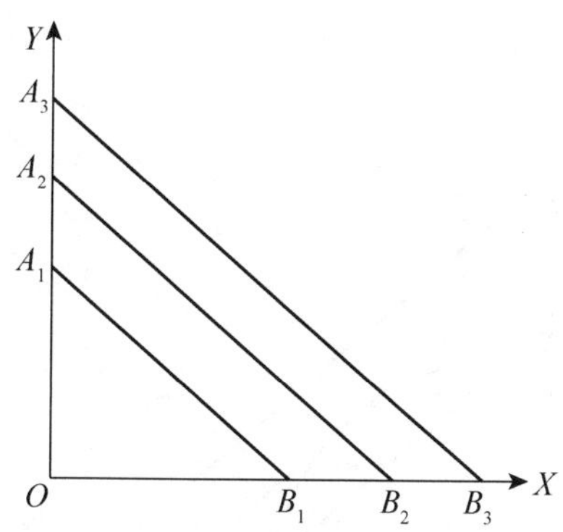

图 7－10 许多条等收益线

根据等收益线的方程，可得等收益线的斜率为：

$$等收益线的斜率=-\frac{TR/P_Y}{TR/P_X}=-\frac{P_X}{P_Y} \tag{7.14}$$

上式说明，等收益线的斜率的绝对值等于两种产品的价格之比。由此可见，只要产品价格不变或者两种产品价格同比例变化，所有的等收益线就互相平行。

7.3.3 产品产量的最佳组合确定

产品产量的最佳组合，就是选择某种产量的组合，使得企业能够在既定收益下，所耗费的资源最少；或者在既定资源下，所获取的收益最大。这样就必须将生产可能性曲线和等收益线结合起来分析。现分两种情况来说明如何用生产可能性曲线和等收益线来确定产品产量的最佳组合。

（一）资源既定收益最大的产品产量组合

在图 7－11 中，由于资源既定，所以只有一条生产可能性曲线 PPF_1，即生产可能性曲线是唯一的，而 A_1B_1、A_2B_2、A_3B_3 分别表示总收益为 TR_1、TR_2 和 TR_3 的等收益线。当然，除此以外还可画出许多条等收益线，那么我们必能找出一条与既定的生产可能性曲线相切的等收益线。这样，在生产可能性曲线与等收益线的切点上（E 点）就实现了产品产量的最佳组合。由于资源既定，所以产品产量组合必定在这条唯一的生产可能性曲线 PPF_1 上。图 7－11 中等收益线 A_3B_3 与既定的生产可能性曲线 PPF_1 既不相交也不相切，处于既定的生产可能性曲线 PPF_1 的右上方区域，表示虽然企业可以获取较高收益，但却是在现有资源与技术条件下所无法实现的；而等收益线 A_1B_1 与既定的生产可能性曲线 PPF_1 相交，在交点上表明在现有资源和技术条件下该产量组合是可以实现的，但企业获取的收益却不是最大收益；只有等收益线 A_2B_2 与既定的生产可能性曲线 PPF_1 相切，该切点称作企业的产出均衡点，表明在既定资源和技术条件下，X 产品的产量为 X_0、Y 产品的产量为 Y_0 时，这种产品产量组合是既定生产可能性曲线 PPF_1 上各点产量组合中能使总收益最大、从而保证利润最大的组合。这是因为在生产可能性曲线 PPF_1 上，除了切点（E 点）以外，其他的点所通过的等收益线相比 A_2B_2 都离原点更近，所以，唯有切点的收益最大，即该切点的产出组合（X_0Y_0）是使既定资源条件下收益最大的最佳组合。

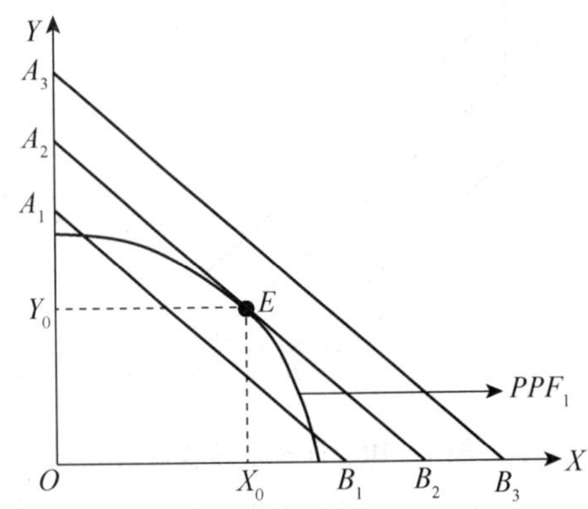

图 7－11　资源既定收益最大的产品产量组合

（二）收益既定资源耗费最小的产品产量组合

在图 7－12 中，由于收益既定，所以只有一条等收益线 A_0B_0，即等收益线是唯一的，代表目标收益为 TR_0，而 PPF_1、PPF_2、PPF_3 分别表示资源耗费不同的生产可能性曲线，其中 PPF_1 耗费的资源最少，PPF_3 耗费的资源最多。除此以外，还可画出许多条生产可能性曲线，那么必定能从中找出一条生产可能性曲线正好与既定的等收益线 A_0B_0 相切。这样，在生产可能性曲线与等收益线的切点上就实现了产品产量的最佳组合。图 7－12 中与既定等收益线 A_0B_0 相交的是生产可能性曲线 PPF_3，相切的是生产可能性曲线 PPF_2，既不相交也不相切的是生产可能性曲线 PPF_1。由于目标收益已定为 TR_0，所以产品产量的组合点应该在 A_0B_0 这条等收益线上。在等收益线 A_0B_0 内侧的产品产量组合点如 D 点，位于生产可能性曲线 PPF_1 上，该点的产品产量组合虽然耗费的资源较少，但是没有实现目标收益的要求；在等收益线 A_0B_0 上的 G 点，位于生产可能性曲线 PPF_3 上，这表明，该点的产品产量组合虽然能够实现目标收益，但是所耗费的资源大于 E 点所耗费的资源；唯有在生产可能性曲线 PPF_2 与等收益线 A_0B_0 相切的切点 E 上，该点的产品

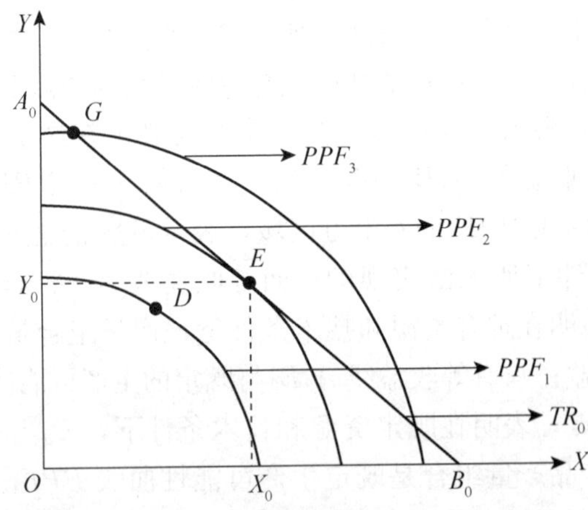

图 7－12　收益既定资源耗费最小的产品产量组合

产量组合（X_0Y_0）是既定收益下资源耗费最小的组合。这是因为在唯一的等收益线 A_0B_0 上，除了切点（E 点）以外的其他点所通过的生产可能性曲线相比生产可能性曲线 PPF_2 都要离原点更远，因此按照切点（E 点）所指示的产品产量（X_0Y_0）进行组合，能够在既定的收益下耗费的资源最小。生产可能性曲线 PPF_2 与等收益线 A_0B_0 相切的切点也称企业的产出均衡点，它表示该点的产品产量组合是既定收益下耗费资源最小的组合。

（三）产品产量最佳组合原则

综合以上两种情况，无论是既定资源收益最大，还是既定收益资源耗费最小，其产品产量最佳组合点都在生产可能性曲线和等收益曲线相切的切点上。在切点上，由于生产可能性曲线的斜率的绝对值正好等于等收益线的斜率的绝对值，而生产可能性曲线的斜率的绝对值为边际转换率，等收益线的斜率的绝对值为产品的价格之比，所以企业产品产量最佳组合的均衡条件是：

$$MTS_{XY}=\frac{P_X}{P_Y}$$

或 $$\frac{MC_X}{MC_Y}=\frac{P_X}{P_Y}$$

即：

$$\frac{MC_X}{P_X}=\frac{MC_Y}{P_Y} \tag{7.15}$$

（7.15）式就是企业产品产量最佳组合的均衡条件，或称为产品产量最佳组合原则。这意味着企业为了能在既定资源下收益最大，或在既定收益下所耗费的资源最小，必须使其各种产品单位收益所支付的成本都相等。

如果 $\frac{MC_X}{P_X}>\frac{MC_Y}{P_Y}$，则表明生产 X 产品所获得的单位收益所耗费的成本要大于生产 Y 产品所获得的单位收益所耗费的成本，所以，在这种情况下企业为了获取最大利润，会将更多的资源转向生产 Y 产品，从而减少 X 产品的生产。这同时说明，企业会减少边际成本较高的产品的生产，而将其节约的资源用于生产边际成本较低的产品，以便增加利润。也正是这个原因，国家之间才产生相应的贸易需求，某个国家会以进口来替代需要花费较高成本的产品的生产，从而将资源转移到成本较低（即具有比较优势）的产品生产并扩大该类产品的出口。

案例评析

2020 年的退耕还林工程目标能否实现？

2017 年 1 月 11 日央视报道：1999 年起，我国开始实施退耕还林政策，2002 年，国务院西部开发办公室召开退耕还林工作电视电话会议，确定全面启动退耕还林工程。到 2017 年，退耕还林工程已经实施了 17 年。国家林业局最新统计显示，这 17 年来，我国累计投入退耕还林工程的资金达 4 500 多亿。通过退耕还林，工程区森林覆盖率显著提高，过去荒山秃岭、水土流失、风沙肆虐的面貌得到明显改善。

为了切实增加退耕还林农户的收入，国家从2014年实施第二轮退耕还林工程起，不再对农户种植经济林的比例进行限制，而是鼓励各地因地制宜，发展适合本地区域特色、能够快速增加农民收入的林木产业。2014年我国完成退耕还林500万亩，2015年完成1 000万亩，2016完成1 500万亩，3年完成3 000万亩。到2020年全国力争实施8 000万亩退耕还林。按照国家的规划，新一轮退耕还林重点安排在长江中上游地区和黄河中上游地区，还有内蒙古、宁夏、青海、新疆等西北风沙灾害严重的省区。

1999年朱镕基总理提出"退耕还林（草），封山绿化，以粮代赈，个体承包"的措施以来，我国开始实施退耕还林工程。由于退耕还林政策的实施是以私人承包制为基础的，所以其政策的实施主体是寻求私人利益最大化的退耕农户。对于这些农户而言，其土地资源是不变的，或者选择不退耕，继续用土地种粮，由此获得收益；或者选择退耕植林，由此得到国家的相应以粮代赈的补贴和经营林木的收益。其生产可能性曲线如图7－13所示。农户最初的生产组合点为E点，国家期望通过退耕还林政策的实施，使农民减少耕地、增加植树，即其组合点移动到G点。农户是否会响应政府号召，主要由粮食与林木的价格及其支付的成本所决定，即由农户从这两种产品所获得的收益所决定。如果农户耕种土地所获得的农副产品的市场价格上升，即出现$\frac{MC_{种粮}}{P_{粮食}}<\frac{MC_{退耕还林}}{P_{退耕还林}}$，退耕农户可能会自利地选择毁林复垦；如果国家给予的补贴足以弥补减少耕地所带来收益的减少（MC），并且林木价格上涨，会出现$\frac{MC_{种粮}}{P_{粮食}}>\frac{MC_{退耕还林}}{P_{退耕还林}}$，这样农户会选择退耕还林。如陕西丹凤县实施退耕还林时，正值退耕地种植的树种山茱萸市场价格上升，每公斤达200元，从而使丹凤县的退耕还林得到农户的积极响应。再如据2010年11月29日中国之声《全国新闻联播》报道，河南社旗县实施退耕还林工程，前几年一哄而上栽种速生杨，仅2005年、2006年，全县共植树3 108万株。然而，农民对林木的管理缺乏经验，种了五六年的速生杨只有胳膊粗，其市场收购价0.10元一斤。一边是粮价持续上涨，另一边木材销售情况却不见好，河南社旗农民纷纷赔钱砍树赶季节种上了冬小麦。

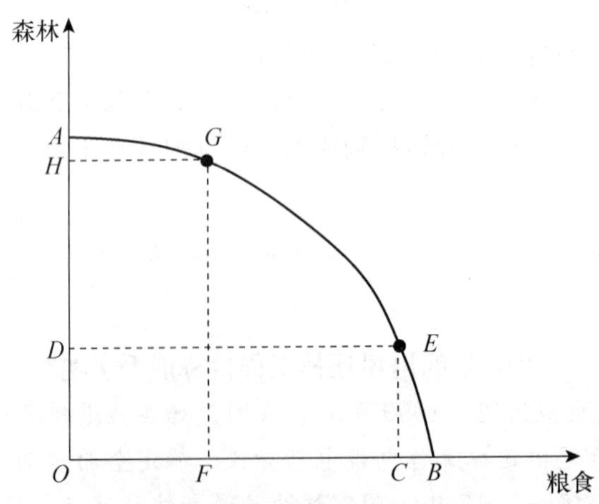

图7－13 既定土地资源下的粮食与林木的生产可能性曲线

由此可见，退耕还林政策的实施受市场的影响很大，为了使农民退耕还林后的收入增加，2014 年新一轮退耕还林不再对农户种植经济林的比例进行限制，这样农民可以选择多品种林木产业。如陕西延安宝塔区川口乡村民贺延成，原来在山上的坡耕地种杂粮，完全靠天吃饭，一亩地最多能收入二三百块钱。退耕还林后，他因地制宜，改种适合这里生长的山地苹果，不仅树上的苹果能赚钱，森林良好的植被环境还为发展林下经济创造了好条件。如果退耕还林后始终能保持农民收入的增长，国家退耕还林工程的长远目标一定可以实现。

以上有关企业产品产量的最佳组合分析，贯穿始终的依然是边际分析思想，它的决策原则是：在资源约束条件下，为使利润最大，应将企业资源投入单位收入付出的成本最低，或付出单位成本得到的收益最大的业务单位，直至各业务单位单位收入付出的成本或单位成本得到的收益相等。根据这样的决策原则，企业不仅可以进行资源约束条件下产品产量最佳组合的决策和生产要素最佳组合的决策，还可以进行其他类别的管理决策。下面，我们将通过两个例题来说明边际分析方法在企业经营管理决策中的应用。

【例 7-5】某公司下属两家分厂甲和乙生产相同的产品，但因技术条件不同，其生产成本也不相同。它们在各种产量下的预计总成本和边际成本数据见表 7-9。

表 7-9　　分厂甲、乙的经营数据

分厂甲的数据			分厂乙的数据		
产量（万件）	总成本（万元）	边际成本（元/件）	产量（万件）	总成本（万元）	边际成本（元/件）
0	—	—	0	—	—
1	200	200	1	100	100
2	600	400	2	300	200
3	1200	600	3	600	300
4	2 000	800	4	1 000	400
5	3 000	1 000	5	1 500	500

现假定公司共有生产任务 6 万件，问：如何在这两家分厂中分配，才能使公司总生产成本最低？

解：本例题约束条件是只能生产 6 万件产品，目标是成本最低。由于甲、乙分厂生产的都是同一产品，所以要使成本最低，任务的分配就应按边际成本的大小顺序来进行：根据表 7-9 的成本数据，第 1 个 1 万件应分配给乙，因为此时乙的边际成本最低，只有 100 元。第 2、第 3 个 1 万件应分别分配给甲和乙，因为此时甲、乙的边际成本为次低，均为 200 元。第 4 个 1 万件应分配给乙，此时乙的边际成本为 300 元。第 5、第 6 个 1 万件则应分别分配给甲和乙，此时它们的边际成本均为 400 元。所以，总任务 6 万件应分配给甲 2 万件，乙 4 万件。此时两者的边际成本相等，均为 400 元。总成本最小，为 1 600 万元（=600+1 000）。

【例 7-6】某企业的广告费预算为 110 万元，打算分别用于电视、电台和报纸广告。经调查，这三种媒介的广告效果预计如表 7-10 所示。假设每做一次广告，电视、电台和报纸的费用分别为30万元、10万元和20万元。问：应如何在不同媒介中分配广告预算，才能使总广告效果最优？

表7-10　　三种媒介的广告预期效果

做广告次数	能使销售量增加的金额（万元）		
	电视	电台	报纸
第1次	4.0	1.5	2.0
第2次	3.0	1.3	1.5
第3次	2.2	1.0	1.2
第4次	1.8	0.9	1.0
第5次	1.4	0.6	0.8

解：本例题的约束条件是广告预算110万元，目标是得到最大的广告效果。由于每一种广告媒体价格不同，因此在分配各媒体的广告费用时，应该以付出的单位广告费得到的广告效果（销售量的增加）最大的为优先，直到当各种媒介上的每元广告费的边际效果均等时，广告费的分配为最优。

三种媒介第1次广告每元广告费的边际效果为：

电视：4/30＝0.133　　电台：1.5/10＝0.15　　报纸：2/20＝0.10

可见，尽管做一次电视广告的边际效果比做电台、报纸广告大（4＞1.5，4＞2），但因电视的广告费高，电视每元广告费的边际效果在第1次广告并不是最大的。广告费的分配应根据每元广告费边际效果大小的顺序来进行（见表7-11）。

表7-11　　广告决策及效果

选择的广告	每元的边际效果	每元的边际效果排序	累计广告费（万元）
电台（第1次）	1.5÷10＝0.15	1	10
电视（第1次）	4÷30＝0.133	2	40
电台（第2次）	1.3÷10＝0.130	3	50
电视（第2次）	3÷30＝0.100	4	80
报纸（第1次）	2÷20＝0.100	4	100
电台（第3次）	1.0÷10＝0.100	4	110

由此，选择电台做3次广告、电视做2次广告、报纸做1次广告，就可以使有限的广告费（110万元）取得最大的广告效果。此时，各种媒介的每元广告费边际效果均等于0.100。

以上产品的最佳组合决策问题和生产要素最佳组合决策问题都属于有约束的最优化决策问题，在第1章中我们就曾指出，这类有约束的最优化决策问题可以通过线性规划来解决。本教材由于篇幅所限，在此仅以一个最简单的例题展示线性规划的应用。

【例7-7】某企业生产两种产品：桌子和椅子，它们都要经过制造和装配两道工序。有关资料如表7-12所示。假设市场状况良好，企业生产出来的产品都能卖出去，试问何种组合的产品使企业利润最大？

表 7－12　　某企业的有关资料

	桌子（T）	椅子（C）	工序可利用时间（小时）
在制造工序上的时间（小时）	2	4	48
在装配工序上的时间（小时）	4	2	60
单位产品利润（元）	8	6	—

这是一个典型的线性规划问题。

解：第一步，确定影响目标大小的变量。在本例中，目标是利润（π），影响利润的变量是桌子数量 T 和椅子数量 C。

第二步，列出目标函数方程：$\pi=8T+6C$。

第三步，找出约束条件。在本例中，两种产品在一道工序上的总时间不能超过该道工序的可利用时间，即：

制造工序：$2T+4C\leqslant 48$

装配工序：$4T+2C\leqslant 60$

除此之外，还有两个约束条件，即非负约束：

$$T\geqslant 0$$
$$C\geqslant 0$$

从而线性规划问题成为，如何选取 T 和 C，使 π 在上述四个约束条件下达到最大。

第四步，求出最优解——最优产品组合。上述线性规划问题的解为 $T^*=12$ 和 $C^*=6$，即生产 12 张桌子和 6 把椅子可使企业的利润最大。

小　结

本章首先讨论了边际分析方法，得出了利润最大化原则，即 $MR=MC$ 。依据该原则进行的决策是企业必须根据边际收益与边际成本之间的关系，尽可能地选择最接近边际收益等于边际成本的产出水平。其次研究了盈亏平衡方法，指出企业实现盈亏平衡时的保本产量为 $Q^*=TFC/(P-AVC)$。企业的产量若低于盈亏平衡点的产量，则会发生亏损；高于盈亏平衡点的产量，则会获得盈利。最后通过生产可能性曲线和等收益线分析了生产经营过程中产品产量的最佳组合问题，由此得出两种产品产量最佳组合由生产可能性曲线和等收益线的切点所决定，其最佳组合的均衡条件是：$\frac{MC_X}{P_X}=\frac{MC_Y}{P_Y}$。

经济管理问题分析

实际上，其他航空公司，而不是美国大陆航空公司，犯了一个严重的错误。这个错误就是用平均成本代替边际成本制定决策。整个行业使用的“65%乘坐率”规则或多或少来自以下考虑：航空公司每年的总成本（TC）除以每年的飞行次数（Q），从中得出飞行的平均成本［$AC=(TC/Q)$］，据此计算出一个标准飞行的平均成本就是 4 000 美元。要想使机票的销售额达到 4 000 美元，乘坐率必须为 65%。因此，整个行业将乘坐率低于 65%的飞行视为损失，并取消了这种飞行。然而使用平均成本（AC）进行决策存在以下两个问题：第一，航空公司每次飞行的平均成本包括许多固定成本，这些固定成本与增加或减少一次飞行的决策无关。这些成本包括运行订票系统的成本、支付企业债务的利息、支付机场停机权的固定费用等。无论企业增加还是减少一次飞行，这些成本都不会发生变化。第二，平均成本通常随产出的变化而变化，因此，在做有关产出变化的决策时，如果假设平均固定成本固定，这本身就是一种错误。美国大陆航空公司的管理层采用了边际分析方法确定利润。在考虑增加飞行时，公司会调查确定各个部门的新增成本，即边际成本。当然，新增成本主要是指新增的可变投入，比如新增的服务员、地勤人员、飞行餐、飞机燃料等。最后得出：新增飞行需要新增费用大约 2 000 美元，因此，增加一次飞行的边际成本为 2 000 美元，远远低于 65%乘坐率的边际收入 4 000 美元。边际分析方法表明，当 $MR>MC$ 时，产出应该增加，美国大陆航空公司正是这样做的。实际上，美国大陆航空公司做出了正确的判断：乘坐率为 50%的边际收入 3 000 美元仍旧大于它的边际成本，因此提供飞行能够增加利润。这就是为什么美国大陆航空公司在只有 50%乘坐率的情况下仍旧扩充航线的原因。20 世纪 60 年代早期，美国大陆航空公司通过秘密武器——边际分析方法——战胜了其他航空公司。如今这个秘密已经众所周知，所有的航空公司在决定是否提供飞行时都在使用边际分析方法。

复习与思考

一名词解释

边际收益　利润最大化原则　盈亏平衡点　生产可能性曲线　边际转换率　等收益线　经营杠杆率　经营杠杆测定度

二、选择题

1. 利润最大化的原则是：

A. 边际收益大于边际成本　　B. 边际收益小于边际成本

C. 边际收益等于边际成本　　D. 边际收益与边际成本没有关系

2. 某公司计划引入一种新产品。市场营销经理预测销售单价为 500 美元。单位变动成本为 100 美元。另外，有关的固定间接生产成本为 110 000 美元，固定营业成本为 150 000 美元。为达到盈亏平衡点，公司必须销售多少单位的产品？

A. 220　　B. 275

C. 520　　D. 650

3. 企业的盈亏平衡点在：

A. 企业的总亏损等于总固定成本　　B. 商品价格等于平均固定成本

C. 总收益等于总成本　　D. 以上都不对

4. 生产可能性曲线向外凸出的原因是：

A. 两种产品的边际转换率递增　　B. 两种产品的边际转换率递减

C. 两种产品的边际替代率递增　　D. 两种产品的边际替代率递减

5. 某企业生产并销售 X、Y 两种产品，在其生产经营过程中发现，现有产品产量组合下，X 产品的边际成本与 Y 产品的边际成本之比大于 X 产品与 Y 产品的价格之比，那么，该企业：

A. 要增加产量，必须增加成本　　B. 现有产品产量组合可能是较好的

C. 应增大 X 产品的生产产量　　D. 应增大 Y 产品的生产产量

6. 某企业在现有生产条件下，其平均成本高于市场销售价格，但其平均变动成本低于市场销售价格，那么该企业在短期：

A. 亏损，应立即停产　　B. 亏损，但应继续生产

C. 亏损，生产或不生产都可以　　D. 获得正常利润，应继续生产

三、问答题

1. 一家企业是否可能以低于成本的价格出售产品？请解释你的答案。

2. 简要说明如何依据边际分析方法进行产出的决策。

3. 试说明生产可能性曲线的经济含义。

四、计算题

1. 假定你是一家企业的总经理，该企业在上海、北京和天津三个城市销售产品，企业的目标是利润最大化，当企业在每个城市都有不同数目的销售代理人时，表 7 - 13 给出了准确的期待每月总收益的信息。

表 7 - 13　　期待每月总收益

销售代理商人数	总收益（元）		
	天津	北京	上海
0	0	0	0
1	8 000	9 000	9 500
2	12 000	16 000	18 000
3	13 000	21 000	25 000
4	13 200	24 000	31 000
5	13 300	25 000	36 000
6	13 000	25 500	40 000
7	11 000	25 000	43 000
8	10 000	24 000	45 000

（1）假定每个代理商的月工资是 4 000 元时，每个城市应分派多少代理商？

（2）假定每个代理商的月工资是 5 000 元时，每个城市应分派多少代理商？

（3）假定每个代理商的月工资是 7 000 元时，每个城市应分派多少代理商？

2. 假定某企业的需求如下：$Q=5\,000-50P$。其中，Q 为产量，P 为价格。企业的平均成本函数为：$AC=(6\,000/Q)+20$。

（1）使企业利润最大化的价格与产量是多少？最大的利润水平是多少？

(2) 如果政府对每单位产品征收10元税收，新的价格与产量是多少？新的利润水平是多少？

3. A公司专门从事精细塑料生产，通过研究开发，生产出一种应用于电子工业的最新设备，目前该设备已经生产并出售了75台，计算出该设备的平均成本如表7-14所示。

表7-14 设备平均成本

设备生产量	平均成本（元）
74	100 000
75	120 000
76	140 000

假设某电子公司愿意支付150 000元购买A公司的第76台设备，问A公司是否愿意接受订单制造第76台设备？

4. 某出版社计划出一本新的畅销小说，其固定成本准确估算为1 000 000元，变动成本是线性的，为35元/本，预计的销售价格为45元。问：

(1) 估计该本书达到盈亏平衡点所需的销量。

(2) 如果该出版社想要通过该本书获得利润200 000元，需要卖出去多少本书？

(3) 请计算出该本书销量为150 000本、200 000本时的经营杠杆测定度。

5. 假设A公司生产和销售两种产品x和z，其总成本函数为：

$$C=f(x,z)=4x^2+8z^2-2xz$$

其中：x是第一种产品每小时的产量，z是第二种产品每小时的产量。A公司与生产企业签署协议：每小时的总产出为40单位，但任何x与z的组合都可以。请计算出使成本最小化的最优组合。

案例研究

制药厂的经营决策

某制药厂已经花了500万元开发和试验一种新药。营销部经理估计该产品投入市场还需要花费300万元广告费，并预估到由于该产品只适用于特殊病人群体，整体市场需求有限，其全部销售收入约为600万元。这样，营销部经理通过核算认为该产品上市，其生产经营的总成本为：$TC=500+300=800$万元，由此会产生200万元的亏损（$\pi=600-800=-200$万元）。因此，营销部经理建议停止生产和销售该产品。

问：(1) 营销部经理的建议是否正确？

(2) 若会计部门经理又指出，经营这种产品还必须分摊公司间接费用350万元，这一新的信息是否会影响制药厂的决策？

第 8 章　完全竞争市场中的企业决策

经济管理问题

是否接受交易

某计算机公司某型号计算机的平均成本为 7 000 元/台。目前计算机市场竞争异常激烈，该型号的计算机价格由 10 000 元持续下降，目前，其市场价格已降为 7 100 元/台。某日该计算机公司争取到某大客户的一份订单，其订货量为 1 500 台，然而，该客户只愿出价 6 300 元。问：该计算机公司是否应该接受该项交易?

在以上各章中，我们从一般意义上分别讨论了企业的投入、产出决策原则及方法，但是在不同的市场条件下，企业具有完全不同的决策行为，因此，从本章开始我们将究企业在不同市场条件下，为实现最大利润而进行的产量、价格决策及相应的竞争战略。经济学根据市场上竞争与垄断的程度把市场分为完全竞争、完全垄断、垄断竞争和寡头垄断四种类型，以下各章将分别讨论这四种市场条件下企业的决策行为。

8.1 完全竞争市场的条件及企业收益规律

完全竞争（perfect competition）市场又称纯粹竞争市场，是指一种竞争不受任何阻碍和干扰的市场结构。

8.1.1 完全竞争市场的条件

完全竞争市场应该具备以下四个条件。

（一）市场上有大量的卖者和买者

由于市场上有大量的卖者和买者，这就意味着他们的销售量和购买量只占市场份额的极小部分，从而也就无法通过自己的买卖行为影响市场价格。市场价格由市场的供求总量决定，买、卖者均只能接受已形成的市场价格。因此，在完全竞争市场中，企业对市场没有任何影响能力，它们不是市场价格的制定者，而是市场价格的接受者。以世界小麦市场为例，该市场的卖方由无数个麦农所组成，每个麦农仅是生产市场总量的极小部分。即使某个农民将其产量提高 4 倍、5 倍，其对市场总量和市场价格的影响也可以忽略不计。买方的情况也是如此：市场上存在无数买方，每个买方需求量的增加和减少都不能对市场价格造成影响。

（二）市场上所出售的商品和劳务是同质的，即不存在产品差别

这里所说的产品差别，不是指不同产品之间的差别，而是指同种产品在质量、包装、牌号或销售条件等方面的差别。产品差别会形成垄断，而产品的同质性则使企业不可能根据自己商品的某些特色而抬高价格形成垄断。消费者对任何一家企业出售的产品都看成一样的而无任何偏好，也不愿为同一质量的商品付出较高的价格。

（三）市场上的各种生产资源可以充分自由地流动，不受任何因素的阻碍

完全竞争市场下的每家企业都可以根据自己的意愿自由进入或退出某个行业。在现实

的经济环境中，很少有免费进入市场的情况。新的企业进入市场往往必须投入一些费用，如投入费用开设商店、从事生产、广告宣传、与顾客签订合同等。但是，完全竞争市场不存在阻止新进入者进入的明显障碍：任何一家想进入市场的企业，都可以与现有企业在同等的条件下开展经营。除了容易进入以外，完全竞争还要求容易退出：经受长期损失的企业必须能够没有阻碍地卖掉它的工厂和设备并离开该行业。

（四）市场信息是畅通的

生产者、消费者和资源的所有者都可以迅速获得完整的市场供求信息，不存在供求以外的因素对价格决定和市场竞争的影响。由于信息是完全的，所以意味着竞争是在完全公平的环境下进行，不存在任何欺骗行为。

小思考

完全竞争市场应具备哪些条件？为什么说完全竞争市场企业仅是市场价格的接受者，而不是市场价格的制定者？

以上是理想化的完全竞争市场的条件或特点。显然，完全竞争市场是一个非个性化市场，不存在交易的个性，因为所有的消费者和生产者都是相同的，相互之间意识不到竞争。因此，完全竞争市场中不存在现实经济生活中真正意义上的竞争。

如果根据以上条件进行衡量，可以说，在现实经济生活中，实际上不存在这种市场结构。在理论分析中，往往将一些农产品市场，如大米市场、小麦市场等，以及某些小商品市场看作近似于完全竞争市场。既然在现实生活中并不存在完全竞争市场，为什么还要对它进行研究呢？这是因为，从对完全竞争市场的分析中，可以得到关于市场机制及其配置资源的一些基本原理。并且，搞清了完全竞争市场中产品价格和产量的决定，其他市场类型中的产品价格和产量的决定就容易理解了。更重要的是，完全竞争市场的资源利用最优、经济效益最高，可以作为经济决策的理想目标。

总之，现实中的大多数市场并不完全满足以上条件，但如果某些市场近似满足上面的假设，那么应用本章的理论就可以用来预测与分析这些市场上的企业决策行为。

8.1.2　完全竞争市场中的企业收益规律

与企业收益相关的曲线包括需求曲线、平均收益曲线和边际收益曲线，所以，确定企业的收益规律就是要寻找出企业的需求曲线、平均收益曲线和边际收益曲线。

（一）企业需求曲线（dd 曲线）

市场上对某企业的产品需求状况，可以用该企业所面临的需求曲线来表示，这条曲线也被称为企业的需求曲线。在论述这一问题时，首先必须区分在完全竞争市场中整个行业的需求曲线与个别企业的需求曲线。

对整个行业来说，需求曲线是一条向右下方倾斜的曲线，供给曲线是一条向右上方倾斜的曲线［见图 8－1（a）］，整个行业产品的价格（即产品的均衡价格）就由需求与供给所决定。

在完全竞争市场中，每一个企业都是均衡价格的接受者，每一个企业所接受的这个均衡价格是由整个行业的需求与供给所决定的，所以当根据行业的供求关系确定下均衡价格之后，对个别企业来说，这一价格是既定的，企业无论如何增加或减少产量都不会影响均衡价格。因此，对于个别企业来说，产品的需求曲线必定是一条由既定均衡价格出发的平行线，这就是说，个别企业面临的是一条需求价格弹性无限大的水平需求曲线［见图 8－1（b）］，这表示在完全竞争市场中，每一个企业都必须按既定的均衡价格 P^* 出售产品。这说明：一方面，如果一个完全竞争性企业试图以高于均衡价格 P^* 的价格来销售产品的话，那么它将销售不出去一单位产品，因为所有的企业都销售同样的产品，而且所有的购买者都知道到哪里能买到更便宜的产品；另一方面，如果一个企业是追求利润最大化的，那么它就不会以低于均衡价格 P^* 的价格来销售产品，这是因为它能够在市场均衡价格上卖掉所有他想卖的产品。所以，对于完全竞争的企业只能有一个价格。

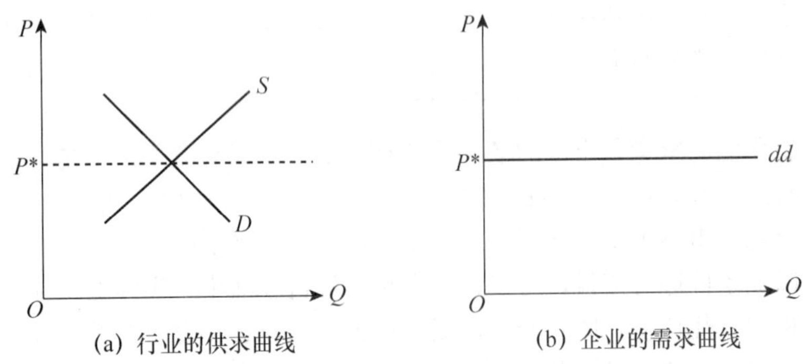

图 8－1　完全竞争市场的行业供求曲线与企业需求曲线

企业所面对的需求曲线是水平的以及企业是市场价格的接受者，这是完全竞争市场的重要特点。如果某企业的管理者认为："如果本企业生产更多的产品，本企业将不得不降低产品的价格"，那么该企业面对的就是一条向右下方倾斜的需求曲线，这说明该企业不是一个完全竞争性企业。一个完全竞争性企业的管理者总会认为，"在现行价格下，我可以卖出所有想卖的产品，关键在于我应该生产多少。"

（二）平均收益曲线（AR 曲线）

在完全竞争市场中，企业按既定的市场价格 P^* 出售产品，其售价就是企业的平均收益。

设总收益为价格与产量（即销售量）的乘积，即：

$$TR=P\times Q \tag{8.1}$$

平均收益是总收益与销售量的商，即：

$$AR=\frac{TR}{Q}=\frac{P\times Q}{Q}=P \tag{8.2}$$

上式说明，平均收益一定等于价格，这也就说明，平均收益曲线与需求曲线完全重合。因此，在完全竞争市场中，企业的平均收益曲线是一条与其需求曲线完全重合的水平线。

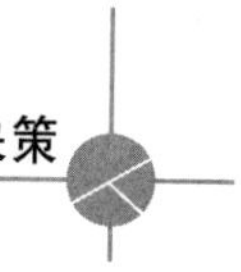

（三）边际收益曲线（MR 曲线）

由于边际收益等于每增加一个单位产品的收入增量。在完全竞争的条件下，个别企业销售量的变动，并不能影响市场价格。这就是说，企业每增加一单位产品的销售，市场价格仍然不变，即企业只能按既定的价格 P^* 来出售商品，所以，每增加一单位商品的销售所增加的收益仍然是 P^*，即商品的售价就是企业的边际收益。用公式表示为：

$$MR=\lim_{\Delta Q\to 0}\frac{\Delta TR}{\Delta Q}=\frac{\mathrm{d}TR}{\mathrm{d}Q}=\frac{\mathrm{d}(P\times Q)}{\mathrm{d}Q}=P \tag{8.3}$$

图 8-2 中表示出在完全竞争市场中，企业所售商品的价格等于边际收益也等于平均收益，即在完全竞争市场中，个别企业的需求曲线、平均收益曲线和边际收益曲线重合为一条曲线。

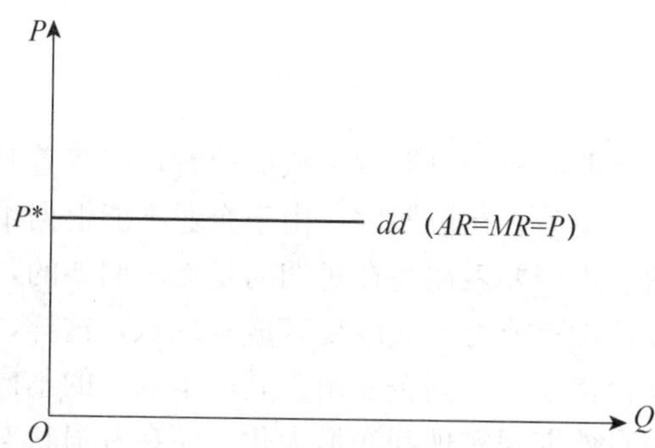

图 8-2　完全竞争市场的企业需求曲线、平均收益曲线及边际收益曲线

必须注意的是，在各种类型的市场上，平均收益与价格都是相等的，因为每单位产品的售价就是其平均收益。但只有在完全竞争市场上，对个别企业来说，平均收益、边际收益与价格才相等。

可以用表 8-1 来说明完全竞争市场中，企业的价格、平均收益与边际收益的相等关系。

表 8-1　完全竞争市场企业的收益表

价格（P）	销售量（Q）	总收益（TR）	平均收益（AR）	边际收益（MR）
30	1	30	30	30
30	2	60	30	30
30	3	90	30	30
30	4	120	30	30
30	5	150	30	30

从表 8-1 中可见，对每一单位商品，企业都按既定的市场价格 P 为 30 元出售商品。随着商品销售量的增加，企业的总收益 TR 不断增加。但由于商品的单位销售价格是固定不变的，这就不仅使得企业的平均收益 AR 保持不变，且等于商品的单位价格 30 元，而且使得企业每增加一单位商品的销售所获得的边际收益 MR 也保持不变，且等于商品的单位价格 30 元。这表明完全竞争企业在任何商品销售量水平上都有：

$$AR=MR=P \tag{8.4}$$

8.2 完全竞争市场中的企业决策

在完全竞争市场中，由于企业没有能力影响市场，仅是市场价格的接受者，因此，完全竞争市场中的企业必须遵循整个行业供求平衡所决定的均衡价格来销售其产品，这样，完全竞争市场中的企业无所谓价格决策，但是，企业必须做出产出决策。因此，完全竞争企业的唯一决策是“生产和出售多少产品”。一旦做出决定，就可以判定企业的生产成本以及企业的相关收益和利润。那么，完全竞争市场中的企业如何进行产出决策呢？在此，分别研究企业的短期决策与长期决策。

8.2.1 企业短期决策

在完全竞争市场上，企业的短期决策就是从短期看，围绕着利润最大化目标，通过边际分析方法确定企业的产出决策。在短期内，由于企业不能根据市场需求来调整全部生产要素，如机器设备、厂房等生产要素往往在短期内是无法调整的，即企业的生产能力相对保持稳定，因此，企业往往没有能力彻底改变其成本现状，这样，在完全竞争市场中，在行业供求均衡决定的既定价格下，不同企业由于其成本水平的不同，可能面临盈利或亏损状况。在盈利状况下企业自然期望实现利润最大化，而在亏损状态下企业则需要决定是否停产。

（一）企业的利润最大化决策

如果企业的成本水平较低，其平均成本低于市场价格［见图 8-3（a）］，即 $P>SAC$。很显然，企业此时处于获利状态。在第 7 章已经提出了经济学中依据利润最大化原则边际收益等于边际成本（$MR=MC$）确定企业的产出抉择的边际分析方法，因此，在此根据利润最大化原则，企业为了实现利润最大化，必须使其生产满足 $MR=MC$。根据这一原则，MR 与 MC 的交点 E 点就决定了企业的产量为 OM。当企业产出小于 OM，则出现 $MR>MC$，表示在现有生产状态下，每增加一单位产出所获取的收益大于为此而付出的成本，因此企业应该增加产出，将产出增加到 OM；但是若产出增加到大于 OM，则会使企业出现 $MR<MC$，表示在现有生产状态下，每增加一单位产出所获取的收益小于为此而付出的成本，因此企业应该减少产出，将产出减少到 OM。由此可见唯有当产出为 OM 时，$MR=MC$，表示在现有生产状态下，每增加一单位产出所获取的收益等于为此而付出的成本，则企业达到最大利润，应该维持现有产出。此时，平均成本为 MF，平均收益为 ME。因而总成本等于均衡产量乘以平均成本（$TC=OM\times MF$），即总成本的大小相当于图中长方形 $DOMF$ 的面积；总收益等于均衡产量乘以平均收益或价格（$TR=OM\times ON$），即总收益的大小相当于图中长方形 $NOME$ 的面积，显然总收益大于总成本，即 $NOME$ 的面积 $>DOMF$ 的面积，所以存在超额利润，超额利润等于总收益减去总成本（$\pi=TR-TC$），即超额利润的大小相当于图中长方形 $NDFE$ 的面积。

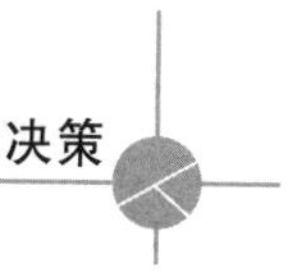

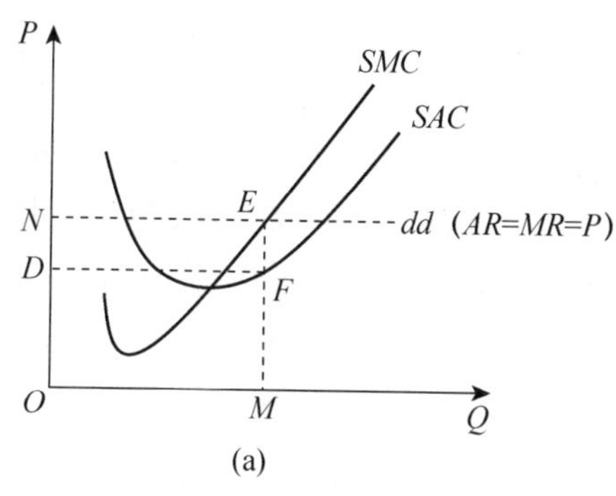

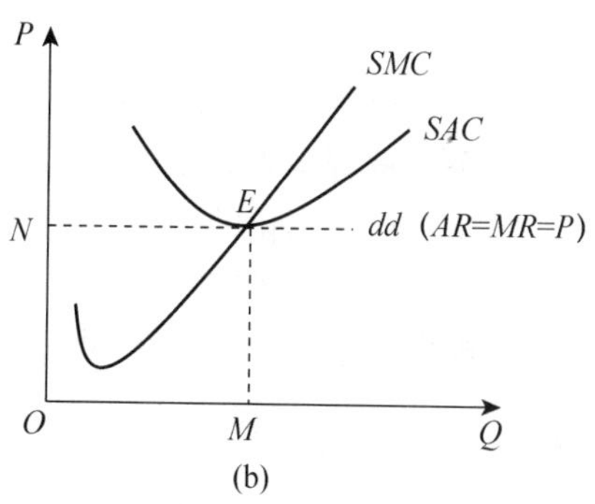

图 8-3　完全竞争市场中企业的短期决策（1）

如果企业面临的状况是其平均成本正好与市场价格相等，即 $P=SAC$，此时企业的需求曲线相切于平均成本的最低点，并且边际成本曲线也与该点相交［见图 8-3（b）］。根据利润最大化原则，企业为了实现利润最大化，必须使其生产满足 $MR=MC$。在图 8-3（b）中，边际收益曲线与边际成本曲线相交于 E 点，即在 E 点实现了 $MR=MC$，所以 E 点决定企业的产量为 OM，此时，平均成本为 EM，平均收益也为 EM，因此总成本与总收益相等，其大小均相当于图中长方形 $NOME$ 的面积，这说明企业既没有亏损又没有超额利润，只能获得正常利润。由于在这一点上，企业既无利润，又无亏损，所以该点也被称为企业的盈亏平衡点。

（二）企业亏损极小化决策

在短期，企业如果成本水平较高，可能面临的状况是其平均成本低于市场价格［见图 8-4（a）］，即 $P<SAC$，这时企业就会出现亏损，也就是说，企业无论在何种产出水平上都不能赚取利润，那么，企业应该如何决策呢？究竟是应当继续维持经营，还是停止经营？确定继续经营或停止经营的标准是什么？要回答这个问题，首先需要明确利润最大化原则实际上包含两层含义：第一，如果盈利，那么按照利润最大化原则生产，则企业实现最大利润；第二，如果亏损，那么按照利润最大化原则生产，则企业亏损最小。因此，当企业处于亏损状态时，依然需要依据利润最大化原则确定企业亏损最小化的产出决策，然后在此基础上进一步明确企业完全停产与继续保持生产何者的损失更小，由此决定是否停止经营。

小思考

满足利润最大化原则是否意味着企业一定会盈利？

在短期中，即使亏损企业依然要根据边际收益等于边际成本来确定产出水平，在图 8-4（a）中，边际收益曲线与边际成本曲线相交于 E 点，即在 E 点实现了 $MR=MC$，所以 E 点决定了企业亏损最小化的产量为 OM。此时，平均成本为 FM，平均收益为 EM，因而总成本等于均衡产量乘以平均成本（$TC=OM\times MF$），即总成本的大小相当于图中长方形 $DOMF$ 的面积；总收益等于均衡产量乘以平均收益或价格（$TR=OM\times EM$），即总收益的大小相当于图中长方形 $NOME$ 的面积。从图上可以看出，总收益小于总成本，即 $NOME$ 的面积<$DOMF$ 的面积，这说明企业出现亏损，亏损额为图中 $NEFD$ 的面积。在

这种亏损状态下，企业是继续生产还是停产则取决于平均变动成本（AVC）与市场价格的关系。这是因为在短期，企业即使不生产，固定成本仍要支出，这时的固定成本为沉没成本，所以如果企业选择停产，其收入就为0，它的损失就为固定成本（TFC）。但是，如果企业选择维持亏损最小化的产出，能够使损失减少到小于固定成本（TFC），那么它就应该继续营业。所以，在短期，如果企业处于亏损状态，应进一步检查完全停产与继续保持生产何者的损失更小。

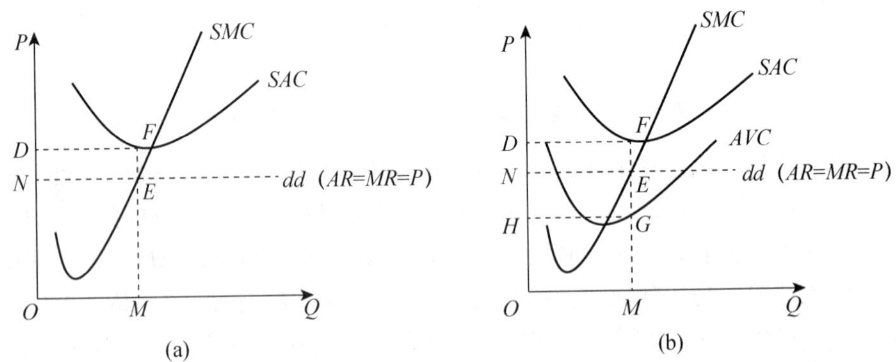

图8-4 完全竞争市场企业的短期决策（2）

如果企业面临的市场价格虽然低于企业平均成本但大于平均变动成本，即 $P>AVC$，或者 $TR>TVC$，就意味着企业继续生产，收入除了能补偿其变动成本之外，还能补偿部分固定成本。所以，保持生产比不生产的亏损额要少，因此，此时即使亏本，仍应保持亏损最小化的产出。如果企业面临的市场价格要低于平均变动成本，即 $P<AVC$ 或 $TR<TVC$，就表明企业如果继续维持生产，其收益连变动成本都无法得到全部补偿，因此，在这种情况下相比停产，亏损将会加大，所以，企业应该选择停产。如果企业面临的市场价格等于平均变动成本，即 $P=AVC$ 或 $TR=TVC$，就表明企业继续生产和停产，亏损额都为固定成本 TFC，因此企业选择生产和停产的效果完全一样，但是，在实际的生产经营中，企业在此时往往会选择继续生产。因此，在短期生产状态下，如果企业处于亏损状态，这时在决策中应该将固定成本看成沉没成本，不需要考虑其大小和回收问题，而应该根据价格是否大于或等于相应的平均变动成本，来决定企业是否应继续维持生产。$P\geqslant AVC$ 就是第6章第2节所说的停止营业点（或生产关闭点）。停止营业点规则可以对企业在短期内处于亏损状态下为什么继续经营或停止经营做出很好的解释。例如，为什么有些旅游风景区的某些经营项目在旅游旺季开业而在旅游淡季停业，原因在于旅游淡季这些经营项目的总收益 TR 小于总变动成本 TVC；钢铁、汽车和家电等生产商往往即使在亏损的状态下也要保持生产，也是遵循了停止营业点规则。

以下结合图8-4（b）和图8-5，进一步说明完全竞争企业如何依据停止营业点的原则进行决策。

如果市场价格低于企业的平均成本但高于平均变动成本［图8-4（b）］，即 $AVC<P<SAC$。此时如果企业根据利润最大化原则确定的亏损最小化的产量为 OM，则平均变动成本为 GM，这样总变动成本等于均衡产量 OM 乘以平均变动成本 GM（$TVC=OM\times GM$），即相当于 HOMG 的面积。由于总成本为 DOMF 的面积，由此可以计算出固定成本

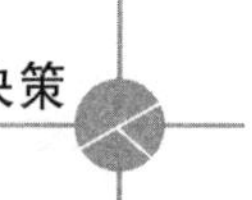

为：TFC＝DOMF 的面积－HOMG 的面积＝DHGF 的面积。因此，这意味着如果企业因为亏损，选择停产，则亏损额就等于固定成本为 DHGF 的面积；如果企业选择继续生产，亏损额为 NEFD 的面积。因为 NEFD 的面积＜DHGF 的面积，所以继续生产的亏损额要小于停产时的亏损额。这是因为继续生产所获得的收益（NOME 的面积），除了可补偿因生产所发生的变动成本（HOMG 的面积）以外，还有剩余（剩余额为 NHGE 的面积）可以补偿一部分固定成本，从而使继续生产时的亏损小于停产时的亏损。所以，当市场价格低于企业的平均成本但高于平均变动成本时，企业的正确决策应该是继续生产。

如果市场价格不仅低于企业的平均成本，还低于平均变动成本［见图 8－5（a）］，即 P＜AVC。此时如果企业根据利润最大化原则生产的产量为 OM，则平均变动成本为 KM，这样总变动成本等于均衡产量 OM 乘以平均变动成本 KM（TVC＝OM×KM），即相当于 ROMK 的面积。由于总成本为 DOMF 的面积，由此可以计算出固定成本就为：TFC＝DOMF 的面积－ROMK 的面积＝DRKF 的面积。因此，这意味着如果企业选择停产，亏损额就等于固定成本为 DRKF 的面积；如果企业选择继续生产，亏损额为 NEFD 的面积。因为 NEFD 的面积＞DRKF 的面积，所以继续生产的亏损额要大于停产时的亏损额。这是因为继续生产所获得的收益（NOME 的面积），连因生产所发生的变动成本（ROMK 的面积）都无法补偿，这样，继续生产会使亏损加大。所以，当市场价格不仅低于企业的平均成本，还低于平均变动成本时，企业的正确决策应该是停止生产。

如果市场价格低于企业的平均成本并且等于平均变动成本［见图 8－5（b）］，即 P＝AVC。此时如果企业根据利润最大化原则生产的产量为 OM，则平均变动成本等于平均收益等于市场价格为 EM，这样总变动成本等于均衡产量 OM 乘以平均变动成本 EM（TVC＝OM×EM），即相当于 NOME 的面积。由于总成本为 DOMF 的面积，由此可以计算出固定成本就为：TFC＝DOMF 的面积－NOME 的面积＝DNEF 的面积。因此，这意味着如果企业选择停产，亏损额就等于固定成本为 DNEF 的面积；如果企业选择继续生产，亏损额也为 NEFD 的面积。所以此时继续生产的亏损额等于停产时的亏损额。这是因为继续生产所获得的收益（NOME 的面积），正好补偿因生产所发生的变动成本，这样，继续生产与停产时的亏损额一样都为固定成本（NEFD 的面积）。所以，当市场价格低于企业的平均成本并且等于平均变动成本时，企业的正确决策应该是生产与停产两者皆可，但在实际的生产经营中，企业通常都会选择继续生产，其原因在上面已经说明。

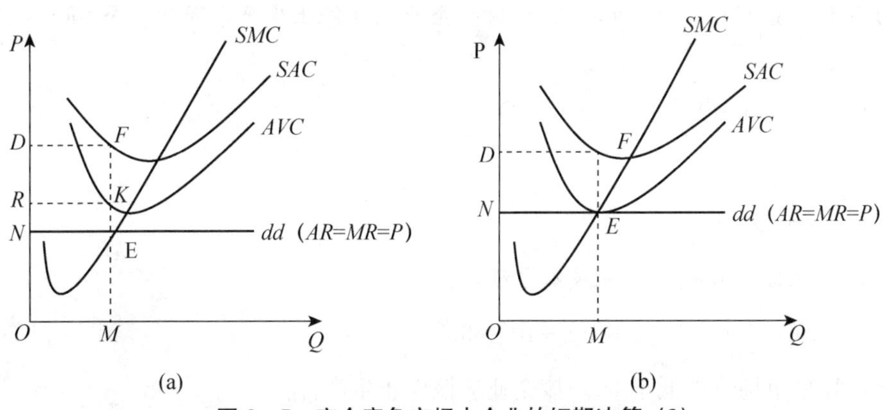

图 8－5　完全竞争市场中企业的短期决策（3）

小思考

根据以上内容说明停止营业点的含义。当一家企业的平均成本大于市场价格，企业处于亏损状态，企业应该继续生产吗？在交易中企业能够接受的最低价格是什么？

经济管理实务

餐馆是否要24小时营业

林红看完晚场的电影已是凌晨一点，因为肚子饿了，林红总算找到一家还在营业的小餐馆。林红边吃着饭边打量整个餐馆，小餐馆内只有3位客人，异常冷清。林红不禁在内心发出疑问：深夜屈指可数的几个顾客的光临肯定不可能弥补餐馆的经营成本，餐馆为何不早点打烊？

餐馆是否要24小时营业，在做出该决策时，老板肯定要将其所有的经营成本划分出固定成本与可变成本。餐馆的许多成本——店面租金、厨房设备、桌子、盘子、餐具等花费都是固定成本。在深夜停止营业，并不能减少这些成本。但老板决定是否在深夜继续营业，即是否要24小时营业时，只与可变成本——增加的食物支出和深夜工作的服务员及厨师的工资或加班费——相关，当深夜从顾客那得到的总收入大于以上可变成本时，老板就会决定在深夜继续维持营业，即保持24小时营业，否则老板就会选择在深夜停止营业。

但是，需要注意的是，如果企业销售收入仅能补偿固定成本，则该企业的生产是不可能维持太久的。在实际生产中，如果企业一直在亏损，即使价格高于短期平均变动成本，企业的决策者们也必须深入研究一下将来（即长期）亏损的状况是否会有所改变？为什么宁可在亏损状态下继续经营，而不变卖全部资产（厂房和设备），并将这变卖所得即企业资源投入其他行业呢？这些问题就是企业做长期决策时需要考虑的。

【例题8-1】餐具生产商面临一条水平的需求曲线，企业的总成本函数为：$TC=200+150Q-20Q^2+Q^3$。

问：当市场价格低于多少时，该企业应该停止生产？

解：$MC=\frac{dTC}{dQ}=150-40Q+3Q^2$，$AVC=\frac{TVC}{Q}=150-20Q+Q^2$

因为当$P=AVC$时，即$MC=AVC$时，企业应该停止生产，因此，令$MC=AVC$，得出：

$$150-40Q+3Q^2=150-20Q+Q^2$$

解方程，得：

$$Q=0 \text{ 或 } Q=10$$

把非零产量$Q=10$代入边际成本方程，得：

$$P=MC=150-40\times10+3\times10^2=50$$

因此，如果市场价格低于50，该企业应该停止生产。

综上所述，在短期完全竞争市场中，企业为实现利润最大化或亏损最小化的条件为：

$$MR = SMC \tag{8.5}$$

其中，$MR=AR=P$。满足以上条件，企业可以获得最大利润，可以利润为零，也可以蒙受最小亏损。当亏损时，企业必须做出停产或继续生产的决策。其中当 $P \geqslant AVC$ 或 $TR \geqslant TVC$ 时，企业应该选择继续生产；当 $P < AVC$ 或 $TR < TVC$ 时，企业应该选择停产。

（三）企业的短期供给曲线

根据以上完全竞争企业的短期产出决策分析中，可以得到完全竞争企业的短期供给曲线。短期供给曲线反映的是一个完全竞争企业在不同价格水平上所能提供不同产出水平的轨迹。

完全竞争企业的短期决策原则为 $MR=SMC$，由于 $MR=AR=P$，所以该决策原则也可以写为：

$$P = SMC \tag{8.6}$$

式（8.6）说明：完全竞争企业为了获得短期的最大利润，应该选择最优产量 Q，使得商品的价格 P 和边际成本 SMC 相等。这就是说，在每一个短期均衡点上，在企业的产量与商品的价格之间都存在着一种对应关系。这种对应关系在图 8－6（a）中得到充分的体现。

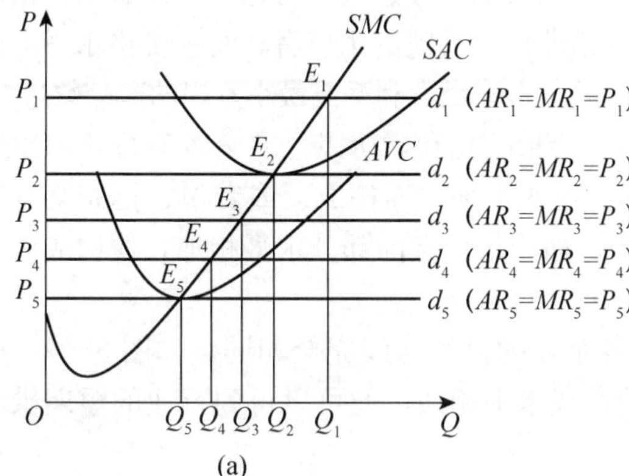

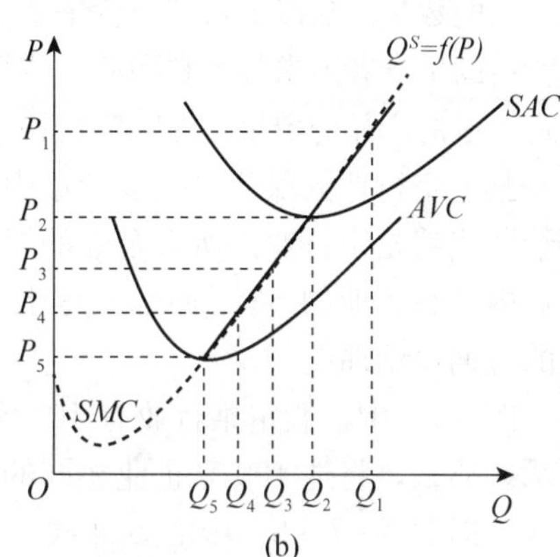

图 8－6　完全竞争企业的短期供给曲线

根据 $P=SMC$ 或 $MR=SMC$ 的短期决策原则，当商品的市场价格为 P_1 时，企业所选择的最优产量为 Q_1；当市场价格为 P_2 时，企业所选择的最优产量为 Q_2；……当市场价格为 P_5 时，企业所选择的最优产量为 Q_5。由此可见，在短期均衡点上商品的市场价格和企业所愿意提供的最优产量之间的对应关系可以明确地表示为以下的函数关系：

$$Q_S = f(P) \tag{8.7}$$

式中：P 为商品的市场价格，且 $P=SMC$；Q_S 为企业的最优产量或供给量。显然，式（8.7）是完全竞争企业的短期供给函数。

此外，在图 8-6（a）中还可以清楚地看到：根据 $P=SMC$ 或 $MR=SMC$ 的利润最大化的短期决策原则，商品的市场价格和企业的最优产量的组合，即 E_1、E_2、E_3、E_4、E_5 都出现在企业的边际成本 SMC 曲线上。而当市场价格低于 P_5，此时商品的市场价格小于企业的平均变动成本，企业停止生产，商品供给量为零。由此可见，在各个不同的市场价格下，企业所愿意提供的（能使企业获得最大利润或最小亏损）产量，都出现在 SMC 曲线上等于或高于 AVC 曲线最低点的部分。这一部分的 MC 曲线体现了式（8.7）的函数关系。

由此可以得到这样的结论：完全竞争企业的短期边际成本曲线上等于和高于平均变动成本曲线最低点的部分，就是完全竞争企业的短期供给曲线。根据图 8-6（a）所绘制的完全竞争企业的短期供给曲线如图 8-6（b）的实线部分所示。显然，完全竞争企业的短期供给曲线必定是向右上方倾斜的。至此，我们从对完全竞争场上追求利润最大化或亏损最小化的经济行为中推导出了完全竞争企业向右上方倾斜的短期供给曲线，从而对第 2 章所描绘的单个生产者的供给曲线是向右上方倾斜的现象做出了解释。

小思考

为什么说完全竞争市场企业的短期供给曲线与企业短期边际成本曲线等于和高于平均变动成本部分重合？

供给曲线表示在其他条件不变的情况下，生产者在每一价格水平上所愿意而且能够提供的产品的数量。从以上对完全竞争企业的短期供给曲线的推导过程，可以清楚地看到供给曲线背后的生产者追求最大利润的经济行为，即供给曲线所反映的生产者在每一价格水平上所愿意提供的产品的数量是在既定价格水平下能够给其带来最大利润或最小亏损的产品数量。

某一个行业的供给量是该行业中所有企业供给量的总和，所以，完全竞争行业的短期供给曲线就是由行业内所有企业的短期供给曲线的水平加总而构成。或者说，把完全竞争行业内所有企业的 SMC 曲线上等于和高于 AVC 曲线最低点的部分水平相加，便构成该行业的短期供给曲线。

图 8-7 中，假定某行业有 100 家企业，各企业的供给曲线完全相同，如图 8-7（a）所示。那么，将这 100 家企业相同的短期供给曲线水平相加，便可以得到行业的短期供给曲线，即图 8-7（b）中的 S 曲线。

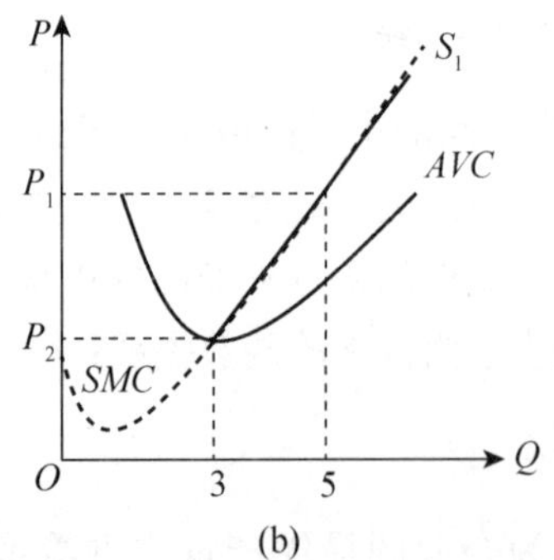

(b)

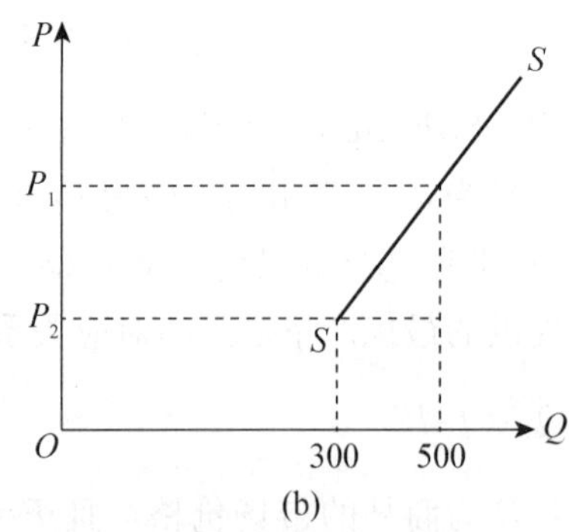

(b)

图 8-7　完全竞争行业的短期供给曲线

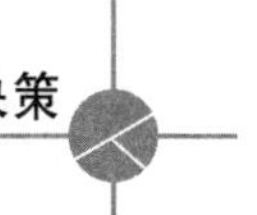

从图 8－7 中可见，在每一价格水平，行业的供给量都等于这 100 家企业的供给量之和。例如，当价格为 P_1时，行业供给量为 500，它等于 100 家企业的供给量之和，即 5×100＝500；当价格为 P_2时，行业供给量为 300，它同样等于 100 家企业的供给量之和，即 3×100＝300。

由于行业的短期供给曲线是单个企业的短期供给曲线的水平相加，所以，行业的短期供给曲线也是向右上方倾斜的。行业短期供给曲线上的每一点都表示在相应价格水平下能够使全体企业得到最大利润（或最小亏损）的行业短期供给量。

8.2.2　企业长期决策

在短期，由于企业无法调整所有的生产要素，所以企业也就没有能力根本改变其成本状况。但是在长期中，各个企业都可以根据市场价格以及市场需求来调整全部生产要素，也可以自由进出该行业。那么，是什么因素导致企业想进入或退出市场？进入市场的推动力是经济利润，退出市场的推动力是经济损失。

（一）长期均衡的形成

由于完全竞争市场是一个完全开放的市场，资源能够在各行业中追随着利润自由地流动。因此，当短期内出现亏损，长期内企业就可能会考虑退出其所在行业或者缩小自己的生产规模，致使整个行业的生产和供给减少，从而市场均衡价格上升，企业的平均收益和边际收益提高，企业的需求曲线逐渐上移，最终使亏损消失。如果短期内企业获得超额利润，长期就会吸引新的企业进入该行业，或者原有企业扩大自己的生产规模从而降低成本，获取更多的超额利润，以致整个行业的生产和供给增加，从而市场均衡价格下降，企业的平均收益和边际收益减少，企业的需求曲线下移，最终使超额利润消失。这种不断调整的结果，最终使行业内所有的企业趋向于获得正常利润，超额利润消失，实现长期均衡。

完全竞争市场中，企业长期均衡的形成过程可以用图 8－8 说明如下。

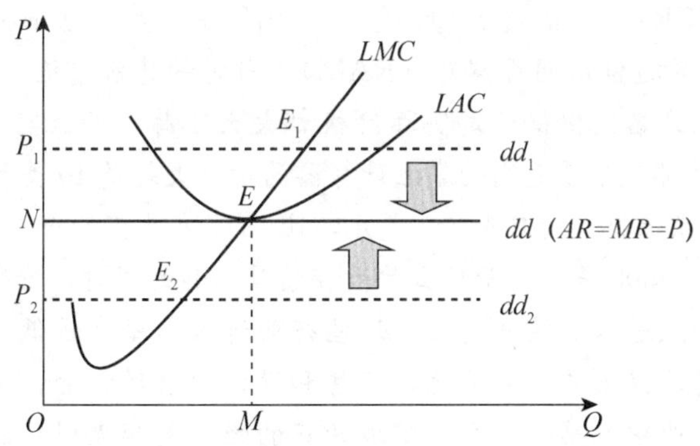

图 8－8　完全竞争市场中企业的长期均衡

在图 8－8 中，LMC 是企业的长期边际成本曲线，LAC 是企业的长期平均成本曲线。虚线 dd_1是整个行业供给小于需求、行业市场价格高于企业平均成本时的个别企业的需求曲线；虚线 dd_2是整个行业供给大于需求、行业市场价格小于企业平均成本时的个别企业的需求曲线。

在长期内，当整个行业供给小于需求，市场价格较高为 P_1 时，根据 $MR=LMC$ 的利润最大化的决策原则，单个企业在 E_1 点实现均衡，并获得超额利润。超额利润的存在会吸引新的企业加入该行业生产，该行业中原有企业也会进一步扩大生产规模，这样导致该行业供给增加和市场价格下降，相应的，单个企业的需求曲线 dd_1 会向下平移。当单个企业的需求曲线 dd_1 向下平移到与长期平均成本曲线相切时，企业的超额利润消失。这样由于没有超额利润，新企业不会进入该行业，原有企业虽然没有超额利润，但是由于拥有正常利润，因此企业也不急于退出该行业。此时，整个行业处于长期均衡状态，单个企业实现了长期均衡。

在长期内，当整个行业供给大于需求，市场价格较低为 P_2 时，根据 $MR=LMC$ 的利润最大化的均衡条件，单个企业在 E_2 点实现均衡，企业是亏损的。在亏损状况下，行业中原有的部分企业就会退出该行业，这样导致该行业供给减少和市场价格上升，相应的，单个企业的需求曲线 dd_2 会向上平移。当单个企业的需求曲线 dd_2 向上平移到与长期平均成本曲线相切时，企业的亏损消失。这样原有企业虽然没有超额利润，但是由于拥有正常利润，因此企业不会再退出该行业。此时，整个行业处于长期均衡状态，单个企业实现了长期均衡。

综上所述，无论是价格较高吸引新企业进入，还是价格较低促使行业内原有企业退出，单个企业所面临的需求曲线都会最终运动到图 8－8 中的 dd 曲线的位置。在这一位置上，dd 曲线相切于 LAC 曲线的最低点 E，LMC 曲线经过该点，这一点就是 $MR=LMC$ 的长期均衡点。

案例评析

当企业为追求利润而进入一个行业时，会发生什么①？

1969 年，掌上计算器第一次被引进美国，它的价格是 395 美元。1975 年，索尼第一次推出盒式录像机（VCR），价格是 1 400 美元。1977 年，苹果电脑公司推出了第一代个人计算机，它只有 4K 的随机访问存储器（RAM），当时的售价接近 1 300 美元。2000 年，这三种产品的价格无论是名义价格还是实际价格都大大下降，而且它们的质量都远远好于以前的产品。比 1969 年那款质量更高的掌上计算器的价格大约是 10 美元，比 1975 年的那些盒式录像机更好的盒式录像机大约只卖 250 美元，比 1977 年生产的个人家用计算机质量更优的个人家用计算机也只卖 600 美元。是什么导致在质量上升的同时，价格大幅度下降？

部分原因是新的企业进入了这些行业，这些行业进入的壁垒较低，如“典型”的生产者进入个人计算机市场，仅需要 6 万美元的厂房和设备的启动资金，苹果公司最初的启动资金则更少。在这些行业中，第一代企业实现的正的经济利润吸引了新的企业，从而商品的供给增加，价格下降。第一代掌上计算器出现后的 1970 年，美国德州仪器公司进入这个行业，很快，佳能、惠普、国民半导体公司和西尔斯公司也都纷纷加入这个行业。在 VCR 行业，继索尼之后，RCA、通用电气、Zenith 等其他公司也纷至沓来。在个人计算

① 阿诺德. 经济学. 5 版. 沈可挺，刘惠林，译. 北京：中信出版社，2004：578.

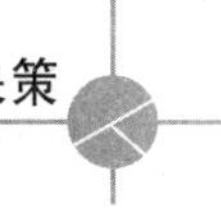

机行业，Tandy、施乐、IBM、日本电气、卡西欧、数据设备公司和大量其他企业也紧随苹果公司进入了这个行业。

这些例子说明了一个容易进入的市场的价格和利润是如何变化的。这也暗示着，如果现有的企业能够成功地限制新的企业进入，它们就能够享受超额利润。设想一下，如果索尼公司能够阻止其他企业进入盒式录像机行业，它将获取多少利润？

（二）企业的长期决策

无论长期还是短期决策，所必须遵循的利润最大化的原则是一样的，这就是使产出处于边际收益等于边际成本处，即图8-8中的*E*点，这时的产出水平为*OM*，在该产出水平上，边际收益（*MR*）等于长期边际成本（*LMC*），平均收益为*ON*，平均成本也为*ON*。这时，总收益为平均收益乘以产量（$TR=ON\times OM$），其大小相当于长方形*NOME*的面积；总成本等于平均成本乘以产量（$TC=ON\times OM$），其大小相当于长方形*NOME*的面积。这样，总收益等于总成本，企业既无超额利润又无亏损，实现了长期均衡。

由图8-8中还可以看出，当实现长期均衡时，长期边际成本曲线（*LMC*）、长期平均成本曲线（*LAC*）都相交于E点。这就表明，在完全竞争市场中，企业实现利润最大化的长期均衡条件是：

$$MR=AR=LMC=LAC=P \tag{8.8}$$

小思考

竞争的结果必然导致超额利润的消失，这句话正确吗？

在理解完全竞争市场企业的长期均衡时需要注意：第一，企业的长期均衡点就是第6章成本分析中所说的盈亏平衡点。这时总收益等于总成本，企业所能获得的只能是作为生产要素之一企业家才能的报酬——正常利润。经济学家认为，正常利润作为生产要素的支出之一是成本。所以，盈亏平衡点中就包含了正常利润在内，这也是为什么企业在超额利润为零的状况下会继续经营下去的原因。第二，从长期均衡的形成过程可以看出，在完全竞争市场中，由于竞争力量的作用，最终所有企业的超额利润消失，每一个企业只要获得正常利润就是实现了利润最大化。第三，完全竞争市场中，企业的长期决策是：当$P>LAC$或$TR>LTC$，行业存在超额利润，企业就会考虑进入该行业；当$P<LAC$或$TR<LTC$，出现亏损，企业就会退出该行业。在前面的分析中已经知道在短期，企业即使处于亏损状态，但只要市场价格高于企业平均变动成本，企业依然应该继续经营下去。从长期看，只有当价格不低于长期平均成本时，企业才应继续经营下去。在图8-8中，如果价格高于或等于*LAC*，企业不会亏损，因而应该继续经营下去，并使产出水平维持在$MR=MC$处。如果价格低于*LAC*，企业的长期决策应当为停止生产，或者实施转产。这是因为在长期中，企业能够进行全面的生产要素调整，即生产规模调整，如果经过调整，所实现的长期平均成本仍不能低于产品的市场价格，则说明企业从长期来看其收益根本无力支付其成本，因此应该停产歇业或转向其他行业。也就是说，企业要在长期中继续经营，至少应获得正常利润即总成本决不能大于总收入，同样，平均成本必须小于平均收益。所以，

只要满足价格大于平均成本，利润就不会是负值。而价格等于长期平均成本点为企业生产的盈亏平衡点。

综上，可以得出企业的长期产出决策必须满足的条件是：$MR=LMC$，且$P\geqslant LAC$。如果 $P<LAC$，企业应该选择退出该行业。

经济管理实务

如果企业获得零利润，为什么它们还在经营

在我国电视机产品市场中，竞争异常激烈，电视机的价格也不断下降，众多的电视机企业纷纷感叹：日益下降的电视机价格，已使某些电视机产品的生产无利可图。然而，尽管如此，为什么几乎所有的电视机企业依然在维持电视机的生产呢?

从上面的分析中可以了解，竞争最终的结果使超额利润消失，电视机产品的生产同样如此。企业经营的目的是获得利润，如果企业的利润为零，看来似乎就没有什么理由再经营下去了。实际上，电视机企业在决策时与经济学家的分析思路是一致的，即成本中包括企业的所有机会成本，这也就是说，决策时所考虑的成本包括了企业所有者用于经营的时间、金钱及其他自有资源的机会成本。在零利润时，企业的收益应该补偿所有者期望用于使其企业维持的时间和金钱。因此，竞争最终消灭的是超额利润，对于电视机企业来说，虽然高额的超额利润已经消失，但依然可以获得包含以上机会成本的正常利润。正常利润的获取虽然不会使电视机企业欣喜若狂，但是足以使企业认为值得继续从事电视机的生产。毕竟如果电视机企业退出并从事其他经营，一方面要承担退出成本（并不是所有的资产都可以变卖），另一方面，可能其他的经营并不会使企业变得更好。这就是电视机企业在无利可图的境况下依然维持经营的原因所在。

总结以上分析，我们应该知道企业在进行当前的决策时，应该预估企业未来面临的经营环境和经营条件，由此做出短期或长期决策。一般来说，企业所面临的未来有三种可能性：

（1）企业预计其需求环境在将来会有所改善。如果有这样的希望，就值得继续经营，即使在短期内有些亏损也无妨，因为将来需求有所好转后，这些损失可以得到弥补。

（2）需求环境不会有大的改善，但企业预计其成本将有所降低。比如某一项新的生产工艺技术的采用将会使生产成本大大降低。如果是这样，企业也值得继续经营下去。

（3）企业既看不到任何降低成本的可能性，需求环境又不可能转好。如果这样，企业应该做出停产或转产的决策，因为多生产一天就多亏损一天。

企业的短期和长期决策可以归纳为表 8-2。

表 8-2　企业的短期与长期决策

决策	决策原则	检验是否应继续生产
短期决策	产出确定在 $MR=SMC$ 处	$P\geqslant AVC$，或 $TR\geqslant TVC$，则生产这一产量； $P<AVC$，或 $TR<TVC$，则停产
长期决策	产出确定在 $MR=LMC$ 处	$P\geqslant LAC$，或 $TR\geqslant LTC$，则生产这一产量； $P<LAC$，或 $TR<LTC$，则退出

表 8－2 表示：从短期看，由于是否生产取决于价格是否高于平均变动成本 AVC，所以称 $P=AVC$ 为短期停止营业点，即 $P<AVC$ 时，企业短期内应停产。从长期看，持续营业的条件是 $P\geqslant LAC$，因此称 $P=LAC$ 为长期盈亏平衡点，即 $P<LAC$ 时，企业应退出该行业而转移到新的行业中去。

（三）企业的长期供给曲线

完全竞争企业的长期供给曲线和短期供给曲线类似，其推导过程可以用图 8－9 表示。

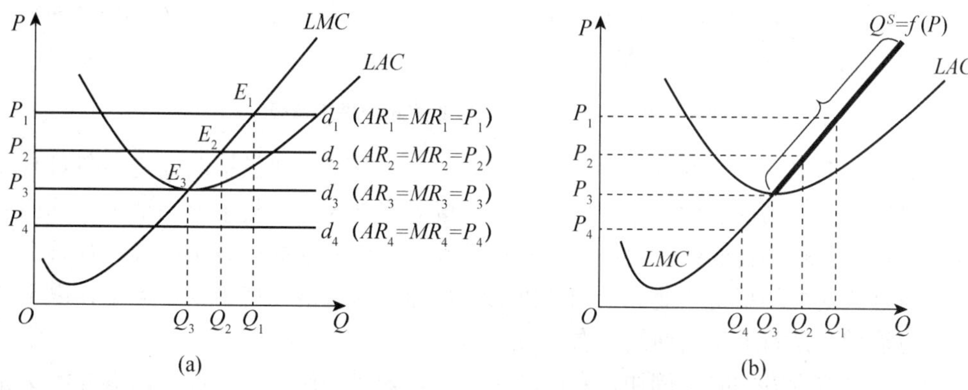

图 8－9　完全竞争企业的长期供给曲线

从图 8－9 可见，企业通过长期的规模调整，其平均成本为图中的 LAC，当商品的市场价格为 P_1 时，对单个企业而言，价格高于平均成本，企业有利可图，因此企业会根据 $MR=MC$ 最大利润原则选择 Q_1 为最优产量；同理，当市场价格为 P_2 时，企业所选择的最优产量为 Q_2；当市场价格为 P_3 时，企业所选择的最优产量为 Q_3；当市场价格继续下降为 P_4 时，由于此时市场价格低于企业的长期平均成本，即 $P<LAC$ 或 $TR<LTC$，这意味着企业即使通过长期调整，即使在最佳规模上，其平均成本依然高于市场价格，因此企业这时会选择退出市场，即所愿意提供的产量为零。由此可见，在各个不同的市场价格下，企业所愿意提供的（能使企业获得最大利润）产量，都出现在 LMC 曲线上等于或高于 LAC 曲线最低点的部分。这一部分 LMC 曲线体现了市场价格与企业供给量之间的函数关系。

由此可以得到这样的结论：完全竞争企业的长期边际成本曲线上等于和高于平均成本曲线最低点的部分，就是完全竞争企业的长期供给曲线。根据图 8－9（a）所绘制的完全竞争企业的长期供给曲线如图 8－9（b）的粗实线部分所示。

通过以上的分析可见，在一个可以自由进入与退出的市场上，企业长期均衡时必然满足 $MR=LMC=LAC=P$，此时，企业超额利润等于零，并且在最低平均成本的生产规模上运营，整个行业市场只有一种价格，那就是与平均成本最低点相等的价格，如图 8－10（a）所示。因此，长期行业供给曲线必然是这种价格的水平线，如图 8－10 所示，是一条具有无限弹性的供给曲线。任何高于该水平的价格都会产生超额利润，导致企业进入，并增加总供给量；任何低于该水平的价格都会引起亏损，导致企业退出，并减少总供给量。最终，行业市场中的企业数量会自发调整，以使价格等于最低平均成本，在该价格上，有足够的企业可以满足市场的所有需求。

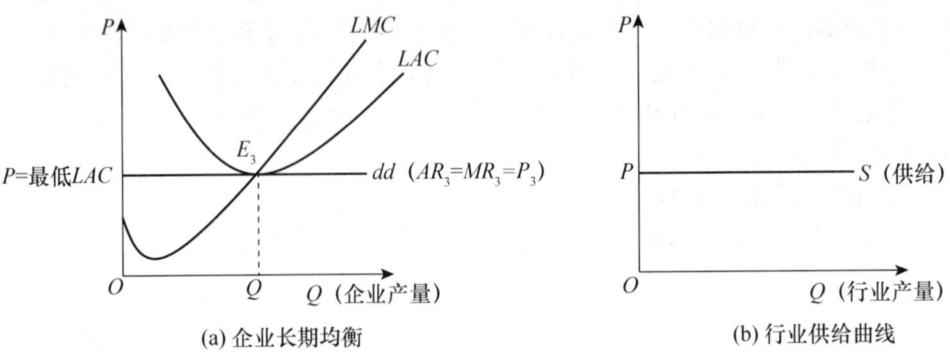

(a) 企业长期均衡

(b) 行业供给曲线

图 8-10　完全竞争市场行业的长期供给曲线

以上分析说明了在一个可以自由进出的市场中，行业的长期供给曲线是一条具有无限弹性的水平线，但该结论是建立在市场内存在大量潜在进入者，其中每一个企业都面对同样的成本。因此，长期行业供给曲线是与平均成本最低点相等的一条水平线。当整个市场需求增加时，长期的结果是企业数量和总供给量增加，而价格保持不变。但是在以下两种情况下，可能使长期行业供给曲线向右上方倾斜。

（1）当生产资源有限时。例如，农产品市场上，如果任何一个人都可以选择购买土地从事农业生产经营，但土地是有限的。随着越来越多的人从事农业生产经营，农业土地价格会急剧上升，这就增加了市场上所有农民的成本。因此，当农产品需求增加无法维持在成本不增加的情况下增加供给量时，就意味着市场的价格要上升。结果，在这种情况下，即使农产品行业可自由进出，依然会导致长期行业供给曲线向右上方倾斜。

（2）不同企业可能有不同的成本。例如，在快递市场上，任何一个人都可以进入快递服务市场，但并不是每一个人运送快递的成本都相同。成本之所以存在差异，可能是有些人干活比较快，也可能有些人的时间安排更适合从事快递服务。在任何一种既定价格下，那些成本低的人都比那些成本高的人更有可能进入市场。然而随着快递服务的需求量急剧上升，为了增加快递服务的供给量，就必须鼓励更多的人进入快递服务市场。由于这些新进入者成本较高，要使市场对这些人来说有利可图，价格就必须上升。因此，即使市场是可自由进出的，快递服务的长期行业供给曲线也可能会向右上方倾斜。这时，由于成本不同，一些企业即使在长期也可能获得超额利润。

基于以上两种情况，要促使整个行业有更大的供给量，提升现有价格可能是必要的，这时行业的长期供给曲线会向右上方倾斜。但无论如何，由于企业在长期进入与退出比短期更容易，所以长期供给曲线一般比短期供给曲线更富有弹性。

【例题 8-2】 已知完全竞争市场上，单个企业的长期成本函数为 $LTC=Q^3-20Q^2+200Q$，市场的产品价格为 $P=600$。

求：（1）该企业实现利润最大化时的产量、平均成本和利润各是多少？（2）该行业是否处于长期均衡，为什么？（3）该行业处于长期均衡时每个企业的产量、平均成本和利润各是多少？（4）判断（1）中的企业是处于规模经济阶段，还是处于规模不经济阶段？

解：（1）$MR=P=600$，$MC=\frac{dLTC}{dQ}=3Q^2-40Q+200$

利润最大化时，$MR=MC$，$600=3Q^2-40Q+200$，解得：$Q=20$，即利润最大化时的产量为 20。

$AC=\frac{LTC}{Q}=Q^2-20Q+200=20^2-20\times20+200=200$，即利润最大化时的平均产量为 200。

$\pi=TR-TC=P\cdot Q-AC\cdot Q=600\times20-200\times20=8\,000$，即利润最大化时的利润为 8 000。

（2）完全竞争行业处于长期均衡时各企业的利润应为 0，现在还有利润存在，因此该行业目前没有实现长期均衡。

（3）长期均衡的条件为：$MR=MC=AC=AR=P$，因此长期均衡时 $MC=AC$，由此建立方程：

$$3Q^2-40Q+200=Q^2-20Q+200$$

解得：

$$Q=10$$

将 $Q=10$ 代入平均成本函数，解得：

$$LAC=10^2-20\times10+200=100$$

因为长期均衡时，$P=LAC=100$，所以求得：

$$\pi=TR-TC=P\cdot Q-LAC\cdot Q=100\times10-100\times10=0$$

即长期均衡时，每个企业的产量为 10，平均成本为 100，利润为 0。

（4）根据以上计算，可知（1）中企业的产量为 20，高于长期均衡时的产量 10，而长期均衡时的产量对应于平均成本最低点，因此，当产量为 20 时的平均成本要高于产量为 10 时的平均成本，所以（1）中的企业处于规模不经济状态。

8.2.3　企业的竞争战略

所谓竞争战略，就是在一个行业或一组经营活动中寻求经济优势或者一个有利的竞争地位。在完全竞争市场，由于整个市场呈现开放状态，资源可以追随着利润自由地进出行业，众多有能力的竞争企业提供相同的产品，那么激烈的价格竞争将会很快消除企业依据低成本或创新获取的短期超额利润，所以，从长期来看，完全竞争企业的许多竞争优势都不会保持长久，即不可能获取持久的经济利润，最终企业只能获得较低的商业利润即正常利润。

虽然完全竞争企业获得超过正常利润的收益是短暂的，但是企业依然可以依据竞争战略在短期尽可能地获取超额利润，从而使企业在竞争相当激烈的行业中得以长期生存。完全竞争企业的竞争战略就是能够比竞争对手更快、更好或者更低成本地提供产品。更快是指拥有新市场的先动优势，从而使企业相比竞争对手获取的短期超额利润持续的时间更长；更好是指依据企业的质量优势，使之吸引更多的消费者，从而在短期获得更多的超额利润；更低成本是指企业相比众多的竞争对手具有更低的成本竞争优势，这些成本竞争优势可能来源于高于行业平均水平的生产效率，或者处于有利的地理位置，这样企业就可以在同样的价格水平下，获取超过正常利润的超额利润。

8.3 完全竞争市场经济绩效的评价

经济学家认为，市场的竞争程度越高，经济效率就越高；反之，垄断程度越高，经济效率就越低。所以，经济效率最高的是完全竞争的市场结构。以下分析完全竞争市场经济绩效的状况及其产生的原因。

8.3.1 生产者剩余

在本教材的第 3 章，我们引入消费者剩余这一概念来评价消费者从参与市场中得到的利益。在图 8－11 中，市场的均衡价格为 P_0，完全竞争市场中所有企业都需要按照该价格来销售其商品，由此可以知道此时消费者所得到的利益即消费者剩余的大小相当于图 8－11 中的 AEP_0 面积。现在我们考虑在这个价格下生产者从参与市场中得到的利益。

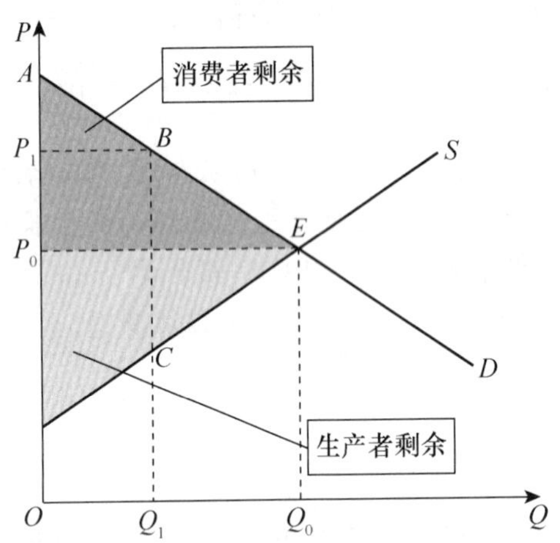

图 8－11 消费者剩余与生产者剩余

考虑一位大学生为中、小学生提供家教的劳务。如果他得到的报酬（价格）超过了从事这项工作的成本，他就愿意接受这项工作。一般来说，大学生做家教的成本是他愿意接受这项工作的最低价格，所以，成本反映了该大学生出售其劳务的意愿。每个大学生都渴望以高于他的成本的价格出售他的劳务，拒绝以低于其成本的价格出售他的劳务。这个成本应该为该大学生的机会成本，如果该大学生很容易就找到一份每小时 30 元的家教或其他工作，则该大学生愿意接受的最低价格为每小时 30 元。当雇主愿意为这份家教支付 50 元时，该大学生很高兴接受这份工作。也就是说，该大学生愿意以每小时 30 元的价格从

事这项工作，但得到了每小时50元的价格。所以，经济学认为该大学生得到了50－30＝20（元）的生产者剩余。生产者剩余是卖者得到的货币额减去可变生产成本后的差额。生产者剩余实际上是衡量卖者参与市场所得到的收益。

正如消费者剩余与需求曲线密切相关一样，生产者剩余也与供给曲线密切相关。生产者剩余可以由市场价格之下和供给曲线以上的面积来衡量，如图8－11所示。

在前面的分析中，我们已经讨论过，在完全竞争市场中，企业的供给曲线与边际成本曲线重合，在企业的长期均衡点上，超额利润消失，$P=MR=MC$，即MC曲线（或供给曲线）上的每一点是企业所能接受的最低价格，在这个价格上，企业没有超额利润，仅获取正常利润。因此，图8－11中，供给曲线上的每一点衡量的是提供每一单位产品所愿意接受的最低价格，即最低成本，而价格和生产成本之间的差额则是卖者的生产者剩余。如果图8－11中的供给曲线是单个企业的供给曲线，则该图阴影部分给出的是单个企业的生产者剩余。如果图8－11中的供给曲线是市场或整个行业的供给曲线，则该图阴影部分给出的是市场中所有卖者的生产者剩余的总和。

经济学上通常用生产者剩余来衡量生产者的福利，用消费者剩余衡量消费者的福利，两者的总和构成社会总福利。有了生产者剩余的概念和衡量的方法，就能很容易推知高价格可以增加生产者剩余。在图8－11中，企业如果有控制市场价格的能力，将其价格定为P_1，会使企业的生产者剩余增加，但与之对应的会带来消费者剩余的减少，特别是会使整个社会的总福利减少，其减少量相当于BEC面积。然而，在完全竞争市场上，企业没有能力控制与影响市场，所有企业都必须按照均衡价格P_0销售商品，这样，整个社会得到了最大的福利。所以，完全竞争市场能使社会福利实现最大化。

小思考

什么是生产者剩余？想一想你目前的工作带给你的生产者剩余为多少？

8.3.2 资源配置和生产效率

在完全竞争市场中，企业在其利润最大化的均衡点上呈现出$P=MC$，这就说明无论是从社会的角度还是从企业的角度来看，资源在各种产品的生产之间的配置处于最优状态。因为价格代表社会对企业每一件多生产的产品的价值评价，边际成本则代表多生产一件产品所需要追加的资源的价值。如果企业生产某种产品，其产量水平处于$P>MC$的情况，表明生产出来的产品的价值大于所投入资源的价值，说明企业的产量水平不是最优，还应该继续增加产量，即将更多的资源投入生产该产品，由此增加社会的总财富。反之，如果企业生产某种产品，产量水平处于$P<MC$的情况，表明企业此时生产出来的产品的价值小于投入资源的价值，这时企业应该减少该产品的生产，即减少资源在该产品生产中的投入，而将资源投入$P>MC$的产品生产中。只有当$P=MC$时，企业的产量水平从整个社会资源的合理分配角度看是最优的，这不仅使消费者得到了最低的价格，而且使生产者乃至整个社会的生产资源得到了最有效的利用，实现了资源的最优配置。此时，被称为实现了资源配置的有效性（resource allocation efficiency）。由此可见，社会资源会持续流向 $P>MC$ 的生产中，从而获取最高的价值。

从长期考察，在完全竞争市场，每个企业在竞争的驱使下，为了获取超额利润，就会不断调整其规模从而降低成本，最终完全竞争市场可以使企业把生产规模调整到平均成本的最低点（$P=LAC$），即在企业的平均成本最低点上生产，因而生产效率最高，在全社会范围内节约了资源。从长期来看，生产者只获得正常利润，这也符合消费者的利益。总之，在完全竞争的条件下，企业可以实现成本最小化，在最佳规模上生产，从而实现最高的生产效率。此时，被称为实现了生产的有效性（productive efficiency）。

正是依据以上的分析，许多经济学家认为完全竞争市场是最理想的市场结构。但是，也有许多经济学家指出，完全竞争市场也有其缺点：第一，各企业的平均成本最低并不一定社会成本就最低；第二，各企业生产的产品无差别，使消费者的多种需求无法得到满足；第三，完全竞争市场上生产者的规模都很小，这样，他们就没有能力去实现重大的科学技术突破，从而不利于技术发展；第四，在实际中完全竞争的情况几乎是不可能的，接近的情况也不多见。

小　结

本章首先说明了完全竞争市场的基本条件，即：市场上有大量的卖者和买者；市场上所出售的商品和劳务是同质的；市场上各种生产资源可以充分自由流动，不受任何因素的阻碍；市场信息是畅通的。同时阐述了完全竞争企业的收益规律，即在完全竞争市场上，企业的需求曲线、平均收益曲线、边际收益曲线为完全重合的一条水平线。其次，论述了完全竞争企业的短期决策，由此得出的结论是：完全竞争市场中企业的短期均衡条件为 $MR=SMC$，在短期均衡时，企业可以获得最大利润，可以利润为零，也可以蒙受最小亏损。当亏损时，企业必须做出停产或继续生产的决策，其中当 $P\geqslant AVC$ 或 $TR\geqslant TVC$ 时，企业应该选择继续生产；当 $P<AVC$ 或 $TR<TVC$ 时，企业应该选择停产。完全竞争企业的短期边际成本曲线上等于和高于平均变动成本曲线最低点的部分，就是完全竞争企业的短期供给曲线。再次，论述了完全竞争企业的长期决策，由此得出的结论是：在完全竞争市场上，企业长期均衡的条件是 $MR=AR=LMC=LAC=P$。从长期均衡的形成过程可以看出，在完全竞争市场上，由于竞争力量的作用，最终所有企业的超额利润消失，每一个企业只能获得正常利润。完全竞争市场中，企业的长期决策是，当 $P>LAC$ 或 $TR>LTC$，行业存在超额利润，企业就会考虑进入该行业；当 $P<LAC$ 或 $TR<LTC$，出现亏损，企业就会退出该行业。完全竞争企业的长期边际成本曲线上等于和高于平均成本曲线最低点的部分，就是完全竞争企业的长期供给曲线。最后从社会福利、资源配置和生产效率的角度对完全竞争市场的经济绩效进行了评价，得出的结论是：完全竞争市场是实现社会福利最大、资源配置最佳、生产效率最高的理想市场。

经济管理问题分析

该项决策可以这样考虑：此时的决策为短期决策。短期决策的条件是交易价格应该大于或等于平均变动成本。目前客户的出价为 6 300 元，该价格虽然低于平均成本（7 000 元/台），但由于目前计算机市场竞争异常激烈，公司很难以高于平均成本的价格进行大批量的交易，所以，只要交易价格大于或等于该型号计算机的平均变动成本，该公司就应该接受该项交易。显然，6 300 元的出价大于计算机的平均变动成本，所以该公司应该接受该项交易，这样，相比停产亏损更少。当然，如果公司认为该型号计算机已经没有盈利的可能（计算机价格不可能上升或生产平均成本不可能再降低），则此时的决策应该为长期决策，可以考虑卖掉所有存货后立即转产。

复习与思考

一、名词解释

完全竞争市场　完全竞争行业需求曲线　完全竞争企业需求曲线　完全竞争企业短期供给曲线　完全竞争企业长期供给曲线　生产者剩余

二、选择题

1. 根据完全竞争市场的条件，下列哪个行业最接近完全竞争行业？

A. 自行车行业　　B. 玉米行业　　C. 糖果行业　　D. 服装行业

2. 完全竞争企业所面临的需求曲线是一条水平线，它表示：

A. 企业可以通过销售量来影响商品价格

B. 企业只能接受市场价格

C. 企业对市场价格有较大的影响力

D. 企业对市场价格有微小的影响力

3. 在 $MR=MC$ 的均衡产量上，企业：

A. 必然得到最大利润

B. 不可能亏损

C. 必然得到最小的亏损

D. 若获利润，则利润最大；若亏损，则亏损最小

4. 如果在企业的短期均衡产量上，AR 小于 SAC，但大于 AVC，则企业：

A. 亏损，立即停产　　B. 亏损，但继续生产

C. 亏损，生产或不生产都可以　　D. 获得正常利润，继续生产

5. 在企业的停止营业点上，应该有：

A. $AR=AVC$　　B. 总亏损等于 TFC

C. $P=AVC$　　D. 以上说法都对

6. 完全竞争企业的短期供给曲线应该是：

A. SMC 曲线上超过停止营业点的部分

B. SMC 曲线上超过盈亏平衡点的部分

C. SMC 曲线上的停止营业点和超过停止营业点以上的部分

D. SMC 曲线上的盈亏平衡点和超过盈亏平衡点以上的部分

E. SMC 曲线的上升部分

7. 在完全竞争企业的长期均衡产量上必然有：

A. $MR=LMC\neq SMC$，其中 $MR=AR=P$

B. $MR=LMC=SMC\neq LAC$，其中 $MR=AR=P$

C. $MR=LMC=SMC=LAC\neq SAC$，其中 $MR=AR=P$

D. $MR=LMC=SMC=LAC=SAC$，其中 $MR=AR=P$

8. 当一个完全竞争行业实现长期均衡时，每个企业：

A. 都实现了正常利润　　B. 超额利润都为零

C. 行业中没有任何企业再进出　　D. 以上说法都对

9. 下列条件中，与完全竞争市场短期均衡条件不相符的是：

A. $P=MP$　　B. $MC=MR$　　C. $P=MC$　　D. $MC=AR$

10. 下列各项中，并非完全竞争市场的假设条件的是：

A. 每一个企业都面临一条向右下方倾斜的需求曲线

B. 信息完全

C. 所有供给者和需求者都是价格的接受者

D. 企业可以任意进出市场

11. 在任何市场中，企业的平均收益曲线可以由____来表示。

A. 企业的需求曲线　　B. 企业的供给曲线

C. 行业的需求曲线　　D. 行业的供给曲线

三、问答题

1. 什么是完全竞争市场？完全竞争市场应该具备的条件是什么？

2. 用图说明完全竞争企业长期均衡的形成及其条件。

3. 在完全竞争市场中，在什么条件下企业将暂停营业？请解释原因。在什么条件下企业将退出市场？请解释原因。

4. 为什么完全竞争企业的需求曲线是一条与横轴平行的直线，而行业需求曲线是一条向右下方倾斜的曲线？

5. 在完全竞争市场，企业应该采取怎样的竞争战略？

6. 某个完全竞争企业是否需要做广告？一个完全竞争行业是否需要做广告？请找出现实中的经济实例论证你的答案。

四、计算题

1. 已知某完全竞争的成本不变行业中的单个企业的长期总成本函数 $LTC=Q^3-12Q^2+40Q$。试求：

（1）当市场上产品的价格为 $P=100$ 时，企业实现 $MR=LMC$ 时的产量、平均成本和利润。

（2）该行业长期均衡时的价格和单个企业的产量。

（3）当市场的需求函数为 $Q=660-15P$ 时，行业长期均衡时的企业数量。

2. 已知某完全竞争行业中的单个企业的短期成本函数为：$STC=0.1Q^3-2Q^2+15Q+10$。

求：（1）当市场上产品的价格为 $P=55$ 时，企业的短期均衡产量和利润。

（2）当市场价格下降为多少时，企业必须停产。

（3）企业的短期供给函数。

3. 已知某完全竞争市场的需求函数 $D=6\,300-400P$，短期市场供给函数为 $SS=3\,000+150P$；单个企业在 LAC 曲线最低点的价格为 6，产量为 50，单个企业的成本规模不变。

求：（1）市场的短期均衡价格和均衡产量。

（2）判断（1）中的市场是否同时处于长期均衡，并求行业内的企业数量。

（3）如果市场的需求函数为 $D'=8\,000-400P$，短期供给函数为 $SS'=4\,700+150P$，求市场的短期均衡价格和均衡产量。

（4）判断（3）中的市场是否同时处于长期均衡，并求行业内的企业数量。

（5）需要新加入多少企业，才能提供由（1）到（3）所增加的行业总产量。

4. 假设大白菜的需求函数为 $D=1\,000-5P$，大白菜的长期供应曲线为 $LS=4P-80$。请找出大白菜的均衡价格和均衡数量，生产者剩余和消费者剩余各是多少？

5. 某公司是某加工行业的一个小企业，该行业是完全竞争行业。该公司产品的单价为 640 元，公司的成本函数为：$TC=240Q-20Q^2+Q^3$。

（1）确定利润最大化的产量、产品的平均成本和总利润。

（2）如果这个公司和行业现在不处于长期均衡状态，且短期成本曲线和长期成本曲线没有区别，那么，当它们达到长期均衡状态时，企业的产量将是多少？单位产品的成本将是多少？单位产品的价格将是多少？

（3）描述一下把行业推向长期均衡的过程。

案例研究

计算机公司的决策

某计算机公司 1990 年某型号家用计算机的售价为 12 000 元。由于技术进步和企业竞争，1992 年该型号计算机价格降为 7 000 元，1993 年该型号计算机 5 000 元就能买到。计算机的变动成本每台为 4 000 元左右。1994 年市场要求该型号计算机价格下降到 3 500 元，该计算机公司决定停产，此时，未售出计算机约有 50 万台。该公司以每台 2 500 元的价格倾销剩余库存，最后退出。

请思考以下问题：

（1）企业在怎样的情况下会停止生产？

（2）计算机的平均变动成本为 4 000 元，企业为什么愿意低于此价格销售它？该决策是否与停止营业原则相违背？

第 9 章　垄断市场中的企业决策

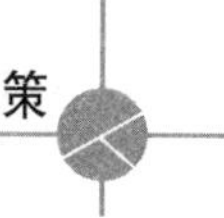

经济管理问题

发改委对高通公司的反垄断判决

中新社北京 2015 年 3 月 2 日电：中国国家发展和改革委员会（以下简称发改委）2 日公布了对高通公司的行政处罚决定书，首次详细介绍了对高通公司市场支配地位及滥用市场支配地位行为的认定依据。

2015 年 2 月 10 日，发改委对高通公司开出 60.88 亿元人民币的罚单，相当于高通公司 2013 年度在华销售额的 8%，并责令高通公司进行五方面整改。此次发布的行政处罚决议书称，经查明，在 CDMA、WCDMA 和 LTE（分别为 2G、3G、4G 标准）无线通信技术标准中，当事人持有的每一项无线标准必要专利许可独立构成的相关产品市场，当事人均占有 100%的市场份额；当事人具有控制无线标准必要专利许可市场的能力；无线通信终端制造商对当事人的无线标准必要专利组合许可高度依赖。此外，高通公司还在基带芯片市场具有市场支配地位。处罚书援引数据称，2013 年高通公司在 CDMA 基带芯片市场、WCDMA 基带芯片市场和 LTE 基带芯片市场的销售额市场份额分别为 93.1%、53.9%和 96%，均超过了 50%；在 WCDMA 基带芯片市场，当事人具有一定程度控制市场的能力；主要无线通信终端制造商对当事人的基带芯片高度依赖。当事人滥用市场支配地位的行为包括：滥用在无线标准必要专利许可市场的支配地位，收取不公平的高价专利许可费。

高通公司是如何获取垄断地位的？中国政府为什么要处罚垄断企业的垄断行为呢？本章的学习将有利于弄清这些问题。本章主要阐述垄断市场的特征及其形成原因，分析垄断市场中企业的市场行为，即分析垄断企业的价格和产量的决定，并在此基础上说明政府对垄断行为的管制措施。

9.1　垄断市场的条件及企业收益规律

所谓垄断市场（monopoly market），是指由一家企业完全控制整个行业的市场结构，即一家企业控制了某种产品或服务的市场。

9.1.1　垄断市场的条件及形成原因

（一）垄断市场的条件

在大多数商品或服务的购买中（如理发、餐馆就餐、看电影等），往往都有两个或两个以上的卖主竞相为顾客提供服务，顾客可以从中选择购买哪个卖主的商品或劳务。但是，在某些市场中，顾客根本没有选择：如果顾客想寄一封平信，就必须通过中国邮政；如果顾客想要有线电视服务，就必须通过所在地区的有线电视公司安装；如果顾客想安装热水器，必须由当地的天然气（或煤气）公司统一安装。这些都是垄断的例子。那么，一个垄断市场应该具备怎样的条件呢？

垄断市场应该具有以下条件：

(1) 在一个行业或在某一特定的市场中，只有一家企业提供全部产品，没有竞争对手存在。这个企业所生产的产量就是本行业的全部供给量，因此企业提供的产量多寡对价格产生直接影响。日常所言的“独此一家，别无分店”，就是垄断。假定在一片热气袭人、一望无际的沙漠上，仅有一家冷饮店，散布于周围几十里的居民和匆匆路过的游客，都必须到此店才能买到一瓶沁人心脾的冷饮。这时我们就可以说，在这片茫茫沙漠中，这家冷饮店就是一个垄断者。

(2) 企业所生产和出售的商品没有相近的代用品，即垄断企业所生产的产品是被公认为独特的，是其他产品无法替代的。只有这样，垄断企业才能实现独家控制。

(3) 其他任何企业进入该行业或市场都极为困难或不可能。

在这样的市场中，排除了任何的竞争因素，独家垄断企业控制了整个行业的生产和市场的销售，所以，垄断企业可以控制和操纵市场价格，即垄断企业是市场价格的制定者。

在现实生活中，当然很少有这种纯粹的垄断，因为几乎任何垄断都很难完全排除竞争，在垄断组织之外，仍然会存在一些中、小企业。这些中小企业虽然无力与大公司分庭抗礼，但也可以蚕食大公司的部分市场份额。

在现实生活中，由于种种原因（如政府特许、企业拥有专利权等），在一些行业仍有一些相当接近于完全垄断的情形。如一个城市的电力、煤气、自来水等，一般都是典型的完全垄断。在我国，城市供水、铁路、电力等行业，都是垄断的例子。

小思考

依据垄断市场的条件，寻找你生活中所遇见的垄断的例子。

(二) 垄断市场产生的原因

垄断市场形成的根本原因是进入障碍：垄断者能在其市场上保持唯一卖者的地位，是因为其他企业不能进入该市场并与之竞争。进入障碍主要有三个来源：关键资源由某企业拥有；某一个企业比其他企业拥有更高的效率；政府给予某企业排他性地生产或销售某种产品（或服务）的权利。以下分别予以简要讨论。

1. 独家企业控制了生产某种产品或服务的关键资源，使竞争者无法从事该项产品或服务的生产经营活动

比如，从19世纪80年代开始，南非的德比尔（De Beers）公司买下了世界上大多数的钻石矿或未加工钻石，在出售加工钻石方面处于近乎垄断的地位。同样，从1893年到20世纪40年代，美国铝业公司（Alcoa）由于拥有全国的铝矾土矿，所以它是美国铝市场的唯一卖主。还有，微软公司在计算机业的支配地位实际上已形成一定程度的独家垄断，2012年微软的操作系统（Windows）的市场占有率达92.01%，同时微软公司还生产较大份额的应用软件，包括互联网浏览器，微软公司曾经被指控通过与计算机制造商签订排他性购买协议，这些协议禁止制造商安装其竞争对手的操作系统，由此微软阻挠了在操作系统方面的竞争者。最具典型的例子当属《世说新语》里点评讽刺魏晋时期吝啬鬼的“王戎钻李”：古人王戎家有棵好李树，卖李时他唯恐别人把种子留着栽植，就经常用钻子把李

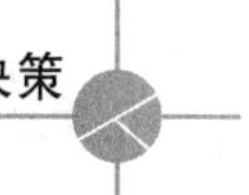

核钻坏，由此保持其优良品种的独家垄断优势。

虽然关键资源的排他性所有权是垄断产生的重要原因，但实际上垄断很少产生于这种原因。现实的经济体系如此之大，其资源往往难以由独家企业所拥有，而是由许多人拥有。特别是，由于许多物品可以在国际市场上交易，因此，企业所拥有没有相近替代品资源的例子实际上非常少。然而在近些年，凭借独有的技术资源而获取独家垄断市场地位的企业日渐增多。

经济管理实务

高端光刻机的垄断①

光刻机是芯片制造的核心设备之一，按照用途可以分为：用于生产芯片的光刻机、用于封装的光刻机、用于 LED 制造领域的投影光刻机。用于生产芯片的光刻机是中国在半导体设备制造上最大的短板，国内晶圆厂所需的高端光刻机完全依赖进口。光刻机被业界誉为集成电路产业皇冠上的明珠，研发的技术门槛和资金门槛非常高。也正因为如此，能生产高端光刻机的企业非常少，目前最先进的光刻机只有阿斯麦公司能生产，日本佳能和尼康已经基本放弃第六代 EUV 光刻机的研发。

荷兰的阿斯麦公司（ASML）是全球最大芯片光刻设备市场供货商，已经占据了高达 80%的全球市场份额，可以说已经垄断了高端光刻机世界市场。阿斯麦公司新出的最先进的 EUV 光刻机可用于试产 7 纳米制程，售价高达每台 1 亿美元，且全球仅仅阿斯麦公司能够生产。英特尔、台积电、三星都是该公司的股东，并且有技术人员驻厂，英特尔、三星的 14 纳米光刻机都是买自阿斯麦公司，格罗方德、联电以及中芯国际等晶圆厂的光刻机也主要来自阿斯麦公司。

阿斯麦公司创立于 1984 年，是从飞利浦独立出来的一个半导体设备制造商，总部位于荷兰费尔德霍芬，全职雇员 12 168 人，是一家半导体设备设计、制造及销售公司。

阿斯麦公司为半导体生产商提供光刻机及相关服务，TWINSCAN 系列是目前世界上精度最高、生产效率最高、应用最为广泛的高端光刻机型。目前全球绝大多数半导体生产企业都向阿斯麦公司采购 TWINSCAN 机型。随着摩尔定律的发展，芯片走向了 7 纳米以下，这就需要更高级的 EUV 光刻系统，全球只有阿斯麦公司的 NXE：3400B 能够满足需求。

阿斯麦公司近日公布 2017 第二季财报：第二季营收净额 21 亿欧元，毛利率为 45%。在第二季新增 8 台 EUV 系统订单，让 EUV 光刻系统的未出货订单累积到 27 台，总值高达 28 亿欧元。预估 2017 第三季营收净额约为 22 亿欧元，毛利率约为 43%。因为市场需求和第二季的强劲财务表现，阿斯麦公司预估 2017 全年营业收入增长率可达 25%。

作为集成电路制造过程中最核心的设备，高端光刻机因《瓦森纳协定》的缘故对中国禁售。《瓦森纳协定》又称瓦森纳安排机制，全称为《关于常规武器和两用物品及技术出口控制的瓦森纳安排》，目前共有包括美国、日本、英国、俄罗斯等 40 个成员国（注：没有中国）。尽管《瓦森纳协定》规定其成员自行决定是否发放敏感产品和技术的出口许可

① https://www.eefocus.com/industronics/389610/r0，有改编.

证，并在自愿基础上向《瓦森纳协议》其他成员通报有关信息。但《瓦森纳协议》实际上完全受美国控制，当《瓦森纳协议》某一国家拟向中国出口某项高技术时，美国甚至直接出面干涉，如捷克拟向中国出口无源雷达设备时，美便向捷克施加压力，迫使捷克停止这项交易。《瓦森纳协议》每过几年都会更新禁售列表，比如 2010 年 90 纳米以下的光刻机设备都是不允许向中国销售的，到 2015 年就改成 65 纳米以下的了。目前 28 纳米是传统制程和先进制程的分界点。阿斯麦公司在向中国晶圆厂出售光刻机时有保留条款，那就是禁止用阿斯麦公司出售给中国的光刻机给国内自主 CPU 做代工，这极大限制了中国半导体产业发展和自主技术的成长。

本案例充分展示了垄断所带来的高额利润以及无可动摇的市场地位。中国半导体市场规模接近全球 1/3，但中国半导体自给率非常低，特别是核心芯片极度缺乏。芯片关乎国家安全，中国的芯片产业发展任重道远。

2. 规模经济的存在

由于生产规模扩大，可由此获取规模经济性，即以低的成本进行生产，因此在竞争中，生产规模较大的企业就能以较低的成本生产出产品来供应整个市场。这样，大生产不断排挤小生产，生产越来越集中，便自然而然地走向垄断。如果随着企业规模的扩大，规模经济一直持续到单个企业为整个市场进行生产，经济学就称该市场为自然垄断市场。即自然垄断（natural monopoly）是指由于一家企业能比两家或多家企业以更低的单位成本为整个市场供给一种产品或劳务而产生的垄断。当一家企业随着规模的扩张，其平均成本曲线一直下降时（见图 9-1），该企业被称为自然垄断。

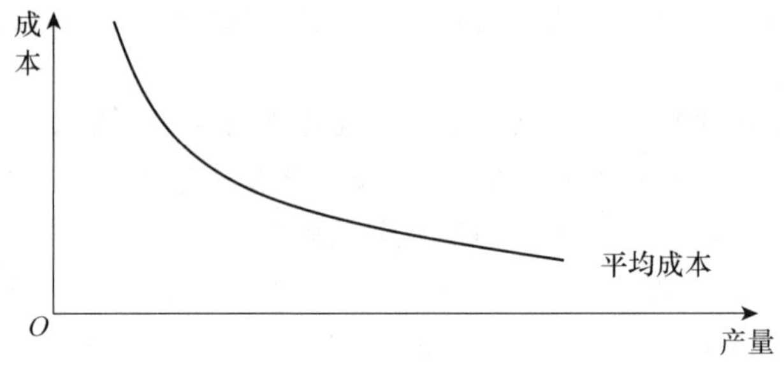

图 9-1　自然垄断企业的平均成本曲线

自然垄断的典型例子是供电。为了向整个城市或地区居民供电，企业必须架设遍及整个城市或地区的电线网。如果两个或更多企业在提供这种服务中竞争，则每个企业都必须支付架设电线网的固定成本。因此，如果一家企业为整个市场服务，供电的平均成本就是最低的。

当一家企业已经在市场中建立或形成自然垄断状态时，新进入者往往很难进入这样的市场。因为新进入者为了进入市场，不得不索要比现有企业更低的价格，现有企业为了留住顾客也会降低它的价格。由于现有企业已建立的规模使之平均成本大大低于新进入者，因此，在价格战中，现有企业具有很强的竞争优势：现有企业可以将其价格降低到略高于它的单位成本，这时它仍能赚取少量的利润。而新进入者由于成本较高，在这个价格上销

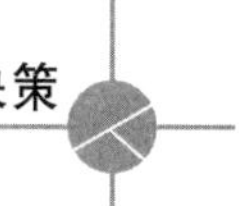

售产品，必将遭受损失。根据这样的预料，潜在竞争者就不会进入该市场。由此可见，在一个自然垄断市场，除非政府介入，否则将只有一个企业生存下来，最终走向垄断。

小思考

找出现实中的自然垄断行业，说明为什么自然垄断行业大多由国家来经营。

以上两种原因所产生的垄断并非法律的原因，而是自发形成的，此时，法律并不禁止竞争。

3. 政府特许

政府出于社会、政治、经济、国防等方面的考虑，会给某些企业以从事某行业的垄断权。由政府特许所制造的垄断，其方法主要有两种：一是通过专利和著作权等进行知识产权保护；二是政府给予企业独家的生产经营特权。

知识产权保护就是对文学、艺术、音乐作品、科技作品及科技发明实施法律上的保护，知识产权方面两个最重要的法律保护是：专利权和著作权。专利法其目的是保护发明创造者的利益，鼓励发明创造，并使发明创造得到更好的推广应用，促进科学技术进步和创新。专利法中所保护的发明创造是指发明、实用新型和外观设计。在专利期间内，任何单位或者个人未经专利权人许可，都不得实施其专利，即不得为生产经营目的制造、使用、许诺销售、销售、进口其专利产品，我国专利法规定发明专利权的期限为20年，实用新型专利权和外观设计专利权的期限为10年。由此可见，通过专利权可以在专利期间阻止别人出售同样的发明或产品，由此实施独家垄断。著作权也称版权，其目的是保护文学、艺术、音乐、摄影、美术、电影、计算机软件等作品的著作者的权益。著作权的有效期间至少为50年。我国于1991年颁布并开始实施著作权法。著作权和专利权经常出售给别的个人或企业，但是由于仍旧只有一个卖主，所以这并不改变其市场的垄断地位。

国际上所实施的知识产权保护协议主要有：《保护工业产权巴黎公约》《保护文学和艺术作品伯尔尼公约》《保护表演者、录音制品制作者与广播组织罗马公约》《集成电路知识产权条约》等。世界贸易组织规定，世界贸易组织的全体成员亦应视为上述公约的全体成员。我国已加入世界贸易组织，因此也应该遵守以上国际知识产权保护协议。

政府特许的独家经营特权，主要是指政府给予某个企业生产经营某种产品或劳务的排他性权利。这时，进入障碍非常简单：任何一家其他企业进入市场都将受到起诉。如：中国的邮政法规定500克以下信件寄送必须由中国邮政专营，同时规定对快递业务实行特许经营。

当政府认为市场是自然垄断时，通常会授予某些企业经营的特权。这是因为在这种情况下，与多家小企业共同经营相比，能够获取规模经济的单个大企业具有更低的单位成本，因此政府为了更好地为公众利益服务，通常会授权独家经营，如某个城市的供水、供电、煤气以及垃圾清运等。此时，垄断企业必须服从政府在价格、利润上的管制，管制方法在本章第3节说明。

由政府特许所产生的垄断是受法律保护的，此时，竞争是被法律禁止的。

实际上，严格意义上的完全垄断同完全竞争一样，是一种理论上的假设。但从以上的分析可以看到，在现实中类似于垄断的市场还是存在很多，特别是许多垄断属于国家垄断。因此，研究这个市场结构类型的经济关系，有助于理解该市场结构下的企业行为，并为政府管理经济提供必要的基础材料及分析的思路，因而也是很有意义的。

9.1.2 垄断市场中的企业收益规律

（一）垄断企业需求曲线（*dd* 曲线）

因为垄断行业只有一家企业，所以，行业需求曲线就是企业的需求曲线。垄断企业同完全竞争企业的重要差别是垄断企业具有影响其产品市场价格的能力。一个完全竞争企业所占的市场份额非常小，因此只能接受市场的均衡价格。与此相比，由于垄断企业是其所处市场的唯一企业，它可以通过调整向市场供给的产量来改变市场的价格：可以减少市场的供给量，从而获得较高的市场价格；也可以通过降低价格来增加消费者对其产品的需求量。由此可见，垄断企业的需求曲线是向右下方倾斜的（见图 9－2），这也就意味着垄断企业如果想多销售一单位商品，就必须降低价格。

（二）垄断企业平均收益曲线（*AR* 曲线）

由于平均收益是总收益与销售量的商，即：

$$AR=\frac{TR}{Q}=\frac{P\times Q}{Q}=P \tag{9.1}$$

上式说明，平均收益一定等于价格，这也就说明，垄断市场中，平均收益曲线与需求曲线完全重合，企业的平均收益曲线就是需求曲线（见图 9－2）。该结论不仅适合于垄断市场，也适合于其他的市场结构。

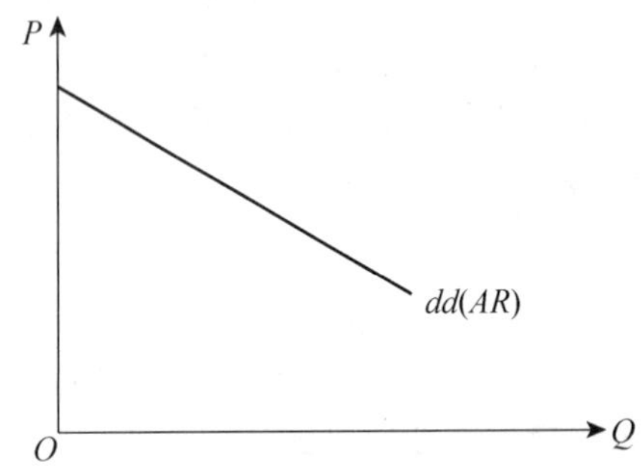

图 9－2 垄断企业的需求曲线与平均收益曲线

（三）垄断企业边际收益曲线（*MR* 曲线）

垄断企业的边际收益曲线却不像完全竞争市场那样与需求曲线或平均收益曲线重合，它也是一条向右下方倾斜的曲线，但位置比平均收益曲线要低。这是因为，垄断企业的需求曲线是向右下方倾斜的，所以，垄断企业要想多出售一个单位商品时，就必须降低价格，并以此价格为准出售全部商品，这样每增加一单位产品销售带来的总收益增加量（边际收益），总是小于单位产品的卖价（平均收益），所以边际收益一定小于平均收益。

现以图 9－3 说明平均收益、价格、边际收益之间的关系。

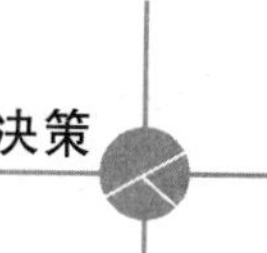

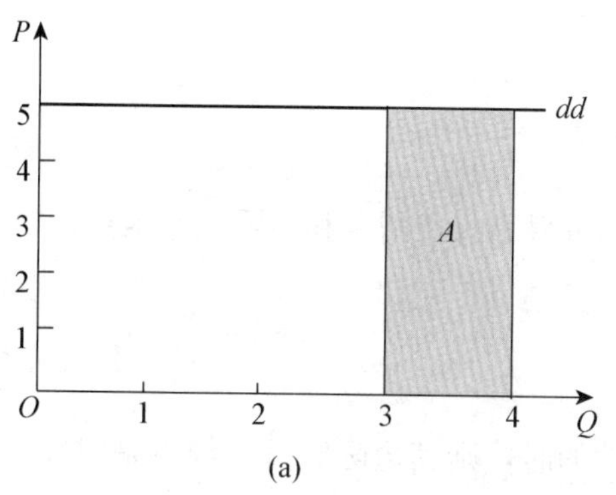

(a)

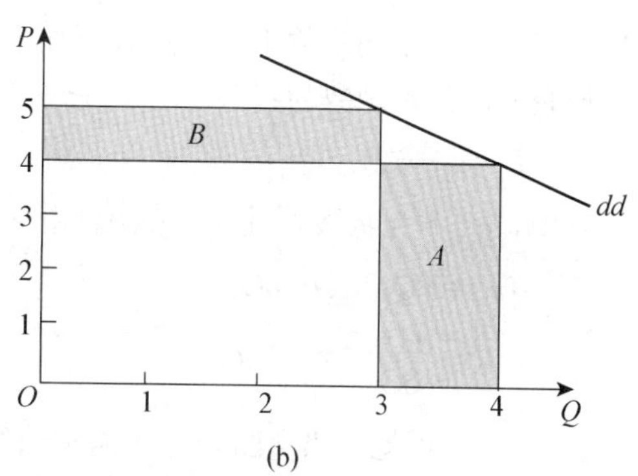

(b)

图 9-3　完全竞争和垄断条件下的企业边际收益曲线

在图 9-3 (a) 中，企业在完全竞争条件下出售产品，它的边际收益，即它多出售一个单位商品得到的追加收入，等于出售这个商品的全部价格。图中第四个单位的边际收益用阴影区 A 表示。

然而在上图 (b) 中，企业是在垄断的条件下出售产品。如果它希望出售第四个单位产品，它必须把价格从 5 降到 4。但是这个降低的价格不仅只限于第四个单位，而且涉及前三个单位。这样它的净追加收入等于它从出售第四个单位产品得到的收入阴影区 A 减去它在前三个单位中的损失阴影区 B。因此在垄断条件下，只要需求曲线是向右下方倾斜的，边际收益就始终小于一定产量的价格或平均收益，即 $MR<AR$ 或 $MR<P$。

表 9-1 是某企业的收益表。以下我们再通过表 9-1 的数据说明在垄断市场中企业的价格、需求量、平均收益及其边际收益之间的关系。

表 9-1　某垄断企业收益表

商品销售量 (*Q*)	0	1	2	3	4	5	6	7
商品市场价格 (*P*)	10	9	8	7	6	5	4	3
总收益 (*TR*)	0	9	16	21	24	25	24	21
平均收益 (*AR*)	10	9	8	7	6	5	4	3
边际收益 (*MR*)	0	9	7	5	3	1	−1	−3

从表 9-1 中可见，商品的市场价格 P 随着垄断企业销售量 Q 的不断上升而下降，即垄断企业的销售量和商品的市场价格的变化方向相反，也就是说，垄断企业的需求曲线是向右下方倾斜的。从表中还可以看出，垄断企业的平均收益 AR 与商品的市场价格 P 相等，因此垄断企业的平均收益曲线与企业的需求曲线完全重合。表 9-1 的数据还显示，随着垄断企业销售量 Q 的增加、市场价格 P 的下降，边际收益 MR 不断减少，即边际收益与商品销售量的变化方向相反，由此可见，边际收益曲线也是一条向右下方倾斜的曲线。并且在每一销售量上，企业的边际收益 MR 小于平均收益 AR，即边际收益曲线在平均收益曲线的下方。如垄断企业的销售量从 3 增加到 4 时，商品的市场价格由 7 降为 6，此时企业从第 4 个单位商品中所得到的收益为 6。但同时由于商品价格由 7 降为 6，企业从第 1 至第 3 个单位商品销售中减少的收益为 $1\times3=3$。所以，在以上两种力量的共同作用下，企业由此增加的收益为 $6-3=3$，即 $MR=3$，它显然小于平均收益 $AR=6$。

如果垄断企业的需求曲线是线性的，那么边际收益曲线与需求曲线、平均收益曲线之间还有怎样的关系呢？关于这一点分析如下。

设企业的需求函数为：

$$P=a-bQ \tag{9.2}$$

其中，a、b 为常数，且 a、$b>0$。由（9.2）式可得总收益函数和边际收益函数：

$$TR=PQ=aQ-bQ^2 \tag{9.3}$$

$$MR=\frac{dTR}{dQ}=a-2bQ \tag{9.4}$$

由（9.4）可见，当垄断企业的需求曲线为线性的时，则其边际收益曲线也是线性的。同时比较企业的需求函数（9.2）和边际收益函数（9.4）可见：垄断企业的需求曲线的斜率为 $-b$、边际收益曲线的斜率为 $-2b$，垄断企业的需求曲线和边际收益曲线在纵轴上的截距相等，都为 a。

根据以上分析可以得出以下结论：当垄断企业的需求曲线为向右下方倾斜的线性曲线时，其边际收益曲线也是一条向右下方倾斜的线性曲线；垄断企业的需求曲线和边际收益曲线在纵轴上的截距相等；垄断企业的边际收益曲线的斜率是其需求曲线斜率的 2 倍，即垄断企业的边际收益曲线在横轴上的截距是需求曲线在横轴上的截距的一半，也就是说，边际收益曲线平分由纵轴到需求曲线之间的任何一条水平线。

图 9-4 充分体现了以上结论：需求曲线和边际收益曲线都从纵轴 K 出发向右下方倾斜，且有 $EF=FG$。

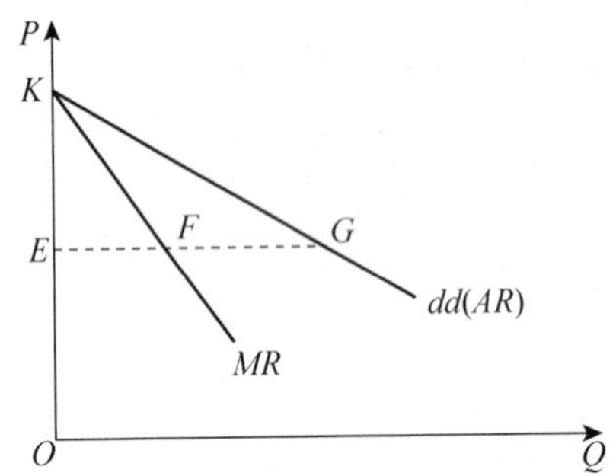

图 9-4　垄断企业的需求曲线、平均收益曲线与边际收益曲线

9.2　垄断市场中的企业决策

与所有企业一样，垄断企业的目标同样是尽可能地赚取最高利润。按照人们通常的想法，在一个垄断市场，既然垄断企业没有直接的竞争对手，那么，垄断企业的价格与供给量的确定将不受约束。事实上，一个不受政府管制的垄断企业的行为将受到两方面的约束：一是受到市场需求状况的限制。如果垄断企业将价格定得太高，消费者会减少其需求。由此就可以解释为什么微软不将其 Windows 操作系统的价格定得更高。二是与其他所有企业一样，受到其生产成本的限制，企业的生产成本主要由企业的生产技术水平和生产要素的价格决定，所以，垄断企业价格和产出量的决定还受到其生产技术水平的约束及投入生产中的所有生产要素价格的限制。那么，垄断企业究竟如何决定其价格和产量呢？

在此，我们依据边际分析方法，对垄断企业的短期决策与长期决策分别进行讨论。

9.2.1 企业短期决策

由于需求曲线总是表明消费者在任何给定产量时愿意支付的价格，因此，垄断企业一旦决定了供给量，就可以从需求曲线中找到消费者愿意支付的价格；或者一旦企业决定了它的价格，同时也就可以根据需求曲线决定在该价格下所能销售的最高产出。因此，对垄断企业而言，不是分别制定价格和产量两个决策，而是制定价格或产量一个决策。垄断企业的价格和产量的确定不仅受到需求与成本的约束，并且在短期中，企业对供给量的调整还要受到固定生产要素（厂房、设备等）无法调整的限制。

在垄断市场中，企业会根据利润最大化 $MR=MC$ 的原则来决定价格或供给量。这是因为：如果 $MR>MC$，意味着每增加一单位产出所增加的收益大于为此而支付的成本，因此垄断企业为了获取更多的利润一定会增加产出，直到产出增加到 $MR=MC$ 为止；如果 $MR<MC$，意味着每增加一单位产出所增加的收益要小于为此而支付的成本，企业出现亏损，所以会减少产出，直到产出减少到 $MR=MC$ 为止。所以，垄断企业为了获取最大利润，一定会将价格或产量定在 $MR=MC$ 处。然而，根据利润最大化原则所决定的供给量，短期中不一定完全适应市场，因此，可能会出现图 9－5 中（a）、（b）、（c）三种情况。

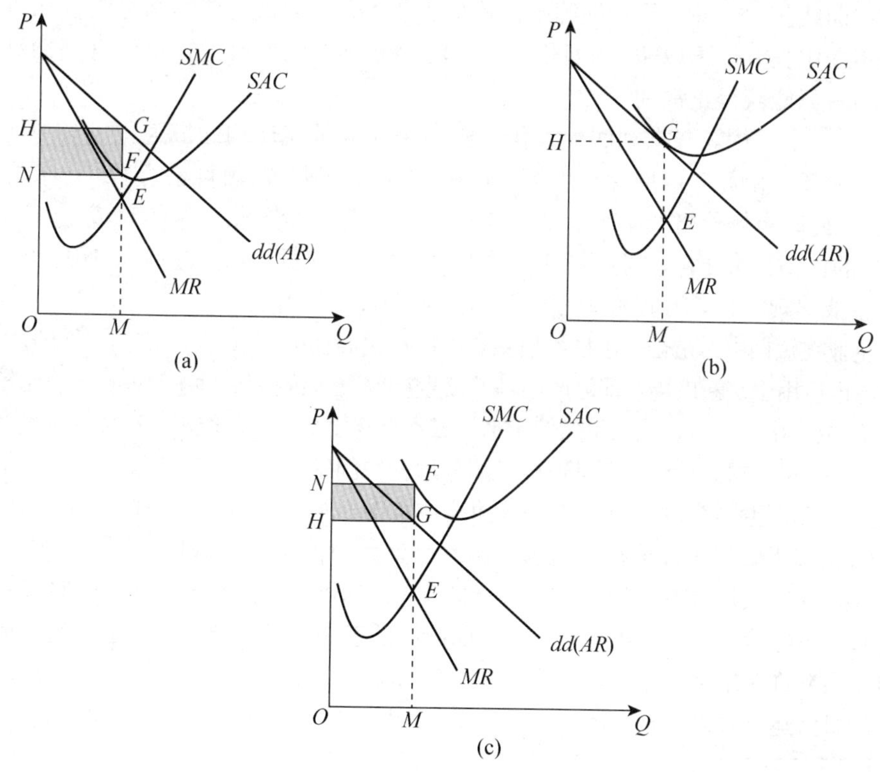

图 9－5　垄断企业的短期决策

在图 9－5（a）中，根据利润最大化原则 $MR=SMC$ 原则，确定短期均衡点为 E，均

衡产量为 OM，均衡价格为 OH，平均成本为 MF 或 ON。这时价格高于平均成本，企业可获得超额利润。在图 9-5（a）中，总成本 TC 等于均衡产量乘以平均成本（$TC=OM\times MF$），即总成本的大小相当于图中长方形 $NOMF$ 的面积；总收益 TR 等于均衡产量乘以平均收益或价格（$TR=OM\times OH$），即总收益的大小相当于图中长方形 $HOMG$ 的面积，显然总收益大于总成本，即 $NOMF$ 的面积<$HOMG$ 的面积，所以存在超额利润，超额利润等于总收益减去总成本（$\pi=TR-TC$），即超额利润的大小相当于图中阴影部分长方形 $HNFG$ 的面积。显然 $HNFG$ 部分为垄断企业所获取的超额利润。

但是垄断企业在短期内并非总能获得超额利润。垄断企业在 $MR=SMC$ 的短期均衡点上，可以获得最大利润，也可能是亏损的（尽管亏损额是最小的）。造成垄断企业亏损的原因就是我们前面所提到的垄断企业行为的两大约束因素，即可能是在现有规模下的生产成本过高（表现为相应的平均成本的位置过高），也可能是垄断企业所面临的市场需求过小（表现为相应的需求曲线的位置过低）。因此，在短期，垄断企业并不能保证获得超额利润。如果垄断企业的成本太高或需求不足，垄断企业可能会盈亏平衡或遭受亏损。图9-5（b）表现出垄断企业盈亏平衡时的状态，图 9-5（c）表现出垄断企业遭受亏损时的状态。

在图 9-5（b）中，根据利润最大化原则，企业为了实现利润最大化，必须使其生产满足 $MR=SMC$。在图 9-5（b），边际收益曲线与边际成本曲线相交于 E 点，即在 E 点实现了 $MR=SMC$，所以 E 点决定企业的均衡产量为 OM。在该产量上，企业的需求曲线与平均成本曲线相切，即价格正好等于平均成本为 OH，因此总成本与总收益相等，其大小均相当于图中长方形 $HOMG$ 的面积，这说明垄断企业既没有亏损也没有超额利润，处于盈亏平衡，只能获得正常利润。

在图 9-5（c）中，根据利润最大化原则，企业为了实现利润最大化，必须使其生产满足 $MR=SMC$，由此确定均衡点为 E，均衡产量为 OM，均衡价格为 OH，平均成本为 ON。显然，此时市场价格低于企业的平均成本，因此垄断企业支付的总成本（图中长方形 $NOMF$ 的面积）大于总收益（图中长方形 $HOMG$ 的面积），即总收益小于总成本，这说明垄断企业出现亏损，亏损额为图中阴影部分 $NHGF$ 的面积。

垄断企业在短期中，是否一出现亏损就要停产？我们在第 8 章的分析结论不仅适用于完全竞争市场，也适用于垄断市场，即停产还是继续生产取决于价格与平均变动成本的比较：如果在 $MR=MC$ 的产出水平下，价格虽然低于平均成本但高于平均变动成本，这样继续生产所获收益不但可变成本可以得到补偿，而且还可以部分地补偿固定成本，生产将继续下去；价格低于平均变动成本，不但固定成本不能补偿，连可变成本也不能全部补偿，这时，就必须停产。

在某些情况下，以上停业规则能够对垄断企业何时停止生产做出预测。但是，如果垄断企业提供的是有关国计民生的重要产品或服务，比如供水、供电等，并且这些垄断企业是在政府的管制下经营，因此即使垄断企业出现价格低于平均成本甚至低于平均变动成本，政府通常也不会允许垄断企业停业，相反，政府会用税收或补贴弥补垄断企业的亏损。如北京地铁目前的日常运营收入连日常运营成本都无法抵偿，需要在政府的补贴下才能维持运营。

小思考

请找出现实中的例子，说明垄断企业会忍受短期的亏损。

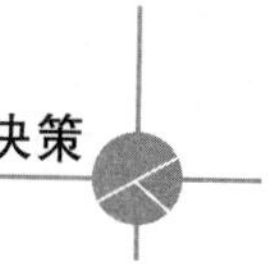

根据以上分析，可以得出垄断市场中垄断企业的短期决策原则是：

$$MR=SMC \tag{9.5}$$

【例题9-1】 假定有一家垄断企业，其成本函数为：$TC=30+18Q-2.7Q^2+0.15Q^3$，需求曲线为：$P=20-Q$。以上函数中Q为该企业每月产量（单位：万件）。如果该企业谋求利润最大化，其最优价格和月最优产量为多少？此时每月的总利润为多少？

解：

$$MC=\frac{\mathrm{d}TC}{\mathrm{d}Q}=18-5.4Q+0.45Q^2,\quad AC=\frac{TC}{Q}=\frac{30}{Q}+18-2.7Q+0.15Q^2$$

$$\because P=20-Q,\quad \therefore TR=P\cdot Q=20Q-Q^2,\quad MR=\frac{\mathrm{d}TR}{\mathrm{d}Q}=20-2Q$$

当$MR=MC$时，利润最大，由此建立方程：

$$20-2Q=18-5.4Q+0.45Q^2,\quad 即:0.45Q^2-3.4Q-2=0$$

解上述方程得：$Q=8.1$（万件）

将该Q值代入需求函数$P=20-Q$，得：

$$P=20-8.1=11.90(元)$$

由此可知该企业月最优产量为8.1万件，最优价格为11.90元。

把$Q=8.1$代入TR、TC函数，得：

$$TR=20\times8.1-8.1^2=96.39,TC=30+18\times8.1-2.7\times8.1^2+0.15\times8.1^3=78.37$$

求得总利润为：

$$\pi=TR-TC=96.39-78.37=18.02(万元)$$

故该企业此时每月的总利润为18.02万元。

9.2.2　企业的长期决策

对垄断企业来说，短期内可能会因为成本过高及需求不足的原因出现盈亏平衡或遭受亏损，但这种状况不会持久下去，因为企业经营的目的是要获得最大利润，并且垄断企业有制定价格的绝对权利。从长期看，市场的需求可能进一步增长，企业自身也可以通过调整生产设备及厂房规模，即通过调整生产规模来实现长期平均成本低于价格，从而获得超额利润。如果企业即使通过规模的调整依然遭受亏损，并且预期亏损会一直持续下去，则垄断企业应该像所有的其他企业一样退出行业。

我们在第8章分析完全竞争企业的长期决策时得出的结论是：在长期，完全竞争企业无法获得超额利润，因为一个完全竞争市场，如果存在超额利润，就会吸引其他企业进入，由此造成市场供给增加、产品价格下降，最终结束完全竞争企业获得的暂时性超额利润。但是，如果在短期内垄断企业获得超额利润，由于垄断市场存在进入壁垒，所以该市场不会像完全竞争市场那样出现其他企业瓜分超额利润的调整过程，因此，垄断企业即使在长期，依然能够保持其超额利润。在这种情况下，似乎短期与长期没有差异，都存在超额利润。但是，垄断企业在规模的调整上长期与短期依然存在差异。在长期，垄断企业会通过调整生产规模来进一步降低长期平均成本，从而获取比短期更多的超额利润。

由以上分析可见，在长期中，垄断企业如果预期无法盈利，则会退出市场。否则，垄断企业为了使其垄断利润最大，会不断地调整生产规模，一直将生产规模调整到 $MR=SMC=LMC$ 的状态，最终实现长期均衡。

因此，垄断市场中长期均衡的条件是：

$$MR=LMC=SMC_n \tag{9.6}$$

（9.6）式中，n 为大于零的常数，SMC_n 表示调整到第 n 种规模时，垄断企业处于长期均衡。

通过第 8 章的分析，我们可以了解完全竞争企业的长期均衡点一定处于长期平均成本曲线的最低点，即完全竞争企业最终会使生产处于最佳规模。然而，在垄断市场，如果随着需求的变化，垄断企业对生产规模的调整，可能使均衡点处于长期平均成本的最低点，则企业将在长期均衡中实现最优的生产规模［图 9－6（a）］；也可能使均衡点在长期平均成本曲线最低点的左边，此时垄断企业长期均衡的生产规模将小于最优规模［图 9－6（b）］；也可能使均衡点在长期平均成本曲线最低点的右边，此时垄断企业的生产规模将大于最优规模［图 9－6（c）］。也就是说，在垄断市场，垄断企业的长期均衡点不一定在长期平均成本的最低点，即垄断企业在长期均衡中其生产不一定处于最优规模。

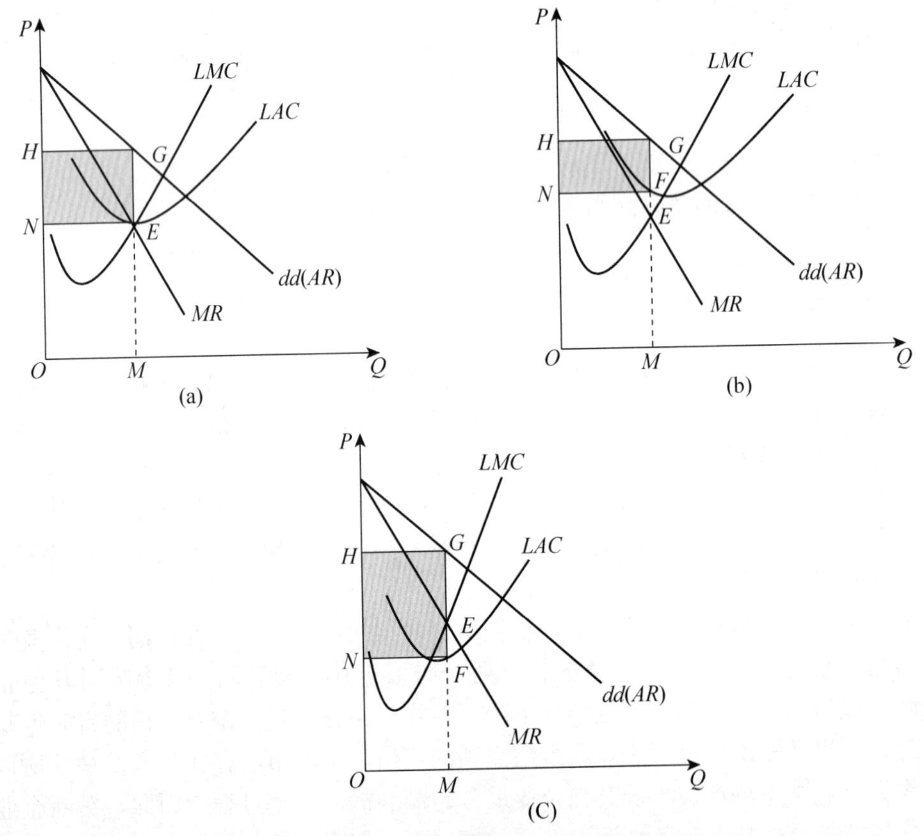

图 9－6　垄断企业的长期均衡点与最优规模的关系

小思考

在最优规模上，企业的长期平均成本最低，那么为什么垄断企业的长期均衡可能不一定在最优规模上呢?

由于垄断企业的需求曲线是向右下方倾斜的，边际收益小于价格，所以在长期均衡点，垄断企业：$P>MR=MC$。在完全竞争市场中，单个企业的需求曲线与边际收益曲线重合为一条水平线，所以在长期均衡点，完全竞争企业：$P=MR=MC$。由此可以看出，与完全竞争市场相比，垄断市场的价格更高、产出更低。这也就是说，垄断企业往往通过限制供给来索取较高价格，从而获取最大利润。

9.2.3 垄断企业的供给曲线

在第 8 章，我们通过边际成本曲线推导出了完全竞争企业的供给曲线及其整个行业的供给曲线。那么，垄断企业的供给曲线又有怎样的特征呢?

企业的供给曲线反映的是在不同价格水平下企业愿意提供的商品量。在完全竞争市场，对每个企业而言市场价格既定，此时每个企业需要决策在既定价格下所提供的产出量，因而对完全竞争企业而言求取其供给曲线是非常必要的，即可以通过供给曲线寻找出完全竞争企业在利润最大化原则指导下价格和产量之间一一对应的关系。

但是，垄断企业并不是价格的接受者，而是价格的制定者。由于垄断企业能够自由选择使其获得最大利润的价格，与此同时通过产量的调整来实现 $MR=MC$，而且价格总是大于边际收益的。因此，询问一个垄断企业在任意一个既定价格时生产多少是没有意义的，因为垄断企业在选择供给量的同时确定价格。

在前面的分析中，我们一再强调垄断企业的供给与价格决策受市场需求的约束，因此，垄断企业关于供给多少的决策不可能与它所面临的需求曲线分开。需求曲线的形状决定边际收益曲线的形状，边际收益曲线的形状又决定了垄断企业的利润最大化产量。然而，随着企业所面临的向右下方倾斜的需求曲线的位置移动，企业的价格和产量之间不再必然存在如同完全竞争条件下那种一一对应的关系，而是可能出现一个价格水平对应几个不同的产量水平，或一个产量水平对应几个不同的价格水平的情形。这两种情形我们可以通过图 9－7 加以说明。

在图 9－7（a）中，MC 是固定的。某垄断企业的需求曲线为 d_1、边际收益曲线为 MR_1 时，均衡点为 E_1，此时，均衡产量为 Q_1，均衡价格为 P_1。如果市场需求增加，垄断企业的需求曲线由 d_1 移动为 d_2、边际收益曲线由 MR_1 移动为 MR_2，此时，均衡点为 E_2，均衡产量为 Q_2，均衡价格依然为 P_1。显然，对该垄断企业而言，同一个价格 P_1 却对应两个不同的产量 Q_1 和 Q_2。

在图 9－7（b）中，MC 依然是固定的，某垄断企业的需求曲线为 d_1、边际收益曲线为 MR_1 时，均衡点为 E_1，此时，均衡产量为 Q_1，均衡价格为 P_1。如果市场需求增加，垄断企业的需求曲线由 d_1 移动为 d_2、边际收益曲线由 MR_1 移动为 MR_2，此时，均衡点为

E_2，均衡产量依然为 Q_1，均衡价格为 P_2。显然，对该垄断企业而言，同一个产量 Q_1 却对应了两个不同的价格 P_1 和 P_2。

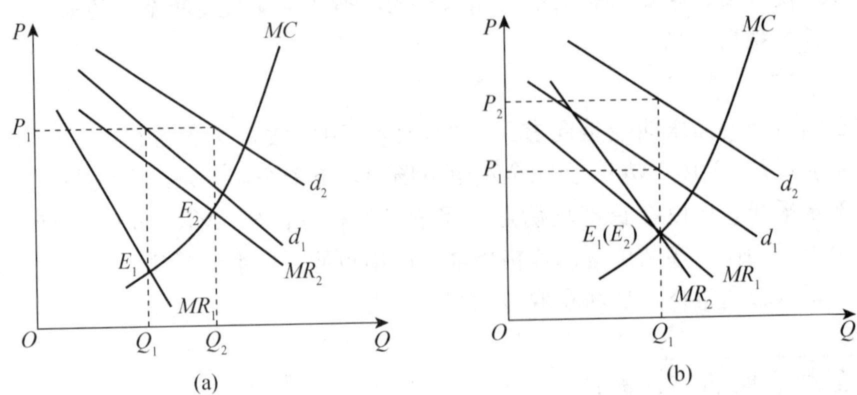

图 9-7 垄断企业的价格和产量

因此，在垄断市场中，垄断企业的价格和产量并非一一对应的关系。也就是说，垄断企业是没有供给曲线的。

由此可以得到更一般的结论：凡是带有垄断因素的不完全竞争市场，或者说，凡是单个企业对市场价格有一定的控制力量、单个企业的需求曲线向右下方倾斜的市场，不存在企业或行业的供给曲线。这一结论适用于后两章将要研究的垄断竞争市场和寡头垄断市场。

案例评析

中国电信行业垄断的终结

时至今日，仍然有许多人对 20 世纪 80 年代末 90 年代初装一部电话的耗神费力记忆犹新，装一部固定电话需要等待半年甚至更久，并且需要交纳高额的初装费（从几百元甚至几千元，北京地区曾经高达 5 000 元）。在当时的情况下，顾客似乎别无选择，因为邮电部独家垄断国内电信市场。然而，在今天我们可以非常方便地装一部电话，等待时间减少为 3 天，初装费已经取消，而且我们有更多的选择，既可以向中国电信公司申请安装，也可以向中国铁通公司申请安装，因为中国电信市场经过第一轮的改革后，共有中国电信、中国移动、中国联通、网通、铁通和中国卫星通信 6 家电信运营商。

中国电信市场从独家垄断到目前的几家电信企业相互竞争的市场格局经历了漫长的改革之路。1994 年，为了效仿英国双寡头竞争的局面，当时的电子部联合铁道部、电力部以及广电部等 15 家大股东共同出资 13.4 亿元人民币，成立了中国联通，邮电部独家垄断国内电信市场的局面开始改变。双垄断寡头的竞争使基本电信服务市场效率得到改进，在联通公司进入的移动通信市场，邮电部门大幅降低了入网费和资费，但电信市场并没有形成规模竞争。1998 年 3 月，政府机构改革，在原电子部和邮电部的基础上组建信息产业部，随后电信业实现了政企分开。1999 年 2 月，信息产业部决定对中国电信拆分重组，将中国电信的寻呼、卫星和移动业务剥离出去。原中国电信拆分成中国电信、中国移动和中

国卫星通信公司3个公司，寻呼业务并入联通公司。此外，为强化竞争，政府又给网通公司、吉通公司和铁通公司颁发了电信运营许可证。至此，国内电信市场共有中国电信、中国移动、中国联通、网通、吉通、铁通和中国卫星通信7家电信运营商，初步形成电信市场分层竞争格局。为了进一步“打破垄断、公平竞争、优化配置、加强监管”，2002年上半年，国务院决定对固定电信企业进行重组整合，批准了中国电信南北分家的方案。2002年5月16日，“中国电信集团公司”和“中国网通集团公司”正式挂牌。重组整合后的中国电信集团和中国网通集团，是中国电信业两家实力相当的固定电信主体运营企业，双方在全国均拥有完整的长途干线传输网和所属地区完整的本地电话网，具备平等接入、比较竞争的基础条件，并具有本地电话、长途电话、国际电话和国际互联网业务经营权。同时，南北可以竞争又可以渗透。这次拆分重组后形成新的5+1格局，这五大电信巨头包括了中国电信、中国网通、中国移动、中国联通、中国铁通以及中国卫星通信集团公司，在重组过程中吉通公司消失。在此之后，电信市场份额发生变化，中国移动首次成为我国最大的电信运营商，新的中国网通跃居第三，中国联通下降到第四，余下的市场份额则由中国卫星通信集团和铁通分食。各电信企业的市场占有率均低于50%，没有一家独大的局面。特别是在拆分的过程中引入了民间资本，在电信产业格局中改变了国家独资的局面。

中国政府之所以要打破中国电信市场独家垄断的状况，其目的在于：第一，提高服务质量。新的竞争局面形成后，用户选择电信服务余地大了，可以货比三家。竞争对用户是有利的，一方面可以享受更周到的电信服务；另一方面，通过竞争可以由市场来调节电信资费。如联通公司成立后，移动电话价格（包括入网费）迅速下降，以至部分省市或地区出现免费赠送手机的情形。1999年10月下旬，联通公司开通23个城市的国际长途和国内长途服务，价格比中国电信长话资费低10%。第二，电信市场规模不断扩张。竞争促进了中国电信业的飞速发展。从2001年到2007年，全国电信业务收入从3 719亿元增至7 280亿元，年均增长超过11%，用户数从3.26亿户增至9.13亿户，年均增长约1亿户，手机用户数更是达到5.47亿户。固定、移动电话用户总数双双稳居世界第一，市场竞争更加充分，资费大幅降低，服务水平显著提高。

中国电信行业的改革还在持续，为了使中国电信行业能进一步“提高自主创新能力，加快转变发展方式”，2008年5月24日，工业和信息化部、国家发改委、财政部联合发布《关于深化电信体制改革的通告》，鼓励中国电信收购中国联通CDMA网（包括资产和用户），中国联通与中国网通合并，中国卫星通信公司的基础电信业务并入中国电信，中国铁通并入中国移动，国内电信运营商由6家变为3家。2008年10月15日，中国联通与中国网通两公司的红筹公司宣布正式合并，新联通公司正式成立，并公布了新的公司标识。新一轮的重组，似乎并非为了有效地引入竞争，而是以发展3G为契机，合理配置现有电信网络资源，实现全业务经营，避免过度竞争和重复建设。

面对WTO的挑战和外国电信公司抢滩中国电信市场，电信业的管理体制、经营体制应更好地适应市场经济，建立合理的价格机制，提高服务水平，向管理要效益，才能保持中国电信企业的竞争能力。

9.2.4 垄断企业的竞争战略

从以上的分析可以看到，企业获取超额利润在完全竞争行业是短暂的，但是在垄断市场，垄断企业依据其垄断势力能够长期、持续地获取超额利润。然而在当今时代，没有任何垄断可以永远不受竞争者的威胁。产品的独特性、地方或区域市场的限制、原材料或关键技术的垄断、政府的授权等都会随着经济的发展、技术的进步而发生变迁，因此，垄断企业也面临诸多的竞争威胁。在垄断市场，企业可以采取以下竞争战略。

（一）细分市场

只有新的、独特的产品或者服务才有潜力产生超额利润，在垄断市场，对这些产品的模仿受到专利权、版权或其他方式的保护。尽管如此，替代这些产品的模仿品终究会出现，特别是在当今信息时代，模仿品的出现越来越快，因此垄断企业或想要进入垄断市场的非领导性企业需要不断地开发新的独特产品。为了在有限的市场空间开发出新的独特产品，企业可以考虑在现有市场中划分出新的细分市场。一个细分市场是现有市场的一部分，可以被某个企业或个人依据独特的能力进行成功开发，而对一个细分市场的成功开发意味着满足这个细分市场的新的独特产品或服务诞生了。在这些细分市场中，企业提供独特产品，赚取令人羡慕的利润率。如苹果公司 2010 年在电脑市场中新开发上市的平板电脑 iPad 其利润率接近 50%。当然，为了使获取的超额利润能够持久，新开发的细分市场必须不易受到竞争者的模仿。

（二）进入障碍

如果不存在竞争者，垄断企业可以随意地使用其垄断能力谋取利润最大化。然而，这种垄断能力的行使可能受到潜在竞争者进入的威胁。那么如何阻止潜在竞争者进入有利可图的垄断市场呢？垄断企业除了可以通过政府或法律授权获得保护外，还可在以下方面设置进入障碍，以维持其垄断地位：

（1）绝对成本优势。垄断企业的绝对成本优势可能是外生的，如具有超过潜在竞争者的自然或区域的优势（较低的运输和配销成本等），也可能是内生的，如较潜在竞争者更先进入市场，因而随着生产经验的积累，拥有学习曲线效应（见第 5 章），相比新进入企业具有更低的平均成本。垄断企业相当大的绝对成本优势可以排除竞争者的进入。

（2）规模经济。在规模经济很大的行业中，企业的最小有效规模（长期平均成本开始达到最小值的产量水平，见第 6 章）要到产量水平很高时才会出现。在这些行业中，新进入者必须大量生产才能获得成本效率。而大规模的生产进入，可能会导致价格下降。例如，达到最小有效规模意味着必须生产出市场总需求 30%的产量，当某个新进入者努力达到这一市场份额时，产品价格肯定会下降，这样，那些进入的企业将不可能进入，或者即使进入也由于价格的下降无法获取正的利润。由此可见，垄断企业应该选择规模经济大的行业实施垄断。

（3）先行合约。垄断企业应该在原材料、分销渠道、货架空间以及最终产品的供给方面签订长期合约。这些长期合约对新进入企业而言是一种重要的进入障碍，因为消费者和供货商已经承诺与原有企业而不是新进入企业进行交易。

（4）剩余生产能力。如果存在剩余生产能力，当企业减少产量，就会导致平均成本大大提高。但是，垄断企业为了阻止潜在竞争者进入市场，可以有意识地选择持有剩余生产能力。这是因为，如果垄断企业采取降低价格的策略，迫使新进入企业退出市场，由于拥有剩余生产能力，所以垄断企业就会拥有并能够满足新进入企业退出市场或价格下降而出现的新的消费需求。因此，通常垄断企业存在剩余生产能力，潜在的竞争者就不可能进入，因为他们害怕现有企业的过激反应。

（5）先驱品牌优势。企业作为某个行业中的第一批进入者，往往会因此而受益，这是因为企业率先进入市场，因而更先赢得其品牌的忠诚消费者，这些消费者不会因为其他品牌的产品价格略低而轻易转换品牌。这种趋势在经验产品上表现得更为明显。所谓经验产品，是指产品质量需要经过消费者探索、尝试才能获知的产品，消费者一般不愿意进行新的尝试，因为他们害怕新产品没有现有的产品好。在这种情况下，欲进入市场的竞争者通常会采取以下措施抵消这种先驱品牌优势：第一，免费提供样品；第二，得到某种认证；第三，获得政府的证明。但是，这些措施都可能引起附加成本，并延误进入市场的时间。

（6）退出成本。企业在考虑进入某市场时就应该了解该市场的退出成本。在某些行业，只需要很少的专用资产，因此当该行业利润很高时，就会有新的企业快速地进入，而当利润下降时，则可以以较低的代价退出。在另一些行业，特别是那些拥有较多专有资产的行业（如钢铁行业），退出成本很高。如果企业决定退出，就要付出较高的成本，比如把雇员转移到新地方、清理工厂以及其他资产。高昂的退出成本会阻止新的竞争者的进入。

（7）信息障碍。垄断企业应该尽可能地限制与企业自身相关的商业信息的流失，对公开企业的可获得的盈利能力信息实施一定程度的限制。模糊的信息资料使得人们很难定义垄断企业的垄断势力范围，由此可以掩盖垄断市场的利益，从而阻止竞争者进入。

9.3　垄断管制

9.3.1　垄断与低效率

与完全竞争相比，垄断经常被认为是低效率的。下面通过与完全竞争条件下的企业均衡的比较分析，来说明垄断产生低效率的原因。

（一）垄断与消费者剩余

图 9－8 中，曲线 D 和 MR 分别为某垄断企业的需求曲线和边际收益曲线。此外，为简单起见，假定平均成本和边际成本相等且固定不变，它们由图中的水平直线 $AC=MC$ 表示。

如果图 9－8 中的市场为完全竞争市场，那么需求曲线就是边际收益曲线，因此根据利润最大化原则（$MR=MC$），企业利润最大化产出就是 Q_C，消费者购买商品支付的价格为 P_C，此时，消费者剩余为 AEP_C 区域。

但是，如果图 9-8 中的市场为垄断市场，垄断企业的需求曲线与边际收益曲线是不同的，垄断企业的利润最大化原则是边际成本等于边际收益。因此，垄断企业的利润最大化产量为 Q_M。在该产量水平上，垄断价格为 P_M。即消费者购买商品需支付的价格为 P_M，显然，这个价格高于完全竞争条件下的市场价格。因此，在垄断条件下，消费者剩余减少为 ABP_M 区域。由此可见，相比于完全竞争市场，垄断市场将会损害消费者利益，使消费者的福利减少了 P_MBEP_C 区域。

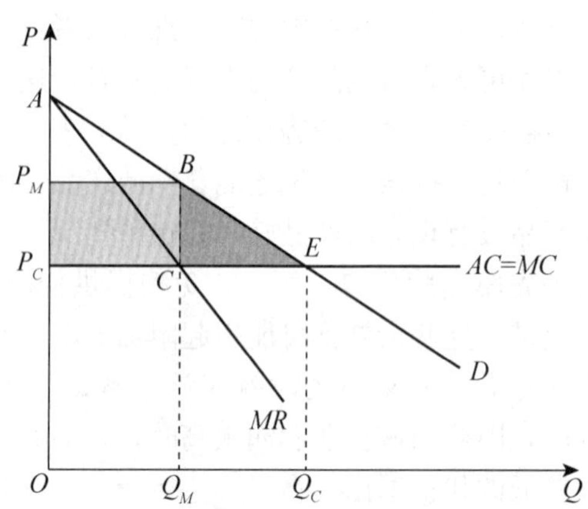

图 9-8　垄断、消费者剩余及垄断净损失

（二）垄断与寻租

在现实的经济环境中，经常会出现某些个人、企业或团体，为了把其他人的收入重新分配（或转移）到自己手里，而试图影响政府的公共政策。为了说明这一点，我们再假定图 9-8 中的市场是完全竞争市场，该市场中有众多的企业（假定有 150 家），整个市场的总产出为 Q_C，所有企业收取的价格为 P_C，超额利润为零，即所有企业只能获取正常利润。

假定这 150 家企业中的一家企业（A 企业），它原来只生产 Q_C 产出的一小部分。现在它向政府要求给它授予一种垄断特权，即禁止其余 149 家企业从事该项生产和经营。现在整个市场由 A 企业独家垄断，因此 A 企业为了获取最大利润，将整个市场的产出减少为 Q_M，价格提高为 P_M，因此 A 企业将获得超额利润 P_MBCP_C 部分，这部分利润在前面的分析中已经指出，如果市场是完全竞争的，该部分利润为消费者剩余中的一部分。由此可见，由于市场被垄断了，消费者剩余中的 P_MBCP_C 部分转化为垄断企业的超额利润。

如果垄断企业试图说服政府把消费者剩余转移到自己手里，那么该企业就是在进行需求转移支付的活动。在经济学中，这些寻求转移支付的活动通常被称为寻租。所谓寻租（rent seeking），是指个人和团体为了把别人的收入重新分配（或转移）到自己手中而花费资源来影响公共政策的行为。

寻租行为是符合个人理性的，因为它将使寻租者得到更大的利益，但是，它却会造成社会资源的浪费。如上例中的 A 企业为了得到垄断权利，从而获得垄断利润 P_MBCP_C 部分，需要花时间和金钱来说服政府官员授予其垄断特权，由此可见，寻租是需要花费资源的，而这些资源并没有生产出任何产品和服务，只是被用来实现将收入从一部分人手中转

移到另一部分人手中。这部分资源浪费在图 9－8 中并没有表示出来，它也应该属于垄断造成的净损失。垄断企业凭借其垄断地位而获取超额利润，会加剧社会收入分配的不平等。

案例评析

航线资源稀缺导致权力寻租①

对于中国民航来说，一场前所未有的反腐风暴已然降临。2009 年底至今，已先后有多位民航高官落马，包括民航局原副局长宇仁录、民航局华北局原局长黄登科、首都机场原董事长张志忠、发改委民航处原处长匡新等。这些人腐败案发，大半与“航线时刻”审批制度有关。

航线、航班时刻资源是一种稀缺资源，一直以来都被各种力量争夺，如首都机场高峰时每小时最高容量是 83 架次，现在的航班时刻早已经比黄金还矜贵。业内专家表示，由于天空资源必然被国家所掌握，而最终这种权利的分配又必须由国家职能部门来进行，甚至由某一两个部门来主要负责分配，权力的过于集中导致寻租。在民航内部，航线往往被称为“生命线”，拥有航线和时刻的好坏，可以直接决定航空公司的经济效益。此前由于航线和航班时刻资源都掌握在民航管理局手中，在民航内部，争取更多、更好的航线和航班时刻资源，是各航空公司不约而同的目标。这也导致每年的两季航班时刻协调会成为不少人利益的“交易会”，各航空公司会采取各种办法，为获得优质资源而努力。其中，与地区管理局、空管局的有关人员疏通关系，已经成为公开的秘密。如黄登科曾管理的民航华北局是民航局下设的 7 个地区管理局之一，主要负责北京、天津、内蒙古、河北等地的航空事务管理，其中也包括对上述省市的航线、航班时刻审批。航线、航班时刻的审批制度给予了获得申请者的垄断权利，为了这种垄断权利，申请者一定会对审批者实施寻租，这是导致我国民航多位高官落马的根本原因。从 2010 年开始，民航局已经开始改革国内航线经营许可和航班管理的办法，新规定在航线经营许可和航班管理方面实施了分类和分级管理，除了涉及北京、上海和广州三大城市四个机场区际的航线经营许可和航班由国家民航局实施核准管理，其他机场往返三大城市四个机场区际的航线经营许可和航班实施登记管理外，其他航线申请都只需要由地方民航局来实施登记管理。不过，多位业内人士认为，这样的改革还远远不够，因为最热门的航线依然被集中控制，而且非热门航线即使实施登记管理，没有民航局的时刻分配也同样飞不了。欧洲的航线、航班时刻是通过聘请中立的专家成立航线协调委员会来专门协调分配的，有的甚至进行航线拍卖。

(三) 垄断的净损失

在图 9－8 中，市场由完全竞争变为垄断，消费者剩余减少了 P_MBEP_C 的区域，其中，P_MBCP_C 部分转化为垄断企业的超额利润，那么，减少的另一部分即 BEC 部分由谁获取了呢?

① 航线稀缺让局长与富商“合作”. 第一财经日报. 2010-06-14；民航高层腐败内幕：航线资源稀缺导致权力寻租. 民主与法制时报. 2010-06-28。本案例根据以上资料编写而成。

由图 9－8 可见，如果生产在完全竞争条件下进行，则产出为 Q_C，价格为 P_C，在该产出水平上，$P=MC$；如果生产在垄断条件下进行，则产出为 Q_M，价格为 P_M，在垄断均衡产出水平上 $P>MC$。因此，垄断使产出减少了 Q_MQ_C，由此带来消费者剩余减少了 BEC 部分，该部分消费者剩余的减少并没有转移给生产者或其他方，而是垄断的净损失（deadweight loss of monopoly）。

垄断所造成的损害还表现为对技术进步的阻碍。虽然垄断企业由于其垄断利润从而拥有研究和开发新技术的能力及优势，但是，垄断企业往往缺乏技术创新的动力。因为，对垄断企业而言，仅仅依靠维持其垄断地位就可获得巨额的超额利润，而且新技术的诞生可能会使现有的厂房、设备及产品在技术上趋于过时，从而危害其既得利益。

上述关于垄断情况的分析也适用于垄断竞争或寡头垄断等其他非完全竞争的情况。实际上，只要市场不是完全竞争的，只要企业面临的需求曲线不是一条水平线，而是向右下方倾斜的，则企业的利润最大化原则就是边际收益等于边际成本，而不是价格等于边际成本。当价格大于边际成本时，就出现了低效率的资源配置状态。

9.3.2 政府对垄断的管制

垄断常常导致资源配置缺乏效率。此外，垄断利润通常也被看成是不公平的。这就有必要对垄断进行政府管制。然而，垄断特别是自然垄断能够更好地获取规模经济，并更具有技术创新的能力。所以，目前许多国家对垄断势力实行管制而不是禁止。政府对垄断的管制是多种多样的。在此，我们主要讨论政府对垄断的价格管制和法律约束。

（一）价格管制

政府一般对某些垄断企业在价格上进行控制，即政府从对社会有利及资源的有效利用的角度出发，对这些垄断企业制定价格上限。具体方法有：按边际成本定价（$P=MC$）或按平均成本定价（$P=AC$），这样可使垄断企业降低价格，扩大产量，使资源得到更有效的利用。

图 9－9 反映的是某垄断企业的情况。需求曲线 dd 与平均收益曲线 AR 重合，MR 是边际收益曲线，曲线 AC 和 MC 是其平均成本和边际成本曲线。在没有管制的条件下，垄断企业根据利润最大化原则确定其均衡点为 E_1，生产其利润最大化产量 Q_1，并据此确定垄断价格 P_1。这种垄断均衡一方面缺乏效率，因为在垄断产量 Q_1 上，价格高于边际成本，消费者仅消费了较少的该产品；另一方面缺乏"公平"，因为在 Q_1 产量上，垄断企业通过限制产量维持垄断高价，从而获得了超额垄断利润，即经济利润不等于 0，或者说，全部利润大于正常利润。现在考虑政府的价格管制。

1. 按边际成本定价

政府应当制定什么样的价格为好呢？如果政府的目标是提高效率，则政府应当将价格定在 P_2 的水平上，即需求曲线与边际成本曲线的交点。因为当价格为 P_2 时，价格恰好等于边际成本，其产出水平为 Q_2。相比于管制前的垄断情况下，消费者付出的价格更低，并且得到了更多的产品，社会资源得到了最优配置。图 9－9 反映的是平均成本为"U"形曲线的垄断情况。

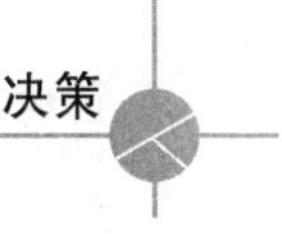

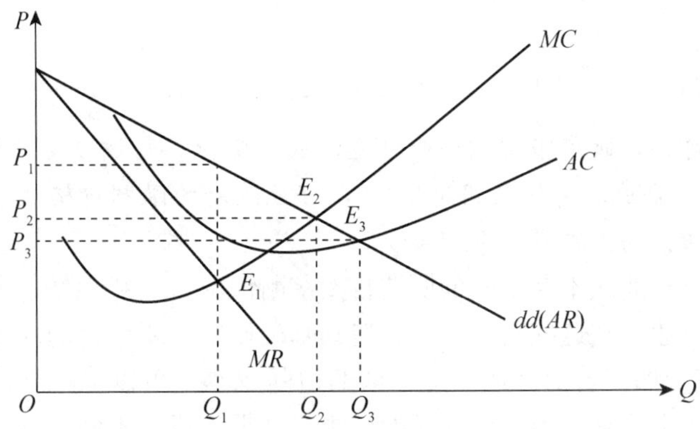

图9-9　对垄断企业的价格管制

【例题9-2】某垄断企业的成本函数为：$TC=3\,000+400Q+10Q^2$，其产品的需求函数为：$P=1\,000-5Q$。

求：(1) 该垄断企业利润最大化时的产量、价格和利润。

(2) 如果政府限定企业以边际成本定价，试求这一限制价格以及该企业提供的产量和所得利润。

解：

(1) $MC=\dfrac{\mathrm{d}TC}{\mathrm{d}Q}=400+20Q$

$$TR=P\cdot Q=1000Q-5Q^2,\quad MR=\frac{\mathrm{d}TR}{\mathrm{d}Q}=1\,000-10Q$$

利润最大化时 $MR=MC$，由此建立方程：

$$1\,000-10Q=400+20Q$$

解得：$Q=20$

将 $Q=20$ 代入需求函数，得：

$$P=1\,000-5\times20=900$$

求得利润为：

$$\pi=TR-TC=900\times20-(3\,000+400\times20+10\times20^2)=3\,000$$

根据以上计算可知，该垄断企业利润最大化时的产量为20，价格为900，利润为3 000。

(2) 因为政府限定企业以边际成本定价，所以有：

$$P=MC,\quad 即\ 1\,000-5Q=400+20Q$$

解得：$Q=24$

将 $Q=24$ 代入需求函数，得：

$$P=1000-5\times24=880$$

求得利润为：

$$\pi=TR-TC=880\times24-(3\,000+400\times24+10\times24^{2})=2\,760$$

根据以上计算可知，政府限定该企业以边际成本定价，则该限定价格为880，此时企业提供的产量为24，企业获得的利润为2 760，可见政府的限制价格低于企业利润最大化时的价格，为此企业提高了产量，利润减少。

现在考虑平均成本曲线不断下降的所谓自然垄断情况。一般地铁、电话、供水和供电等都属于自然垄断行业。在这些行业中，建造其基础设施需要巨大的固定投资（如地铁隧道和传输电缆），多增加一名乘客或一部电话的边际成本是可以忽略不计的，这就导致这些行业最初的平均成本很高，但随着规模的扩张，其平均成本不断下降。图9-10中，由于平均成本曲线AC一直下降，故边际成本曲线MC总位于其下方。在不存在政府管制时，垄断企业的产量和价格分别为Q_1和P_1。当政府管制按边际成本定价为P_2时，产量为Q_2，实现资源配置最佳。值得注意的是，在自然垄断场合的最优价格P_2和最优产量Q_2上，垄断企业的平均收益小于平均成本，即$P_2<C_2$，从而出现亏损。因此，对自然垄断行业按边际成本定价就意味着每一单位产出都会亏损，在此每单位亏损额为C_2-P_2。在这种情况下，政府想要得到高效率的定价，就必须补贴垄断企业的亏损，其补贴额至少为$Q_2\cdot(C_2-P_2)$。如地铁系统就得到了这种补贴，从而使地铁系统的收费低于平均成本，并接近边际成本。这种票价补贴增加了地铁乘车量，从而确保了人们较大程度地利用成本昂贵的交通系统。

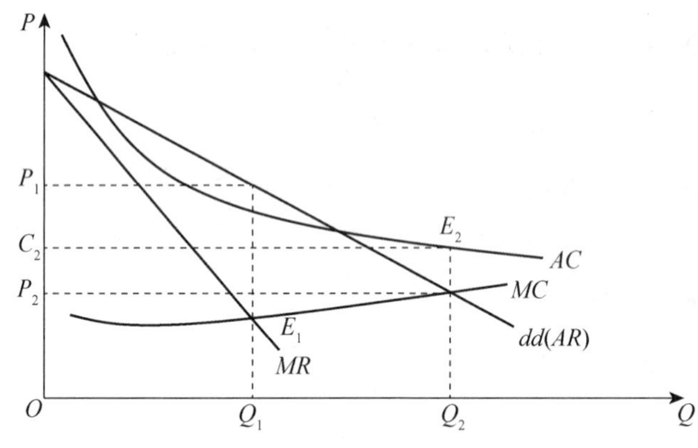

图9-10　自然垄断情况下的价格管制

案例评析

地铁系统的补贴

1965年，中国第一条地铁——北京地铁一期工程就已正式破土动工，揭开了中国地铁的历史序幕。随着当今时代环保低碳概念的兴起，正在悄悄促使城市交通发生根本扭转，地铁已成为城市建设的领头羊。截至2017年12月31日，中国内地累计有34个城市地铁建成投入运营，地铁总里程达5 021.7公里。按照现有规划，我国2020年地铁总里程将达6 100公里，2010至2015年地铁建设投资规划额将达11 568亿元。国家发改委基础产业司司长王庆云介绍，目前3种轨道交通方式的成本差别很大：地铁的建设成本在5亿元/公里以上，轻轨的建设成本在2亿元/公里以上，有轨电车的建设成本也就2 000万～3 000万元/公里。我国广州、上海、北京在20世纪90年代建成的地铁线，平均造价每公里均在6亿～8亿元，即便是现在提倡全部实现了设备国产化后，每公里的造价仍不会低于4.2亿元（韩国、新加坡等国家平均每公里造价2亿～3亿元人民币）。中国的地铁工程一直是一项便民的“老百姓工程”，因此地铁票价不能太高。如北京过去地铁普票每乘次平均价格为3元，票价较低，无法弥补运营成本，需要政府补贴，北京市的地铁运营，政府每年用于地铁的补贴接近10亿元。为了吸引更多市民主动选择公共交通出行，2007年10月，北京开始实施公共交通低票价政策，地铁采用全线网单一票制，票价2元/人次，为此2009年北京地铁补贴达到15.2亿元，比上一年增长了91%。2008年上海轨道交通收入35亿元，但不提归还银行贷款的本金，仅需要返还的利息就已高达28亿元。因此，地铁投资往往不能给投资者带来回报。

2. 按平均成本定价

在图9-10中，当政府按边际成本定价将价格定为P_2，资源实现最佳配置时，垄断企业仍然可以得到一部分经济利润，即为平均收益P_2超过平均成本AC部分。如果政府试图制定一个更低的“公平价格”以消除经济利润，则可以按平均成本定价，即将价格定为P_3，产量为Q_3。此时，平均收益恰好等于平均成本。因此，P_3可称为零经济利润价格。但是，在图9-10中，如果要制定零经济利润价格P_3，P_3不是小于P_2，而是要稍高一些。

按平均成本定价的优点在于：第一，可以不必补贴垄断者；第二，政府可以仅关注企业利润状况。即政府只需要检查企业每年的盈亏报表，以确认企业仅获得正常（平均）利润。如果企业利润太高，可以迫使其降低价格；如果利润太低，可以允许企业提高价格。

但是，这种价格管制方法会存在一个问题，即在零经济利润价格水平上，边际成本大于价格，违反了资源最佳配置的条件。在垄断情况下，产量太低、价格太高；在零经济利润情况下，正好相反：价格太低、产量太高。在实践中，按平均成本定价往往会导致垄断企业夸大其平均成本或使企业丧失降低成本的积极性，即存在使垄断企业“虚报成本”的激励。

案例评析

垄断企业的成本状况

《京华时报》2004年6月29日A03版报道：4年前国家电力公司召开的一个内部人事干部会议，短短3天时间竟花费304万元，人均耗费2.4万元。

《股市动态分析》2011年第14期报道：3月28日，中国石化披露年报数据，其年度净利润创下历史最高纪录为707亿元。然而真正吸引眼球的，是该公司全年管理费用达到577.7亿元，是净利润的0.82倍；全年职工费用337亿元，同比增长16.5%。通过2010年年报数据的比对，我们发现：垄断企业的管理费用占营业收入的比重远远高于中小企业，平均来看，这一比重是中小企业的2倍，凸显了垄断格局下的低效率。

电力部门会议腐败和中国石化的高额管理费用，究其经济根源在于中国能源行业的垄断现状。作为中国电力的生产及经营者，原国家电力公司继承了原电力部下属的五大区域集团公司、七个省公司和华能、葛洲坝两个直属集团，在全国电网、发电和供电资产中，分别占据100％、45％和70％的份额。而中国的石油行业则由中石油、中石化和中海油三大油企控制。由于电力和石油工业的垄断特征及关系国计民生的重要性，国家对电力价格和成品油价格实施控制，并实施相应的补贴，这客观上使这些垄断企业丧失了控制成本、降低成本的积极性，因而出现腐败会议和高额的管理费用。

（二）反垄断法

当垄断有害于消费者时，政府可以通过立法来打破垄断或禁止垄断的形成。例如，国家可以缩短专利的期限或者使专利的延期更加困难。同样，国家也可以要求企业公布利润报告表，以便使其他企业能够很快确定它是否获得超过正常的利润。可供选择的其他政策是，国家可以宣布企图消灭竞争是非法的。美国一度执行过全面禁止垄断的政策。我国于2008年8月1日开始实施《反垄断法》。西方很多国家都不同程度地制定了管制垄断的反托拉斯法，其中，最为突出的是美国。这里以美国为例做一概括介绍。

19世纪末和20世纪初，美国企业界出现了第一次大兼并，形成了一大批经济实力雄厚的大企业。如，在1870—1899年，洛克菲勒和合伙人最终控制了美国石油销售的90％；在20世纪早期，安德鲁·卡内基和J. P. 摩根将许多较小的钢铁公司结合在一起形成了美国钢铁公司。这些大企业被称做“垄断”企业或托拉斯。这里的“垄断”不只局限于指一个企业控制一个行业的全部供给的垄断的情况，而且也包括几个大企业控制一个行业的大部分供给的情况。按照这一定义，美国的汽车工业、钢铁工业、化学工业等都属于垄断市场。

从1890年到1950年，美国国会通过一系列法案反对垄断，其中包括《谢尔曼法》（1890）、《克莱顿法》（1914）、《联邦贸易委员会法》（1914）、《罗宾逊-帕特曼法》（1936）、《惠特-李法》（1938）和《塞勒-凯弗维尔法》（1950）。以上法案统称反托拉斯法。在其他西方国家中也先后出现了类似的法律规定。

资料链接

世界各国反垄断立法概况①

反垄断法目前在我国还是一种全新的法律制度，但美国早在一百多年前就已经颁布了这种法律。美国在19世纪80年代爆发了抵制托拉斯的大规模群众运动，这种反垄断思潮导致1890年《谢尔曼法》（Sherman Act）的诞生。《谢尔曼法》是世界上最早的反垄断法，因而也被称为世界各国反垄断法之母。美国最高法院在其一个判决中指出了谢尔曼法的意义，即“谢尔曼法依据的前提是：自由竞争将产生最经济的资源配置、最低的价格、最高的质量和最大的物质进步，同时创造一个有助于维护民主的政治和社会制度的环境”。

从《谢尔曼法》问世到第二次世界大战结束，这期间除美国在1914年颁布了《克莱

① 中国反垄断法．[2011-03-21]．https://baike.baidu.com/item/中国反垄断法．有删改．

顿法》和《联邦贸易委员会法》作为对《谢尔曼法》的补充外，其他国家的反垄断立法几乎是空白。然而，第二次世界大战一结束，形势就产生了很大的变化。首先，在美国的督促和引导下，日本在 1947 年颁布了《禁止私人垄断和确保公正交易法》，德国于 1957 年颁布了《反对限制竞争法》。1958 年生效的《欧洲经济共同体条约》第 85 条至第 90 条是欧共体重要的竞争规则。此外，欧共体理事会 1989 年还颁布了《欧共体企业合并控制条例》，把控制企业合并作为欧共体竞争法的重要内容。意大利在 1990 年颁布了反垄断法，它是发达市场经济国家中颁布反垄断法最晚的国家。现在，经济合作与发展组织（OECD）的所有成员都有反垄断法。发展中国家反垄断立法的步伐比较缓慢。直到 20 世纪 80 年代后期，尽管有联合国大会的号召，联合国贸发会还就管制限制性商业实践提供了技术援助，但是颁布了反垄断法的发展中国家仍然不足 12 个，它们包括亚洲的韩国、印度、巴基斯坦和斯里兰卡。发展中国家当时对反垄断法普遍不感兴趣的主要原因是，这些国家的许多产业部门或者主要产业部门是由国有企业经营的，为了维护国有企业的利益，国家自然就会在这些部门排除竞争。此外，当时所有的社会主义国家实行计划经济体制，不允许企业间开展竞争，这些国家自然也没有制定反垄断法的必要性。我国也是这种情况。因为我们当时认为计划经济是最好的经济制度，把竞争视为资本主义制度下的生产无政府状态，认为竞争对社会生产力会造成严重的浪费和破坏，我国当时也完全不可能建立一种崇尚竞争和反对垄断的法律制度。

20 世纪 80 年代后期以来，世界各国经济政策总的导向是民营化、减少政府行政干预和反垄断，各国反垄断立法的步伐大大加快了。这一方面表现在亚洲、非洲和拉丁美洲的许多发展中国家纷纷制定或者强化了它们的反垄断法，另一方面表现在苏联和东欧集团的国家也都积极进行这方面的立法。到了 1991 年，中欧和东欧地区的绝大多数国家包括保加利亚、罗马尼亚、克罗地亚、爱沙尼亚、哈萨克斯坦、立陶宛、波兰、俄罗斯、匈牙利等都颁布了反垄断法。近年来，随着这些地区的许多国家积极地申请加入欧盟，它们又都根据《欧共体竞争法》进一步强化了自己的反垄断法。据统计，世界上目前颁布了反垄断法的国家大约有 84 个. 发展中国家以及东欧国家现在之所以积极制定和颁布反垄断法，主要的原因是国有垄断企业的经济效益普遍不能令人满意。因此，除了一些特殊的行业外，这些国家都已经开始在原先国家垄断经营的部门引入了私人经济，甚至在电信、电力、煤气等传统上被视为自然垄断的行业引入了竞争机制。现在，世界各国都已经普遍地认识到，垄断不仅会损害企业的效率，损害消费者的利益，而且还会遏制了一个国家或者民族的竞争精神，而这种竞争精神才是一个国家经济和技术发展的真正动力。

我国于 1993 年 9 月 2 日通过了《反不正当竞争法》；2007 年 8 月 30 日通过了《反垄断法》，并自 2008 年 8 月 1 日起施行。

美国的反托拉斯法是为了防止企业订立协议或从事其他行为限制竞争和损害消费者。例如，《谢尔曼法》第 1 款规定，禁止竞争性企业之间通过“合同、合并、合谋”的方式提高价格、损害消费者；《谢尔曼法》第 2 款规定，垄断或企图垄断某市场是非法的，即某企业干预竞争对手运营或以某种方式阻碍竞争对手就是非法。违法者要受到罚款和（或）判刑。《谢尔曼法》曾成功地肢解了美国标准石油公司和美国烟草公司这两个最有名

的托拉斯。《克莱顿法》修正和加强了《谢尔曼法》，禁止不公平竞争，宣布导致削弱竞争或造成垄断的不正当做法为非法。这些不正当的做法包括价格歧视、排他性或限制性契约、公司相互持有股票和董事会成员相互兼任。美国《联邦贸易委员会法》规定：建立联邦贸易委员会作为独立的管理机构，授权防止不公平竞争以及商业欺骗行为，包括禁止伪假广告和商标等。《罗宾逊-帕特曼法》宣布卖主为消除竞争而实行的各种形式的不公平的价格歧视为非法，以保护独立的零售商和批发商。《惠特-李法》修正和补充了《联邦贸易委员会法》，宣布损害消费者利益的不公平交易为非法，以保护消费者。《塞勒-凯弗维尔法》补充了《谢尔曼法》，宣布任何公司购买竞争者的股票或资产从而实质上减少竞争或企图造成垄断的做法为非法。《塞勒—凯弗维尔法》禁止一切形式的兼并，包括横向兼并、纵向兼并和混合兼并。这类兼并指大公司之间的兼并和大公司对小公司的兼并，而不包括小公司之间的兼并。

美国反托拉斯法的执行机构是联邦贸易委员会和司法部反托拉斯局。前者主要反对不正当的贸易行为，后者主要反对垄断活动。对犯法者可以由法院提出警告、罚款、改组公司直至判刑。任何企业如果认为自己因另一企业的反竞争行为而受到伤害时就可依据反托拉斯法提出起诉，如果起诉成功，它可以得到损害额 3 倍的赔偿以及诉讼费用。然而，在美国反托拉斯法究竟在什么时候以及应该如何被贯彻执行一直是经济政策中最有争议的问题之一。

小　结

本章首先说明了垄断市场的基本条件及垄断市场形成的原因，垄断市场的基本条件是：市场上只有一家企业；企业所生产和出售的商品没有相近的代用品；其他任何企业进入该行业或市场都极为困难或不可能。垄断市场形成的主要原因是进入障碍，进入障碍主要包括：独家企业控制了生产某种产品的关键资源、规模经济的存在及其政府特许等。同时阐述了垄断企业的收益规律，即垄断企业的需求曲线是向右下方倾斜的，其边际收益曲线在需求曲线的下方。其次，本章论述了垄断企业的短期决策，得出的结论是：垄断企业的短期决策的原则为 $MR=SMC$，在短期均衡时，企业可以获得最大利润，可以利润为零，也可以蒙受最小亏损。再次，本章论述了垄断企业的长期决策及其竞争策略。最后，本章分析了垄断管制的方法。

经济管理问题分析

由章首资料可以看出，高通公司主要是凭借其在市场中的垄断势力，通过收取高额的专利许可费获取巨额利润。作为世界上最大的手机芯片制造商之一，高通公司是移动通信技术的最大专利持有人，囊括了 CDMA 和 LTE 等很多行业标准。在截至 2014 年 9 月 28 日的财年中，高通公司全球营收 265 亿美元中约有一半来自中国，而高通公司大部分的盈利来自专利授权部门的专利收费。此次发改委对高通公司的处罚就是因为其滥用在无线标

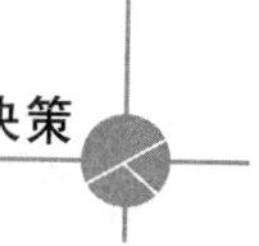

准必要专利许可市场的支配地位，收取不公平的高价专利许可费，具体包括：（1）以一揽子收费的形式对过期无线标准必要专利收取许可费；（2）要求被许可人将专利进行免费反向许可，即高通公司利用其在市场的支配地位，要求被许可人将自己持有的相关专利向高通公司及高通公司客户进行免费许可，从而完全否定中国被许可人所持有专利的价值。（3）在无线标准必要专利许可中，没有正当理由搭售非无线标准必要专利许可；（4）利用在基带芯片市场的支配地位，以不供应基带芯片相要挟，强迫潜在被许可人签订包含不合理条件的专利许可协议；（5）不合理的专利许可费计费基础，即不是以必要的专利技术为基础来计算专利费，而是按无线通信终端的整机价格收取专利许可费。消费者购买的每一部手机，里面都包含涉及高通公司的两部分费用：通信芯片硬件费用和专利授权费。以一部售价在2 000元左右的智能手机为例，其中高通公司芯片的售价约为23美元（折合人民币140元），然后再按照整机售价的5%缴纳费用（大约是100元），两项加起来大约是240元。此次整改后，每部手机里高通公司芯片价格不变，而专利授权费用降为在整机售价65%的基础上收取5%。此次整改后一部售价2 000元左右的智能手机，其中高通公司的专利授权费下降为65元，比以前减少了35元。实际上，从2007年开始，多个国家或地区已经对高通公司发起了反垄断调查：2005年7月，美国博通公司对高通公司发起反垄断诉讼，高通公司向博通赔付8.91亿美元；2007年1月，韩国对高通公司进行反垄断调查，2010年1月对高通公司处以2.08亿美元的罚款；2014年8月，欧盟和韩国开始对高通公司启动新一轮反垄断调查。

复习与思考

一、名词解释

垄断市场　自然垄断　垄断企业需求曲线　垄断企业短期均衡条件　寻租

二、选择题

1. 根据垄断市场的条件，最接近垄断行业的是：

A. 自行车行业　　B. 玉米行业

C. 电力行业　　D. 汽车行业

2. 垄断企业所面临的需求曲线是一条向右下方倾斜的曲线，它表示：

A. 垄断企业可以通过销售量来影响商品价格

B. 垄断企业只能接受市场价格

C. 垄断企业没有权力确定商品价格

D. 垄断企业的商品销售量与市场价格无关

3. 在垄断企业的短期均衡时，垄断企业可以：

A. 利润为零　　B. 亏损

C. 获得利润　　D. 上述情况都可能存在

4. 在垄断企业的长期均衡产量上，可以有：

A. $P<LAC$　　B. $P>LAC$

C. $P=LAC$　　D. 以上情况都可能存在

5. 在垄断市场上，平均收益与边际收益的关系是：

A. 平均收益大于边际收益　B. 平均收益小于边际收益

C. 平均收益等于边际收益　D. 无法确定

6. 在垄断市场上，企业：

A. 可以任意定价　B. 价格一旦确定就不能变动

C. 根据市场来定价　D. 没有权利确定价格

7. 一家垄断企业所面临的需求函数为 $Q=100-0.5P$，边际成本为 40，那么，该垄断企业利润最大时的边际收益为：

A. 160　B. 80　C. 60　D. 40

8. 某企业是某地区唯一生产油漆的企业，该企业生产的油漆与市场上另一企业生产的产品 X 有负的交叉弹性，与产品 Y 有正的交叉弹性，则该企业：

A. 是垄断企业　B. 是垄断企业，因有互补产品 X

C. 不是垄断企业，因为有替代产品 Y　D. 难以判断是否垄断

9. 为了提高资源配置，一般来说政府会对那些自然垄断部门的垄断行为采取以下哪种措施？

A. 坚决反对　B. 加以支持

C. 加以管制　D. 任其发展

10. 垄断企业如果处于：

A. 长期均衡时，一定处于短期均衡　B. 长期均衡时，不一定处于短期均衡

C. 短期均衡时，一定处于长期均衡　D. 以上都不是

11. 垄断企业的平均收益曲线为直线时，平均收益曲线在 Q 轴上的截距是边际收益曲线在 Q 轴上的截距的：

A. 一倍　B. 两倍　C. 一半　D. 四倍

12. 下列各项中，错误的是：

A. 垄断企业的平均收益曲线与需求曲线重合

B. 垄断企业的边际收益曲线的斜率大于平均收益曲线的斜率

C. 垄断企业的边际收益大于平均收益

D. 垄断企业的边际收益小于平均收益

13. 对垄断企业来说：

A. 提高价格一定能够增加收益

B. 降低价格一定会减少收益

C. 提高价格未必能增加收益，降低价格未必减少收益

D. 以上都不对

三、问答题

1. 什么是垄断市场？垄断市场应该具备的条件是什么？产生垄断的原因有哪些？
2. 垄断是如何造成市场失灵的？用图说明垄断产生的净损失。
3. 成为垄断者的企业可以任意定价，这种说法对吗？
4. 对比分析垄断市场与完全竞争市场。

5. 某制药公司拥有某药品的专利权。请说明以下问题：

（1）请用图说明该公司该药品利润最大化的价格、产量和利润。

（2）现在假设政府对该公司所生产的每瓶药征税。用图说明该公司新的价格和产量政策，并说明利润的变化。

（3）假设政府不是对每瓶药征税，而是无论生产多少瓶药都向该公司征税 8 万元，这种税收政策如何影响该公司的价格、产量和利润？并解释之。

四、计算题

1. 已知某垄断企业的短期总成本函数为：$STC=0.1Q^3-6Q^2+140Q+3\,000$，需求函数为：$P=150-3.25Q$。

求该企业的短期均衡产量和均衡价格。

2. 假定垄断企业面临的需求曲线为 $P=100-4Q$，总成本函数为 $TC=50+20Q$。

求：（1）垄断企业利润最大化时的价格、产量和利润。

（2）假定该垄断企业遵循完全竞争法则，企业的价格、产量和利润分别为多少？

3. 已知某垄断企业的成本函数为 $TC=8Q+0.05Q^2$，产品的需求函数为 $Q=400-20P$。

求：（1）垄断企业利润最大化时的售价、产量和利润。

（2）垄断企业盈亏平衡时的售价和产量。

案例研究

铱星公司的终结①

铱星移动是美国摩托罗拉公司 1991 年设计的一种全球性卫星移动通信系统。该系统每颗卫星的质量为 670 千克，功率为 1 200 瓦，采取三轴稳定结构，信道为 3 480 个，服务寿命 58 年。为保证通信讯号的覆盖范围，获得清晰的通话信号，初期设计设置了 7 条卫星运行轨道，每条轨道上均匀分布 11 颗卫星，组成一个完整的卫星移动通信星座系统。由于它们像化学元素铱（Ir）原子核外的 77 个电子围绕原子核运转一样，所以该全球卫星移动通信系统被称为铱星系统。后来经过计算证实，设置 6 条卫星运行轨道就能够满足技术性能要求，因此，该通信系统的卫星总数被减少到 66 颗，但人们仍习惯性地称它为铱星通信系统。

1997 年铱星系统投入商业运营，铱星移动电话成为唯一能在地球表面任何地方拨打的公众移动电话。耗资 1 亿美元的广告宣传将铱星系统的名声推向巅峰，铱星公司的股票价格从发行时的每股 22 美元飙升到 1998 年 5 月的 70 美元。铱星系统在 1998 年被美国《大众科学》杂志评为年度全球最佳产品之一。

铱星系统开创了全球个人通信的新时代，被认为是现代通信的一个里程碑。它使人类在地球上任何“能见到的地方”都可以相互联络。铱星最大的特点就是通信终端手持化、个人通信全球化，实现了 5 个“任何”（5W），即任何人（Whoever）在任何地方（Wherever）、任何时间（Whenever）与任何人（Whomever）采取任何方式（Whatever）进行

① 吴健安. 营销管理［M］. 北京：高等教育出版社，2004.

通信。

1998 年 5 月，布星任务全部完成，11 月 1 日，正式开通了全球通信业务。

然而，当摩托罗拉公司费尽千辛万苦终于将铱星系统投入使用时，命运却与摩托罗拉公司开了一个很大的玩笑，传统的手机已经完全占领了市场。铱星项目投资巨大，整个铱星系统耗资达 50 多亿美元，每年仅系统的维护费用就要几亿美元。铱星公司亏损巨大，1999 年 8 月 13 日，摩托罗拉公司不得不将曾一度辉煌的铱星公司申请破产。在回天无力的情况下，摩托罗拉公司正式通知铱星电话用户，到 1999 年 3 月 15 日，如果还没有买家收购铱星公司并追加投资，铱星服务将于美国东部时间 3 月 17 日 23 点 59 分终止。2000 年 3 月 17 日，铱星公司正式宣布破产。

请思考以下问题：

(1) 依据垄断市场的条件，判定铱星公司是否为垄断企业。

(2) 说明铱星公司在本领域形成垄断的主要原因。

(3) 查找相关数据资料，运用经济学相关知识，解释铱星公司退出市场的原因，并画图表示。

(4) 作为一个垄断者，铱星公司是否能够以提高价格来解救其破产命运，为什么？

(5) 上网搜索，看铱星系统最终的命运如何？

第 10 章　垄断竞争市场中的企业决策

经济管理问题

哈根达斯失去了什么?

《深圳晚报》2005 年 6 月 18 日讯：16 日上午，深圳市质量技术监督局罗湖分局等单位接到群众举报，称一家地下加工厂在生产著名的哈根达斯品牌冰激凌蛋糕。本报记者随执法人员一起前往，本以为要端掉的是个冒牌窝点，没想到在现场的发现让人大吃一惊，这个无牌无证的地下作坊竟然就是哈根达斯深圳品牌经营店的正宗“加工厂”，且一个作坊供应着深圳哈根达斯全部 5 家品牌经营店的货源。卫生监督部门依法查封了这家非法加工厂，并将现场的全部哈根达斯冰激凌蛋糕销毁处理。随后，卫生监督部门的执法人员马不停蹄地赶到哈根达斯地王店，查处了从这家非法加工厂流出的冰激凌蛋糕共 25 千克，立刻做了销毁处理。此次事件对哈根达斯意味着什么?

完全竞争市场中，许多企业销售同样的产品，以至于没有一家企业可以影响市场价格。在垄断市场中，只有一家企业，因此它可以按照自己的意愿定价。完全竞争和垄断是处在竞争天平两端的情况，在实际经济环境中这两种情况都很罕见。比较常见的是介于两个极端之间的、既有竞争又有垄断的因素的市场，经济学将这样的市场称为不完全竞争市场。在经济学中，不完全竞争市场是指介于完全竞争和垄断之间的市场结构。以下两章的内容阐述的是不完全竞争市场的企业行为。不完全竞争市场分为两个类型，即垄断竞争市场和寡头垄断市场。其中，垄断竞争市场与完全竞争市场比较接近。本章主要分析垄断竞争市场中的企业行为。

10.1 垄断竞争市场的条件和企业收益规律

首次来北京旅游的人，都会想要吃北京烤鸭，其中最著名的当属全聚德烤鸭店生产的北京烤鸭。该烤鸭店创建于 1864 年，有 147 年的历史，截至 2016 年在国内外开的特许连锁店就有 110 余家，而且公司在不断扩张，全国各地不断有新的连锁店开张。然而尽管如此，全聚德烤鸭店依然无法垄断市场，因为，即使在北京，以北京烤鸭命名的餐馆就有 400 多家，兼营北京烤鸭这道菜的饭店、餐厅更是数以千计。有如此多的相近替代品，全聚德最大的希望是有足够的消费者在想吃北京烤鸭时能够想到全聚德，这样全聚德就可以比一般的烤鸭店收取更高的价格。全聚德烤鸭店所处的就是一个垄断竞争市场。所谓垄断竞争（monopolistic competition）市场是指在一个市场中，有许多企业生产和销售有差别的同种产品的市场结构。

10.1.1 垄断竞争市场的条件

具体说，垄断竞争市场应具备以下条件：

（1）市场上有较多企业，彼此之间存在激烈的竞争。垄断竞争市场中企业的数量大致介于完全竞争市场的大量企业和下一章要介绍的寡头垄断市场的几个企业之间。这些

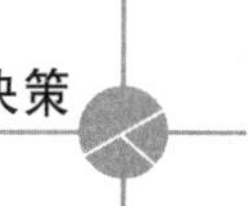

企业一般都是中小企业，它们对市场可以施加有限的影响，但不可能达到互相勾结、控制市场价格的程度。由于企业的规模不是很大，而且某一家企业是众多企业中的一员，因而任何一家企业都认为自己的决策对其他企业的影响不大，不会引起竞争对手的注意和反应。这也就是说，在垄断竞争市场，任何单个企业的产量和价格的适度变动对其他企业的销量没有明显影响。因此企业之间彼此可以独立行动，而不必顾忌其他企业的对抗行动。

（2）产品之间既存在一定的差别，又有一定的替代性。在垄断竞争市场中，由于存在竞争，因而每家企业都竭力使自己的产品有别于那些与它相竞争的产品。这种产品差别具有多种形式：1）实质上的差别，如采用的原料、设计、工艺、技术等不同而带来产品功能、质量上的差别；2）想象上的差别，即由商标、牌子、广告等造成购买者主观感觉上的差别。每一种有差别的产品都可以以自己的产品特色在一部分消费者中建立品牌忠诚，由此形成垄断地位，差别越大，垄断程度就越高。但是，产品差别仅是同一种产品的差别，这样，各种有差别的产品之间又存在替代性，即它们可以互相替代，满足某些基本需求。有差别产品之间的替代性就引起这些产品之间的竞争，替代性越大，竞争程度就越高。如此，产品的差别性及替代性，便构成了垄断因素和竞争因素并存的垄断竞争市场的基本特征。

（3）企业进出行业比较自由。要开一家烤鸭店是比较容易的，你只需要租一间店面、有烤炉、有鸭子，并有专业厨师及服务人员就行。由此可见，行业进出的自由度导致全聚德烤鸭店与其他烤鸭店处于竞争状态，并最终会使企业的超额利润消失。但这种进出行业的自由度与完全竞争的情况相比要小许多。阻碍新企业进入的主要原因是现有企业已经建立起来的信誉以及产品的差别性。

除以上条件之外，区分垄断竞争市场的方法往往用市场的集中度（concentration）来衡量。所谓市场的集中度是指一个行业中最大企业（通常是 4 家最大企业）的产量（或销量）所占全行业产量（或销量）的比重。在一个垄断竞争市场，市场的集中度较低，往往前 4 位企业中的市场占有率一般为 20%～40%。如我国的冰激凌市场，共有 3 000 多家企业，其中行业中规模最大的伊利、蒙牛、和路雪、雀巢 4 家企业的市场占有率之和超过 40%。可见我国的冰激凌市场是典型的垄断竞争市场。

垄断竞争是普遍存在的经济现象，它普遍存在于零售业、快餐业、服务业和制造业中的某些部门，而最明显的垄断竞争市场是轻工业品市场。

小思考

依据垄断竞争市场的条件，寻找现实经济中的垄断竞争市场。

在垄断竞争市场中，各个企业的产品是有差别的，企业相互之间的成本曲线和需求曲线未必相同。但是在垄断竞争市场的分析模型中，经济学家总是假定某个产品市场内的所有的企业都具有相同的成本曲线和需求曲线，并以代表性企业进行分析。因为，这一假定能使分析得以简化，而又不影响结论的实质。

10.1.2 垄断竞争市场中的企业收益规律

（一）企业需求曲线

完全竞争企业面对的是水平的需求曲线。这表示它有许多竞争对手，而且所有这些企业都生产相同的产品。对某完全竞争企业而言，存在无数其所生产产品的替代品，因此，其产品的需求价格弹性非常高，以至于企业所面对的需求曲线为水平的。

垄断企业由于其所生产的产品没有替代品，不存在竞争对手，所以其产品的需求价格弹性非常小，因此垄断企业的需求曲线是一条向右下方倾斜的曲线。

垄断竞争企业的需求曲线呈现怎样的特征呢？在垄断竞争的市场中，有许多中小企业生产有差别的同类产品，因而每家企业都有自己的产品需求曲线，对自己产品的价格有一定的控制权。即企业可以通过降低价格来扩大销量，也可以通过限制生产使产品的市场价格略微上升。因此，在垄断竞争市场中，企业的需求曲线是一条向右下方倾斜的曲线。但是，由于众多企业生产的产品具有替代性，这意味着若将价格定得过高，顾客就会转向购买其他企业的产品，所以，在垄断竞争市场中，企业可以自由定价的权力很有限，即企业的需求曲线只是略微倾斜，几乎是呈水平状的。这也就是说市场中的竞争因素使得垄断竞争企业所面临的需求曲线具有较大的需求价格弹性，相对地比较接近完全竞争企业的水平形的需求曲线。但是这不能一概而论，当企业通过产品差别所建立的品牌忠诚度较高时，企业就可以将价格定的比其他企业的价格高许多，这时企业所面临的需求曲线的弹性就比较小。如，来北京旅游的游客往往更钟情全聚德烤鸭，尽管它的价格要比一般的烤鸭店的价格高出许多，但它依然每日顾客盈门，因此，全聚德烤鸭店的需求曲线就比较陡一些；虽然消费者往往愿意对海尔电器支付较高的价格，但这种价格的差异也就几十元而已，显然海尔电器所面临的需求曲线就比较平缓。

（二）平均收益曲线

在第 8 章与第 9 章我们已经得出结论：无论何种市场结构企业的平均收益曲线均与需求曲线重合，即满足：$P=AR$。所以，在垄断竞争市场中，企业的平均收益曲线也是向右下方倾斜的，并且与需求曲线重合。

（三）边际收益曲线

在完全竞争市场中，企业所接受的价格与边际收益相等，即 $P=MR$，这意味着完全竞争企业的边际收益曲线与需求曲线重合。

在垄断市场中，企业的边际收益曲线与需求曲线一样也是向右下方倾斜的，并且企业所获取的边际收益要小于价格，即 $P>MR$，这意味着垄断企业的边际收益曲线在需求曲线的下方。而且，通过第 9 章的分析我们已得出结论：当垄断企业的需求曲线为向右下方倾斜的线性曲线时，其边际收益曲线也是一条向右下方倾斜的线性曲线；垄断企业的需求曲线和边际收益曲线在纵轴上的截距相等；垄断企业的边际收益曲线的斜率是其需求曲线斜率的 2 倍，即垄断企业的边际收益曲线在横轴上的截距是需求曲线在横轴上的截距的一半，也就是说，边际收益曲线平分由纵轴到需求曲线之间的任何一条水平线。

在垄断竞争市场中，由于企业的需求曲线是向右下方倾斜的，所以其边际收益曲线也是

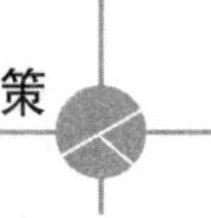

一条向右下方倾斜的曲线，并且，其边际收益曲线位于需求曲线的下方，即 $P>MR$。这其中的道理与垄断市场相同，在此就不再重复。也就是说，在垄断市场中所得出的有关企业边际收益曲线的形状及边际收益曲线与需求曲线的关系的结论，同样适合垄断竞争市场。

10.2 垄断竞争市场中的企业决策

单个的垄断竞争企业的行为非常像垄断企业的行为，其约束是企业的生产技术、各项投入要素的价格和向右下方倾斜的需求曲线。并且，像所有其他企业一样，其目标是获取最大利润。但是，垄断竞争市场与垄断市场最大的差别在于：垄断市场中只有唯一的卖主，而垄断竞争市场却有众多的企业。所以当垄断企业提高产品价格时，消费者除了可能减少消费之外，往往别无选择。但是，当一个垄断竞争企业提高其产品价格时，消费者有另外的选择权：他们可以从其他企业购买相似的产品。因此，垄断竞争企业的决策行为结果与垄断企业的状况会有所差异。以下分别分析垄断竞争企业的短期决策与长期决策。

10.2.1 企业的短期决策

从某种程度上来说，在垄断竞争市场条件下，企业的短期决策类似于垄断企业的短期决策，即垄断竞争企业也是根据最大利润原则 $MR=MC$，来确定和调整短期内的产量和价格。

处于垄断竞争市场上的企业，由于成本和需求状况不同，从短期看，也可能处于三种不同的决策状态中，见图 10－1。

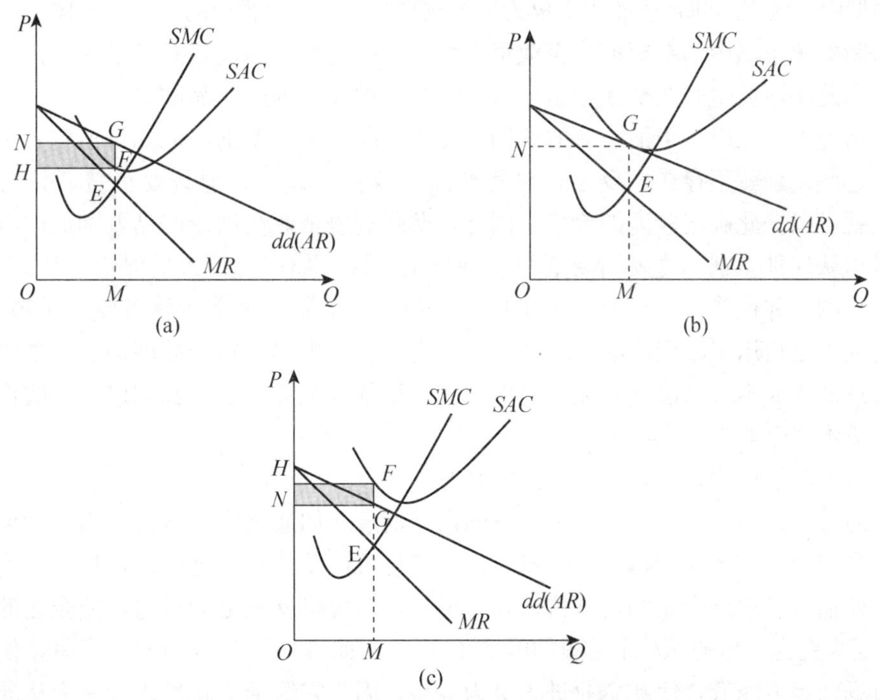

图 10－1　垄断竞争企业的短期决策

依据边际分析方法，在短期中，垄断竞争企业依然要根据边际收益等于边际成本来确定产出水平（见图 10-1），即根据 $MR=SMC$，确定均衡点 E，产出水平为 OM。图 10-1（a）中，垄断企业的价格为 ON 高于平均成本 OH，因此垄断企业会获得超额利润，超额利润的大小为图 10-1（a）中阴影部分的面积。这个超额利润可能来自现有产品的改进创新、新产品的引进、产品和流程的改进、富有创意的营销活动或其他因素。以上种种因素都可能为企业创造产品的差异性，由此带来相应的利润。图 10-1（b）中，垄断竞争企业的价格为 ON 正好等于其平均成本，所以该图表示垄断竞争企业只能获得正常利润。图 10-1（c）中，垄断竞争企业的价格为 ON 低于其平均成本 OH，因此该垄断竞争企业处于亏损状态，亏损的大小为图 10-1（c）中阴影部分的面积。因此，在垄断竞争市场中，垄断竞争企业可能盈利（获取最大利润），也可能盈亏平衡或处于最小亏损。在短期，如果垄断竞争企业处于亏损状态，这时应该依据停止营业点规则，即根据价格是否大于或等于相应的平均变动成本，来决定企业是否继续维持生产。

由此得出，垄断竞争市场中企业的短期决策原则为：

$$MR=SMC \tag{10.1}$$

从以上的分析可以看出，在短期，垄断竞争企业的价格和产量决策与垄断企业的决策一样。在短期中，这两种市场类型是非常相似的。但是，这其中依然存在差异。这种差异主要是缘于这两个不同市场各自具有的特征最终使垄断竞争企业与完全竞争企业的成本构成出现差异。

在垄断市场中，一旦企业独家垄断地位确定，往往企业不需要支付其他的销售成本，因为消费者此时已别无选择，所以，垄断企业的成本主要是生产成本。这也就是说，在垄断企业均衡模型中，假定垄断企业的成本仅为生产成本，完全竞争企业的成本也同样如此。

在垄断竞争市场中，在短期，企业可以凭借产品的特色形成相对垄断地位由此获得超额利润。因此垄断竞争企业要在竞争中获胜，其关键在于创造产品的差异。但是，产品差别在许多情况下往往取决于消费者的认知，无论产品有多大差别，但如果消费者不承认这种差别，这些差别就不存在。反之，尽管产品本身并无差别，但只要消费者认为它有差别，企业就可以据此确定较高的价格。因此，垄断竞争企业在创造产品差别的同时还必须使消费者承认这种差别。这就需要通过各种营销手段（如广告、人员促销、公共关系等）来达到该目的，并最终改变企业的需求曲线。为此，垄断竞争企业就需要支付销售成本。所谓销售成本是指用来改变产品需求的成本，它包括广告费、新产品展销费、推销人员工资等。通过销售成本可以改变企业的需求曲线的形状及位置。以下我们以广告的作用为例说明销售成本对企业需求的影响。

对广告所起的作用，一般有以下两种观点：

（1）通过广告为消费者提供更为完备的商品信息。如通过广告宣传，消费者可以更好地了解商品的价格、质量、特点等信息，这些信息可以使消费者更好地选择想要购买的商品，从而使消费者对该产品的需求价格弹性增加，对价格反映更为敏感，使企业的需求曲线由 dd 变为更为平坦的 dd'［见图 10-2（a）］。由此可见，广告加剧了竞争，使每个企业垄断市场的势力降低，使新企业进入更为容易，因为它给予了新进入者一个从现有企业

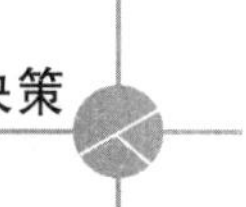

中吸引顾客的手段。

(2) 通过广告宣传改变消费者的欲望。许多垄断竞争企业都希望通过广告宣传，使消费者了解并认可本企业产品独一无二的特点，从而改变其消费欲望，即由购买其他企业的产品转而购买本企业的产品，或者由过去的没有欲望购买转变为有购买意愿。广告的这个作用可以说是所有企业都期望通过广告达到的目的。这样的结果使企业的需求曲线变得更缺乏弹性，并可能向右移动，如图 10-2 (b) 中的某企业由于广告宣传其需求曲线由 dd 右移为 dd'。这意味着企业通过广告宣传降低了市场的竞争性，而提高了其垄断地位，为此企业可以收取较高的价格，并且可能在原有价格下需求增加。

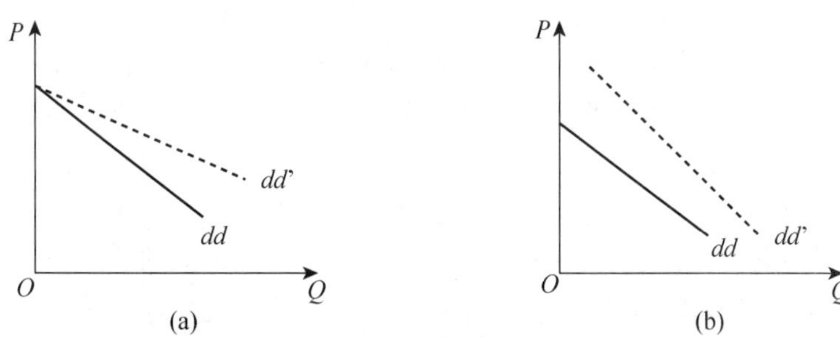

图 10-2　广告对垄断竞争企业需求曲线的影响

案例评析

禁止做广告所带来的结果①

经济学家李·宾哈姆 (Lee Benham) 在 1972 年发表于《法学与经济学》杂志的一篇文章中检验了广告的这两种观点。20 世纪 60 年代的美国，各州政府对配镜师做广告有极为不同的规定。一些州允许眼镜和验光服务做广告。但是，也有许多州禁止这种广告。专业配镜师热烈地支持这些对广告的限制。宾哈姆以各州法律的差异为基础，检验了以上两种广告观点。结果令人惊讶：在那些禁止广告的州里，一副眼镜支付的平均价格是 33 美元；在那些不限制广告的各州里，一副眼镜的平均价格为 26 美元。因此，宾哈姆得出结论：广告使眼镜的平均价格下降了 20%以上。

由以上案例可见，广告会提高市场的竞争性，从而降低产品价格。这是因为通过广告宣传，消费者掌握了更为全面的信息，从而有更大范围的选择权利。由此，可以联想到目前我国禁止对某些产品或服务进行广告宣传，如我国目前对律师宣传采取限制性政策，严禁广告宣传，这样的政策在对律师服务需求日益增加的今天，究竟对消费者是有利还是有害呢?

由此可见，在垄断竞争市场中，企业要想获取超额利润，销售成本的支出必不可少。所以垄断竞争企业的成本包含了生产成本和销售成本两类。并且经济学家认为，企业的平均销售成本与平均生产成本一样，其形状为“U”形曲线，这同样意味着，企业所支付的销售成本并非越多越好，需要寻求最佳的销售成本。

① 曼昆. 经济学原理：上册. 梁小民，译. 北京：北京大学出版社，1999：386.

10.2.2 企业的长期决策

在长期中，由于在同一市场上存在若干垄断竞争企业的竞争，因此当某个企业在短期内获得超额利润，就会诱使新企业进入，并且原有企业为了获取更多的超额利润也会调整生产规模，这样就使长期内整个行业的供给增加，商品价格下降，每个企业面临的需求曲线的位置将向左下方移动，因为有越来越多的企业要分享这整个市场；与此同时，由于新企业的加入，竞争激烈，彼此都采取一定措施（如加强广告宣传、改进技术、提高质量等），以致产品生产成本和销售成本提高，从而使平均成本曲线及边际成本曲线上升。只要垄断竞争企业还存在超额利润，以上新企业的进入就不会停止，这样企业的需求曲线就会不断地向左移动、平均成本曲线和边际成本曲线也会不断向上移动，最终的结果是：需求曲线与平均成本曲线相切，超额利润消失，每家企业将只获得正常利润。当市场中每家企业都只能获取正常利润时，一方面，由于超额利润消失，该市场对新企业不再具有吸引力了，因此新企业不会再进入该市场；另一方面，已进入该市场的原有企业虽然不能获取超额利润，但是由于还有正常利润，足以维持企业的运营，况且，如果退出一定会发生退出成本，所以，在这样的情况下，原有企业也不会急于从该市场退出。这样，整个市场面临的状况是既没有新企业进入，也没有企业退出，一旦市场进入和退出停止，就形成了长期均衡。以上所描述的这样一个过程，就是垄断竞争企业长期均衡的实现过程。

当然，我们也可以反向推导该过程。如果垄断竞争企业在短期正处于亏损状况，这时，有些企业不能承受这些亏损，就会退出该市场，行业开始衰落。由于市场中竞争者减少，仍然停留在市场中的那些企业就会获得更多的消费者，因此，企业的需求曲线向右移动。一直到垄断竞争企业亏损消失、获得正常利润为止，退出才会停止，企业实现长期均衡。

由以上分析可见，在垄断竞争企业的长期均衡点上平均成本曲线 LAC 恰好与需求曲线 dd 相切。

图 10－3 显示了垄断竞争企业的长期均衡状态。在图 10－3 中，根据 $MR=LMC$ 原则可得到，长期均衡点为 E，均衡产量为 OM，均衡价格为 ON。在该均衡产量和价格上，由于平均成本曲线 LAC 与需求曲线 dd 相切，所以在长期均衡状态下，平均收益与平均成本均为 ON，总成本和总收益相等，企业不亏不赚，只能获得正常利润。

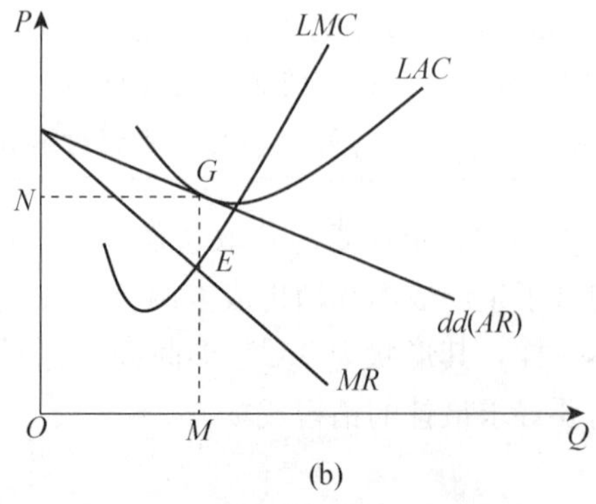

(b)

图 10－3 垄断竞争企业的长期决策

由此得出，垄断竞争市场中企业的长期均衡的条件为：

$$MR=LMC \tag{10.2}$$

$$P=AR=LAC \tag{10.3}$$

小思考

$MR=LMC$ 是垄断竞争市场的企业均衡条件，$P=AR=LAC$ 是垄断竞争市场的行业均衡条件，为什么？

总结以上垄断竞争市场长期均衡形成的过程及最终的均衡状态，可以得出垄断竞争企业的长期决策原则：依据 $MR=LMC$ 确定利润最大化下的产出与价格，且进入或留在某一行业的条件是 $P\geqslant LAC$；如果企业面临的市场状况为 $P<LAC$，则企业应该选择退出该行业。

在此还需要注意，在垄断竞争市场中，找不到具有规律性的供给曲线，或者说，垄断竞争市场上没有供给曲线，其原因我们在第 9 章已经做了阐述。

经济管理实务

施乐与复印机市场[①]

1960 年还是一家小型办公设备的施乐公司，通过推出施乐 914 复印机引发了复印机行业的再次革命。静电复印是对电子传真和图纸复印机的巨大改进，它可以使用未经处理的纸张，形成更清晰、更便宜的复印效果。干式复印机的发明使现在的施乐公司在快速发展的办公复印机行业中名列前茅，并使该公司在二十世纪七十年代占据了垄断的地位。在二十世纪七八十年代，复印机行业的市场结构发生了急剧变化，因为随着施乐很多最初专利的到期而出现了竞争狂潮。IBM 带着它的Ⅰ型复印机在 1970 年 4 月进入复印机市场，并靠Ⅱ型复印机在 1972 年 11 月扩大了它的参与程度。柯达公司带着它的 Ektaprint 型复印机在 1975 年进入该市场。当然，3M 公司（Minnesota Mining and Manufacturing）在电子传真复印机细分市场中一直就是一支重要力量。在一份更全面的施乐公司最近国内外竞争对手的名单中至少有 30 家企业。这种市场进入对于施乐公司的市场份额和利润率影响巨大。1970—1978 年，施乐公司的国内复印机市场占有率从 98%跌落到 56%，其股东权益收益率也从 23.6%下降到 18.2%。

最近，面对激烈的价格和产品质量竞争，施乐已经损失了领先地位，盈利能力也大幅下降。由于佳能、柯达、3M、松下、理光、萨文和夏普等公司的复印机只是施乐复印机的相近替代品而不是完全替代品，所以这个行业通常被看作垄断竞争行业。对普通纸复印机的有效竞争也来自个人计算机和电子通信使用的低成本打印机，它们会减少对普通纸复印机的需求。毫无疑问，对于那些无法保持领先的行业领导者而言，垄断竞争的日子是很难过的，只要问一问施乐就可以知道。

① 赫斯切. 管理经济学. 11 版. 李国津，译. 北京：中国人民大学出版社，2008：354.

由以上复印机市场的案例资料可以看出，在一个垄断竞争市场，随着竞争的持续和新企业的不断进入，领导企业的利润在不断地下降，最终市场会走向长期均衡，所有企业只能获取正常利润。

【例题 10-1】某公司在垄断竞争市场中经营，它面临的需求曲线为：$P=350-Q$，长期总成本函数为：$TC=355Q-2Q^2+0.05Q^3$。求：

（1）该企业的利润最大化时的价格、产量和经济利润是多少？

（2）此时该企业是否处于长期均衡？

解：

（1）$TR=P\cdot Q=350Q-Q^2$，$MR=\frac{dTR}{dQ}=350-2Q$。

$$MC=\frac{dTC}{dQ}=355-4Q+0.15Q^2。$$

根据利润最大化原则：$MR=MC$，建立方程如下：

$350-2Q=355-4Q+0.15Q^2$，解该方程得：$Q=10$。

将 $Q=10$ 代入需求曲线，求得：$P=350-10=340$。

再将 $Q=10$、$P=340$ 代入 TR、TC，求得经济利润为：

$$\pi=TR-TC=340\times10-(355\times10-2\times10^2+0.05\times10^3)=0。$$

（2）根据以上计算得出经济利润为零，因此可知此时该企业处于长期均衡。

本题最终答案为：企业实现利润最大化时的价格为 340，产量为 10，经济利润为零，此时该企业处于长期均衡。

10.2.3 垄断竞争企业的竞争战略

虽然垄断竞争企业可以通过降价来提升销量，但企业不一定会这么做，这有以下原因：第一，产品价格应该是依据最大利润原则来确定的，如果企业为了竞争而降低价格，利润会减少；第二，垄断竞争企业之间对价格竞争比较敏感。如果某个企业降价，那么所有其他企业也会降价，并且降幅相同，这样，该企业的销量并不会如愿增加，其结果依然是利润减少。因此垄断竞争企业经常使用的竞争战略是非价格竞争，即努力形成与竞争者产品之间的差异，通过产品的差异，获取一定时间内的垄断利润。而产品的差异可以从以下两个方面来实现：一方面是提高产品的品质，即进行品质竞争；另一方面是通过各种促销活动提高消费者对本企业产品的需求。

（一）品质竞争

品质竞争就是企业在产品上引进新的、与竞争对手不同的、能更加迎合消费者需要的特征，以吸引更多的消费者，同时避免在竞争过程中自己原有的客户被其他竞争对手的降价策略吸引走，从而获得某种程度的垄断优势。它包括提高产品质量、改进产品性能和结构、增加产品功能，也可以从产品包装、售后服务上下功夫，千方百计创造产品差异来满足不同消费者的需要，下面海底捞的案例充分地展示了提升服务的竞争策略。如果企业资

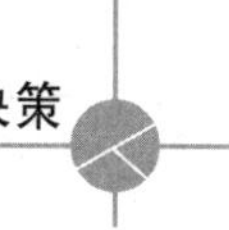

源实力有限，那么可以把产品设计为只为市场上某一特定顾客群的特定需要服务，而不是面向整个市场，以求在这一细分市场上取得自己的竞争优势，从而在整个市场上为自己找到适合的定位。

（二）各种促销活动的竞争

在完全竞争市场，所有企业的产品完全同质，企业不需要做广告，只要按照市场价格来销售产品。但在垄断竞争市场，各种促销活动会在消费者心目中增加产品的差异性，因此，促销活动是品质竞争的重要补充。因为一般消费者对于产品的结构、性能等品质差异的评价能力是有限的，通过广告等促销活动能向消费者提供更多的产品信息，从而可以起到强化产品差异化、促进消费者的购买欲望的作用，以此来保持“垄断”地位。

企业实施非价格竞争，也会引起竞争对手的反应，但这种反应比起价格竞争引起的反应要慢得多。这是因为非价格因素的变化一般不易被竞争对手发觉，即使竞争对手发觉之后，其反应也要有一个过程（如设计新产品、策划促销活动等都需要时间）。此外，非价格竞争的效果比较持久。非价格竞争手段往往可以改善消费者对企业产品的认识，提高消费者对本企业产品的忠诚度。

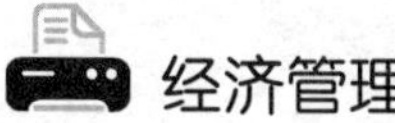

经济管理实务

海底捞的特色服务①

火锅是一种大众餐饮，价格不高，品种繁多，挑选余地大，口味变化多，就餐形式随意，深受市民欢迎。海底捞起家于四川简阳的一家全国连锁火锅店，2010年海底捞的销售额将达到15亿元，员工总数也突破万人。现在海底捞已在全球开出上百家直营连锁店铺。

去过海底捞的顾客有几个最直观的感觉：第一，顾客多，排队两个小时去吃上一顿火锅很常见；第二，服务好，筷子的长度让人烫不到手，有专门供勺子搭着的钩；排队时还有人帮你擦鞋；饭桌上刚准备做手势，服务员已经心领神会地跑过来了；第三，服务员总是保持微笑。

海底捞将一场连锁火锅店在口味、品质与价格方面的竞争，转化为“服务之争”。因为火锅相对于其他餐饮，品质的差别不大，因此服务就特别容易成为竞争中的差异性手段。

在就餐前排队等座时，会免费提供美容修指甲、上网、茶饮、点心等，还有儿童专区，专门有人陪玩。让折磨人的“等座”成为一种享受。如果说“等座”都如此享受，那么吃饭就更享受了。比如点个面条可以享受到戏院才有的杂耍，因为海底捞的拉面师傅会当着你的面把一团面拉成头发般细长的丝；比如你可以免费喝到在“永和豆浆”要几元钱才可以享受的豆浆；担心火锅把衣服弄脏了？不要紧，会有服务员提供专门的火锅服装给你挡在胸前，甚至手机都有个透明的手机套帮你套上，以免被汤水污秽，还会定时送毛巾。总之，服务员在对你的态度与照顾上绝对做得比五星级宾馆还要体贴入微。而且在走

① 赵文平. 管理经济学. 西安：西安电子科技大学出版社，2017：178.

的时候，海底捞优秀的服务人员还会送点小礼品给你，每一个经历过海底捞服务的顾客都在内心深处感到欠了海底捞的债——感情上的债。

海底捞的服务模式就是一种“五星模式”。凭着这种“五星级”免费服务战略，再加上其对员工的“家管理哲学”，海底捞在几年间积累了大量的忠诚客户，而且这些客户都在不停地为海底捞介绍新的客户。这样造成的结果是，海底捞有意无意地实现了饥饿营销：永远有无数的客户愿意排队等座，而等座的过程又创造了对服务的需求，反过来，这种需求又创造了“五星级服务”，“五星级服务”又创造潜在的客户忠诚，这一系列“精心运营”的结果，是海底捞生意的火爆，以及网络上到处遍布着这样的呼吁——要是天下的公司都像海底捞一样多好呀！

海底捞的成功，在于它总是把顾客的幸福和员工的幸福作为赚钱的前提，把声誉放在第一位。在海底捞，顾客才是真正的“老板”，员工工作的满意程度是顾客评价的；而员工能快乐地工作，是让顾客真正感到满意的重要保证。

10.3 对垄断竞争市场的评价

从以上分析可以看出，垄断竞争企业的长期均衡同完全竞争企业的长期均衡的共同点是：它们都只能获得正常利润。即无论是完全竞争市场还是垄断竞争市场，由于市场的可进入性，竞争最终使企业的超额利润消失。

但垄断竞争企业的长期均衡同完全竞争的长期均衡又有区别，我们可以图 10－4 进行比较分析。在图 10－4 中，d_p、AR_p、MR_p 分别是完全竞争企业的需求曲线、平均收益曲线和边际收益曲线，d_m、AR_m、MR_m 分别是垄断竞争企业的需求曲线、平均收益曲线和边际收益曲线，并假定完全竞争企业和垄断竞争企业具有相同的平均成本（LAC）曲线和边际成本（LMC）曲线。无论是完全竞争企业还是垄断竞争企业都根据 $MR=LMC$ 确定长期均衡点，显然，完全竞争企业的长期均衡点为 E_p，垄断竞争企业的长期均衡点为 E_m，由此所确定的完全竞争企业的长期均衡的价格与产量分别为 P_2 和 Q_p，垄断竞争企业的长期均衡的价格与产量分别为 P_1 和 Q_m。

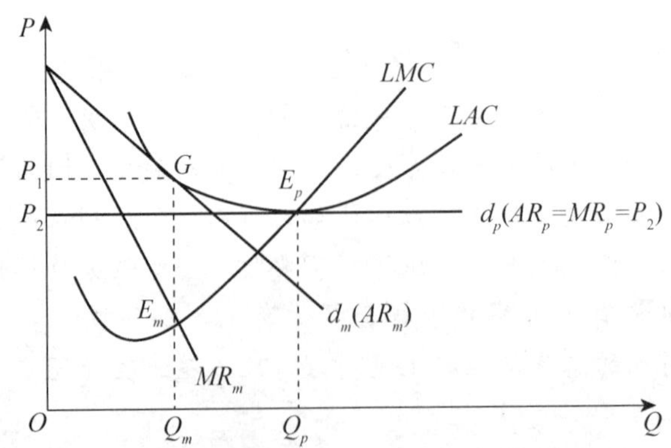

图 10－4 完全竞争企业与垄断竞争企业长期均衡的比较

根据图 10－4 将完全竞争企业和垄断竞争企业最终的长期均衡状态的区别归纳如下。

（一）二者的需求曲线与边际收益曲线的位置不同

完全竞争市场中企业的需求曲线与横轴平行，而且与边际收益曲线重叠，因此，在完全竞争企业的长期均衡点上 $P=MR=LMC$，这不仅使消费者得到了最低的价格 P_2，而且使生产者乃至整个社会的生产资源得到最有效的利用，实现最优配置。

垄断竞争市场中企业的需求曲线是向右下方倾斜的，而且与边际收益曲线相分离，处于后者的上方，因此，在垄断竞争企业的长期均衡点上 $P>MR=LMC$，为此消费者将不得不接受较高的价格 P_1，而且生产者乃至整个社会的生产资源没有得到最有效的利用，没有实现资源的最优配置。

（二）二者的平均收益曲线或需求曲线虽然都与平均成本曲线相切，但二者切点的位置不同

完全竞争市场中企业的需求曲线在平均成本曲线的最低点之处与之相切，这就说明，在完全竞争市场中，每家企业都在平均成本最小及最适当产量的情况下进行生产，此时生产要素以正确的比例组合，可以实现成本最小化，从而最终实现最高的生产效率。完全竞争企业在平均成本最低点上生产的产量 Q_p，在经济学中称为理想产量，把实际产量与理想产量之间的差额称作多余的生产能力。

垄断竞争市场中，由于垄断竞争企业的需求曲线是向右下方倾斜的，所以企业的需求曲线一定在平均成本曲线最低点的左上方某处与之相切。这就说明，在垄断竞争市场中，企业根据利润最大化原则所决定的产量 Q_m 不是最佳产量，企业未能在平均成本的最低点以最适当的规模进行生产。图 10－4 显示，垄断竞争企业的均衡产量 Q_m 低于平均成本最低时的理想产量 Q_p，这说明，垄断竞争企业没有充分地利用现有的生产要素，企业在过剩生产能力状态下运营，多余的生产能力为 Q_mQ_p，因此垄断竞争企业在生产要素的使用方面存在着某种浪费。

为什么垄断竞争企业在长期内不能在最低平均成本处生产呢？从图 10－4 中可以看出，假如图中所表示的垄断竞争企业，将其产出扩大到最低平均成本处，即产量定为 Q_p，则在目前的需求曲线下，该产出水平下的 $P<LAC$，所以垄断竞争企业将会遭受亏损。但是，该垄断竞争企业可以采取这样的办法：它可以收购其他的竞争者，接管它们的市场。这样该垄断竞争企业的需求曲线和边际收益曲线将会向右移动为 d'_m 和 MR'_m（见图 10－5）。此时，由于生产量提高（产量由 Q_m 提高到 Q_p），实现了最低的平均成本。尽管在短期内，该垄断竞争企业可以这么做，但在长期中这种做法却没有什么效果。因为在新的需求曲线和较低的平均成本上，该垄断企业会获取超额利润，超额利润的大小为图 10－5 中长方形 $P'_2P_2E_pF$ 的面积。我们在前面已经分析指出，长期中，超额利润的存在一定会吸引新的企业进入，使市场供给增加、价格下降，垄断竞争企业的需求曲线最终又会移回到初始的位置 d_m，即垄断竞争企业最终会回到初始状态。

由以上分析不难看出，在垄断竞争市场中，垄断竞争企业存在多余的生产能力。这是因为在长期内，垄断竞争下存在太多的企业，每个企业生产的产出太少，以至于不能实现最低的平均成本。如果企业的数量较少，那么每个企业都能扩张规模、降低成本。但是，这种情况不会一直持续下去，企业获得利润后，利润将导致新企业进入，新企业进入将导

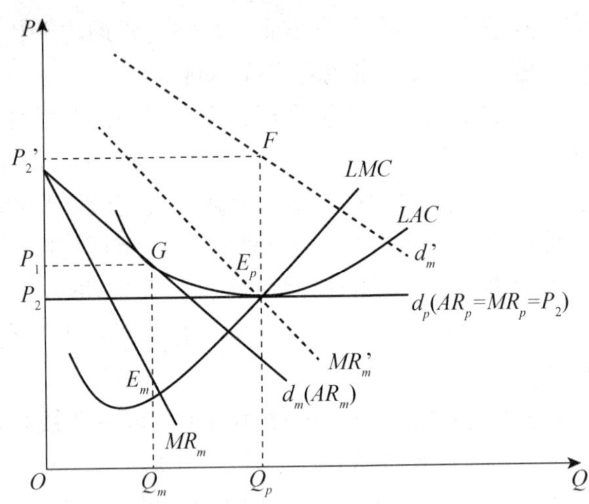

图 10-5　垄断竞争企业扩张产量的结果

致每个企业的产出减少。因此在长期内，最终会出现太多的企业生产太少的产量，以至于每家企业都不能在最低平均成本处生产，出现多余的生产能力。

过剩的生产能力的例子到处可见，如在某一地区开设过多的加油站、购物商场、服装店及餐馆等，可能使其中的一些加油站、商场、服装店、餐馆等顾客稀少。

多余的生产能力意味着垄断竞争对消费者来说成本更高。在图 10-4 中不难看出，在完全竞争市场，长期内，市场价格等于最小平均成本。而在垄断竞争状态下，长期内，价格大于最小的平均成本。所以，如果完全竞争企业和垄断竞争企业的成本相同，垄断竞争下的价格要高于完全竞争条件下的价格。对应的，垄断竞争条件下的产量要小于完全竞争条件下的产量。垄断竞争企业通过限制产量维持住较高的价格。

小思考

什么是理想产量？在垄断竞争市场是否能实现理想产量？

（三）二者的成本构成不同

完全竞争市场假设消费者有完全的市场知识、掌握完全信息，并假定所有企业生产的产品是同质的，因此对完全竞争企业而言，广告宣传是没有必要的，如果任何一个企业在这方面花费成本，它的收益就会少于它的竞争对手，这样使完全竞争企业具有更低的成本。

在垄断竞争市场，各企业要使自己的产品成为有特色的产品，必须进行广告宣传，这种广告对生产和消费有促进作用，但同时也增加了销售成本，增加了总成本和平均成本，浪费了劳动力和其他稀缺的资源。

但是由以上比较并不能简单得出完全竞争市场优于垄断竞争市场的结论。因为尽管垄断竞争市场中平均成本与价格较高，资源有浪费，但这种市场也有以下有利之处：

（1）完全竞争条件下企业所生产的产品过于单调。而垄断竞争条件下企业所生产的产品是多样化、有差别的，因而能更好地满足不同消费者的不同偏好，并且由于商标、服务

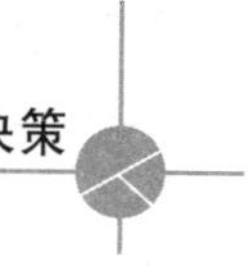

态度等都能构成产品的差别，这有利于促使企业保持其商标信誉，提高产品质量，改进服务态度，等等。从这个角度来看，可以将垄断竞争条件下的高成本和高价格视为人们为产品多样化付出的代价。

(2) 垄断竞争有利于鼓励进行创新。在垄断竞争市场，随着创新取代原有技术，企业随时面临技术优势的竞争，如苹果和康柏以及许多其他计算机公司已经向控制计算机行业的 IBM 公司发起了挑战，并取得了一定的胜利。由此可见由于竞争压力，迫使垄断竞争企业进行技术创新，并由此获取超额利润。同时又由于有一定的垄断来保护其创新的收益，所以垄断竞争能促进创新和技术进步。而且为了维持垄断竞争企业在竞争中的地位，企业必须把这些超额利润投资于研制新产品和开发新的价格低廉的生产方法上。因此，在经济学家熊比特看来，垄断的缺陷——产量不足，完全可以用研究开发垄断利润所带来的好处来弥补。而在完全竞争市场中，由于市场变化频繁，市场进入没有障碍，技术创新的收益没有垄断来保护，企业有一种“朝不保夕”、前途莫测的感觉，因而无法也没有动力进行重大的技术创新。在垄断市场中由于缺乏竞争对手的威胁，企业有一种“稳坐钓鱼台”的感觉，因而因循守旧，没有必要进行重大的技术创新。

小 结

本章首先说明了垄断竞争市场的基本条件：市场上有较多企业；企业所生产和出售的产品之间既存在一定的差别，又有一定的替代性；企业进出行业比较自由。同时阐述了垄断竞争企业的收益规律，即垄断竞争企业的需求曲线是向右下方略微倾斜的，其边际收益曲线在需求曲线的下方。其次，论述了垄断竞争企业的短期决策，由此得出的结论是：垄断竞争企业的短期决策的原则为 $MR=SMC$，在短期均衡状态下，企业可以获得最大利润，可以利润为零，也可以蒙受最小亏损。与此同时分析说明了在垄断竞争市场中，企业为了创造产品差异，获取规模经济，其销售成本的支出必不可少。再次，论述了垄断竞争企业的长期决策，其长期均衡的条件是 $MR=LMC$，$P=AR=LAC$。从垄断竞争市场企业长期均衡的形成过程可以看出，在垄断竞争市场中，由于竞争力量的作用，最终所有企业的超额利润消失，每一个企业只能获得正常利润，此时，企业需求曲线与平均成本曲线相切。最后，分析比较了垄断竞争市场与完全竞争市场：垄断竞争市场相比完全竞争市场其不利之处在于资源的配置效率较低、生产不在最佳规模处进行、价格较高、产量更低；但是垄断竞争市场相比完全竞争市场其有利之处在于能够生产更好满足消费者偏好的产品，并且更有技术创新的动力。

经济管理问题分析

冰激凌市场是典型的垄断竞争市场，在中国冰激凌市场中，国内、国外的品牌众多。然而就在这样一个激烈竞争的市场中，哈根达斯的冰激凌价格却异常昂贵，超市的哈根达斯冰激凌 80 克装单价约 30 元；390 克装单价约 85 元；一筒香草冰激凌定价 10 美元，比在美国3美元的价格高出了许多；一个哈根达斯冰激凌球定价25元人民币；一盒哈根达斯的冰激凌价格是同类雀巢冰激凌的5～10倍。无怪乎哈根达斯被称为“冰激凌中的劳斯莱斯”。哈根达斯何以敢定如此的高价？原因就在于哈根达斯通过大量的各种形式的广告宣传，令消费者了解：“哈格达斯拒绝中国制造”，100%从法国进口，并经微电脑控温零下26度运至各地销售。为保证尊贵品质，寻找世界各角落最优质配料——香草来自马达加斯加、咖啡来自巴西、草莓来自俄勒冈、巧克力来自比利时、坚果来自夏威夷。如此的宣传，使哈根达斯与其他冰激凌产生极大的差异，“爱她，请她吃哈根达斯”广告语更将哈根达斯与追求浪漫、高贵爱情的白领小资联系在一起。因此，哈根达斯凭借所创造出来的这种差别，得到了需求价格弹性很小、很陡的需求曲线，这意味着即使价格很高，哈根达斯依然能够保持住一定的消费者。然而，深圳晚报的“黑作坊”报道，可能使哈根达斯所创造的差异消失。深圳热线网通过网上调查，有六成网民表示将不再买哈根达斯。这意味着如果哈根达斯仍维持其高价，将会失去更多的顾客。哈根达斯将面临弹性更大、更为平坦的需求曲线。“爱她，还请她吃哈根达斯冰激凌吗？”对此，恐怕许多白领小资会得出否定的回答。

复习与思考

一、名词解释

不完全竞争市场　垄断竞争市场　垄断竞争企业需求曲线　垄断竞争企业短期均衡条件　垄断竞争企业长期均衡条件　理想产量　多余生产能力

二、选择题

1. 根据垄断竞争市场的条件，下列哪个行业最接近垄断竞争行业？

A. 汽车行业　B. 玉米行业　C. 电力行业　D. 服装行业

2. 垄断竞争企业所面临的需求曲线是一条略向右下方倾斜的曲线，它表示：

A. 垄断竞争企业可以绝对控制商品价格

B. 垄断竞争企业只能接受市场价格

C. 垄断竞争企业只有很小的影响价格的能力

D. 垄断竞争企业对市场价格没有影响能力

3. 在垄断竞争企业的长期均衡时，垄断竞争企业可以：

A. 只有正常利润　B. 亏损

C. 获得超额利润　D. 上述情况都可能存在

4. 在垄断竞争企业的长期均衡产量上可以有：

A. $P<LAC$　B. $P>LAC$

C. $P=LAC$　D. 以上情况都可能存在

5. 在垄断竞争市场上，平均收益与边际收益的关系是：

A. 平均收益大于边际收益　B. 平均收益小于边际收益

C. 平均收益等于边际收益　D. 无法确定

6. 形成垄断竞争市场的最基本条件是：

A. 企业利用国家赋予的特权
B. 产品有差别
C. 企业的数量相当多
D. 企业没有权利确定价格

7. 在垄断竞争企业的短期均衡时，垄断竞争企业可以：

A. 只有正常利润
B. 亏损
C. 获得超额利润
D. 上述情况都可能存在

8. 垄断竞争企业实现最大利润的途径有：

A. 调整价格从而确定相应产量
B. 品质竞争
C. 广告竞争
D. 以上途径都可能使用

9. 垄断竞争企业长期均衡点上，长期平均成本曲线处于：

A. 上升阶段
B. 下降阶段
C. 水平阶段
D. 以上三种情况都可能

10. 在垄断竞争市场中：

A. 只有为数很少几个企业生产有差异的产品
B. 有许多企业生产同质产品
C. 只有为数很少几个企业生产同质的产品
D. 有许多企业生产有差异的产品

三、问答题

1. 垄断竞争市场和完全竞争市场其特征的异同？和垄断市场相比其特征的异同？

2. 用图说明垄断竞争企业长期均衡的形成过程及条件。

3. “长期内，垄断竞争者将在平均成本最小的产出水平下生产”，该观点是对还是错？请解释。

4. 为什么说垄断竞争市场相比完全竞争市场和垄断市场更有利于技术创新。

5. 在垄断竞争市场中，为什么即使存在企业进入的条件下，市场内的代表性企业索要的价格仍高于最低的平均成本？

6. 泰诺止疼药的制造商做了大量的广告，并拥有非常忠诚的顾客。与此相比，无品牌止疼药的生产者不做广告，顾客购买它只是因为它的价格低。假设泰诺和无品牌止疼药的边际成本是相同的：

(1) 请分别画出泰诺和无品牌止疼药生产者的长期均衡图，并解释这两个均衡图的差异。

(2) 哪一个公司有更认真控制质量的动力？为什么？

四、计算题

1. 垄断竞争市场中的企业的长期总成本函数为：

$$LTC=0.001Q^3-0.425Q^2+85Q$$

其中，LTC 是长期总成本，Q 是月产量。不存在进入障碍，产量由该市场的整个产品集团调整。如果产品集团中所有企业按同样比例调整它们的价格，则企业的需求曲线为：

$$Q=300-2.5P$$

其中，Q 是企业月产量，P 是产品单价。

请计算企业长期均衡产量和价格。

2. 在某城市，电影市场是垄断竞争市场。从长期看，某电影院的需求曲线为：

$$P=5-0.002Q$$

其中，Q 为每月的观众数，P 的单位为美元。其企业的平均成本函数为：

$$AC=6-0.004Q+0.000\,001Q^2$$

(1) 为使利润最大，该电影院的经理应如何定价？此时每月的观众人数是多少？

(2) 该电影院的超额利润将是多少？

3. 某公司是一家小企业，正考虑建设一座能每年生产 2 500 万支铅笔的工厂。规模经济性是该行业的最主要进入障碍。它的平均成本函数估计为：

$$AC=100\,000-1\,000Q+10Q^2$$

其中，Q 为产量（单位：每年百万支）。现在铅笔的批发价为每百万支 75 000 美元，该公司进入这一行业将不影响这一价格。使企业至少能获得正常利润的最低产量应为多少？该公司能成功地进入这一行业吗？

4. 在垄断竞争市场中，已知代表企业的长期成本函数和需求曲线分别为：

$$LTC=0.002Q^3-0.5Q^2+384Q$$
$$P=A-0.1Q$$

上式中的 A 是集团内企业人数的函数，求解长期均衡条件下：

(1) 代表企业的均衡价格和产量。

(2) A 的数值。

案例研究

中国瓷砖市场的竞争

市场总体规模

瓷砖在家居装饰中是引领潮流的时尚材料。20 世纪 90 年代中后期，瓷砖进入厨房、卫生间，形成厨卫墙地一体化的消费潮流。源于国人对陶瓷产品的喜好以及长久以来形成的消费习惯，瓷砖在我国装修中的使用比例远高于其他国家和地区。我国是世界上最大的瓷砖生产、消费和出口国。从总量上看，2015 年国内瓷砖产量 101.8 亿平方米，占全球总产量的 62.8%，遥遥领先于第二位的欧盟。从人均消费量来看，我国连续多年位居世界前列，明显超过巴西、印度等世界瓷砖生产制造消费大国，2015 年我国人均瓷砖消费量为 6.60 平方米，位居世界第一。

我国瓷砖产业集中于广东、福建、江西、山东、四川五大产区，2015 年五省瓷砖产量合计占全国总产量的 71.5%，其中仅广东省瓷砖产量就达到 24.69 亿平方米，占比 24.3%。具体来看，以广东佛山、福建晋江、山东淄博、四川夹江为代表的四大传统建陶

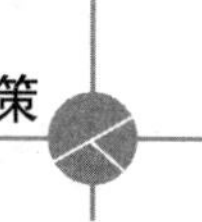

基地以及以江西高安为代表的新兴建陶基地聚集着大批瓷砖生产企业，在全行业占有重要的位置。

当前我国建筑陶瓷市场规模约 5 000 亿元，其中家装和公装市场需求平分秋色。2012 年我国瓷砖市场总规模（按零售销售额计）约为 3 300 亿元，其中家装瓷砖和公装瓷砖规模相当。2015 年我国规模以上建筑陶瓷企业（1 410 家）实现主营业务收入达到 4 354 亿元，出口量 11.38 亿平方米，出口额 83.26 亿美元。

市场品牌状况

和其他行业相比，中国的建筑瓷砖市场品牌林立，2015 年我国规模以上建筑陶瓷企业共计 1 410 家，市场集中度极低，没有一个品牌的绝对市场份额超过 5%，这和家电、汽车、快速消费品等行业市场份额高度集中于少数几个领导品牌形成鲜明对比，反映了建材行业整体营销水平偏低，企业普遍缺乏经济规模，缺少能引领市场的强势企业与领导品牌。也表明建筑陶瓷市场还没有形成稳定的市场格局，市场的变数还很大。

通过近几年的发展，产生了一些如东鹏、诺贝尔、马可波罗、冠珠、蒙娜丽莎、冠军、惠达、新中源、简一、宏宇等国产名牌产品。同时，部分意大利、西班牙进口瓷砖品牌，如蜜蜂、蜘蛛、雅素丽、范思哲、埃米等，垂涎中国市场的巨大蛋糕，以三高（高品质、高品位、高价格）定位（尤其是处于顶级的范思哲），纷纷进入中国高端市场。国内瓷砖市场形成了高、中、低三个档次的市场格局。

一方面，意大利、西班牙进口瓷砖品牌，如蜜蜂、蜘蛛、雅素丽、范思哲、埃米等占据高价位、高利润的高端市场，它们在努力坚守高端市场的同时，也开始开拓中端市场。另一方面，东鹏、诺贝尔、马可波罗、金舵、斯米克、蒙娜丽莎、简一等国产品牌，在国内中档市场占有相当大的份额，同时，东鹏、诺贝尔、马可波罗、简一等积极开发高端产品，冲击高端市场，挑战进口洋品牌。此外，还有近三千家的小企业，利用价格优势抢占低端市场。

因此，国内瓷砖市场的总体结构如下：整个瓷砖市场高、中、低市场呈金字塔状，高档市场占整个市场的 10%左右（上海、广州、北京可达到 20%）、中端市场占 30%、低端市场占 60%。

2015 年，除了传统的抛光砖以外，大理石瓷砖也掀起盛行之风，水泥砖、抛晶砖也走向进一步发展的阶段。值得注意的是，异形化、大规格、新工艺在传统产品的应用将使产品附加值升级。

大理石瓷砖在 2009 年被简一企业首创，经过这么多年的推广，在市场上呈现越来越热的趋势，也有越来越多的企业加入其中。大理石瓷砖发展 2013 年呈现井喷态势，而在 2014 年瓷砖行业整体萧条的情况下依然热度不减，对许多陶企来说，大理石瓷砖已成为在不景气的大环境下推动自身销量增长的一个关键点。佛山秋季陶博会期间，以“大理石瓷砖”名义进行宣传推广的企业和品牌就超过了 20 家，大理石瓷砖以其可以媲美天然石材的装饰纹理和瓷砖在吸水率、平整度、强度方面的传统优势，得到了越来越多商家的青睐。然而，之前曾发生在所有瓷砖品类身上的事情同样地发生在了大理石瓷砖身上，大量厂家的进入导致产品同质化越来越严重，至少是在图案花色上非常相似，乃至雷同，很多商家和消费者都表示“光看表面一般区分不出来”。

简一的发展历程

2002 年，简一创始人李志林几百万元租下一个国营厂，开始了他的创业之路。简一当初的产品与大理石瓷砖毫无关系，第一个生产的抛光马赛克产品“五度空间”，针对的是年轻、时尚的人群。接着推出的仿天然石产品“地脉岩”和独创的羊皮砖，虽然市场反响很好，但是许多企业也开始推出同品类产品，市场份额迅速被瓜分。李志林很焦虑，2008 年他花了一年时间思考，简一到底要做什么？“很庆幸找到了大理石瓷砖这么一个定位”，这就是简一发展历程中的第一次转型——放弃其他品类，专注高端大理石瓷砖。

2009 年，简一大理石瓷砖第一代产品面世。接下来，简一几乎以一年一代新品的节奏，坚定地在大理石瓷砖之路上前行。2016 年，简一将第九代新品发布会放在了意大利皇家古堡 Palazzo Alberg。

2014 年开始，在纽约时代广场、伦敦希思罗机场、巴黎戴高乐机场、德国法兰克福机场、旧金山机场等地投放广告牌。在飞机和高铁设品牌专机、专列。

2015 年开始，与新浪家居联合推出“环球酒店设计之旅”活动，致力于为中外顶级酒店设计师打造最有效的交流平台。

2015 年，以大理石瓷砖开创者身份受邀出征博洛尼亚展。

2016 年 3 月 1 日起，在全国范围内所有授权门店，实行明码实价，并由总部进行统一管理和监督。3 月 10 日，在北京召开全国发布会；4 月 7 日，长沙发布会；4 月 20 日，东莞发布会；6 月 15 日，哈尔滨发布会；8 月 21 日，大连发布会……一场接一场的发布会，告知当地消费者，简一“明码实价”。未来的趋势会是更多的品牌走向明码实价，共同推进建筑陶瓷行业走向健康规范的市场发展。

李志林一直呼吁行业共同将大理石瓷砖品类做大，目前陶瓷行业的大理石瓷砖品牌越来越多，而且，越来越多的大品牌在开拓大理石瓷砖产品线。现在提起大理石瓷砖，陶瓷行业无人不知简一。但是，简一目前仅仅只是行业知名品牌，面对浩瀚的消费者市场，还是“天地一沙鸥”。简一 2016 年三大动作：广告传播、明码实价、效果营销，其目的是想在消费者心目中建立牢固的品牌形象，例如，在央视的黄金时段广告，是为了让更多消费者看到简一，装修买瓷砖的时候或许还能想起简一这个牌子来。联合新浪家居的“环球酒店设计之旅”活动，是让更多的中外知名设计师了解简一，在作品设计中能够用到简一的产品。

简一的核心资源

简一专注于高端大理石瓷砖的研发、设计、生产与应用，拥有总投资 7 亿元的清远生产基地，在全球率先成立大理石应用设计学院，通过对接国际潮流，研究并推出各种大理石应用设计方案，培养专业的大理石效果应用设计师，不断引领和推动大理石效果在家装中的应用，满足高档装修的需求。

简一的营销网络遍布全球，覆盖意大利、法国、德国、西班牙、美国、澳洲等国家的重点城市，至 2015 年国际上现有品牌专区或展厅 23 家。在国内拥有 300 多家简一大理石瓷砖旗舰店，同时与大型物流机构形成战略合作，建立完善的终端销售服务与工程服务体系，为广大终端客户及消费者提供专业、贴心的品质服务。

简一拥有 6 000 平方米大理石瓷砖研发技术中心及近百人的专业设计与技术队伍，建

立了技术与艺术一体化的工业设计体系，以强大的产品研发与创新能力享誉业界。通过自主设计开发，掌握了大理石瓷砖制造核心科技，至今已拥有 9 大发明专利、8 项实用新型专利以及多项瓷砖外观专利。

2015 年 11 月通过国家行政部门审批成立“清远市大理石瓷砖工程技术研究中心”，2016 年 1 月企业被列入“广东省高新技术培育入库”对象，2016 年 3 月申请组建“广东省大理石瓷砖工程技术研究中心”。

简一大理石瓷砖以产品创新，在建陶行业开辟了一片新蓝海。“创新力量”成就了现在的简一，也是简一实现新腾飞最大的跳板。2016 年央视广告黄金资源招标会现场，简一大理石瓷砖摘得《新闻联播》黄金标版资源的桂冠。

瓷砖行业既面临产品同质化的竞争压力，同时节能减排压力也日趋严峻。国家环保局正式发布了陶瓷工业污染物排放标准的修订单，2016 年 7 月，国家工业和信息化部发布了《工业绿色发展规划（2016—2020 年）》。工信部同时发布了 2016 年国家重大工业节能专项监察任务，任务共涉及 31 个省市（区）、4 146 家企业，陶瓷企业有 50 家。由此可见，以低档产品或以价格作为竞争优势的企业，将会面临巨大的生存压力。然而，企业如能抓住节能减排的机会，及时进行结构调整和升级，平稳过渡之后将迎来更美好的明天。

随着经济的发展，个人收入和欣赏品位的提高，中高端瓷砖产品需求不断扩大。并且，随着基础设施改造、居民住房建设的投资日益增加，伴随 GDP 的稳步增长，普通民众的收入也不断增加，且开始讲究装饰住房，瓷砖等建材商品需求日益上升，未来瓷砖市场前景广阔。

（资料来源：中国产业信息网，2017 年中国瓷砖市场发展现状分析，2017-09-25；百度百科；新浪家具网，2016-10-21。本案例由作者综合以上资料编辑而成。）

基于以上案例资料请回答：

（1）中国瓷砖市场属于何种类型的市场结构？它有何特点？

（2）分析简一的竞争策略及其对自身均衡的影响。

（3）根据本章的均衡理论模型并查找相关资料，预测中国瓷砖市场最终的均衡结果。

第 11 章　寡头垄断市场中的企业决策

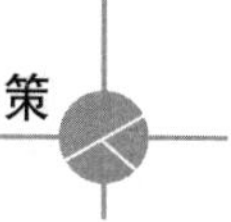

经济管理问题

最低建议价格①

美国的 CD 市场几乎被五大唱片公司所垄断，这五大唱片公司是：时代华纳集团的华纳音乐公司、索尼公司的索尼音乐娱乐公司、西格林姆公司的环球音乐集团、贝塔斯曼 AG 的 BMG 娱乐集团和百代集团。这 5 家唱片公司占据美国 CD 市场 85%的销售份额。

1995 年 2 月，这 5 大公司开始实施“最低建议价格”政策。根据这一政策，唱片公司为音乐零售商特定的广告宣传支付部分或全部费用。作为回报，零售商同意使其所宣传的 CD 唱片价格维持在一个固定的水平上，并且保证不低于这个价格水平。

“最低建议价格”的出台是缘于 1995 年初，美国许多的打折商店如沃尔玛、Kmart 等竞相以低于传统音乐零售店的价格销售 CD，从而引发 CD 价格大战，使 CD 价格从每张 15 美元跌至 10 美元。唱片零售商随即要求唱片公司限定最低价格，并以削减广告费用相威胁。在唱片零售商的压力之下，5 大唱片公司在全国范围内实施“最低建议价格”，并威胁将对那些以低于此价格销售 CD 的唱片零售商进行惩罚，而那些以高于最低限价出售 CD 的零售商将得到唱片公司的广告补贴。广告补贴这一招非常奏效，很快，CD 价格被稳定下来，并从 1997 年起开始上升，维持在 14 至 17 美元。

寡头垄断市场是介于垄断和垄断竞争之间的一种市场结构，其主要的特征是企业的数目很少，因而其行为相互影响，企业之间或明或暗的勾结与背叛构成了该类市场的一个重要的衍生特征。

11.1　寡头垄断市场的条件及形成原因

11.1.1　寡头垄断市场的条件

寡头垄断（oligopoly）市场是指少数几家企业控制了某一行业的市场，供给该行业生产的大部分产品。因此，在市场上每个大企业都有举足轻重的地位。在此，我们必须先对市场进行定义。如果市场定义得过于狭窄（如居住地附近的大型超市），将会发现市场中很少有提供相似产品或服务的企业，市场几乎是独家垄断的。但是，如果市场定义得过于广泛（如整个北京市的大型超市），那么，在这样的市场中可能竞争者就会太多，此时，市场就更为接近于垄断竞争市场。实践中，在判定某个市场是否是寡头垄断时，市场的界定应该将所有合理的近似替代品包括在内。如，我们可以定义出电视机市场，而不是家电市场（太宽），也不是 29 英寸的彩电市场（太窄）；还有，我们可以定义出果汁饮料市场，而不是饮料市场（太宽），也不是橙汁饮料市场（太窄）。

一般而言，寡头垄断市场应该具备以下条件。

① 北京青年报，2000-08-14（23）.

（一）在一个行业或市场中，只有少数几家企业

由于企业的数目只有几家，因此它们中的每一家企业对整个行业或市场的价格和产量都有控制能力。然而，究竟企业数量超过多少就不再是寡头垄断市场呢？理论上说，它要求企业的数量足够少，这样每个企业做决策时就必须考虑竞争对手的反应。也就是说，企业数量少得足以使企业之间产生战略依存关系。但是，战略依存关系本身也是一个程度问题。如果市场中仅有 4 家企业，则该市场肯定会显示出企业之间明显的相互依存关系。如果市场中有 10 家或 15 家企业，则企业相互的依存关系就会减弱，这时考虑用垄断竞争模型对企业行为进行分析可能更为合适。

除了用战略依存关系来判定寡头垄断市场之外，往往也用市场集中度来判定。市场集中度在第 10 章已经说明，它是指一个行业或市场中最大企业（通常是 4 家最大企业）的产量（或销量）所占全行业产量（或销量）的比重。在一个寡头垄断市场，市场的集中度很高，往往前 4 位企业中的市场占有率一般为 70%～100%。如中国航空运输市场，截至 2016 年底，我国共有运输航空公司 59 家，其中最大的 4 家航空公司 2016 年的市场占有率分别为：中国国际航空公司 27.2%、南方航空公司 25.3%、东方航空公司 20.5%、海南航空公司 14.8%，这 4 家航空公司的市场占有率之和为 87.8%，由此可见中国航空运输市场为典型的寡头垄断市场。往往市场的集中度越高，寡头垄断越厉害。尽管市场的集中度常被用来衡量寡头们垄断市场的程度，但它不是一个绝对指标。很重要的一条是，它没有考虑国外竞争者。如美国的汽车工业是高度集中的，主要由福特、通用、克莱斯勒三大企业所控制，但它实际上还要面对日本、韩国等汽车企业的激烈竞争。因此，对这类特殊产业，随着经济全球化，应该以世界市场为基础来计算市场的集中度。

（二）企业之间存在着互相制约、互相依存的关系

在完全竞争与垄断竞争市场中，企业数量很多，各企业之间没什么密切的关系；在垄断市场中只有一家企业，不存在与其他企业关系的问题。这样，在完全竞争、垄断竞争和垄断市场中，各企业都是独立地做出自己的决策，而不用考虑其他企业的决策或对自己决策的反应。然而在寡头垄断市场中，企业数量很少，每家企业在市场中都占有举足轻重的地位，它们各自在价格或产量方面的决策都会影响整个市场和其他竞争者的行为。因此，寡头垄断市场中各企业之间存在着极为密切的关系，每家企业在进行价格、产量决策时，不仅要考虑到本身的成本与收益情况，而且还要考虑到这一决策对市场的影响，以及其他企业可能做出的反应，然后，才能在考虑到这些反应的前提下采取最有利的行动。

（三）新企业进入行业比较困难

这是因为在寡头垄断市场中，在生产规模、技术、资金、信誉、市场份额、原材料的获取等方面，新企业都难以同老企业相抗衡，因而其进入非常困难。

由以上对寡头垄断市场条件的分析可以看出，寡头垄断仅是一个程度问题，而不是一个绝对的分类。可以将它想象成一个这样的市场：该市场的一端是那些少数几家企业占据了大量市场份额，在这样的市场中，企业间存在很强的战略依存关系。随着大企业的市场份额的逐渐减少，企业之间的依存关系逐渐减弱，市场越来越接近垄断竞争市场。

寡头垄断市场被认为是一种较为普遍的市场组织形式，例如，我国的石油行业主要由中石油、中石化和中海油三家企业所控制。一般汽车、电气设备、造船、航空、钢铁等投

资及生产规模要求较大的行业很容易形成寡头垄断市场。

小思考

依据寡头垄断市场的条件，寻找我国现实经济中的寡头垄断市场，并举实例说明寡头垄断企业之间的依存关系。

11.1.2　寡头垄断市场的形成原因及分类

（一）寡头垄断市场的形成原因

寡头垄断市场之所以存在，归根结底在于该市场存在明显的进入障碍。那么，寡头垄断市场最主要的进入障碍是什么呢？

（1）规模经济性的存在。

许多工业部门具有大规模生产的经济利益，其平均成本随着产量的增加而下降。但是，平均成本的降低不会是毫无止境的，当成本在一个很大的产量范围内降低时，它鼓励了大企业的发展。但是，如果在它的产量还达不到市场总需求量以前，平均成本已最终开始上升，那就不可能再鼓励大企业继续扩大规模，发展成为独家垄断的局面，而是由几家企业都在最低的平均成本情况下从事经营，以满足整个市场的需要，这就形成了寡头垄断。

下面我们用图 11－1 来说明规模经济存在而形成寡头垄断市场的原因。假设该市场可能存在三种情况，每种情况下市场中的代表企业的长期平均成本曲线如图 11－1（a）、（b）、（c）中的 *LAC* 曲线。由图可见在（a）、（b）情况下，代表企业的长期最低平均成本都为 80 元，因此 80 元也是这两种情况下代表企业长期内能够接受的最低价格，图（c）则表明随着规模的扩张代表企业的平均成本将不断下降。图 11－1 中，整个市场的需求曲线显示当市场价格为 80 时，市场总需求为 1 000 000。

图 11－1（a）表示，在该市场中代表企业长期最佳规模为 1 000，也就是说，与产出规模大于 1 000 的大企业相比，产出为 1 000 单位的小企业具有成本优势。可以预料，如果该市场没有进入障碍的话，由于市场总需求为 1 000 000，所以市场中会出现许多小企业（但不会超过 1 000 家），因此，该市场应该为完全竞争市场或垄断竞争市场。

图 11－1（c）中，由于代表企业的 *LAC* 曲线随着规模的扩张而不断下降，因此该图所显示的市场为自然垄断市场，在该种市场中由于企业追求规模经济效益，最终只有一家企业就可以满足市场的需求。该企业由于可以通过降低价格阻碍新企业进入，因此最终该市场形成独家垄断市场。

图 11－1（b）表示，在该市场中代表企业为了追求最低平均成本、获取规模经济，会将其产出规模定为 25 000 单位，因为只要产出规模大于 25 000 单位，企业的平均成本就将提高。由于市场总需求为 1 000 000，所以如果每家企业都追求最低成本，市场中企业的数量就不会超过 4 家，显然，由此就形成了寡头垄断市场。当然，在这种情况下可能会出现新进入者，但是，新进入者的平均成本通常会高于原有企业，这就意味着新进入者要争取市场份额非常困难。

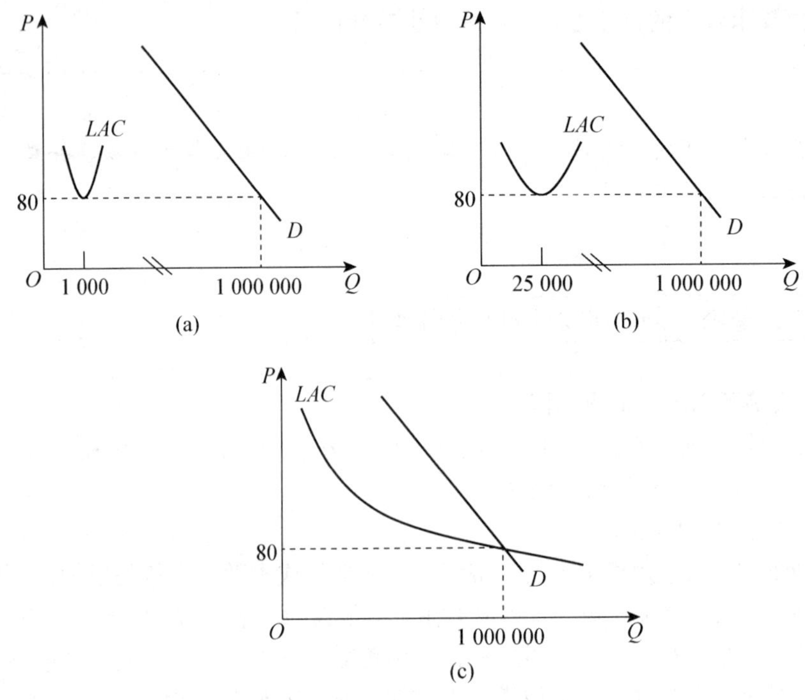

图 11-1　规模经济与市场结构

小思考

企业追求规模经济性为什么会导致垄断和寡头垄断两种不同的结果?

从以上的分析中我们也可以进一步了解为什么在钢铁、汽车、造船等行业中寡头垄断非常普遍。这是因为这类行业的基本特征就是只有在大规模生产时才能获得好的经济效益，这些行业往往都要使用先进的大型设备，要有精细的专业分工，这样这些行业最初需要十分巨大的投资资金，只有在产量达到一定规模后平均成本才会下降，生产才是有利的。也就是说，在这类行业中，大规模生产的经济性特别明显，这样导致行业中的每个企业的产量都十分大，这就决定了只要几家企业存在，它们的产量就可以满足整个市场的需求。此外，在开始建厂时所需的巨大投资，也使其他企业很难进入这一行业，与这一行业中已有的几家大企业进行竞争。

案例评析

石油行业的改革①

中国经营报 2005 年 10 月 31 日朱力报道：到 2006 年 12 月 11 日，我国将完全开放国内成品油批发市场。而抢先一步占得先机的浙商也用事实来证明，石油并不是寡头们的游戏。

① 朱力. 浙油商东征西讨还在围城，仍是寡头游戏. 中国经营报，2005-10-31 (A18).

黄银荣，新疆泰德贸易有限公司董事长，新疆浙江企业联合会会长，取得了国家严格控制的成品油进口的 5 万吨配额，成为新疆第一个从事进口成品油贸易的浙江商客。目前，泰德公司正源源不断地从俄罗斯、哈萨克斯坦进口成品油，然后通过火车、汽车运回浙江和东南沿海各省市销售。“实力雄厚、稳扎稳打”的万向集团、华立集团开始运作浙江舟山石油储运项目。万向集团的吞山石油项目占地 690.9 亩，油库工程总容量为 151 万立方米，总投资 12 亿元。华立集团的石油储运和精细化工项目总投资高达 16 亿元。

然而，浙江油商却难以笑逐颜开，因为，中石油、中石化的一些投资计划客观上对浙江油商起到了遏制之势。中石油斥资 146 亿元建设长达 4 000 千米的丝绸之路输油管线，建成后成品油和原油年输送能力将分别达到 1 000 万吨和 2 000 万吨。中石化耗资 414 亿元在西部建设大型原油生产基地。中石油管道局刚刚中标舟山的吞山国家石油储备基地一期 500 万立方米共 26 个储罐及配套设施安装工程。中石化将参资宁波、舟山两港一体化的关键扩容工程，此举必将缩减中石化的石油运输成本。

面对中石油、中石化强大的竞争实力，弱势的浙江油商不得不“俯首称臣”，将加油站和手中的进口配额转让给两大巨头。一位浙江民营企业拿到了进口原油 20 万吨的配额指标，做了 4 万吨贸易后，就因为无法获利而将剩下的配额转让给中石油。在石油市场上，“浙商不败”的神话遭到了石油垄断巨头的不断挤压。

石油行业是典型的大规模经营行业，需要的投资巨大，规模经济显著，因此大规模的石油企业凭借其规模经济性具有较大的成本竞争优势，这客观上阻碍了规模较小的民营企业的进入。所以，虽然国家已承诺允许非公有资本进入石油等垄断行业，但民营企业却由于竞争实力难以与中石油、中石化等抗衡，实际上很难进入这些垄断领域。并且由于中石油、中石化的垄断，致使我国民营加油站和炼油厂经常面临进货价过高且缺货的双重打击，如 2011 年随着国际原油价格的上涨，国内成品油批发价格被逐步推高，成品油批发价和国家最高零售限价同价甚至“批零倒挂”的现象再度浮现，2011 年 4 月以来在华北、华南、华中等地区，中石油、中石化都曾经限量控制或者停止对部分民营加油站的成品油批发，着力保证自营加油站以及签订长期协议的用户，由此导致不少民营加油站面临着关停歇业的风险。除了民营加油站面临生存挑战之外，民营炼油厂由于原料成本太高，每加工一吨油要亏损 150 元，由此陷入了高成本之下被迫检修停产的尴尬境地。2011 年一季度我国最主要的民营炼油群体山东民营炼油厂平均开工率为 44.3%；而到 4 月中旬开工率降至 38.2%。看似开放了，实际上进不去，这被称为“玻璃门”现象。“民企要想在成品油放开之后涉足石油行业，似乎只有与两大集团合作，这无异于为它们打工”。因此，国家要想真正对石油行业进行改革，打破垄断，增加竞争，还需要一系列配套政策、法规。

(2) 行业中现有寡头垄断企业拥有重要原材料或关键技术，这样就阻止了竞争者进入行业，从而少数几家企业就可实现寡头垄断。

(3) 由几家企业控制了分销渠道。控制产品供给的另一种方法就是控制分销渠道。如果企业能够说服分销商不去销售任何其他企业的竞争性产品，就可以增加企业在市场中的控制能力。

(4) 现有寡头垄断企业可能受到政府的保护，或政府的规定有时提供了反对垄断的抵消力量，如美国实施的反托拉斯法在一定程度上阻止了企业建立垄断的地位，从而形成了寡头垄断。

（二）寡头垄断市场的分类

寡头垄断市场可以按不同的标准进行划分。

（1）按产品差别程度划分。寡头垄断市场根据寡头企业的产品差别程度，可以分为两种类型：一种是纯粹寡头垄断，另一种是差别寡头垄断。

纯粹寡头垄断是指各企业所生产的产品性质一致，产品彼此之间没有差别。如钢铁、尼龙、铜、铝、石油等行业，顾客购买这类产品，可以不选具体品牌，只需根据品种、规格等技术指标和价格订货。因此，顾客在购买这类产品或服务时，非常关心技术指标和价格。这种纯粹寡头垄断企业彼此关系密切，相互依存的程度很高，一家企业在产量和价格上的决策必然影响其他企业的生产经营，迫使其对手采取对策。

差别寡头垄断是指各企业所生产的产品性质一致，但存在一定程度的差别。如汽车、香烟、飞机、机电产品等。此类寡头垄断企业一般都通过广告宣传、增加产品特点等方法，使顾客按品牌来购买其产品，从而扩大自己的市场。顾客在购买这类产品或服务时，往往非常关心价格、品牌及提供产品或服务的厂家。差别寡头垄断的特点是，企业彼此依存的程度较低。

即使各寡头企业所生产的产品存在差别，实际上在很大程度上也是可以相互替代的，比如福特汽车和通用汽车、波音飞机和空客飞机。因此，用来分析纯粹寡头的企业均衡理论对于差别寡头也在很大程度上适用。

小思考

请比较完全竞争市场、垄断市场、垄断竞争市场及寡头垄断市场的产品特点。

（2）按企业的行动方式划分。寡头垄断市场根据寡头企业的行动方式，可以分为两种类型：一种是勾结（或共谋）行为的寡头垄断，另一种是独立行为的寡头垄断。

勾结（或共谋）行为的寡头垄断是指各寡头企业相互勾结起来形成一个像垄断企业那样的整体，并像垄断企业那样行动，由此各企业就可以联合获取最大利润。在这里所谓勾结是指在一个行业中企业相互间有着明示或暗示的不再竞争的协议。最典型的勾结（或共谋）行为的寡头垄断组织就是后面我们要介绍的卡特尔组织。共谋行为可以分为公开的共谋和隐蔽（或私下）的共谋或者说默契。虽然共谋有利于企业，但是寡头企业并不总是能够形成共谋。共谋的形成需要一定的条件，这些条件主要有以下几个：第一，行业中只有很少几个企业，且相互之间非常了解；第二，关于生产成本和生产技术，相互之间没有什么秘密；第三，有相似的生产方法和平均成本，使得它们愿意在相同的时间以相同的比例改变价格；第四，生产的产品相似，容易在价格上达成一致；第五，有一个主导企业（在行业中占统治地位或支配地位的企业）；第六，存在有效的进入障碍，这样寡头企业就不用担心受到联合企业之外的新企业的干扰；第七，市场需求是稳定的，如果市场的需求不稳定，寡头企业达成一致形成共谋的可能性就很小；第八，没有政府对企业之间的共谋进行控制。

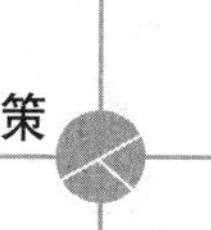

小思考

寻找我国现实经济中的共谋寡头垄断，并以以上八项条件说明这些企业形成共谋的原因。

共谋行为的寡头垄断企业之间的竞争会避免价格竞争，一般都采取非价格竞争策略。

独立行为的寡头垄断是指各寡头企业相互竞争、独立决策。在这种情况下，各企业考虑的只是自己的利益，而不顾及行业的利益。它们考虑的是采取什么策略能够最大限度地维护自己的利益，避免被对手欺骗或击败。当然，各寡头企业之间的竞争策略不仅涉及价格，还涉及广告、研究开发等方面。

11.2 寡头垄断市场的企业决策

寡头垄断市场的特征，即相互依存性和决策结果的不确定性，使得寡头垄断市场结构中的产量和价格决定具有多变性，难以有一个确定的解。

用一个最简单的例子就可以说明这一问题。假定某个市场由 A、B、C 三家企业所控制，各家企业所占的市场份额大致相同，即各占整个市场的 1/3。若 A 企业考虑到原材料涨价使企业生产成本提高拟单独提高价格，此时，B、C 企业会按价不动，以争夺 A 企业的市场，这样将会出现大量购买者转向购买 B、C 企业的产品，结果 A 企业的收益急剧减少。因此，A 企业预计自己提价，B、C 企业不会跟进，那么它就不敢轻易擅自提价。反之，如果 A 企业想要通过降价抢占竞争对手的市场份额，又会出现什么情况呢？此时，B、C 两家企业的销售将受到严重影响，B、C 企业决不会坐以待毙，必然会采取行动和 A 企业的降价相抗衡。或许 B、C 企业会将价格降到与 A 企业同样的水平，或许会比 A 企业的价格还要低。所以，在寡头垄断市场中，任何一家企业在做出价格和产量决策时，都不能置同业竞争对手于不顾。寡头企业们的行为之间这种相互影响的依存关系，使得寡头理论复杂化。有人把寡头垄断市场比作下棋，棋手都企图运用各种策略击败对方，棋局的发展往往难以预料，答案显然不像完全竞争、垄断与垄断竞争条件下那样明确、肯定。一般说来，不知道竞争对手的反应方式，就无法建立寡头企业的模型。或者说，有多少关于竞争对手的反应方式的假定，就有多少寡头企业的模型，就可以得到多少不同的结果。因此，在西方经济学中，还没有一个寡头市场模型，可以对寡头市场的价格和产量做出一般的理论总结。这也就决定了在寡头垄断市场中，企业的价格与产量的决策很难像前三种市场结构一样给出确切答案。尽管如此，经济学家们依然在不懈地努力尝试用不同模型去分析不同情况下的寡头垄断企业的行为。

由于寡头垄断市场中的企业有几种不同的行为方式，所以存在着好几种相关的均衡模型，本节将主要考察在没有勾结情况下寡头企业各自独立行动的古诺模型、斯威齐模型和非合作性博弈，以及在有勾结情况下的共谋寡头模型，亦即卡特尔与价格领袖。

11.2.1 古诺模型

19 世纪法国经济学家安东万·奥古斯汀·古诺（Augustin Curnot）在 1938 年出版的《财富理论的数学原理研究》一书中研究了寡头垄断市场的一种特例：两家寡头垄断一个市场，即双头垄断市场。最早提出了对双头垄断市场的一种均衡解释，一般称为古诺模型。

古诺模型分析的是两个出售矿泉水的、生产的变动成本为零的寡头企业的情况。古诺模型的假设条件是：(1) 一种产品市场上只有两家企业（假定为甲企业与乙企业）；(2) 两家企业生产和销售的产品完全相同；(3) 生产的变动成本为零，即假定边际成本为零；(4) 他们共同面临的需求曲线是线性的，即需求曲线是一条向右下方倾斜的直线，两家企业分享市场，且双方对需求状况了如指掌；(5) 各方都根据对方的行动做出自己的决策，即每个企业决策时，假定其他企业产出固定不变，并都通过调整产量来实现最大利润。

下面用图 11－2 来说明古诺模型中两家企业的产量和价格调整过程。图 11－2 中，AB 为甲、乙两个企业的产品需求曲线，市场最大需求量为 OB。

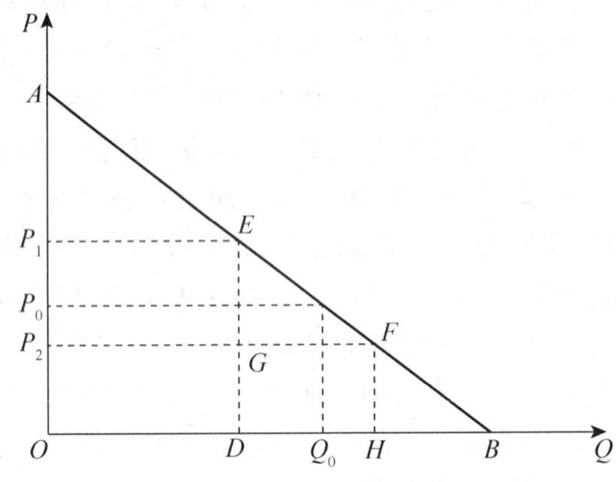

图 11－2 古诺模型

第一轮价格和产量调整：假定甲企业最先进入市场，是市场中唯一的生产者，这时甲企业认为市场的需求曲线 AB 就是自己的需求曲线，根据 MR 曲线与需求曲线的关系，甲企业的边际收益曲线要通过 OB 的中点 D 与产量轴相交。甲企业为使利润最大，必须根据利润最大化原则 $MR=MC$ 来安排生产，因为假定生产的变动成本为零，即 $MC=0$，所以为满足利润最大化原则 $MR=MC=0$，则产量应在 OB 的中点上，即其产量为 $Q_{甲}^{1}=OD=\frac{1}{2}OB$，对应的价格为 P_l，获得最大利润为图中长方形 P_1EDO 的面积。当乙企业进入该市场时，认为甲企业将继续生产 OD 的产量，因而乙企业便按甲企业余下的$\frac{1}{2}OB$ 市场需求量来确定自己的产量，为求利润最大，同样必须满足 $MR=MC=0$，这样乙企业的产量

应为余下的$\frac{1}{2}OB$的一半，即其产量为$Q_{乙}^{1}=DH=\frac{1}{2}\times\frac{1}{2}OB=\frac{1}{4}OB$。由于这时市场总供给量为$Q=Q_{甲}^{1}+Q_{乙}^{1}=OD+DH=OH=\frac{3}{4}OB$，所以市场价格由$P_l$降到$P_2$，这样乙企业获得的最大利润为图中$GFHD$的面积。

第二轮价格和产量调整：当乙企业进入该市场后，甲企业认定乙企业的产出固定为$\frac{1}{4}OB$，这样甲企业为求利润最大就会生产市场剩余需求量（$OB-\frac{1}{4}OB=\frac{3}{4}OB$）的一半，即甲企业将把产量调整为$Q_{甲}^{2}=\frac{1}{2}\times\frac{3}{4}OB=\frac{3}{8}OB$。甲企业调整产量后，乙企业将再把产量调整到市场剩余需求量（$OB-\frac{3}{8}OB=\frac{5}{8}OB$）的一半，即$Q_{乙}^{2}=\frac{1}{2}$（$OB-\frac{3}{8}OB$）$=\frac{5}{16}OB$。很显然与第一轮相比，在第二轮甲企业的产量减少了，乙企业的产量增加了。

在这样一轮接一轮的调整过程中，两个寡头将不断地调整各自的产量，为使利润最大化，每次调整，都将产量定为对方产量确定后剩下的市场容量的 1/2。

这样，甲企业产量调整序列为$\frac{1}{2}OB$，$\frac{1}{2}$（$OB-\frac{1}{4}OB$），$\frac{1}{2}$（$OB-\frac{1}{4}OB-\frac{1}{8}OB$）……，乙企业产量调整序列为$\frac{1}{4}OB$，$\frac{1}{4}OB+\frac{1}{16}OB$，$\frac{1}{4}OB+\frac{1}{16}OB+\frac{1}{64}OB$……，由以上产量调整序列可看出，随着甲乙双方的产量调整，甲企业的产量逐渐减少，乙企业的产量逐渐增加，直到最后两家企业的产量各占全部市场最大容量（OB）的 1/3，这时两家企业的产量相等，市场处于均衡状态。这就是说，双方竞争的最终结局是：

$$甲的均衡产量\ Q_{甲}=[\frac{1}{2}-\frac{1}{8}-\frac{1}{32}-\cdots\frac{1}{2}(\frac{1}{4})^{n-1}]OB=\frac{1}{3}OB$$

$$乙的均衡产量\ Q_{乙}=[\frac{1}{4}+\frac{1}{16}+\frac{1}{64}+\cdots(\frac{1}{4})^{n}]OB=\frac{1}{3}OB$$

所以，市场的总供给量为$Q_0=Q_{甲}+Q_{乙}=\frac{1}{3}OB+\frac{1}{3}OB=\frac{2}{3}OB$，由图 10－2 可见，当市场总供给量为$Q_0$时，相应的商品价格为$P_0$。

由以上双头理论的古诺模型的结论可以很容易推出三个或三个以上的寡头企业的价格和产量决策。当市场中有三个寡头时，市场总供给量为$\frac{3}{4}OB$，每个寡头企业的产量为$\frac{1}{4}OB$。当市场中有 m 个寡头时，可以得到一般的结论如下：

$$市场总产量=\frac{m}{m+1}OB \tag{11.1}$$

$$每个寡头企业均衡产量=\frac{1}{m+1}OB \tag{11.2}$$

其中：OB 为该市场最大可能需求量，即市场总容量。

古诺模型也可以用以下建立寡头企业的反应函数的方法来说明。

【例题 11-1】 某市场有 A、B 两家企业，在古诺模型的假设条件下，设市场的需求函数为：

$$P=120-0.5Q=120-0.5(Q_A+Q_B) \tag{11.3}$$

其中，P 为商品价格，Q 为市场的总需求量，Q_A 和 Q_B 分别为市场对 A、B 两个寡头企业的产品需求量，即 $Q=Q_A+Q_B$。

A、B 寡头企业的利润 π_A、π_B 分别为：

$$\begin{aligned}\pi_A &=TR_A-TC_A=P\times Q_A-0=[120-0.5(Q_A+Q_B)]\times Q_A\\&=120Q_A-0.5Q_A^2-0.5Q_AQ_B\\\pi_B &=TR_B-TC_B=P\times Q_B-0=[120-0.5(Q_A+Q_B)]\times Q_B\\&=120Q_B-0.5Q_B^2-0.5Q_AQ_B\end{aligned}$$

在上式中，根据古诺模型的假定条件，$TC_A=TC_B=0$。

为使 A、B 寡头利润最大化，上两式分别对 Q_A、Q_B 求导得：

$$\frac{\partial\pi_A}{\partial Q_A}=120-Q_A-0.5Q_B=0$$

$$\frac{\partial\pi_B}{\partial Q_B}=120-Q_B-0.5Q_A=0$$

所以：

$$Q_A=120-0.5Q_B \tag{11.4}$$

$$Q_B=120-0.5Q_A \tag{11.5}$$

（11.4）式就是 A 寡头企业的反应函数，它表示 A 企业的最优产量是 B 企业产量的函数。也就是说，对于 B 企业的每一个产量 Q_B，A 企业就会做出反应，并由此确定自己能够带来最大利润的产量 Q_A。（11.5）式是 B 寡头企业的反应函数，它表示 B 企业的最优产量是 A 企业产量的函数。

解（11.4）式和（11.5）式构成的联立方程组，得 A、B 企业的均衡产量：$Q_A=80$，$Q_B=80$。

可见，每个寡头企业的均衡产量是市场最大需求量的 1/3，整个市场的总供给量为 $Q=Q_A+Q_B=160$，将 $Q_A=Q_B=80$ 代入市场需求函数，可求得市场的均衡价格为 $P=20$。

以上方法可以在图 11-3 中得到说明。图中的横轴 Q_A 和纵轴 Q_B 分别表示 A、B 两个寡头企业的产量。由于市场需求函数是线性的，所以 A、B 两个寡头企业的反应函数也是线性的。图中两条反应曲线的交点 E，就是古诺模型的均衡解。在均衡点 E 上，A、B 两个寡头企业的均衡产量都为 80 单位。

古诺模型所描述的寡头企业的竞争状况，可能会出现在像制铝或钢铁行业，在这类行业中，生产成本的主要部分是设备成本，一旦设备安装完毕，变动成本相对来说不大重要。如果要添加新设备往往耗资巨大，而让设备闲置也不会给企业带来多大的节约。于是，这类行业的生产至少在短期，产量由企业的设备生产能力所决定，即产量保持既定。这种状况与古诺模型的假定比较吻合。

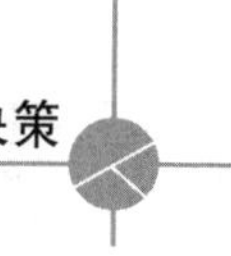

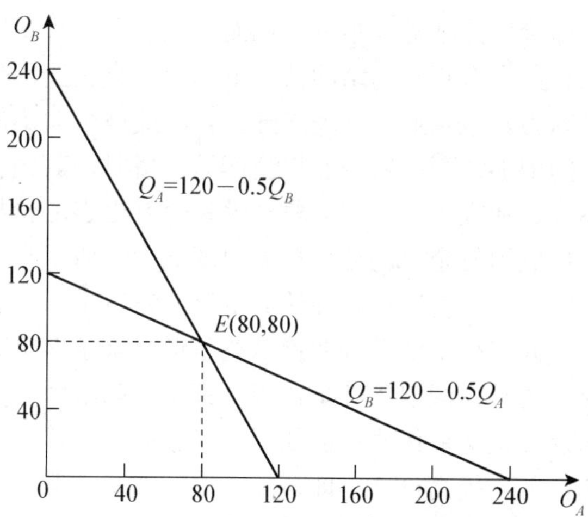

图 11－3　古诺模型、反应函数及其均衡解

11.2.2　斯威齐模型

美国经济学家斯威齐（P. M. Sweezy）在 1939 年对价格刚性提出了一种解释，这就是弯折的需求曲线模型，亦称斯威齐模型。

资料链接

保罗·M. 斯威齐的信仰及贡献①

保罗·M. 斯威齐（Paul M. Sweezy），出生于1910 年，是 20 世纪 30 年代大萧条时期哈佛大学经济学本科生。与许多同时代的人一样，他相信资本主义市场经济注定要毁灭，并且接受卡尔·马克思（Karl Marx）的学说。他认为共产主义能够为美国以及世界经济提供解除病症的方案。与大多数同时代的人不同，保罗·斯威齐从不怀疑马克思学说，并相信共产主义是最终的解决方案。1949 年他创办了《每月评论》（Monthly Review），该杂志致力于从马克思主义者的角度分析经济和社会问题。

保罗·斯威齐在经济思想方面做出了许多贡献，但是最具深远影响的贡献是关于寡头企业的产品需求理论：弯折的需求曲线理论（kinked demand curve theory）。他在 1939 年的《政治经济学杂志》（Journal of Political Economy）上第一次提出了该理论。

所谓价格刚性，是指当成本有一定量的改变时，价格却保持不变。在一般的情况下，由于每个企业都期望其生产位于 $MR=MC$ 处，当企业的生产成本出现变动，就意味着边际成本的改变，将会改变企业的生产决策，价格也会随之而变动，如钢材价格上涨，就导致汽车的生产成本上升，由此可能导致汽车的市场价格上升。但是，在寡头垄断市场中，

① 巴德，帕金．微观经济学原理．7 版．马洪云，莫蕾钰，译．北京：清华大学出版社，2016.

往往会出现价格刚性，即价格并不随成本的变化而变化。在寡头垄断市场结构中，经常可以看到这样的情景：在企业没有相互勾结的情况下，当一家企业降低产品价格时，其销售量不会增加很多，这是因为其他企业也会随之降价，因此该企业不能把销售量扩张到预期的水平，而只能有少量的增加；当一家企业提高产品价格时，其销售量会大幅度减少，这是因为竞争对手一般不会跟随提价，这样竞争对手就会有更强的价格优势，从而可以抢占提价企业的市场份额，造成提价企业的销售量大幅度减少。所以在寡头垄断市场中，一旦价格决定之后，就有一定的相对稳定性，即使成本改变，每个寡头企业都不会轻易改变价格，宁愿通过提高质量、开展推销活动等非价格竞争形式来争取更大的市场份额。

弯折的需求曲线模型的基本假定条件是：当一家企业削价时，所有其他企业为了不减少销售量，会马上做出反应也降低价格；但如果一家企业提价，所有其他企业为了增加自己的销售量则毫无反应，并不提高价格。即斯威齐模型的基本假定是竞争对手响应降价但不响应提价。可以用图 11 - 4 来说明弯折的需求曲线模型。

小思考

用实例说明斯威齐模型基本假定的合理性。

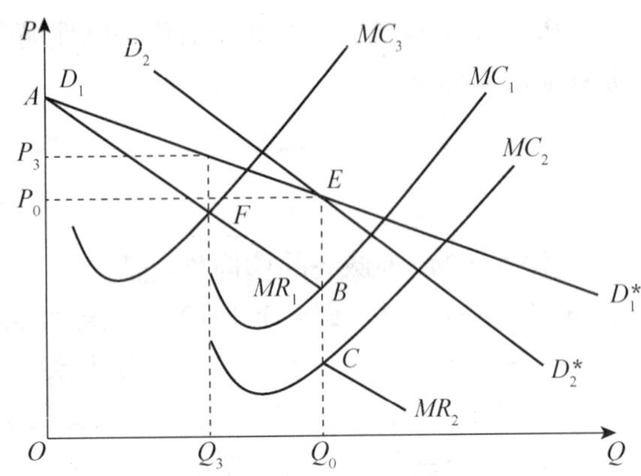

图 11 - 4　弯折的需求曲线模型

图 11 - 4 中的需求曲线 $D_1ED_2^*$ 称为弯折的需求曲线，为什么该需求曲线会在 E 点出现弯折呢？假设某寡头企业的产品现行价格为 P_0、销售量为 Q_0，当该寡头企业降低产品价格时，由于其他寡头企业也会随之降价，这样就造成该寡头企业的销售量不是沿着 $D_1D_1^*$ 的需求曲线变化，而是从 E 点折向下沿 $D_2D_2^*$ 的需求曲线变动，显然 $D_2D_2^*$ 的需求价格弹性小于 $D_1D_1^*$ 的，因而该寡头企业降价所能增加的销售量较少。而当该寡头企业提高产品价格时，由于其他寡头企业对此毫无反应，并不随之而提价，则该寡头企业的销售量的减少不是沿着 $D_2D_2^*$ 的需求曲线变动，而是从 E 点折向需求曲线 $D_1D_1^*$，由于与需求曲线 $D_2D_2^*$ 相比，需求曲线 $D_1D_1^*$ 的需求价格弹性较大，因而意味着该寡头企业提价会失去较大的市场份额。所以在寡头垄断市场中，ED_2^* 是寡头企业降价时的需求曲线，ED_1 是寡头企业提价时的需求曲线，由此形成弯折的需求曲线 $D_1ED_2^*$。

由图 11－4 可见，在需求曲线 $D_1ED_2^*$ 的拐折处 E 点，边际收益曲线出现间断如图中的 BC。MR_1 是需求曲线 D_1E 相应的边际收益曲线，MR_2 是需求曲线 ED_2^* 相应的边际收益曲线。这两段边际收益曲线所形成的间断长度（即 BC 的长度）取决于 D_1E 与 ED_2^* 弹性的差异程度，D_1E 弹性越大，ED_2^* 弹性越小，间断 BC 越大。这样，即使边际成本在相当大的范围内（BC 之间）变动，原有的价格 P_0 和产量 Q_0 也不会变动。这是因为，如果企业的边际成本为 MC_1，这时如果产量低于 Q_0，则 $MR_1>MC_1$，表示产量增加可以增加利润；如果产量大于 Q_0，则 $MR_2<MC_1$，表示产量增加会减少利润。所以只有当产量为 Q_0、价格为 P_0 时，$MR_1=MC$，该寡头企业获取最大利润，因此 Q_0 与 P_0 是利润最大化时的均衡产量和均衡价格，企业均衡点为 E 点。如果企业的边际成本是 MC_2，同样企业要实现最大利润，满足 $MR_2=MC$，其均衡点依然为 E 点，即均衡产量为 Q_0、均衡价格为 P_0。由此可见，无论企业的边际成本是 MC_1 还是 MC_2，该寡头企业的均衡价格均保持不变都为 P_0，即出现价格刚性。这也就是说，当成本在一定范围内变动，寡头企业不会在成本上升时减少产量，或者不会在成本下降时增加产量。其结果是寡头垄断企业的价格和产量波动不会像竞争性企业或垄断企业那样大。但是，如果企业的边际成本变动超出了边际收益的间断范围，即成本改变过大，企业的均衡点、均衡价格和产量就会改变。如图 10－4 中，如果企业的边际成本由 MC_1 提高到 MC_3，此时企业的均衡点将由 E 点变动到 F 点，即企业的均衡价格由 P_0 提高到 P_3。

【例题 11－2】假设某寡头企业的需求曲线为弯折的需求曲线，当价格上升和价格下降时的需求函数分别为：

$$P_1=7-0.025Q_1, P_2=10-0.1Q_2$$

假设该企业的总成本函数为：

$$TC=2Q+0.025Q_2$$

求：(1) 该寡头企业弯折点的产量、价格和利润；(2) 确定该企业边际成本在怎样的波动范围内均衡价格保持不变。

解：

(1) $TR_1=P_1\cdot Q_1=7Q_1-0.025Q_1^2$，$MR_1=\dfrac{dTR_1}{dQ_1}=7-0.05Q_1$

$$TR_2=P_2\cdot Q_2=10Q_2-0.1Q_2^2,\quad MR_2=\frac{dTR_2}{dQ_2}=10-0.2Q_2$$

$$MC=\frac{dTC}{dQ}=2+0.05Q$$

在需求曲线的弯折点，$Q_1=Q_2=Q$，$P_1=P_2$，由此建立方程：
$7-0.025Q=10-0.1Q$，解得：$Q=40$，代入需求函数中，得：

$$P=7-0.025\times40=6$$

求得企业利润为：$\pi=TR-TC=6\times40-(2\times40+0.025\times40^2)=120$
即该企业弯折点的价格为 6、产量为 40、利润为 120。

（2）在需求曲线的弯折点 MR 区间的范围为：

$$MR_1=7-0.05\times40=5, MR_2=10-0.2\times40=2, MC=2+0.05\times40=4$$

可见，此时 MC 的边际收益在 2 至 5 的区间范围内，所以这时均衡价格保持不变。

从以上的分析可见，在寡头垄断市场中，之所以出现价格刚性，其原因在于寡头企业仅仅响应降价而不响应提价，这样使企业的需求曲线出现弯折，而由此导致企业的边际收益曲线出现间断。当企业的成本出现变动，但只要由此导致的边际成本变动在边际收益曲线的间断范围内，企业的均衡价格都不会改变。由此我们可以得出两个结论：第一，寡头企业所面对的需求曲线的形状取决于竞争对手对其产品价格变化的反应。第二，如果寡头竞争对手追随降价但不追随提价，其需求曲线将是弯折的。寡头垄断市场所存在的价格刚性，也进一步说明了寡头垄断企业对价格竞争的反感。

经济管理实务

宝洁与联合利华的非价格竞争①

环球时报 2004 年 3 月 10 日许捷报道：在全球 500 强企业中，哪两家企业最不可能倒闭也最不可能合并？许多专家给出了同样的答案：全球日化行业的两大巨头——宝洁和联合利华。只要这个世界上的人们还在洗发、刷牙、洗衣服，就不得不与这两家公司打交道；而这对明争暗斗 40 年的冤家，哪怕衰败到砸锅卖铁的地步，它们也不会轻易向对手俯首称臣。宝洁与联合利华的概况如表 11－1 所示。

表 11－1　　宝洁与联合利华的概况

	宝洁（P&G）概况	联合利华（Unilever）概况
公司成立时间	1837 年	1930 年
总部所在地	美国	英国
财富 500 强排名	第 86 位	第 66 位
全年销售额	434 亿美元	460 亿美元
拥有品牌	飘柔、潘婷、海飞丝、沙宣、伊卡璐、佳洁士、碧浪、汰渍、帮宝适、护舒宝、品客薯片、舒肤佳、玉兰油、激爽、SKII 等	力士、夏士莲、旁氏、凡士林、多芬、洁诺、中华、奥妙、金纺、和路雪、立顿、京华等

且看这两家对手的竞争策略：一是广告战。宝洁每年仅广告费就为 50 亿美元，联合利华的广告开支则更为惊人，每年为 60 多亿美元。宝洁广告宣传着重品牌个性，而联合利华的广告宣传突出品牌的本土化。二是研发战。宝洁每年将销售额的 4%用于研发，在全球范围内，宝洁拥有 2.4 万种专利，并以每年新增 3 800 个的速度递增。联合利华每年研发经费占全年营业额的 2%，且研发力量着重用于洗衣粉研究。两公司不仅研发投资巨大，而且在研发速度上进行竞争。如宝洁的汰渍洗衣粉在美国市场占有率达 40%，针对汰渍，联合利华向美国市场推出了“WISK 双效片”的块状洗衣剂，并预计 WISK 系列产品

① 许捷．拼研发速度比推广能力，两大日用商斗了 40 年．环球时报，2004-03-10（24）．

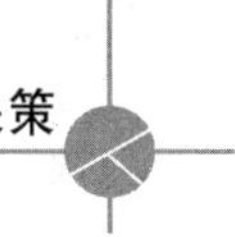

在未来 5 年销售可以增加 25%。不料，宝洁杀了个回马枪，迅速推出了相似功效的“汰渍速效片”。除此以外还有间谍战。两大公司都不惜重金聘请商业间谍窃取对方的商业机密，这已成了公开的秘密。

在全球日化市场上，宝洁与联合利华绝对占有举足轻重的地位，而由它们之间的竞争我们不难看出：在一个寡头垄断的市场中价格竞争是典型的自我拆台的行为，因此，寡头们主要依靠广告和产品差异等非价格竞争手段来获取市场份额。

弯折需求曲线模型不是从已知的成本数据和需求数据中形成最佳的价格与产量水平，而是从现行价格与产量水平出发，提供了关于在成本与需求变化的情况下价格刚性的一种说明。但是需要注意该模型并没说明寡头垄断市场中企业产量和价格是如何被决定的，即没有说明图 10 - 4 中的 P_0 是如何形成的。这应该说是该模型的一个缺陷。

11.2.3 非合作性博弈

弯折的需求曲线意味着寡头企业们并不能进行真正独立的价格和产量决策，每一个寡头企业在进行价格和产量决策时都必须考虑竞争对手的反应。那么竞争对手究竟会如何反应呢？经济学家通常利用博弈论来分析竞争对手可能的反应，并由此探讨寡头企业的决策行为。

（一）博弈论概述

博弈论（game theory）是 20 世纪 50 年代由数学家约翰·冯·诺依曼（John Von Neumann）和经济学家奥斯卡·摩根斯坦（Oskar Morgenstern）首先提出来的。它被用来分析个人或组织在目标相互冲突时的决策行为。如两个作战国家的和平谈判，每个国家都希望问题的解决对自己有利。决策者在博弈过程中：第一，试图通过博弈行动使自己达到最优地位；第二，充分认识到在博弈过程中参与者相互影响的特性；第三，预测其他决策者的行为。

在博弈论中，最重要的概念就是策略（strategies）和收益（payoffs）。策略是指博弈的参与者所采取的行动方案；收益是策略实行的结果。所有博弈参与者的策略与收益的组合就构成了收益矩阵（payoffs matrix）（参见图 11 - 5）。

博弈论已经成为经济学中的重要分析工具，1994 年诺贝尔经济学奖授予约翰·纳什（John Nash）、约翰·海萨尼（John Harsanyi）以及莱因哈德·泽而腾（Reinhard Selten），以表彰他们对博弈论的贡献，就是一个很好的证明。

资料链接

纳什的美丽心灵①

1994 年纳什获得诺贝尔经济学奖。

1950 年和 1951 年纳什的两篇关于非合作博弈论的重要论文，彻底改变了人们对竞争和市场的看法。它证明了非合作博弈及其均衡解，并证明了均衡解的存在性，即著名的纳

① 陈恳. 西方经济学解析：微观部分. 北京：高等教育出版社，2004：289.

什均衡，从而揭示了博弈均衡与经济均衡的内在联系。纳什的研究奠定了现代非合作博弈论的基石，后来的博弈论研究基本上都是沿着这条主线展开的。

1950 年纳什才把自己的研究成果写成题为“非合作博弈”的长篇博士论文，1950 年 11 月刊登在美国全国科学院每月公报上，立即引起轰动。纳什将冯·诺依曼的“最小最大原理”（minimax solution）推到非合作博弈领域，找到了普遍化的方法和均衡点。

纳什均衡著名的例子是“囚徒的困境”。“囚徒的困境”有着广泛而深刻的意义。个人理性与集体理性的冲突，个人追求利己行为而导致的最终结局是一个“纳什均衡”，也是对所有人都不利的结局。“纳什均衡”引出了亚当·斯密“看不见的手”的原理的一个悖论：从利己目的出发，结果损人不利己。两个囚徒的命运就是如此。从某种意义上说，“纳什均衡”提出的悖论实际上动摇了西方经济学的基石。从“纳什均衡”中我们还可以悟出一个道理：合作是有利的“利己策略”。但它必须符合以下黄金律：按照你愿意别人对你的方式来对别人，但只有他们也按同样方式行事才行。也就是中国人所说的“己所不欲勿施于人”，但前提是“人所不欲勿施于我”。其次“纳什均衡”是一种非合作博弈均衡，在现实中非合作情况非常普遍。

2002 年荣获奥斯卡金像奖的《美丽心灵》是一部以纳什为原型而创作的人物传记片。该片几乎包揽了 2002 年电影类的全球最高奖项。

博弈论究竟是如何解释寡头企业的决策行为呢？下面来看一个简单的非经济学的例子——囚徒的困境（the prisoner's dilemma）。

（二）非合作性博弈——囚徒的困境

非合作性博弈（noncooperative game）是指在这种博弈中，参与者之间无法通过协商达成某种形式的用来约束彼此行为的协议。在寡头垄断市场中，当寡头企业之间开展价格竞争时，通常会处于这种非合作博弈中。非合作博弈的经典案例就是囚徒的困境，该案例是由普林斯顿大学的著名学者 Tucker 提出的，它阐述了一个个体理性行为导致集体无效率结果的博弈过程。

囚徒的困境描述的是这样一个故事：有两个犯罪嫌疑人张三与李四，被警察抓住了。警察有足够的证据证明两人犯有偷窃的轻罪，因此按照法律，每人都必须在监狱中度过 1 年。同时警察还怀疑这两名罪犯曾经合伙抢劫银行，但警察没有掌握相关的证据。于是，警察把两人关在不同的房间里进行审讯，并分别告诉两人：现在我们完全可以把你关 1 年（因为偷窃罪）。但是，如果你承认了银行抢劫案，并供出你的同伙，就免除你的监禁，你可以无罪释放，而你的同伙将在监狱中度过 10 年。如果你们两个人都承认抢劫银行的罪行，你们都将被监禁 8 年。如果你们两个人都保持沉默，我们缺乏证据只能监禁你们 1 年。

由以上案例可见，这两名嫌犯有四种可能的选择策略组合：两人都沉默、两人都坦白、张三坦白而李四沉默、李四坦白而张三沉默。以上四种选择策略组合及其相应结果的收益矩阵见图 11-5。图中每格中的第一个数据是张三的结果数据、第二个数据是李四的结果数据。

那么，张三和李四究竟会如何决策呢？由于两人关在不同的房间，因此他们无法进行

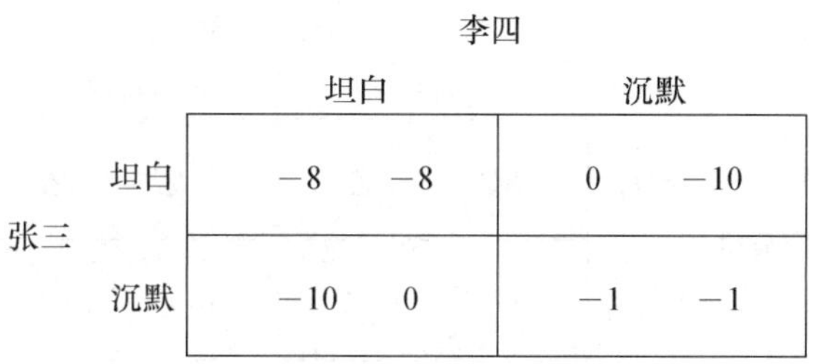

		李四	
		坦白	沉默
张三	坦白	−8　−8	0　−10
	沉默	−10　0	−1　−1

图 11－5　收益矩阵

沟通协商，所以在做决策时每个人考虑的是自身的利益最大化。

张三会做出这样的推理：我无法知道李四会怎样做，只能对他的选择进行推测。如果他选择沉默，我最好的战略选择就是坦白，这样我就可以自由了，而他则会监禁 10 年；如果他选择坦白，我的战略选择还是坦白为好，这样要监禁 8 年，而如果选择沉默我就要监禁 10 年。因此，无论李四的战略选择是什么，我的最佳选择都是坦白。

类似的李四也会做出同样的推理，从而李四的最佳选择也是坦白。

显然，在这个博弈中，战略“坦白”是一个占优战略。所谓占优战略（dominant strategy）是指无论其他参与者的战略是什么，对某个参与者来说都是最佳的战略。如果某个参与者在博弈中有一个占优战略，可以假设该参与者会按照该战略行事。由以上的分析可见，在囚徒的困境的博弈中，张三、李四的占优战略都是坦白，因此可以预料，这两个博弈的参与者张三和李四都会按照坦白策略行事，博弈的最终结果是两个人都坦白，即每个人被监禁 8 年。

注意图 11－5 的收益矩阵会发现，对张三和李四而言，还有一种更好的结果，这就是两个人都选择沉默，每个人仅监禁 1 年。但是这种结果要求两人有足够的信任，或者两人在被捕之前已经达成保持沉默的协议。然而，尽管如此，如果张三保持沉默，并相信李四也会保持沉默，然而事实证明张三判断失误，李四选择了坦白，那么，张三会面临最糟糕的结果——监禁 10 年。李四也一样，如果他保持沉默而张三坦白，他也会面临 10 年的监禁。因此，只要参与者以完全利己主义的方式行事，他们不可能实现对双方来说都是最好的结果。

（三）寡头企业的非合作性博弈

实际上，囚徒的困境所描述的博弈过程及最终的结果，非常类似于寡头垄断市场寡头企业的竞争过程及竞争结果。我们以民航市场为例，假定目前民航市场由 A 和 B 两大航空公司所垄断，并假定这两家航空公司无法进行合作，各自在不知道竞争对手如何行动的基础上单独决策。由于目前整个民航运输市场供过于求，因此每家航空公司都在采取措施努力提高本公司的市场占有率，其中最常用的竞争手段就是机票打折。图 11－6 显示了 A、B 两大航空公司分别选择机票打折和不打折情况下的收益矩阵，图中数据都为年利润。

A 航空公司在决定是否打折时会做出这样的推断：如果 B 航空公司不打折，我公司最优的战略就是打折，因为打折会使我公司的市场占有率提高很多，利润也会随之增长为 11 亿元，而选择不打折只能得到 10 亿元的利润；如果 B 航空公司打折，我公司最优的战略依然是打折，这时利润为 8 亿元，如果选择不打折，本公司就会丧失大量顾客，利润减少

		B航空公司	
		打折	不打折
A航空公司	打折	8亿　8亿	11亿　6亿
	不打折	6亿　11亿	10亿　10亿

图 11－6　航空公司的收益矩阵

为 6 亿元。总之，无论 B 公司是否采取机票打折，A 公司的战略选择都是实施机票打折，即 A 公司的占优战略为机票打折。

同理，B 航空公司也会做出同样的推断，因此最终 B 航空公司的战略选择也是实施机票打折，即 B 航空的占优战略也是机票打折。

由此可见，这两家航空公司博弈的结果是最终都会选择机票打折，这样两家航空公司的利润都为 8 亿元，显然，这不是最好的选择。因为如果这两家航空公司都选择不打折，则双方的利润都会增加为 10 亿元。

博弈的结果就是寡头垄断的市场均衡，只要这两家航空公司都从自身利益出发，都会选择机票打折。在这种情况下，市场均衡的价格政策就是实施机票打折。

小思考

依据以上囚徒的困境和 A、B 航空公司模型的均衡结果来评价亚当·斯密的观点：每个人都在追求自己的个人利益，但在这样做的同时，由于一只看不见的手的指引，结果是增进了社会利益。

尽管上述例子有助于理解博弈论的基本概念，但是现实中的寡头垄断市场并非如此简单。其原因我们可以做如下的说明。

首先，寡头企业可选择的战略不会仅有两个（如仅非价格竞争中的广告就涉及投入费用、数量、时间、媒体等多种选择），还有市场的参与者通常也不会只有两个。这样，图 10－6 那样的两维收益矩阵就无法表示出所有的战略组合。但是，只要每个寡头企业有占优战略，就可以预测出博弈的结果，即市场均衡就能够寻找出。

其次，在某些博弈中，某个或更多的寡头企业可能没有占优战略。比如，图 11－6 中，如果当 A 公司不打折而 B 公司打折时，B 公司的利润由 11 亿元改为 9 亿元，即图 10－6 中左下方格中的第二个数据由 11 亿元改为 9 亿元，这时，会出现怎样的情况呢？经过验证会有这样的结论：当 A 公司打折时，B 公司也应该选择打折；当 A 公司不打折时，B 公司也应该不打折。这样，B 公司的决策取决于 A 公司的决策，即 B 公司没有占优战略。然而，由于 A 公司仍有占优战略——实施打折，这样 B 公司可以预料 A 公司会选择打折策略，所以最终 B 公司也会选择打折。因此，在这种情况下，依然可以寻找到市场的均衡点，即两家企业都会选择打折。这个例子说明这样的结论：当一个参与者有占优战略时，无论另一个参与者是否有占优战略，都能够预测出博弈的结果。但是，如果图 11－6 中右

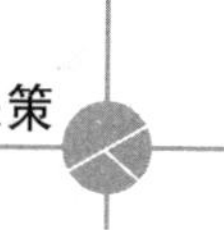

上格的第一个数据由 11 亿改为 9 亿，会出现什么情况？通过验证，会发现 A、B 两个公司都没有占优战略，因此他们彼此之间不能准确预测对方的行为，因此，也就不能推测出博弈的结果。所以，当博弈的参与者都没有占优战略时，要想预测博弈的结果，需要更复杂的分析。

最后，上述例子中，无论是囚徒还是 A、B 航空公司，我们都假设它们没有合作的可能性，因此，以上所讨论的都是非合作性博弈。在现实中，在有些情况下可能出现企业间的合作，这种合作的可能性来源于以下方面：

（1）重复博弈。在囚徒的困境中，博弈只有一次。但现实中的寡头垄断市场的博弈并非只有一次。在现实中，寡头企业之间有机会重复博弈（repeated play），两个参与者各自选择一种战略，观察试验结果，然后反复博弈，这种多次的博弈，可能会改变参与者对博弈的观点，并会产生基于长期考虑的新战略，由此可能产生合作行为。如上例中的 A、B 航空公司经过一定时期的打折竞争，可能会形成共识，双方都维持机票原价，对双方都有利，为此可能形成价格联盟。或者在反复的博弈过程中，参与者可能能够采取一定措施惩罚不遵守合作协议的某些参与者。

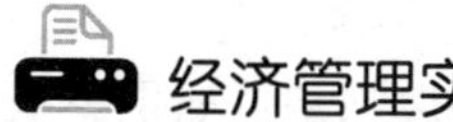

经济管理实务

“封杀”国航

国航在广州—上海、广州—北京两条航线上与其他航空公司相比并没有多少竞争优势，为了提高其客座率从 2005 年 5 月开始，国航相继在广州—上海、广州—北京的航线上打出了 3～4 折的超低价位。而此前各航空公司在这两条航线的折扣都维持在 6 折以上。国航此举被同行认为是“极恶劣”的行径。因为广州、北京和上海这几条航线客源一直比较充足，且以商务客为主，是各大航空公司最重要的利润支撑点，也是黄金生命线。国航如此低价位的营销方式，给其他在广州市场有强大优势的航空公司带来巨大的损失。

为惩罚“规则破坏者”，从 2006 年 6 月 15 日开始，南航、东航、海航等在广州对国航进行“封杀”，除少数几个以卖国航为主的售票点外，广州 400 多个售票点停止销售国航的机票。同时，广州各大旅行社也已停止购买国航的机票。“在中心城市对一家大型航空公司进行如此长时间、大规模的‘封杀’，在中国民航业还是头一回。”一长期与航空公司合作的业内资深人士如此评价此次的“封杀”行动。

国航因出售 3～4 折机票在广州被同行“封杀”不久后，在北京，国航的总部所在地，南航、海航也以 4 折的价格出售北京—广州的机票。国航不得已也将票价降到了 4 折。与广州市场正好相反，国航在北京有稳固的根基，该航线国航一直有比较高的客座率，此次随南航、海航降价，对国航伤害非常大。但国航很难像南航、海航那样在北京全面“封杀”降价的一方。与国航在广州没有分公司不同，南航在北京有一个庞大的基地，而海航的总部就在北京。与广州相比北京的市场更是多元，所以，国航并不具备“封杀”对手的条件。南航、海航此次在北京降价，主要目的是给国航施压，逼其放弃在广州的低价销售策略，重新回到谈判桌前。现在的国航是两地受敌，却难以还击。

各航空公司是如何让广州几乎所有的售票点停止销售国航的机票？“封杀”国航的依据又是什么？航空公司间扑朔迷离的“价格联盟”再次成为关注焦点。

在广州、北京和上海之间的航线中确实存在“有实无名”类似“价格联盟”的协议。当中有一项条款规定，出票价格由中航信统一控制，这为各航空公司对国航进行大规模的“封杀”埋下了伏笔。以往，在航空公司之间的“价格联盟”一般都由航空公司自行控制出票价。但此次，“价格联盟”可以根据此条款通过中航信在各售票点对国航进行“封杀”。“规则破坏者”国航遭封杀事件多少折射了航空业的一个游戏规则：航空公司先是结成一个所谓的“价格联盟”，但过不了多久总会有一家公司打破规矩，于是各航空公司联手对“破坏规则者”进行惩罚，并逼其回到谈判桌前，再制定一个新的联盟。这样的情况将周而复始的出现。毕竟国内的航空公司都是国有企业，是同门兄弟，极少会因为降价弄得反目成仇。最终，他们会重新根据市场需求在谈判中找到利益共同点，再次调整出新的联盟。

(2) 外界强制性力量的加入。

在以上所举的例子中，如果“囚徒的困境”案例中加入黑社会的背景因素，航空公司竞争中加入政府的法律法规因素，就可能改变博弈结果。

囚徒的困境中，如果张三和李四还受到黑社会的约束，而黑社会的规则是：如果一旦有人坦白，出卖同伙，必将受到比监禁 10 年更严重的惩罚（如在某小岛上关押 12 年）。在这种规则的约束下，博弈的收益矩阵改变为图 11－7。

		李四 坦白		李四 沉默	
张三	坦白	−(8+12)	−(8+12)	−(0+12)	−10
	沉默	−10	−(0+12)	−1	−1

图 11－7　修正后的收益矩阵

显然，这时唯一的均衡战略是两人都保持沉默。由于外界力量（黑社会）的加入改变了博弈规则，由此造成博弈结果的改变。

在我们所举的航空公司的例子中，如果加上政府的力量，博弈的结果会有很大的改变。如 1999 年 1 月我国民航总局颁布了“禁折令”，实行严格的统一定价制度，禁止对散客打折，团体票优惠幅度有限，与此同时，我国民航总局对多家违反此规定的航空公司给予了严厉惩罚。很显然“禁折令”的出现，使航空公司共同选择了不打折的合作战略，从图 11－6 的收益矩阵可知，这对航空公司而言是一种更好的博弈结果。实践的结果也的确印证了这个结论：1999 年中国民航业整体扭亏为盈，全行业主营业务收入同比增长 10.2%。

由以上的分析可见，合作会改变博弈的结果。下面，我们将进一步讨论合作性博弈，即共谋寡头类型的均衡模型。

11.2.4　共谋寡头模型

在寡头垄断市场中，寡头们往往要用削价的方法来争夺顾客，这样不可避免地会引起一场你死我活的价格战，其结果往往是两败俱伤，所以，寡头们最理想的情况是互相勾结、共同决策。按照“自己活也让别人活”的原则，放弃价格竞争，以各种公开的或隐蔽的方式，串通一气，协调行动，制定价格，确定产量。这种互相勾结也称共谋。这种勾结或共谋的形式有许多种，以下仅介绍最为常见的两种共谋寡头模型，即卡特尔和价格领袖。

（一）卡特尔

卡特尔是一个行业的各独立企业之间通过对有关价格、产量和市场划分等事项达成明确的协议而建立的组织。它是寡头市场中各企业用公开的方式互相勾结以达到协调行动的一种形式。寡头垄断企业组建卡特尔组织的目的是维持高价，使联合利润最大化。最有名、最成功的卡特尔是石油输出国组织（OPEC）。该组织成立于 1960 年，但是在 1973 年后，它才活跃起来。该组织定期开会，制定石油价格以及各成员国的石油产出份额。20 世纪 70 年代中期，OPEC 在两年内将其每桶石油的价格提高了 4 倍，从而导致卡特尔成员的利润剧增。1981 年前，石油输出国组织的成员严格遵守所达成的价格协议，而 1982 年以来出现了成员国擅自降低油价的情况。20 世纪 90 年代末期，OPEC 再次发挥其力量，在 18 个月内将石油价格提升了 2 倍。

卡特尔的主要任务：一是为各成员企业的同质产品规定同一价格；二是在各成员企业之间分配产量。卡特尔组织的价格与产量的决策过程大致如下：

（1）由卡特尔的中央管理机构预测市场需求函数，由此求出整个卡特尔组织的边际收益曲线，并用水平相加法从各企业的边际成本曲线求出整个卡特尔的边际成本曲线。

（2）为了谋求整个卡特尔组织的联合利润最大，根据 $MR=MC$ 原则确定整个卡特尔的均衡产量和均衡价格。

（3）制订出各成员企业的产量份额分配计划。价格上升总会伴随某种程度的需求量减少，在一个寡头垄断市场中，没有单个的企业愿意承担减产的全部责任，这就需要所有寡头制定某种协议，对各企业的产量份额进行限制。关于产量分配，卡特尔原则上是根据各企业的边际成本与卡特尔的均衡产量水平上的边际成本相等的办法在各成员企业之间分配产量，即使各企业产量满足（假定有 A、B 两家企业构成卡特尔组织）：$MR=MC=MC_A=MC_B$，这也就是说，卡特尔分配产量应遵循各企业边际成本都相等的原则。但是在实际中通常是按照各企业的地位和实力（生产能力和原有市场占有率）或消费者需求来分配产量。

由此可见，通过卡特尔组织，产业中寡头垄断企业的行动就像该产业中只有一家企业那样，以获取只有垄断企业才能得到的高额利润。

【例题 11-3】由 A、B 两家公司所构成的双寡头垄断市场中，这两家公司生产同一种电子零件。已知该零件的需求函数为：

$$P=1\,000-Q_A-Q_B$$

这两家企业的成本函数分别为：

$$TC_A=70\ 000+5Q_A+0.25Q_A^2$$
$$TC_B=110\ 000+5Q_B+0.15Q_B^2$$

假设这两家企业为实现生产和销售这种零件的总利润最大化，决定建立一个卡特尔。试计算卡特尔的最优价格、总产量、总利润，以及两企业各自的产量和利润。

解：(1) 计算卡特尔利润最大化的产量与价格：

因为：$Q=Q_A+Q_B$，所以卡特尔的需求函数可表示为：

$$P=1\ 000-Q_A-Q_B=1\ 000-Q$$

因此，卡特尔的总收益与边际收益为：

$$TR=PQ=1\ 000Q-Q^2,\quad MR=\frac{dTR}{dQ}=1\ 000-2Q$$

两企业的边际成本函数为：

$$MC_A=\frac{dTC_A}{dQ_A}=5+0.5Q_A,\quad MC_B=\frac{dTC_B}{dQ_B}=5+0.3Q_B$$

取两企业边际成本函数的反函数：

$$Q_A=2MC_A-10,\ Q_B=3.333\ 3MC_B-16.666\ 7$$

卡特尔的利润最大化要求：$MC_A=MC_B=MC$，这样：

$$Q=Q_A+Q_B=5.333\ 3MC-26.666\ 7$$

将上式取反函数，可得出卡特尔的总边际成本函数：

$$MC=0.187\ 5Q+5$$

利润最大化时，$MR=MC$，即

$$1\ 000-2Q=0.187\ 5Q+5$$

由此可求得卡特尔利润最大化产量为：$Q=454.86$，将 Q 值代入需求函数，可得出卡特尔利润最大化的价格：

$$P=1\ 000-Q=1\ 000-454.86=545.14$$

(2) 计算卡特尔总产量的最优分配：

卡特尔利润最大化的边际收入为：

$$MR=1\ 000-2Q=1000-2\times 454.86=90.28$$

令 $MC_A=MR$，即

$$5+0.5Q_A=90.28$$

由此可求出 A 企业的最优产量为：$Q_A=170.57$。

令 $MC_B=MR$，即

$$5+0.3Q_B=90.28$$

由此可求出 B 企业的最优产量为：$Q_B=284.29$。

（3）计算各企业的利润和卡特尔的总利润：

$$\pi_A=P\cdot Q_A-TC_A=545.14\times170.57-(70\,000+5\times170.57+0.25\times170.57^2)$$
$$=14\,858.15$$

$$\pi_B=P\cdot Q_B-TC_B=545.14\times284.29-(110\,000+5\times284.29+0.15\times284.29^2)$$
$$=31\,433.28$$

$$\pi=\pi_A+\pi_B=14\,858.15+31\,433.28=46\,291.43$$

卡特尔的价格政策接近于垄断市场中企业的价格政策，即以限制产量的方法维持较高的价格，从而获得垄断般的高额利润。一般，垄断价格是互相勾结的卡特尔寡头垄断的最高价格，这是因为寡头们在规定价格时，必须考虑到过高的价格通常会吸引新的竞争对手进入本行业，因而在规定价格时会有某种限制。

通过卡特尔可以维持高价，形成寡头企业间的合谋，很显然这对各寡头企业是有利的，但是为什么并不是所有的寡头垄断企业都采取这种合作形式呢？其原因可以归纳如下：

（1）产量份额分配中的问题。卡特尔在分配产量的过程中，一方面，那些成本较高的企业会得到较少的配额，它们得到的配额可能会低于其最小成本时的产量；另一方面，那些最有影响和精明强干的企业可能会得到较高的配置额。在市场划分上也会存在同类问题。这样在配额和利润瓜分的过程中往往难以达成有效的协议。

（2）在许多国家，公开的卡特尔组织是违法的。如美国在 1890 年通过了谢尔曼法，宣称："任何旨在限制贸易或商业的契约、联合……或者合谋集团都是非法的。"只有在特别立法的批准下，美国公司才可以在决定价格和产量方面达成协议。OPEC 是一个国际组织，成员国并不认为它是违法的。各国对于卡特尔的态度不太一样，有的国家对此的态度还是比较宽厚的，如卡特尔的行为在日本是很普遍的。

（3）作弊问题。卡特尔往往是一个不稳定的组织，在生产经营活动中，统一的价格有时也会被破坏。如，当卡特尔的产品需求价格弹性较高时，稍微降低一点价格就可以大幅度扩大销路，个别企业就有可能暗中降低价格，扩大产量，以获得高额利润。企业的这种行为，我们在前面的"囚徒的困境"博弈分析中已经进行了说明。所以如果卡特尔组织处于"囚徒的困境"的环境下，卡特尔协定将是短暂的。如果卡特尔不对这种违反协议的行为进行惩罚，其他企业就会效法，结果将导致卡特尔的瓦解。由此，这也要求卡特尔需要一些强制手段，对那些不遵守价格和产量协议的企业进行惩罚。

资料链接

石油输出国组织（OPEC）①

石油输出国组织（简称 OPEC，音译欧佩克）成立于 1960 年 9 月 14 日，1962 年 11

① 资料来源：https://baike.baidu.com/item/石油输出国组织．有修改．

月6日欧佩克在联合国秘书处备案，成为正式的国际组织，总部设在维也纳。其宗旨是协调和统一成员国的石油政策，维护各自的和共同的利益。现有11个成员国是：沙特阿拉伯、伊拉克、伊朗、科威特、阿拉伯联合酋长国、卡塔尔、利比亚、尼日利亚、阿尔及利亚、印度尼西亚和委内瑞拉。2003年该组织成员石油总储量为1 191.125亿吨，约占世界石油储量的69%，其中排在前三位的成员分别是沙特阿拉伯（355.342亿吨）、伊朗（172.329亿吨）和伊拉克（157.534亿吨）。

欧佩克大会是该组织的最高权力机构，各成员国向大会派出以石油、矿产和能源部长（大臣）为首的代表团。大会每年召开两次，如有需要还可召开特别会议。大会奉行全体成员国一致原则，每个成员国均为一票，负责制定该组织的大政方针，并决定以何种适当方式加以执行。

欧佩克成员国出口的石油占世界石油贸易量的60%，对国际石油市场具有很强的影响力，特别是当其决定减少或增加石油产量时。欧佩克组织条例要求该组织致力于石油市场的稳定与繁荣，因此，为使石油生产者与消费者的利益都得到保证，欧佩克实行石油生产配额制。如果石油需求上升，或者某些产油国减少了石油产量，欧佩克将增加其石油产量，以阻止石油价格的飙升。例如，1990年海湾危机期间，欧佩克大幅度增加了石油产量，以弥补伊拉克遭经济制裁后石油市场上出现的每天300万桶的缺口。为阻止石油价格下滑，欧佩克也有可能依据市场形势减少石油的产量。

欧佩克组织在近年曾多次使得石油价格暴涨来抗衡美国等西方发达国家，为平衡世界力量有不可小觑的作用。二十世纪七十年代以前，这些国家的石油开采、提炼、运输和销售权长期操纵在外国石油公司手里。欧佩克组织成立以来，同外国石油公司进行了不断的斗争，夺回了石油的标价权，提高了征收的石油税率，从七十年代起产油国逐渐地夺回了石油资源的控制权，部分或全部地收回了石油租让地，有的国家进行了国有化，积极地发展了自己的石油工业，石油收入大幅提高，经济实力大为增强，石油输出国组织已成为世界经济中一股重要力量，在确定世界石油价格中有举足轻重的作用。

与其他的企业协议不同，欧佩克成功将油价持续上升。欧佩克的成功大部分都归功于沙特阿拉伯的弹性。该国容许其他参与协议国家的欺诈，更减少自己的产量来弥补其他成员超出配额的生产。因为其他的成员均全力生产，而沙特阿拉伯是唯一的成员拥有充裕的贮存空间，亦有在需要时增产的能力，这给予它们可靠的杠杆效应。

（4）市场进入问题。寡头垄断市场终究不是垄断市场，新企业的进入虽然困难，但还是可能的。特别是卡特尔成员在政策上达成协议并由此产生了高额利润，高利润将会诱使行业外部的企业加入该行业。如果卡特尔组织不能阻止新企业的加入，卡特尔就会濒于崩溃。

（二）价格领袖制

寡头垄断企业可以通过卡特尔组织或其他的协议形式来实现统一的价格，但在许多情况下寡头企业发现不需要明确的协定也能实现统一价格，这其中之一的方法就是价格领袖制。价格领袖（price leadership）指一个行业的价格通常由某一企业率先制定，其余企业追随其后确定各自的价格。这是寡头企业之间的一种默契，因而是一种暗中勾结。一般是，成为价格领袖的某一企业把价格水平通知其他企业，由价格领袖审时度势，决定改变

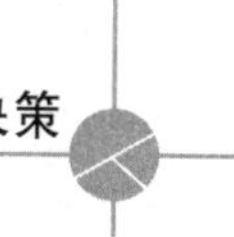

价格的时间。如果它正确，其他企业相应跟上。这样，价格领袖在没有与别人明示勾结的情况下，有效地改变了行业的价格水平。如果别的企业不相应跟上，价格领袖就恢复原价，放弃提价。

价格领袖模式可以通过图 11－8 说明。

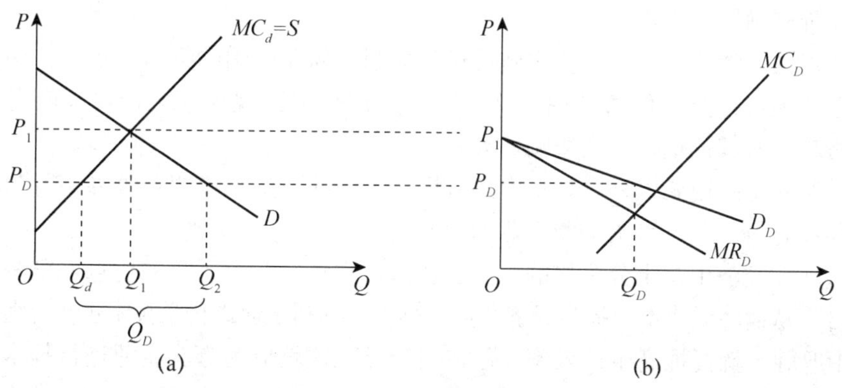

图 11－8　价格领袖模式

在图 11－8（a）中，D 为全行业的市场需求曲线，MC_d 为追随企业（除价格领袖企业以外的所有企业）的边际成本曲线。由于追随企业是价格的接受者，所以图 1－8（a）中的边际成本曲线就是它们的供给曲线。价格领袖企业通过对市场的观察发现：当价格为 P_1 时，市场总需求与追随企业的总供给相等为 Q_1，所以此时仅追随企业就能供应整个市场；当价格为 P_D 时，追随企业的供给为 Q_d，剩余的市场需求 Q_dQ_2 即 Q_D 由价格领袖企业供给。这样只要确定了在每一价格下追随企业供给后剩余市场需求量，就可推导出价格领袖企业的需求曲线 D_D［见图 11－8（b)］，因此价格领袖企业的需求曲线被称为“剩余需求曲线”，据此可推导出价格领袖企业的边际收益曲线 MR_D。这样，价格领袖企业就可根据最大利润原则 $MR_D=MC_D$，确定产出水平及索取的最高价格，在图 11－8（b）中，价格领袖企业利润最大化时的产出为 Q_D，价格为 P_D。因为追随企业是价格接受者，所以在 P_D 价格下，追随企业的产出为 Q_d。

价格领袖模式一般有以下三种：

（1）支配型价格领袖模式。领先确定价格的企业是本行业中最大的、具有支配地位的企业。该模式适用于有单一的一个支配型大企业和许多小企业的行业。当支配型的大企业为整个行业确定了价格以后，其他小企业可以在这个价格水平上出售它们愿意出售的所有产品。很显然，对小企业来说，价格既定，因而需求曲线是一条水平线，所以其决策行为类似于完全竞争条件下的企业行为，即其均衡产量由边际成本等于边际收益来决定；市场需求量与小企业产量的差额由支配型企业补足。在该模式中，价格领袖要承担风险，即若价格领袖提高价格，而追随者并不提价，则价格领袖将会丧失部分市场；并且若有新企业进入行业，则留给支配型企业的需求量必将减少，这将迫使价格领袖定出较低的价格或接受较小的市场份额。

（2）效率型价格领袖模式。领先确定价格的企业是本行业中成本最低，从而效率最高的企业。它对价格的确定也使其他企业不得不随之变动。

（3）晴雨表型价格领袖。一般是一个企业首先对价格进行变动，而这个变动又能为其他企业所接受，则这个企业就称为晴雨表型企业。这个企业不一定是该行业内最大的企业，但它能合理而准确地反映出整个行业内的成本和需求情况的变化，并据此对价格做出变动。晴雨表型企业由于对成本和需求反应灵敏并能及时调整价格，为其他企业所接受，才成了行业价格领导性企业。

一般在钢铁、烟草等行业常会实施价格领袖制。如在中国的钢铁市场中，中国宝钢就是一个典型的钢铁行业的价格领袖，这是因为宝钢是中国规模最大、效率最高的钢铁公司，其价格政策对其他钢铁公司影响极大。

除以上所介绍的模式以外，现实中还有许多不同的模型来说明各种寡头行为。遗憾的是，目前还没有得出关于寡头垄断行业的简明模式。

寡头垄断在经济中是十分重要的。一般认为，它具有两个明显的优点：第一，可以实现规模经济，从而降低成本，提高经济效益。第二，有利于促进科学技术进步。各个寡头为了在竞争中取胜，就要提高生产效率，创造新产品，这就成为寡头企业进行技术创新的动力。此外，寡头企业实力雄厚，可以用巨额资金与人力来进行科学研究。对寡头垄断的批评则是针对各寡头之间的勾结往往会抬高价格，因为它对消费者的利益及社会经济福利有所损害。如本章章首的经济管理问题中所介绍的美国 5 大唱片公司的“最低建议价格”，根据美国联邦委员会的估计，消费者因为这 5 大唱片公司的“最低建议价格”政策损失了近 4.86 亿美元。

小　结

本章首先说明了寡头垄断市场应该具备以下条件：在一个行业或市场中，只有少数几家企业；企业之间存在着互相制约、互相依存的关系；新企业进入行业比较困难。同时简要分析了寡头垄断市场的形成原因：规模经济性的存在；行业中现有寡头垄断企业拥有重要原材料或关键技术；由几家企业控制了分销渠道；现有寡头垄断企业可能受到政府的保护。并对寡头垄断市场进行了分类：第一，根据寡头企业的产品差别程度，可以分为两种类型：一是纯粹寡头垄断，二是差别寡头垄断。纯粹寡头垄断是指各企业所生产的产品性质一致，产品彼此之间没有差别。差别寡头垄断是指各企业所生产的产品性质一致，但存在一定程度的差别。第二，根据寡头企业的行动方式，可以分为两种类型：一是勾结（或共谋）行为的寡头垄断，二是独立行为的寡头垄断。其次分别论述了古诺模型、斯威齐模型、非合作性博弈、卡特尔、价格领袖等常见的寡头垄断模型。

经济管理问题分析

“最低建议价格”实际上也是一种价格联盟，该政策的实施，人为地将 CD 价格控制在一个较高的水平，并对没有参与“最低建议价格”的零售商进行惩罚，从而减少了竞争，使唱片公司及其经销商从中获益丰厚。

在美国价格共谋是被法律禁止的，为此，美国 28 个州联合将 5 大唱片公司推上了法庭，指控这 5 大唱片公司的“最低建议价格”政策违反了反垄断法——谢尔曼法案第一部分关于禁止通过合约和串谋来限制自由贸易的条款。根据联邦贸易委员会的估计，消费者因为五大公司的价格政策损失了近 4.86 亿美元。《今日美国》估计五大公司的赔偿金应是消费者损失的 3 倍，即 15 亿美元。

复习与思考

一、名词解释

寡头垄断市场　纯粹寡头垄断　价格刚性　卡特尔

二、选择题

1. 拐折的需求曲线模型的基本假定是：

A. 行业内寡头企业之间是有勾结的

B. 行业内某个寡头企业提价时，其他寡头企业都会仿效

C. 行业内某个寡头企业降价时，其他寡头企业都会仿效

D. 寡头企业行为无法预测

2. 根据寡头垄断市场的条件，下列哪个行业最接近寡头垄断行业？

A. 自行车行业　B. 玉米行业　C. 电力行业　D. 石油行业

3. 寡头垄断市场上的企业数量是：

A. 一家　B. 几家　C. 许多　D. 无数

4. 寡头垄断市场形成的最基本条件是：

A. 对资源或技术的控制　B. 产品差别的存在

C. 企业之间共谋的实施　C. 产品同质

5. 企业之间关系最密切的市场是：

A. 完全竞争市场　B. 垄断市场　C. 垄断竞争市场　D. 寡头垄断市场

6. 寡头垄断市场上，在各企业之间存在勾结的情况下的决策模式是：

A. 古诺模式　B. 斯威齐模式　C. 卡特尔　D. 无法确定

7. 卡特尔制定统一价格的原则是：

A. 使整个卡特尔的产量最大　B. 使整个卡特尔的利润最大

C. 使整个卡特尔的成本最小　D. 使整个卡特尔中各企业的利润最大

8. 寡头垄断企业的产品是：

A. 同质的　B. 有差异的

C. 既可以是同质的，也可以是有差异的　D. 以上都不对

9. 按照古诺模型，下列哪一种说法不正确？

A. 双头垄断企业没有认识到它们的相互依赖性

B. 每个双头垄断企业都假定对方保持产量不变

C. 每个双头垄断企业都假定对方价格保持不变

D. 均衡的结果是稳定的

10. 古诺模型达到均衡时，两企业所占的市场份额为：

A. 1/2、1/2　　B. 1/3、1/3　　C. 1/3、2/3　　D. 3/5、2/5

三、问答题

1. 什么是寡头垄断市场？寡头垄断市场应该具备的条件是什么？

2. 斯威齐模型是如何解释寡头垄断市场上的价格刚性现象的？

3. 形成寡头垄断市场的原因主要有什么？

4. 为什么说卡特尔组织的价格政策类似于垄断企业的价格政策？

四、计算题

1. 某寡头垄断市场中只有两家生产同质产品的企业 A 和 B，该市场需求函数为：$P=100-0.5Q$，其中，$Q=Q_A+Q_B$，A、B 企业的成本函数分别为：$C_A=5Q_A$，$C_B=0.5Q_B^2$，求：

(1) 若这两家企业追求各自利润最大化，利用古诺模型，求出各自的产量、利润及整个市场的总供给量和价格。

(2) 若这两家企业共谋组成卡特尔追求共同的利润最大化，总的产量水平及价格是多少？各自生产多少？各自利润多大？

(3) 比较 (1)、(2) 利润状况，说明哪一种状况利润更大。

2. 假定一个卡特尔组织由三家企业组成，它们的总成本函数如表 11-2 所示。

表 11-2　　某卡特尔组织三家企业的总成本函数

产量	总成本		
	A 企业	B 企业	C 企业
0	20	25	15
1	25	35	22
2	35	50	32
3	50	80	47
4	80	120	77
5	120	160	117

如果该卡特尔组织决定生产 11 单位产量，产量应如何在三个企业之间分配才能使成本最低？

3. A 公司面对以下两段需求曲线：

$P=25-0.25Q$(当产量为 0～20 时)

$P=35-0.75Q$(当产量超过 20 时)

(1) 请画出 A 公司的需求曲线、边际收益曲线，说明 A 公司所属行业的市场结构。

(2) 当 A 公司的总成本函数为：$TC_1=200+5Q+0.125Q^2$ 时，A 公司的均衡价格和产量是多少？此时公司的利润和亏损多大？

(3) 如果公司总成本函数改为：$TC_2=200+8Q+0.125Q^2$ 时，A 公司的均衡价格和产量是多少？

(4) 如果公司总成本函数改为：$TC_3=200+8Q+0.25Q^2$ 时，A 公司的均衡价格和产

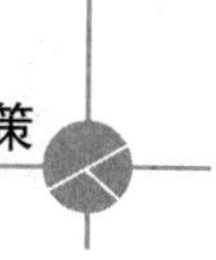

量是多少？

4. 在一个属于价格领袖的寡头垄断行业中，行业的需求曲线为 $P=300-Q$，这里的 P 为价格领袖企业制定的能为其他企业接受的产品价格（按美元计），Q 是总需求量，其他企业的总供给量为 Q_d，$Q_d=49P$。价格领袖企业的边际成本为 $MC_D=2.96Q_D$，Q_D 是价格领袖企业的产量。若价格领袖企业想达到利润最大，应生产多少？产品价格应为多少？在这一价格上整个行业的产量将是多少？（Q、Q_D 和 Q_d 都以百万单位表示）

案例研究

中国快递行业发展现状

近年来，中国电子商务市场保持高速增长，市场规模从 2008 年的 0.13 万亿元上升到 2015 年的 3.8 万亿元。2015 年是中国经济增速明显放缓的一年，但快递行业依旧维持了 30%以上的高增速。2014 年，我国快递行业业务量约 140 亿件，超越美国成为世界第一。而 2015 年全年业务量达 205 亿件，继续维持了 40%以上的高增速。

中国快递行业集中度

目前我国快递市场企业数量约为 11 000 家，竞争激烈。快递市场参与者主要可以分为 5 类（见表 11－3），而快递公司参与的市场主要可以分为电商市场和商业性市场。

表 11－3　　我国快递市场主要参与者分类

类别	主要品牌	主营市场	价格特点	管理与服务
龙头企业	邮政 EMS、顺丰	中高端快递市场	价格收高，定价规范，运营稳定	全国网络干道健全，产品服务类型多元，并拥有自身的全货机，在速度上占据明显的优势
“三通一达”	中通、圆通、申通、韵达	电商市场	价格中端，定价相对规范，运营稳定	加盟为主，管理较为规范，既能提供较高水平的电商快递服务，又能在中高端领域提供部分服务
非“三通一达”的全网型企业	宅急送、天天、百世汇通、优速等	电商市场	价格中低端，定价较为规范，运营稳定	加盟为主，管理方式较为粗犷，面对的客户多为价格敏感性较高的散户和小商户
区域型快递公司	东莞世纪同诚、义乌捷达、郑州乐速速递	某一地域市场，专做落地配等业务	价格很低，定价缺乏规范，运营稳定性差	以专业、快速作为企业生存砝码，但缺乏资本实力和渠道铺设能力，融资较难
外资公司	FedEx、UPS、DHL、TNT、大和运输等	商务件	价格很高，定价规范，运营较为稳定	凭借雄厚的资本，先进的管理水平占据国际市场绝对优势

其中，四大国际快递公司占据了我国国际快递市场主要份额达 75%，邮政、顺丰与“三通一达”占据了国内快递市场主要份额。

我国国内快递市场 2014 年市场份额位居前 4 位的企业为申通、圆通、中通、顺丰；

位居前8位快递公司为申通、圆通、中通、顺丰、韵达、EMS、百世汇通、京东。2009—2014年国内快递业CR4（排名前4位企业的市场份额占比）从77.0%下降至49.9%，CR8（排名前8位企业的市场份额占比）从85.0%下降至77.9%，集中度持续下滑。CR4和CR8均呈现下降态势，但CR4与CR8的差距从8%扩大至31%，即排名4～8位的快递企业市场份额从8%增加到31%，逐步蚕食前四强的市场份额。2010—2013年短短四年，中国邮政速递市场份额从21.4%一路降至9.8%，减少11.6%，而同时段CR4减少约15%。所以，快递行业市场集中度的下降主要是邮政速递市场份额下降导致的。

中国快递企业的经营模式

我国快递行业的特殊性使得顺丰以及"三通一达"走上了两条不同的发展道路。成立较早，转型直营的顺丰牢牢把控着国内商务件市场，而成立相对较晚的"三通一达"依靠电商以加盟模式实现了高速增长。

1993年，顺丰速运诞生于广东顺德。2002年，顺丰由加盟向直营的转变正式完成。此时的顺丰地域特性还非常明显，在其主要战场珠三角地区，已经力压EMS等老牌企业，稳坐珠三角快递头把交椅。经过二十多年发展，截至2015年7月，顺丰已拥有近34万名员工，1.6万台运输车辆，19架自有全货机及12 260多个营业网点，是我国快递行业的龙头企业。

目前，除了EMS、顺丰、外资FedEx、DHL、UPS、TNT等实现直营外，"四通一达"等品牌企业以加盟模式为主。近年来，中国快递企业经营模式出现转化，呈现混合发展趋势，直营模式开始在终端采取代理合作或者员工加盟的模式，加盟模式也从总部开始实施股份制并购，以此来解决网点覆盖面不足和服务过程监督力不足等问题。特许加盟模式向"自营模式"为主转型或向"自营、加盟、代理混合模式"转型是必然趋势。终极是"自营为主，加盟、代理为辅"。在未来10年内，单一的特许加盟模式一定会被淘汰出局。

中国快递行业的竞争态势

随着我国快递产业的快速发展，行业的格局也在悄悄发生转变。行业规模增速正逐步放缓，并正式进入整合期，随之而来的会是更加激烈的竞争以及大鱼吃小鱼的并购浪潮。在顺丰依靠完善的网店布局和航空机队抢占了中高端市场之后，主打中低端电商件的"三通一达"也逐步建立了自己完善的配送网络，强大的配送网络是快递行业的壁垒所在。目前快递运输方式主要以公路运输为主，有航空运输能力的公司仅顺丰、EMS、圆通三家（见表11-4）。顺丰的机队实力和EMS的营业网点暂时是另外几家快递公司难以望其项背的。

表11-4　国内主要快递企业航运能力与营业网点数

	顺丰	EMS	圆通	申通	中通	汇通	韵达
航空公司	顺丰航空	邮政航空	圆通航空				
航空能力	全货机19架，航空租赁包机20架，共39架	全货机共20架	货运飞机7架	没有自己的飞机，依托航班走航空件	基本不走航空件，陆运为主	基本不走航空件，陆运为主	基本不走航空件，陆运为主
营业网点	1 226余	45 000余	15 500余	10 000余	14 000余	10 000余	10 000余
2014年市场占有率	8%	9.9%	15%	17%	10%		

在光鲜高增速的背后，快递行业的利润空间却正被逐渐压缩。可以看到，虽然行业快速增长，但收入规模增速却总是慢于业务量增速。国内快递业产品高度同质化、价格透明，激烈的市场竞争导致件均价持续下滑。全国快递件均价从 2007 年 28.5 元下降至 2015 年的 13.4 元，降幅为 53%。

随着行业增速驱缓，快递业盈利能力将进一步下降，整个行业面临“微利化”甚至“无利化”状态。申通和圆通 2015 年全口径净利率约为 3.5%～4%，总部大致瓜分 60% 的净利润。大量中小快递企业甚至大型快递企业正处于萎缩和亏损的状态，有的甚至已经破产。2010 年，在华南地区具有一定影响力的深圳东道物流（DDS）倒闭。2012 年，星晨急便宣告倒闭，同年上海希伊艾斯快递有限公司（CCES）倒闭，小型快递公司倒闭更是不胜枚举。预计未来企业破产数量增速将进一步加快。

现阶段国内快递企业要提升盈利能力，首先要解决产品同质化问题，依托自身优势打造特色产品。比如顺丰在国内快递公司中，航空运力首屈一指，因此顺丰快递的时效性短期内是“三通一达”难以望其项背的。而 EMS 可以借助其在营业网点上的优势做文章。

我国快递从业人员以每年 15 万～20 万人的速度提升。2015 年，“三通一达”、百世汇通、顺丰、EMS、京东的快递员工总数超过 120 万人，全行业从业人员数量 2015 年突破 150 万人。快递行业属于典型的劳动密集型产业，人力成本占比较高，以顺丰为例，人工费占公司营业收入的 45%。目前快递行业大量企业以加盟模式运营，加盟商的员工大多数没有社保，一旦将加盟商整合进企业，人工成本势必大幅提升。另外，运输费用包括路桥费、燃油、维修费等，也不是企业可控的。因此，从中期看，快递业成本刚性上升，行业盈利能力有进一步下降的风险。但是从长期看，随着行业市场集中度的提升，成本压力完全可以通过涨价传导给终端消费者。随着快递业务量的提升，员工派件效率也有显著增加。可以看到我国快递从业人员的人均派件量从 2009 年的 4 000 多件增长到 2015 年的 13 000 件以上，保持了年均 20%以上的增长。

中国快递行业发展趋势

2016 年顺丰、圆通、申通、韵达借壳上市，中通赴美上市。国内快递行业现已呈现寡头垄断的格局，前 8 家企业市场占有率 77%左右，已出现顺丰速运、申通快递、圆通快递等行业龙头企业。随着大型快递企业上市融资，相比其他中小快递公司，它们拥有压倒性的资本和规模优势，将成为未来推动行业并购的主体。2016 年，中国快递行业正加速拥抱资本市场，资本运作几乎被视为维持地位或弯道超车的必备条件。随着“四通一达”相继上市，拥有资金实力的一线快递企业将会加速碾压中等规模的二三线快递企业，上市后的快递企业将利用资本优势，增强经营能力和外延扩张以扩大经营规模。经过一轮并购整合和外延多模式发展有望成长为综合物流服务商，未来中国快递行业可能会诞生 2～3 家数千亿市值的快递巨头。而在快递巨头打响资本战的同时，中小快递企业将有可能面临生存危机，被收购和整合成为大概率事件。

我国快递网点大部分集中于市区，快递需求也主要由城镇人口提供。但最近几年，广大的乡镇市场逐渐走入我们的视野。对比快递业发达的东南沿海地区，我国广大的内陆乡镇快递并不发达。对于低人口密度的广大乡镇地区，快递发件量少且往返不均容易造成网点的亏损，导致行业发展缓慢。以单个网点的年均业务量进行对比，可以发现浙江、上海等省市单个网点年均派件20万件以上，而西部的青海、甘肃、贵州等地不足2万件，相差10倍以上。如果要完善配送体系到乡镇，则必须解决“派件量量少，固定成本高以及客户过于分散的问题”。

我国在快递业政策和行业准入上不断放宽限制，并对快递行业的发展提供支持。同时，整个行业在监管方面也逐步严格，最近两年，主管部门对行业的规范性要求逐步增加，开始整顿行业秩序，这将促进行业内的整合和优胜劣汰。

近几年国家政策文件中多次提出要鼓励指导快递企业兼并重组向现代化公司制度发展，加快转型升级，包括2011年《邮政局关于快递企业兼并重组的指导意见》、2015《关于促进快递业发展的若干意见》等。因此，业内加快兼并重组提升行业集中度是众望所归。

（资料来源：2016年中国快递行业发展现状及发展趋势预测．中国产业信息，2016-06-20；2016年中国快递行业市场现状及发展前景分析．中国产业信息，2016-02-29。本案例由作者根据以上资料综合编写而成）

基于以上案例资料思考以下问题：

（1）中国快递市场发展到2016年属于何种类型的市场？它有何特点？

（2）中国快递市场发展未来将走向何种类型的市场？未来的快递市场将有何特点？

（3）追踪顺丰的发展历程，总结其走向行业龙头企业的竞争战略和策略。

（4）预测未来快递市场中快递企业的核心竞争力是什么？

第 12 章　企业产品定价实践

经济管理问题

独特的价格体系[①]

某商厦的管理者为其地下商场的所有商品制定了一个非常独特的价格体系，这个价格体系与商厦其他楼层使用的价格体系完全不同。在地下商场，所有商品都是打折出售的，但是折扣是浮动的，并且其变化趋势和大小是可以预测的。地下商场的所有商品并非质量差的廉价商品，它们最初摆放在商厦上面楼层一些最时髦的商品部的货架上。地下商场的所有商品最初都标有售价，第 1 周商品原价出售，以后这些商品的价格每周都会降低 25%。这样每件商品在商场仅仅停留 4 周，到了最后，商品的价格将会降到最低。4 周后，如果商品没有售出，商品将被捐献给慈善机构。

光临该商厦地下商场的顾客常会发出这样的疑问：如果所有顾客都等到最低价格购买商品，或者不买商品，该商厦的地下商场不就要破产了吗？然而事实是该商厦的地下商场却生意兴隆。这究竟是什么原因呢？

在市场经济中，价格竞争是一种重要的竞争手段，定价决策常常是决定企业成功或失败的一个主要因素。从理论上讲，追求利润最大化的企业应该遵循边际收益等于边际成本（$MR=MC$）的定价原则。这也就是说，如果一个企业具有控制价格的能力，那么，定价的基本规则就是：增加产量直到边际收益等于边际成本，然后根据该产量通过需求曲线确定价格。但在现实中情况要复杂许多。企业产品不仅面临国内市场的竞争，而且要面临国际市场的竞争，这些市场具有不同的竞争程度。同时企业往往不止生产一种产品，而且在各种产品的生产或需求之间可能具有密切联系。企业的近期目标是追求利润最大化，同时还可能追求最大的市场份额、信誉或满意的利润等。另外，在实际生产经营活动中企业可能难以掌握准确的需求和成本信息，因此，准确地确定边际成本和边际收益变得相对困难，这样就决定了企业定价方法和策略的多样化。

12.1 定价目标

定价目标是指企业通过制定产品价格所要达到的目的，也就是企业通过价格制定所要实现的经营意图。价格目标作为指导企业定价行为的专门化目标，在企业的价格决策活动中发挥着重要的主导作用。因此，企业所有产品的定价，都要根据价格目标的要求来进行。例如，当企业是以稳定价格为定价目标时，在经营过程中对价格的升降就会比较慎重，通常不会随便对价格进行调整，而是通过改变生产经营活动的其他方面来努力保持价格的稳定。一般来说，企业的定价目标都比较具体，而且具有较强的针对性。

价格目标反映的是企业定价过程中的期望和追求，它一般都是按照企业目标的要求来制定的。它服从和受制于企业的整体目标，为企业整体目标服务，是实现企业整体目标的手段和途径。

① 杰文斯．致命的均衡．罗全喜，叶凯，译．北京：机械工业出版社，2005：51.

企业在为产品定价时，首先必须要有明确的是目标。不同企业、不同产品、不同市场、不同的时期有不同的营销目标，因而也就要求采取不同的定价策略。但是，企业定价目标不是单一的，而是一个多元的结合体。企业定价目标主要有以下几种。

（一）以维持企业生存为目标

当企业经营管理不善，或由于市场竞争激烈、顾客的需求偏好突然发生变化等原因，而造成产品销路不畅、大量积压、资金周转不灵，甚至濒临破产时，企业只能为其积压了的产品定低价，以求迅速出清存货，收回资金。但这种目标只能是企业面临困难时的短期目标，长期目标还是要获得发展，否则企业终将破产。

（二）以追求利润最大化为目标

追求并获取最大限度的利润是每一个企业应有的目标。根据前面几章的分析已经了解，企业要实现利润最大化就是要寻找 $MR=MC$ 的价格、产量组合。追求利润的最大化通常包含以下含义：一是指长期利润最大化，即企业应该着眼于获取长期的最大化利润，这样企业可能要牺牲近期的高价格，而谋求企业的持续发展，从而取得长期的经营佳绩。二是指企业整体利润最大化。也就是说，企业获利应从所有的产品来考虑，而并非依据单一产品的 $MR=MC$ 来确定产品价格。有时，尽管某些产品的定价可能会损害企业的获益程度，但只要该产品的价格策略能促进其他产品的销售增长，并且提高企业的整体利润，那么企业所做的价格决策仍是可行的。三是追求当前利润的最大化，而不考虑企业的长期效益。选择此定价目标，必须具备一定的条件，即当产品声誉好，且在目标市场上占有竞争优势地位时，方可采用，否则还应以长期目标为主。

（三）以保持和提高市场占有率为目标

市场占有率是企业经营状况和企业产品竞争力的直接反映，它的高低对企业的生存和发展具有重要意义。一个企业只有保持或提高市场占有率，才有可能生存和发展。因此，这是企业定价选择的一个十分重要的目标，所以要实行全部或部分产品的低价策略，以实现提高市场占有率这一目标。从市场占有出发确定企业的定价目标，主要出于两种考虑：一是为了维持企业原有的市场份额，延长企业产品的获利周期；二是为了打破市场的竞争态势，开拓新的市场空间。当然，无论出于哪种考虑，如果仅仅依靠价格一个因素，企业难以达到保持和提高市场占有率的目标，还应该通过非价格因素的竞争才能实现。

（四）以应付或抑制竞争为目标

该定价目标通常是以对产品价格有绝对影响的竞争者的价格为基础，在比较权衡的基础上，确定本企业的价格目标。有些企业为了阻止竞争者进入自己的目标市场，而将产品的价格定得很低，这种定价目标一般适用于实力雄厚的大企业。中小企业在市场竞争激烈的情况下，一般是以市场为导向，随行就市定价，从而也可以缓和竞争、稳定市场。

（五）以树立企业形象为目标

有些企业的定价目标实行的是优质优价，以高价来保证高质量产品的地位，以此来树立企业的形象。

总之，企业定价目标一般与企业的战略目标、市场定位和产品特性相关。企业价格的制定应主要从市场整体来考虑，它取决于需求方的需求强弱程度和价值，取决于接受程度以及来自替代性产品的竞争压力的大小。企业应选择合适的定价目标以促进企业的长期、稳定发展。

确定了价格目标，并对影响定价的各因素进行分析之后，就应该对定价的方法进行选择，并制定相应的定价策略。以下我们将详细说明企业常用的定价方法及定价的管理经济学原理。

12.2 成本加成定价法

成本加成定价法是企业最常用、最基本的定价方法，它是以产品单位成本为基本依据，再加上预期利润来确定价格的定价方法。该种定价方法的基本思想是，认为所定的价格应能涵盖生产产品的成本，并足以使企业按目标收益率获得一定程度的利润。

12.2.1 成本加成定价的基本方法

使用成本加成定价法确定产品价格的基本步骤如下：

（1）估算企业生产和销售某种产品的平均变动成本（*AVC*）。由于在不同的产量水平上，企业的平均变动成本是不一样的，因此在估算平均变动成本时首先必须确定合适的产量水平。一般情况下，企业可依据其生产能力的70%～80%的产量水平来确定平均变动成本的基础。

（2）估算出固定成本，并按照产品产量将固定成本分摊到单位产品上，由此计算出平均固定成本（*AFC*）。

（3）将平均变动成本和平均固定成本相加，得出平均总成本（*AC*）。

（4）以平均总成本的一定比例即成本加成率作为企业目标利润率核算出目标利润，再加上平均总成本，得到产品价格。由此可见，所谓“成本加成”就是指在平均总成本的基础上加上它的一定比例，据以确定价格。

成本加成定价法的公式可以表示为：

$$P=(AVC+AFC)\times(1+m)=AC(1+m) \tag{12.1}$$

公式中：P 为产品价格，AC 为平均总成本，m 为成本加成率。

【例题 12-1】某企业生产一种产品，预估下一年度总变动成本为 100 万元，总固定成本为 140 万元。假定企业来年的销售量为其生产能力 100 万件的 80%，行业平均成本利润率为 20%。根据成本加成定价法，该企业的该种产品的定价应该为多少？

解：$AC=\dfrac{100+140}{100\times80\%}=3$（元/件）

$$P=3\times(1+20\%)=3.6(\text{元/件})$$

根据以上计算可知，该企业该产品的定价应该为 3.6 元/件。

12.2.2 成本加成率的确定

由以上成本加成定价法可以看出，要由此确定产品价格，除了需要准确估算产品平均

成本之外，还需要科学地设定成本加成率。成本加成率的确定具有很大的灵活性。如果成本加成率过高，就会使产品的价格过高，从而可能使产品丧失价格竞争能力，最终影响销量；如果成本加成率过低，又会使企业失去可能获得的利润。一般企业应该依据企业的战略目标、市场需求状况以及企业的价格策略等因素来确定成本加成率。有时，也会依据产品所属行业的平均成本利润率来确定。在此，我们介绍能使企业实现利润最大化的最优成本加成率的确定方法。

所谓最优成本加成率就是依据利润最大化原则（$MR=MC$）而确定的成本加成率。其确定方法具体说明如下：

因为 $TR=P\cdot Q$，所以边际收益 MR 为：

$$MR=\frac{dTR}{dQ}=\frac{d(P\cdot Q)}{dQ}=\frac{PdQ+Q\cdot dP}{dQ}$$

$$=P+Q\cdot\frac{dP}{dQ}=P\left(1+\frac{dP}{dQ}\cdot\frac{Q}{P}\right)$$

因为$\frac{dP}{dQ}\cdot\frac{Q}{P}$为需求价格弹性$E_P$的倒数，因此上式 MR 可以写为：

$$MR=P(1+\frac{1}{E_P}) \tag{12.2}$$

根据式（12.2）可以看出，由于需求价格弹性为负值，所以为保证企业的边际收益为正值，其产品的需求价格弹性的绝对值应该大于 1，即谋求利润最大化的企业永远不会在需求曲线的非弹性段经营。

企业如果按照利润最大化原则安排生产经营活动，则要求满足 $MR=MC$。在企业产量的正常范围内，边际成本变化不大，因此可以看成是一个常量，假定 $MC=AC$，这样就有：

$$P(1+\frac{1}{E_P})=AC$$

由此，可以解得 P 为：

$$P=AC\left(\frac{E_P}{E_P+1}\right) \tag{12.3}$$

将运用成本加成法定价的公式 $P=AC(1+m)$ 代入式（12.3），可得：

$$AC(1+m)=AC(\frac{E_P}{E_P+1})\text{，即}$$

$$1+m=\frac{E_P}{E_P+1}$$

由此可计算出满足利润最大化条件的最优成本加成率 m 为：

$$m=\frac{-1}{E_P+1} \tag{12.4}$$

上述分析表明，只要成本加成率确定在负的 $1/(E_P+1)$ 水平上，按照成本加成法制定的价格就近似是一个利润最大化价格。需要指出的是，由于需求价格弹性 E_P 通常为负值，并且其绝对值大于 1，所以据式（12.4）确定的最优成本加成率其实是一个正值。

企业根据式（12.4）所确定的成本加成率来定价，就可以实现利润最大化的目标。根据式（12.4）还可以得出这样一个结论：产品价格需求弹性越大，相应的最优成本加成率就越小，由此制定的价格就越低。这实际上也说明如果企业依据最优成本加成率来定价，在考虑企业的平均成本的同时也考虑了企业产品的市场需求状况。

小思考

寻找现实企业或行业的成本加成率资料，并请回答当产品的需求价格弹性为 −1.5 时，为实现利润最大化，该产品的成本加成率应该定为多少？

12.2.3 成本加成定价法的评价

成本加成定价法之所以在企业实际定价过程中得到广泛应用，是因为它具有以下优点：

（1）简单实用。由以上对成本加成方法的介绍可知，即使对前面各章讲述的管理经济学原理一无所知，也可以通过这种方法为产品确定价格。

（2）计算方便。该种定价方法不需要企业精确地了解边际收益与边际成本的数据，只需要估计平均变动成本、平均固定成本和成本加成率。一般来说，企业在成本方面的不确定因素比在需求方面来得少，因此在确定价格时不需要对需求的微小变化做出判断，因此定价所需要的信息较少，使企业可以节约许多定价成本。

（3）产品价格水平在一定时期内较为稳定。只要市场环境基本稳定，企业产品成本不发生明显的变动，运用成本加成法确定的产品价格就具有相对稳定性，这同样有利于节约企业定价成本。这是因为企业改变产品价格是需要付出代价的。例如，调整价格时，企业就需要重新发布新的价格信息，重新印制价格目录，还可能因此而损失客户。另外，企业如果调整价格，可能引起竞争对手的反应，而这种反应对本企业的影响具有不确定性。因此，能够使价格具有相对稳定性是成本加成定价法的一个重要优点。

（4）能保证企业获得正常利润。该种定价方法是在补偿企业产品全部成本的基础上加上一定程度的利润，所以可以使企业获得正常利润，保证企业生产经营活动的顺利进行。

成本加成法定价法也存在不足，主要表现为：忽视了市场供求和竞争因素的影响，忽略了产品寿命周期的变化，缺乏适应市场变化的灵活性，不利于企业参与竞争，容易掩盖企业经营中非正常费用的支出，不利于企业提高经济效益。

12.2.4 成本加成定价法的扩展

以成本为核心确定产品价格的方法除了成本加成法以外，还可以衍生出目标收益定价

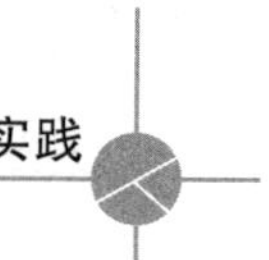

法、边际成本定价法、盈亏平衡定价法等几种具体的定价方法。

（一）目标收益定价法

目标收益定价法也称目标利润定价法，是指以在保证企业的目标收益得以顺利实现的角度出发来确定商品价格及利润水平的定价方法。它是先按照企业的投资总额确定一个目标收益率（即资金利润率），然后按目标收益率计算出目标利润额。最后根据总成本和计划销售量及目标利润额计算出产品价格。其价格确定的基本步骤如下：

（1）确定目标收益率。首先明确要在什么期限里收回全部投资，据此计算目标收益率。计算公式如下：

$$\text{目标收益率}=\frac{\text{总投资额}}{\text{投资回收期}} \tag{12.5}$$

（2）计算目标利润额。公式为：

$$\text{目标利润额}=\text{总投资额}\times\text{目标收益率} \tag{12.6}$$

（3）计算出产品价格。公式为：

$$\text{产品价格}(P)=\frac{\text{总成本}+\text{目标利润}}{\text{预测的销售量}} \tag{12.7}$$

【例题 12－2】某产品预计销售量 2 000 件，固定成本 200 000 元，单位变动成本 40 元，目标利润 80 000 元，试问该产品出厂价格应该定为多少？

解：$P=\frac{200\ 000+40\times 2\ 000+80\ 000}{2\ 000}=180$（元/件）

根据以上计算可知该产品出厂价格应该定为每件 180 元。

目标利润定价法的优点是可以保证企业既定的目标利润，从而实现既定的目标收益率。然而，这种定价方法的缺点主要在于：首先是这种定价方法只考虑了企业自身的利益而没有考虑市场竞争状况和现实的市场需求情况；其次这种定价方法需要预先确定产品销量，然后再确定产品价格，但是，任何产品的销量都是其价格的函数，也就是说，销售量是由价格所决定的。因此，按照这种方法定价，不一定能保证预测销售量的实现。

所以，目标收益定价法一般只适用于市场占有率很高的企业或具有垄断性质的企业。尤为适合大型的提供公共产品的垄断企业。因为这类企业投资额一般很大，业务具有垄断性，而产品又常常关系到公众利益，产品的需求价格弹性较小。政府通常为保证其有一个稳定的收益率，常允许它们采用目标收益进行定价，而政府只对其目标收益率进行限制和规范。

（二）边际成本定价法

从以上分析可以看出成本加成定价的基本方法是依据企业全部总成本进行定价，因此这种定价方法要求企业的每种产品或服务都必须分摊共同成本，要求每种产品的定价都必须能补偿被分摊的共同成本和这种产品的直接成本。然而，分摊共同成本的方案选择会对企业的产品价格产生直接影响，从而也会影响到企业所提供的产品需求量。向一种产品分摊共同成本较少的方案，会导致低定价；而分摊共同成本较多的方案，则会导致高定价。

虽然企业必须补偿其全部成本，但并不是每种产品的价格都必须高到足以补偿被武断分摊的共同成本。特别是当企业生产能力过剩，某种产品面临的生产价格竞争激烈时，过多地分摊共同成本由此导致产品高价格，将最终使企业产品的销售雪上加霜。正确定价的基本要求是，产品价格至少能补偿生产每种产品的边际成本或变动成本。边际成本是指每增加或减少单位产品所引起的总成本变化量。如果企业产品价格即边际收益超过其边际成本，企业提供这种产品就能增加总利润，那么产品的定价就是可行的。边际成本定价法的公式如下：

$$P=MC\times(1+m) \tag{12.8}$$

公式中，MC 为边际成本；m 为成本加成率，其确定方法已在前面进行了说明。

由于边际成本与变动成本比较接近，而变动成本的计算更容易一些，所以在定价实务中多用变动成本替代边际成本，因而将边际成本定价法也称为变动成本定价法。

经济管理实务

加成定价的技巧

朝阳大悦城金逸电影院晚上 22 点以后的电影全部半价，必胜客在下午 12 点至 16 点 30 分之间下午茶中的产品，其价格相比于其他时段要优惠 30%左右。这样一种定价状况，并非是这些企业出于仁慈，想要给消费者更多的福利，而是因为这样的定价可以使企业在非正常经营时段得到更多的利润。

成本加成定价需要考虑在不同的需求和成本条件下使用不同成本加成率。成功使用成本加成定价方法的公司，往往当企业面临的市场状况较好，或处于一种正常的经营状态时，企业会按全部成本加成进行定价。而当企业出现剩余能力或处于非高峰经营时期，则根据边际成本加成进行定价，接受较低的赢利。大悦城金逸电影院晚上 22 点以后的电影全部半价以及必胜客在下午 12 点至 16 点 30 分之间提供的价格折扣就是这种定价技巧的实证。除了因顾客数量变化导致的清洁成本的不同，电影院放映一部电影的成本大多数是固定的，非高峰时期（如晚上 10 点之后）电影半价也许没有补偿全部成本，但却因为价格优惠吸引了额外的顾客由此增加的收入大大增加了电影院的利润。而当高峰时期（如周末、新影片的首映日），电影的票价往往较高，反映了分摊的全部成本。

（三）盈亏平衡定价法

盈亏平衡定价法是运用盈亏平衡原理实行的一种保本定价方法。也就是说，企业的定价目标主要是从收回产品成本的角度出发，它是在保本产销量的基础上制定的价格。

根据盈亏平衡原理，盈亏平衡点产量的计算公式如下：

$$保本产量=\frac{企业固定成本}{单位产品价格-单位产品变动成本}$$

当企业产品产量达到保本产量时，就可实现收支平衡。根据上式由此可推导出保本价格的计算公式：

$$保本价格=\frac{企业固定成本}{总产量}+单位产品变动成本 \tag{12.9}$$

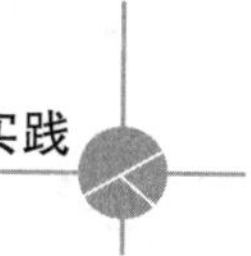

一般来讲，在成本不变的情况下，如果将产品价格定在保本价格以上，企业就可以盈利；如果将产品价格定在保本价格以下，企业则必然出现亏损。很显然，这种定价方法只说明了企业在产量为多少时，什么价格是保证企业不亏本的最低限度。因此，运用该定价方法时，需要结合其他定价方法，对定价结果进行调整优化。

小思考

想一想，如何利用盈亏平衡定价法来确定保证一定利润水平的价格?

假如某企业目标利润为 200 万元，预计的销量为 100 万件，固定成本 600 万元，单位变动成本为 4 元/件，定价多少可以实现目标利润?

12.3　价格歧视

价格歧视（price discrimination）也称为差别定价法，它是垄断企业经常采用的一种定价方法。

12.3.1　价格歧视的定义

所谓价格歧视是指企业出于非成本差异的原因以不同的价格把同一物品或服务卖给不同的顾客。这也就是说，当企业对它所销售的同种产品针对不同的顾客收取不同的价格时，价格歧视就出现了，并且此时的价格差异并非缘于成本的不同。在某些情况下，价格差别是由于企业的生产成本的差别所造成。比如，同样的产品，产品的生产企业距离销售地点越远，产品的运费越高，所以企业向边远地区的顾客收取更高的价格。这时的价格差别并非价格歧视。价格歧视的原因并非成本差别所造成，而是由于企业能够识别出不同消费者的支付意愿，因此企业能够根据消费者的不同支付愿望而实施不同的价格。如同样一部电影，面对学生实施半价，而一般观众则无法享受这种优惠，这时电影院的票价实施的就是价格歧视。

有时候价格歧视是指对成本不同的产品定统一的价格。如很多餐馆的自助餐面对不同的顾客实施统一价格，此时不同的顾客消耗的食品是不同的，但却支付一样的餐费。

这里，需要对经济学中的术语“歧视”有一个正确的认识。在我们的日常生活中，“歧视”是一个贬义词，经常会令人想到性别、种族或年龄等的歧视。但是，实施价格歧视的企业并非出于对不同顾客的偏见，相反，其目的是获取更多的利润。

12.3.2　企业实行价格歧视的原因

企业之所以实施价格歧视其根本的目的是获取更多的超额利润，与此同时对消费者的利益所产生的影响却不固定。以下我们举个简单的例子来说明价格歧视对企业及消费者的影响。

中国著名的旅游景点敦煌莫高窟，对每天的参观人数有一定限制。这是因为如果参观的人数过多，将会对该景点的资源造成损害（如窟中的壁画将可能加速氧化），由此会增加该景点的维护费用。假定根据国家的价格政策，该景点不能实行价格歧视，即对所有的参观者实施单一价格。该景点根据 $MR=MC$，每天售出 200 张门票，此时该景点利润最大化的门票价格为 60 元，假定该景点每天售出 200 张门票的平均成本为 20 元。则该景点每张门票的利润为 60－20＝40（元），每日总利润为 40×200＝8 000（元），即等于图 12－1（a）中的阴影部分长方形的面积。

（一）损害消费者利益的价格歧视

现在假定莫高窟发现平均 200 名参观者中有 50 名是国外观光者，他们对莫高窟中的壁画有特别的兴趣，并且他们相对国内游客有更高的经济能力，因此愿意支付更高的价格。这样，假定莫高窟通过两种价格进行价格歧视：对国外观光者收取 100 元的门票价格，对国内游客收取 60 元的门票价格。

现在计算莫高窟实施该种价格歧视后利润的变化。由于莫高窟仍然卖出 200 张门票，所以其总成本并没有变化。但是，由于其中的 50 名国外观光者的门票价格为 100 元，每张价格提高了 40 元。因此，莫高窟每日将增加利润 40×50＝2 000（元），该部分新增加的利润为图 12－1（b）中深色长方形的面积。这样莫高窟的总利润为 8 000＋2 000＝10 000（元），即图 12－1（b）中浅色阴影长方形面积与深色阴影长方形面积之和。由此可见，通过价格歧视，莫高窟每日的总利润由 8 000 元增加到 10 000 元，即企业的利润增加。

此时，消费者的利益有何变化呢？很显然其中的 50 名国外观光者每人多支付了 40 元，他们总计损失了 40×50＝2 000（元），这 2 000 元转变为企业新增利润。其他 150 名国内游客的利益没有变化。

由以上分析可见，与单一的价格政策相比，企业实施价格歧视，在以上所叙述的情况下，资金从消费者手中转移到了企业手中，企业的利润增加等于消费者的额外付出。

由此可以得出的结论是：当价格歧视提高了某些消费者的消费价格，使之高出消费者在单一价格政策下将要支付的价格时，该价格歧视损害了消费者的利益，而增加了企业的利润。企业增加的利润等于消费者失去的利益。

（二）消费者利益增加的价格歧视

假定莫高窟每日的最大参观人数是 250 人。莫高窟发现每日平均大概有 50 名学生咨询莫高窟的门票价格，这些学生很显然有参观莫高窟的意愿，但是当这些学生得知门票价格为 60 元时，放弃了参观莫高窟，这些学生表示能够接受的门票价格为 30 元。于是，莫高窟制定了新的价格政策：门票价格依然是 60 元，但是学生只要出示学生证就可以获得 30 元的优惠价格，该价格政策的结果见图 12－1（c）。

这时，莫高窟根据最大参观人数针对学生多出售 50 张门票，当然其成本和收入都将改变。每多售出 1 张学生门票，莫高窟会增加收入 30 元，即每张学生门票的边际收益，而增加的成本由图 12－1（c）中的 MC 所给出。因此 30 元的价格与 MC 曲线之间的距离给出了每一张新增学生门票的边际利润，莫高窟总的新增利润就是图 12－1（c）中 GFE

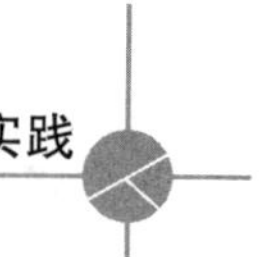

的阴影面积。由此可见，通过这样的价格歧视政策，垄断企业的利润增加。

与此同时，原来的 200 名游客的门票价格不变，所以这些游客的利益没有变化。但是，新的消费者（50 名学生）的利益增加了。因为这些学生在 60 元的价格下，不愿意参观莫高窟，但现在由于价格下降这些学生也愿意参观莫高窟了，企业从中获得了一些收益。由于这种价格歧视没有使任何人的价格提高，所以没有人从中受损。

由此可以得出的结论是：当价格歧视降低了某些消费者的价格，使之低于在单一价格政策下将要支付的价格时，价格歧视使消费者和企业同时受益。

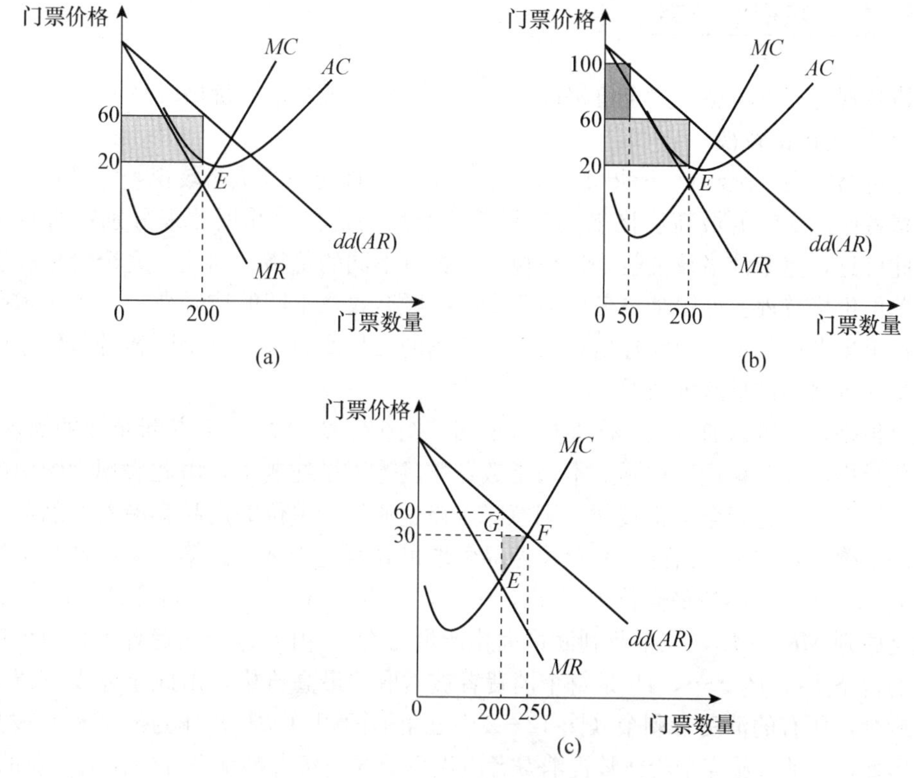

图 12－1　价格歧视

当然，现实中的企业，往往同时采用以上两种价格歧视，即对一部分消费者降低价格，对另一部分消费者提高价格。这时，会使一部分消费者受益，使另一部分消费者受损。但是，无论在何种情况下，企业的利润始终都会增加，这就是企业实施价格歧视的根本原因。

显然，以上所举例的价格歧视就是三级价格歧视。假设莫高窟这 200 张参观门票通过网上在线拍卖售出，很显然，这时莫高窟就能够找出每一个参观者愿意支付的最高价格，因而能够实施完全价格歧视进一步增加企业的利润。这时，所有的消费者剩余都转化为生产者剩余。

类似于以上例子的价格歧视在现实中还有很多，如：许多电影院对儿童、学生和老人收取的电影票价低于普通票价；许多企业会向顾客发放折扣券，向拥有折扣券的顾客收取较低的价格；许多大学对贫困学生提供奖学金，实际上降低了这些贫困学生的学费，等等。这些都是现实经济生活中，企业所实施的价格歧视。

> **小思考**
>
> 什么是价格歧视？寻找你生活中所遇见的价格歧视，并且说明该价格歧视对消费者和企业的影响。

12.3.3 价格歧视的种类

价格歧视有三种类型：完全价格歧视、二级价格歧视和三级价格歧视。

（一）完全价格歧视

完全价格歧视（perfect price discrimination），也称为一级价格歧视，它是指企业根据每个消费者愿意支付的最高价格来制定每单位产品的价格，并据此来分别销售每单位产品。由此可见，完全价格歧视就是每单位产品都有不同的价格。因此，完全价格歧视有时也称为单位价格歧视。如律师事务所对每个委托顾客收取不同的律师费，一个医术高超的医生对每个患者征收不同的医疗费，二手车市场的交易商通过对每个顾客进行估量而制定不同的交易价格等都是这种情况。

完全价格歧视可以通过图 12-2 进行说明。图 12-2 中 D 是某垄断企业的需求曲线，为了简化分析，假定企业的边际成本为常数，并且等于平均成本，由此表现为图中的水平线。如果该企业实施完全价格歧视，则意味着该企业每一单位的产品都沿着产品需求曲线所表明的价格分别定价，由此为每单位产品索取最高可能价格。即第 1 单位产品按最高价 P_1 出售，第 2 单位产品按最高价 P_2 出售，……，第 N 单位产品按最高价 P_N 出售。依据利润最大化原则 $MR=MC$，该企业利润最大化产量为 Q_N。由于每个消费者为每单位产品分别支付的价格 P_1，P_2，…，P_N 是每个消费者被索取的最高价格，由此企业没有留下任何消费者剩余，所有的消费者剩余（图 12-2 中三角形面积 AEP_N）作为经济利润被企业所获取。因此，企业实施完全价格歧视消费者应该享受的消费者剩余全部转换为企业的利润。

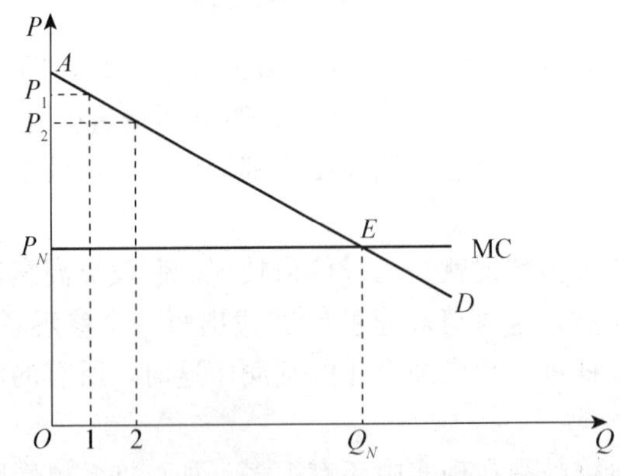

图 12-2　完全价格歧视

完全价格歧视是一种极端的定价方式，企业很少能够实施，因为它要求企业十分了解市场需求和每个消费者的购买意愿，只有这样才能将每一单位产品卖给评价最高、愿意支付最高价格的消费者。这种情况一般是在企业对产品具有高度垄断的情况下发生。当产品或服务的最终价格不是预先固定而是需要通过谈判或投标来确定的市场，企业往往会实施完全价格歧视。

（二）二级价格歧视

二级价格歧视（second-degree price discrimination），也称为数量价格歧视，它是指企业根据不同购买量确定不同的价格。如北京市为了鼓励市民节水，拟实施阶梯式水价，即按四口人家庭计算，每月用水量 12 立方米以内，水价为 2.9 元/立方米，每月用水量 12～16 立方米，水价为 5.8 元/立方米，每月用水量大于 16 立方米，水价为 14.5 元/立方米①。

二级价格歧视可以通过图 12－3 来说明。对每个购买者来说，购买 0 到 Q_1 数量产品的价格为 P_1，购买 Q_1 到 Q_2 数量产品的价格为 P_2，购买产品数量超过 Q_3 则价格为 P_3。

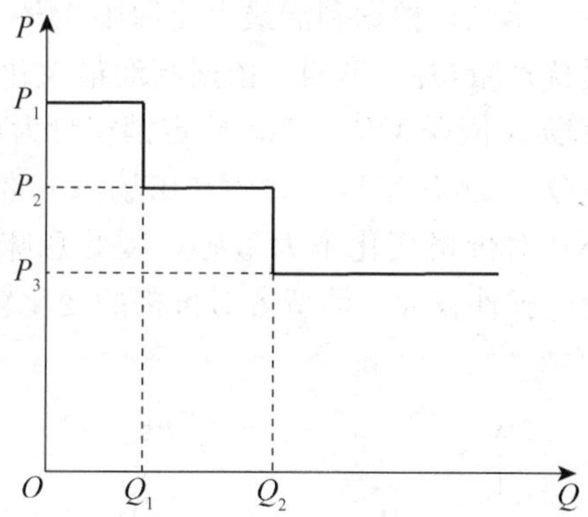

图 12－3　二级价格歧视

二级价格歧视主要用于产品和服务的消费量可以进行测度的情况。如，要实施阶梯式水价，其前提条件是每家每户必须安装计量用水量的水表。因此，诸如电力、煤气、自来水和计算机的使用时间的定价经常采用二级价格歧视。

（三）三级价格歧视

三级价格歧视（third-degree price discrimination），也称为消费者价格歧视，它是指企业对不同市场的不同消费者实行不同的价格。如电力部门对工业用电和居民用电实行不同的价格；北京市 2004 年居民用水每吨 2.9 元，工商业用水每吨 3.9 元，服务业每吨用水 4.6 元②。

显然，实施三级价格歧视要求企业能按需求价格弹性的不同来划分顾客或市场，由于划分出的顾客或市场的需求价格弹性不同，因此，需求价格弹性小的顾客或市场制定较高的价格，可以从高价中获得高额利润；而需求价格弹性较大的顾客或市场制定较低的价格，可以做到薄利多销以此提升企业利润。

通常划分顾客或市场的办法主要有：第一，根据市场的不同地理位置来划分。如图书

①② 京华时报，2004-06-04（A06）.

出版商发行同样的图书，往往在不同国家制定有差别的图书价格，此时不同国家的消费者面对该图书的需求价格弹性不同。第二，根据用途的不同来划分。如自来水的用户可以划分为工业用户和居民用户，往往工业用水相比于居民用水具有更小的需求价格弹性。第三，根据消费者的个人特质来划分。其中年龄是划分市场的一个重要因素。通常电影院划分出学生票和成人票，虽然电影院为学生与成人提供的服务成本是一样的，但学生票价更低的原因在于他们对电影的需求与成人相比，对价格更为敏感，即需求价格弹性更大。

图 12-4 可用来说明三级价格歧视定价法是如何确定利润最大化价格和产量的。假定某企业在两个市场（市场 A 和市场 B）销售产品，且假定市场 A 的需求价格弹性小于市场 B。为了使分析简化，假定两个市场的产品边际成本相等，都是常数 MC。此时，该企业确定价格的程序如下：第一，找出市场 A 和市场 B 的需求曲线 D_1 和 D_2，以及与之对应的边际收益曲线 MR_1 和 MR_2，如图 12-4（a）、图 12-4（b）所示。第二，将两个市场的需求曲线和边际收益曲线水平相加，得出整个市场的总需求曲线 D_T 和总边际收入曲线 MR_T，如图 12-4（c）所示。第三，根据利润最大化原则 $MR_T=MC$，确定企业利润最大化下的均衡点 E 和对应的最优产量 Q_T。第四，依据利润最大化原则分别确定市场 A 和市场 B 的销售量和价格，即市场 A 依据 $MR_1=MC$ 确定销售量为 Q_1、价格为 P_1，市场 B 依据 $MR_2=MC$ 确定销售量为 Q_2、价格为 P_2。显然在市场 A 中价格定得较高，因为该市场消费者的需求价格弹性较小，对价格变化不太敏感，因此意味着企业可以制定较高的价格；反之，市场 B 的需求价格弹性较大，消费者对价格的变化较敏感，因此利润最大化价格较低。

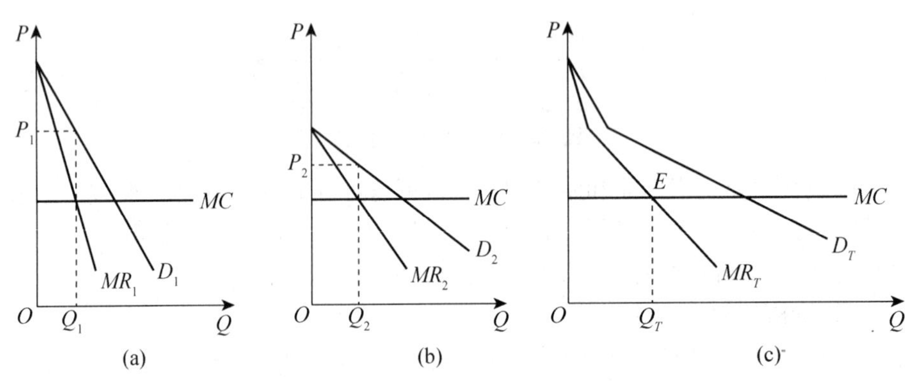

图 12-4　三级价格歧视

> **小思考**
>
> 找出现实中不同类型价格歧视的实例，并说明其定价的原理。

【例题 12-3】 某企业在两个市场推销产品，其生产的边际成本与平均成本相等并且是常数等于 20 元/件。这两个市场的需求曲线分别为 $P_1=140-20Q$，$P_2=100-10Q$。(1) 请用三级价格歧视定价法，确定该企业在每个市场的利润最大化价格和销售量？(2) 用计算说明企业实行价格歧视的利润要高于统一定价。

解：(1) 市场 1 的总收益曲线和边际收益曲线方程为：

$$TR_1=P_1\cdot Q_1=140Q_1-20Q_1^2,\ MR_1=\frac{dTR_1}{dQ_1}=140-40Q_1$$

市场 2 的总收益曲线和边际收益曲线方程为：

$$TR_2=P_2\cdot Q_2=100Q_2-10Q_2^2,\ MR_2=\frac{dTR_2}{dQ_2}=100-20Q_2$$

如果实行价格歧视，则每个市场依据利润最大化原则 $MR_1=MR_2=MC$，分别确定其销售量：

$$MR_1=MC,\quad 140-40Q_1=20,\quad 得:Q_1=3$$
$$MR_2=MC,\quad 100-20Q_2=20,\quad 得:Q_2=4$$

将市场 1 和市场 2 的利润最大化产量 Q_1 和 Q_2 分别代入这两个市场的需求曲线方程，由此得到这两个市场的最优产品定价：

$$P_1=140-20\times3=80(元),\quad P_2=100-10\times4=60(元)$$

由此可以求取这两个市场的利润：

$$\pi_1=3\times80-3\times20=180(万元),\quad \pi_2=4\times60-4\times20=160(万元)$$

因此实行三级价格歧视该企业得到的利润总额为：

$$\pi=\pi_1+\pi_2=340(万元)$$

(2) 如果不实行三级价格歧视，则两个市场实行统一价格。因此先求出该企业的总需求曲线方程：

$$Q_1=7-\frac{1}{20}P_1,\quad Q_2=10-\frac{1}{10}P_2,\quad Q=Q_1+Q_2=17-\frac{3}{20}P$$

根据总需求曲线方程求出企业的总边际收益曲线方程：

$$P=\frac{340}{3}-\frac{20}{3}Q,\quad TR=P\cdot Q=\frac{340}{3}Q-\frac{20}{3}Q^2,\quad MR=\frac{dTR}{dQ}=\frac{340}{3}-\frac{40}{3}Q$$

使边际收益等于边际成本，得出企业的最大利润销售量：

$$\frac{340}{3}-\frac{40}{3}Q=20,\quad Q=7$$

将 $Q=7$ 代入总需求曲线方程，求出企业的产品定价：

$$P=\frac{340}{3}-\frac{20}{3}\times7=66\frac{2}{3}(元)$$

因此，如果实行统一定价企业的利润为：

$$\pi=66\frac{2}{3}\times7-20\times7=326\frac{2}{3}(万元)$$

前面已经计算出实行价格歧视的总利润为 340 万元，这说明实行价格歧视相比于统一定价企业能够得到更多的利润。

12.3.4 实行价格歧视的条件

显然，价格歧视可以增加企业的利润，因此，每个企业都希望能够实行价格歧视，但是并非所有的企业都能够做到这一点。要成功地实现价格歧视，必须满足以下条件。

（一）企业必须对价格有一定的控制力

如果企业不能控制价格，也就不能对不同的购买者以不同的价格销售同一种商品。这也就是说，价格歧视要求企业必须有一条向右下方倾斜的曲线。完全竞争企业的需求曲线是一条水平线，这意味着完全竞争企业只要稍微提高价格，它的消费者就会转而购买其他企业以市场价格销售的同质产品，所以，完全竞争企业是不能实行价格歧视的。这就是为什么在小麦、大豆等完全竞争市场不存在价格歧视的原因。而垄断企业的需求曲线是向右下方倾斜的，这意味着垄断企业即使对某些消费者提高价格，这些消费者也不会放弃消费。如图 12-1（b）中向右下方倾斜的需求曲线显示，当莫高窟的门票数量为 200 时，游客能够接受的门票价格为 60 元，但是如果门票价格提高到 100 元，依然有 50 名游客愿意接受这个价格。

（二）企业必须能够区分不同消费者的支付意愿

正因为不同消费者的支付意愿存在差异，所以不同的消费者才可能接受不同的价格。比如，电影院往往将票价分成学生票和普通票，其原因在于学生由于没有经济收入因此对电影票的支付意愿低，电影院只能对学生提供更低的票价，否则将会丧失这一部分观众。即使在一般的电影观众中，其支付意愿也有很大不同，有的观众收入较高，需求价格弹性较小，不在乎高的票价，有的观众收入较低，需求价格弹性很大，为了赢得这一部分收入较低的观众，北京市 50 家影院开始实行星期二半价日政策。大学向贫困生发放奖学金的制度，其根本原因也在于：富有的学生钱多支付意愿比贫困学生高，因此大学通过收取高学费并有选择地提供奖学金，这样，既使富有的学生交了高学费，同时又通过奖学金将贫困学生留在了学校。

由此可见，价格歧视就意味着对不同的消费者的支付意愿制定不同的价格，因此，这就要求必须了解不同的消费者愿意支付的价格是多少。然而，要判定不同消费者的支付意愿是非常困难的，企业往往通过间接方式如私下的仔细观察来识别消费者的不同支付意愿。

比如，航空公司的价格歧视通常是将机票分为全额票和打折票两种，全额票在任何时间都可买到，但打折票只能预先购买，并有一些起飞时间的限制。按照人们通常的理解，似乎所有的乘客都会去购买价格更低的打折票，但是实际上打折票的预先购买和其他限制有效地排除了大多数商务乘客。因为典型的商务乘客通常在临时接到通知的情况下安排飞行计划，而普通的旅游者或度假者等非商务乘客，通常有更灵活的时间表，可能在数周或数月前就提前做好了计划。由此可见，商务乘客的需求价格弹性要小于非商务乘客的需求价格弹性，如果机票价格上涨，只有很少的商务乘客会停止乘坐飞机，但较高的票价会使非商务乘客放弃乘坐飞机。因此，航空公司对那些提前几周订票并满足其他条件的非商务

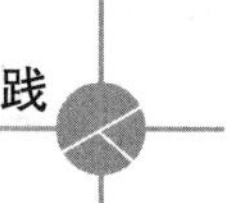

乘客给予降低价格的折扣票，对那些在最后时刻订票的商务乘客收取较高价格的全额票。结果航空公司就能以差别很大的价格把实质上相同的同一产品（乘飞机）销售给不同的消费者。事实上，航空公司通过预订机票的时间长短和其他限制条件，对打折票实行数量不同的折扣，从而能够对乘客实行更彻底的歧视。

以上所举例子是航空公司区分不同消费者支付意愿的方法，不同行业区分不同消费者支付意愿的方法还有很多，如电力行业通过把工业电网与居民电网分开由此实行工业用电和居民用电的价格歧视，电影院及许多旅游景点通过学生证及老年证等将票价区分为学生及老年优惠票和普通票，等等。总之，要实行价格歧视，必须区分不同消费者的支付意愿，从而可以有效地将不同市场之间或市场的各部分之间区分开来，否则是无法实行价格歧视的。如在上面的例子中我们曾提到北京市的阶梯水价政策，北京市曾计划 2004 年 7 月 1 日起实行阶梯式水价，但由于北京市目前尚有 30 万户居民没有实现一表一户，因此无法精确计量每户居民实际用水量，所以，北京市阶梯式水价的计划至今无法实施。

案例评析

蟹岛客房"爱国价"内外有别

中国网 2005 年 10 月 13 日据今日信息报报道："十一"期间，就在别的度假村纷纷调高房价的时候，国内首家私密型欧式酒店——蟹岛度假村 A 座商务酒店正式开业后却推出了 100 元住宿的低价。但又明确告知：中国人住宿只需 100 元人民币，外籍人士却需 100 美元。这种内外有别的"爱国价"，让很多外国人表示不理解，觉得受到了不公平待遇。"爱国价"推出时间不长就"逼"走了二百多位外国人。目前只剩下两位为了"感觉"宁愿花"大价钱"的外国人。

据记者了解，赶在"十一"开业的 A 座商务酒店是蟹岛新建成的国内首家私密型欧式客房酒店，330 个客房中除了 30 间是中国传统标准间外，其余 300 间都是只针对个人的单间。因为一人一间客房比较人性化，很符合外籍人士注意保护自己隐私的性格特点，所以在"十一"前 80%的房间就已经被外籍人士预定了。事实上，在得知蟹岛度假村"中国人只需 100 元，外籍人士却要 100 美元"的"怪"规定后，纷纷选择了"撤单"，"我们明显受到了不公正的待遇，为什么我们就不能享受一样的房价？这里有 13 个会议室，很好，但我们拒绝在这里开会！"

蟹岛度假村内外有别的"爱国价"就是一种价格歧视，"爱国价"虽然没错，据此可以增加企业利润，同时也没有违反相关法律规定（据国家旅游局称，目前我国还没有针对国籍不一样定价不同的相关规定），但酒店应该拿出一个合理的理由，否则同样的住宿条件只因为国别不同就差异性收费，有歧视性待遇之嫌。显然，蟹岛度假村高估了外籍人士的支付意愿，因此，这样的价格歧视是无法成功实施的。

（三）企业应该能够阻止套利的情况出现

所谓套利是指在一个市场上以低价格购买一种物品，而在另一市场上以高价出售，目的是从价格差中获利。由于实行价格歧视就意味着不同消费者承受的价格有高低之差，如果低价格的消费者将同样的商品转手再卖给高价格的消费者，此时，企业就无法获取实行价格歧视所产生的超额利润，因此，垄断企业实行价格歧视的前提条件之一就是企业必须能够阻止低价格的消费者转手再卖给高价格的消费者。服务由于具有个性化，所以很容易阻止服务的转售，如医生、律师、教师等针对不同的顾客收取不同的价格，而不用担心所提供的服务转售给别人。然而，要阻止有形商品的转售是非常困难的。如，面对航空公司的价格歧视，某些中介公司以低价格提前订票，然后向商务乘客兜售手中的票。为了制止这种情况的出现，航空公司往往对打折票有其他的限制条件，并且在订票及出票时要求输入乘客的身份证号码。还有许多跨国公司在销往两个不同国家的产品上使用不同的标记，并拒绝向在原销售地以外销售的商品提供任何服务和信誉担保。

由以上的分析可见，价格歧视有可能增加也有可能减少消费者的利益，但它肯定能增加企业的利润，所以，企业只要能区分不同消费者的不同支付意愿，并能够阻止套利的情况发生，那么，企业就一定会依据价格歧视方法来对产品定价。

12.4 多种产品定价法

以上我们讨论的是单一独立产品的定价问题。实际上，很少有企业只生产一种产品，而且企业如果生产多种产品，其产品相互之间也常常会呈现一定的关联性，如宝洁公司生产的洗发水品牌就包括飘柔、潘婷、海飞丝、沙宣、伊卡璐等，显然这 4 种品牌的洗发水具有竞争关系，在消费者心目中它们在一定程度上可以相互替代，而且宝洁公司也可能是用同一设施生产这 4 种品牌的洗发水，因此如何给这些关联产品定价呢？本节将讨论多种并呈现关联关系的产品定价的经济学原理及具体方法。

12.4.1 在需求上相互关联的产品定价

在需求上相互关联的产品或者是替代品，或者是互补品。替代品是相互之间可以替代的产品，它们相互之间存在竞争关系。因此，对替代品而言，一种产品涨价就会使另一种产品的需求增加。互补品是相互之间互相补充的商品，如汽车与汽油、面包与果酱。对互补品而言，其中一种产品涨价会使另一种产品的需求减少，如汽车价格上升会导致汽油的需求减少。因此企业在对产品定价时，要求将产品在需求上的关联关系考虑进去，不应孤立地规定其中一种产品的价格，而是必须考虑一种产品的价格对企业生产的另一种产品需求的影响。此时企业的定价目标不是某一种产品的利润最大化，而应该是所有关联产品的总利润即企业总利润最大化。

当产品在需求上相互关联时，依然可以依据利润最大化原则来进行价格决策。假定企业只生产 X 和 Y 两种产品，并假定这两种产品在需求上相互关联，即 X 的销售量会影响 Y 的需求；反之亦然。因此这两种产品的边际收益可以通过以下公式表示：

$$MR_X=\frac{\partial TR}{\partial Q_X}=\frac{\partial TR_X}{\partial Q_X}+\frac{\partial TR_Y}{\partial Q_X} \tag{12.10}$$

$$MR_Y=\frac{\partial TR}{\partial Q_Y}=\frac{\partial TR_Y}{\partial Q_Y}+\frac{\partial TR_X}{\partial Q_Y} \tag{12.11}$$

公式（12.10）表示产品 X 的销售量变化会引起 X 和 Y 产品收入的变化，其中$\frac{\partial TR_X}{\partial Q_X}$表示增加 1 单位 X 产品的销售量而引起的产品 X 的收入变化；$\frac{\partial TR_Y}{\partial Q_X}$表示因为 X 产品增加 1 单位的销售量而引起的 Y 产品销售收入的变化，该部分收入实际上反映了 X 和 Y 产品在需求上的关联关系。

公式（12.11）表示产品 Y 的销售量变化会引起 X 和 Y 产品收入的变化，其中$\frac{\partial TR_Y}{\partial Q_Y}$表示增加 1 单位 Y 产品的销售量而引起的产品 Y 的收入变化；$\frac{\partial TR_X}{\partial Q_Y}$表示因为 Y 产品增加 1 单位的销售量而引起的 X 产品销售收入的变化，该部分收入实际上反映了 Y 和 X 产品在需求上的关联关系。

显然$\frac{\partial TR_Y}{\partial Q_X}$和$\frac{\partial TR_X}{\partial Q_Y}$这两部分的收入变化表示出了 X 和 Y 产品相互之间的关联程度，其大小取决于 X 和 Y 产品之间的关联性质。如果 X 和 Y 产品是互补产品，则$\frac{\partial TR_Y}{\partial Q_X}$和$\frac{\partial TR_X}{\partial Q_Y}$这两部分为正值，即一种产品销售量的增加会使另一种产品的销售量增加；反之，如果 X 和 Y 产品是替代产品，则$\frac{\partial TR_Y}{\partial Q_X}$和$\frac{\partial TR_X}{\partial Q_Y}$这两部分为负值，即一种产品销售量的增加会使另一种产品的销售量减少。

由以上分析可见，为了确定最优的价格和产量决策，企业必须考虑产品需求之间的关联性。假定产品 X 和 Y 为互补产品，在确定产品 X 的利润最大化产量和价格时，如果不考虑 X 产品销售量对 Y 产品需求的影响，则只需要根据$\frac{\partial TR_X}{\partial Q_X}$等于生产 X 的边际成本 MC_X进行决策，确定 X 产品的产量。但是，从公式（12.10）可以看到，X 产品的销售量增加 1 单位还会使 Y 产品的收入增加$\frac{\partial TR_Y}{\partial Q_X}$。因此，如果把产品 X 和 Y 在需求上的关联性考虑进去，利润最大化下的 X 产品应该生产的更多，即根据以下公式进行最优产量和价格决策：

$$\frac{\partial TR_X}{\partial Q_X}+\frac{\partial TR_Y}{\partial Q_X}=MC_X \tag{12.12}$$

上式中 MC_X是企业增加 1 单位 X 产品的产量而增加的成本。

根据公式（12.12）也可以看出，如果 X 和 Y 产品是替代产品，则$\frac{\partial TR_Y}{\partial Q_X}$为负值，因此考虑 X 和 Y 产品在需求上的关联关系的最优产量要小于不考虑需求上的关联性的最优产量。反之，如果 X 和 Y 产品是互补产品，则$\frac{\partial TR_Y}{\partial Q_X}$为正值，因此考虑 X 和 Y 产品在需求上的关联关系的最优产量要大于不考虑需求上的关联性的最优产量。

同理，Y 产品的利润最大化的产量和价格决策的公式为：

$$\frac{\partial TR_Y}{\partial Q_Y}+\frac{\partial TR_X}{\partial Q_Y}=MC_Y \tag{12.13}$$

上式中 MC_Y 是企业增加 1 单位 Y 产品的产量而增加的成本。

小思考

寻找现实中的互补产品和替代产品，并观察它们的定价规律。

【例题 12-4】 某企业生产两种关联产品 A 和 B，这两种产品对消费者而言是替代产品，其边际成本分别为 80 元和 60 元，其需求曲线分别为 $P_A=200-2Q_A-2Q_B$ 和 $P_B=160-Q_B$。现要求对 A、B 产品进行定价决策。

解： 该企业的总销售收入为：

$$TR=TR_A+TR_B=P_A\cdot Q_A+P_B\cdot Q_B=200Q_A-2Q_A^2-2Q_AQ_B+160Q_B-Q_B^2$$

据此求出 A、B 两种产品的边际收益为：

$$MR_A=\frac{\partial TR}{\partial Q_A}=200-4Q_A-2Q_B$$

$$MR_B=\frac{\partial TR}{\partial Q_B}=160-2Q_A-2Q_B$$

根据利润最大化原则得到以下方程组：

$$200-4Q_A-2Q_B=80$$
$$160-2Q_A-2Q_B=60$$

解以上方程组，得：

$$Q_A=10,Q_B=40$$

代入 A、B 产品的需求曲线，得：

$$P_A=200-2\times10-2\times40=100,P_B=160-40=120(\text{元})$$

结论：为了使企业利润达到最大，应把产品 A、B 的销售量分别定在 10 个和 40 个单位，把 A、B 产品的价格分别定为 100 元和 120 元。

12.4.2 在生产上相互关联的产品定价

企业生产的多种产品之间在生产过程中也可能会呈现出相互的关联性，这种关联性有的以固定的比率表现出来，也就是生产一单位某种产品的同时生产出了某一固定单位的另一种产品。例如一只鸡可以提供一定量的鸡肉和两只鸡翅、两只鸡腿，一只羊可以提供相应的羊肉、羊皮和羊毛，酿酒过程中同时生产出原酒、酒糟和蒸汽等；有的以可变的比率

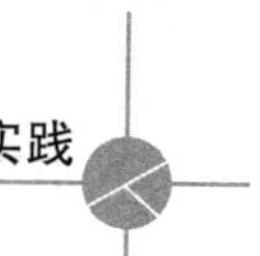

表现出来，也就是生产一单位某种产品的同时可以得到另一种产品的数量是不固定的。例如，石油冶炼过程中，汽油、柴油、燃料油和其他产品是以变动比例生产出来的。面对以上所述情况，企业应该如何给产品定价呢？

（一）以固定比例生产的关联产品定价

如果产品是按固定比例生产出来，则生产出来的关联产品可以看成是一个“产品组”，在生产的过程中，无法只生产该产品组的某一种产品而不生产另一部分，例如屠宰一头牛得到一定量的牛肉的同时还得到一张牛皮。由这样的生产特性可知，这样的产品组生产出来是无法将生产成本在牛肉和牛皮中进行分摊的，所以在图 12－5 中，产品组的边际成本只有一条为 MC。但是产品组中的关联产品（如牛肉和牛皮）的需求是独立的，所以它们应该有各自的需求曲线，图 12－5 中的 D_A、D_B分别表示牛肉和牛皮的需求曲线。根据需求曲线可以分别得到牛肉和牛皮的边际收益曲线 MR_A、MR_B。由于屠宰一头牛所得到的牛肉和牛皮都可以销售，因此销售该产品组的边际收益应该是这两种产品边际收益之和，在图 12－5 中就表现为把 MR_A、MR_B曲线进行垂直方向相加，得到该产品组总边际收益曲线 MR_T。无论如何，企业都不会使某种边际收益曲线为负值，因此 MR_B为零后，总边际收益曲线 MR_T就与 MR_A重合。至此就可以依据利润最大化原则 $MR=MC$，对该产品组中的关联产品进行产量和价格决策。

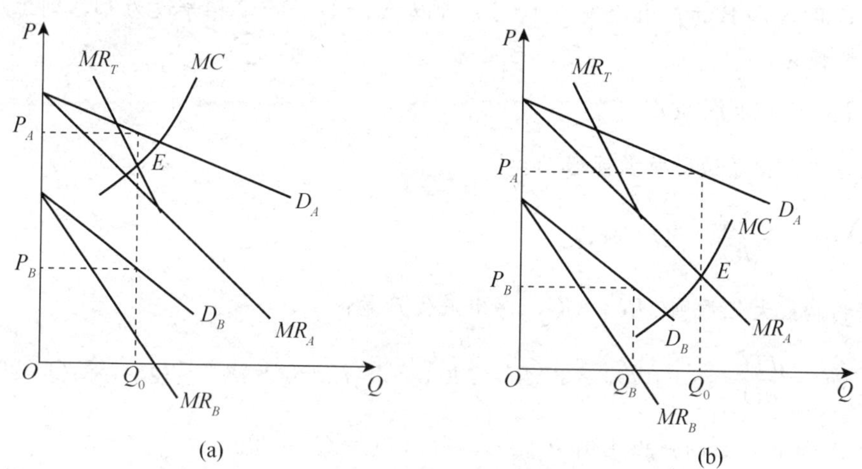

图 12－5　以固定比例生产的关联产品定价法

在图 12－5（a）中，根据 $MR=MC$，得到均衡点 E，由此确定产品组最优产量为 Q_0，对应的 A 产品（牛肉）的价格为 P_A，B 产品（牛皮）的价格为 P_B。

在图 12－5（b）中，边际成本水平要低于图（a）中的边际成本水平，根据利润最大化原则 $MR=MC$，得到均衡点 E，由此所确定的最优产量 Q_0，会导致 B 产品（牛皮）的边际收益 MR_B为负值，这意味在该产量下会导致牛皮的销售收入减少，企业是永远也不能在边际收益为负值的产量上生产的，因此 Q_0的产量不应是牛皮的最优产量，而仅是牛肉的最优产量。但是牛肉和牛皮这两种产品是关联产品，如果要使牛皮的边际收益为正，就意味着要减少边际收入为正的牛肉的产量。此时，产品 B 的产销量应该确定在其边际收益为零的水平，即 B 产品（牛皮）的产销量应该为 Q_B，其对应价格为 P_B，A 产品（牛肉）的产量为 Q_0，其价格为 P_A。但是，A 和 B 是以固定比例生产出来的关联产品，如果 A 的产量定为 Q_0，也许可能导致同时生产出来的 B 产品的产量大于 Q_B，此时为了不使产品 B 的过大产销量对企业利润产生消极影响，企业必须把大于 Q_B 的 B 产品销毁。

由以上分析可以得出结论：对以固定比例生产的关联产品，应增加产量直到产品组的边际收入等于产品组的边际成本，并据此确定产品组的价格。

【例题 12－5】 假定某企业同时可以生产出关联产品 A 和 B，且产出比例为 1∶1，这两种产品的需求函数分别为：$P_A=272-2Q_A$，$P_B=200-Q_B$。企业生产这两种关联产品的总成本函数为 $TC=450+8Q+5Q^2$。请问：A、B 产品的价格和产量应该定为多少？

解： 根据 A、B 产品的需求函数可以求出这两种产品的边际收益函数：

$$TR_A=P_A\cdot Q_A=272Q_A-2Q_A^2,\quad MR_A=\frac{dTR_A}{dQ_A}=272-4Q_A$$

$$TR_B=P_B\cdot Q_B=200Q_B-Q_B^2,\quad MR_B=\frac{dTR_B}{dQ_B}=200-2Q_B$$

企业全部销售收入函数可以将 A、B 产品的全部销售收入函数相加而得到：

$$TR_T=TR_A+TR_B=272Q_A-2Q_A^2+200Q_B-Q_B^2$$

由于产品 A 和 B 的产出比例为 1∶1，所以 A 和 B 的产量相等设为 Q，则上述总收益函数可以变换为：

$$TR_T=472Q-3Q^2$$

据此可以求出总边际收益函数为：

$$MR_T=\frac{dTR_T}{dQ}=472-6Q$$

根据利润最大化原则 $MR=MC$，得出最优产量：

$$MC=\frac{dTC}{dQ}=8+10Q,\quad \because MR=MC,\quad \therefore 472-6Q=8+10Q,\quad 得:Q=29。$$

由于 A 和 B 产品的产出比例为 1∶1，所以 $Q_A=Q_B=29$。

以上确定的产量是否可行需要代入 A 和 B 产品的边际收益函数之中，验证在该产量上 A 和 B 产品的边际收益是否为正值：

$$MR_A=272-4Q_A=272-4\times29=156(元)$$
$$MR_B=200-2Q_B=200-2\times29=142(元)$$

由上可见两者均为正值，因此 $Q=29$ 的产量为利润最大化产量。将该产量代入 A、B 产品的需求函数中求得这两种产品的价格：

$$P_A=272-2Q_A=272-2\times29=214(元)$$
$$P_B=200-Q_B=200-29=171(元)$$

(二) 以变动比例生产的关联产品定价

企业同时生产出来的关联产品的内在比例可能是可以变更的，如炼油生产中，汽油、

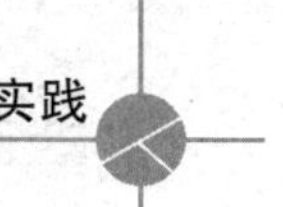

柴油之间的产出比例，造纸生产中高档纸和低档纸之间的产出比例，猪肉生产中瘦肉和肥肉之间的产出比例等经常会发生变化。为了简化分析，我们假定：第一，在一定产出范围内生产出来的关联产品的价格保持常数；第二，关联产品有两种 A 和 B，且其产出的比例可以变化，但是企业生产它们的总成本保持常数，但单位平均成本是可变的。以下用图 12-6 说明以变动比例生产的关联产品的价格与产量决策。

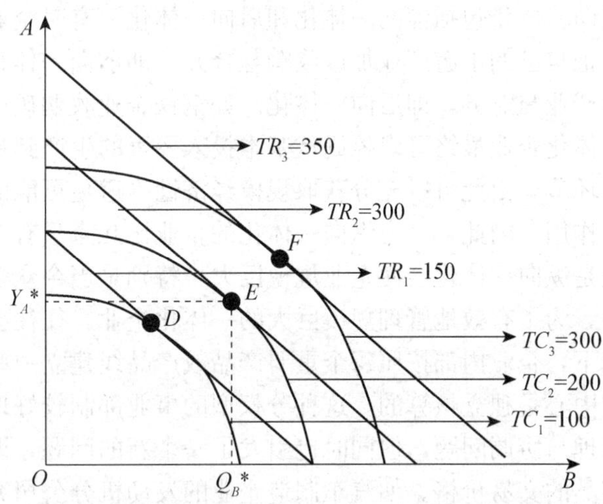

图 12-6　按变动比例生产的关联产品的价格和产量决策

在图 12-6 中，纵横轴分别代表关联产品 A 和 B 的产量。三条凹向原点的曲线 *TC* 代表企业生产关联产品 A 和 B 的三种总成本支出水平，该总成本曲线的特征为：在同一条总成本曲线上各点总成本相等，表明用同一生产资源可以生产出不同比例的 A、B 产品组合；总成本曲线凹向原点而并非直线，则意味着这两种关联产品的单位平均成本是可变的。在实际生产中，由于关联产品是同时生产出来的，所以生产它们所发生的共同成本是无法分摊的，例如牛的饲养成本就无法分摊到牛皮和牛肉的生产过程中，只有那些明确属于某种具体关联产品成本（诸如牛皮的制革成本和牛肉的冷藏成本）才能分摊。由此可见，当关联产品以可变比例生产出来，其平均成本一定并非常数，所以总成本曲线表现为非线性的。图 12-6 中的三条总收益（*TR*）曲线为直线，表明关联产品 A、B 的价格为常数，其总收益曲线的方程为：$TR=P_AQ_A+P_BQ_B$。对于一条既定的总成本曲线，它与某条总收益曲线的切点就是这种成本支出水平所能达到的最大收益，由此决定最大利润下的 A、B 产品的组合产量。例如，图 12-6 中的 D 点为总成本水平为 100 的总成本曲线与总收益为 150 的总收益曲线的切点，表明该点的 A、B 产量组合在收益为 150、成本为 100 水平上利润最大为 50（=150−100）。同理，E 点的 A、B 产量组合表明总收益为 300、总成本为 200 水平下的最大利润为 100（=300−200），F 点的 A、B 产量组合表明总收益为 350、总成本为 300 水平下的最大利润为 50（=350−300）。假定该企业生产 A、B 关联产品只有这 3 种选择，显然，企业应该按 E 点的产量组合进行关联产品的生产，即 A 产品生产 Q_A^*、B 产品生产 Q_B^*。在上述分析中，两种关联产品的价格是由完全竞争市场所决定，是外生既定的。

12.5 转移定价

在当今经济时代，企业为了提升自身的竞争实力，不断地通过横向和纵向一体化战略扩张规模。其中的纵向一体化包括前向一体化和后向一体化。有时企业为了扩大其经营业务或控制销售渠道，把自己的下游产业加以收购与合并，即前向一体化。企业也可通过收买或合并自己的上游产业与业务，即后向一体化。如钢铁企业收购矿山、用自己的船运送矿石等。通过纵向一体化企业最终可以控制从基本投入要素的生产到最终产品的生产与销售整个生产链的各个环节，由此可以充分获取规模经济性、避免可能的供应中断和发挥生产过程各方面的互补作用。因此，一家纵向一体化的企业比几家只有一个生产阶段的大企业可能更有效率。但是纵向一体化会使企业规模巨大，特别是当今众多的跨国企业的纵向一体化已经伸向国外，为了有效地管理规模巨大的一体化企业，往往会实行事业部制的组织结构。在这种制度下，企业内部按照每个重要产品或产品线建立一些独立的规模较小的利润中心，这些利润中心是独立核算的。这种分权型的事业部制较好地解决了规模巨大的一体化企业内部的管理与协调问题，但同时也引发了一个新的问题，即如何合理确定事业部之间转移的中间产品的交易价格。如汽车制造企业的发动机分公司究竟应以怎样的价格将其发动机产品提供给总装分公司？中间产品的转移价格的合理确定之所以重要，其原因主要是：第一，中间产品转移价格水平影响进行交易的两个事业部的产量决策，由此也就影响到整个企业的产量。如果中间产品的转移价格制定得不合理，整个企业就无法按照最佳产量进行生产；第二，中间产品转移价格水平影响进行交易的两个事业部的利润水平，如果价格制定得不合理，不仅会影响到相关事业部的员工积极性，甚至会威胁到事业部或企业的生存与发展。

以下我们就来讨论中间产品的转移定价问题。为了简化分析，假定企业包括两个事业部：一个是生产事业部，它提供中间产品；另一个是销售事业部，它向生产事业部购买中间产品，完成最终产品的生产并进行销售。而且一单位中间产品只能生产一单位的最终产品。

12.5.1 无外部市场条件下的转移价格确定

无外部市场的情况是指生产事业部提供的中间产品无法到企业外部销售，只能出售给企业内部的销售事业部；同样销售事业部由于没有外部市场，也只能向企业内的生产事业部购买中间产品。在这种情况下，中间产品定高价则对生产事业部有利，中间产品定低价则对销售事业部有利，因此企业的高层管理者必须做出价格决策，其目标是使一体化的联合企业利润达到最大。这种情况下的中间产品转移价格的确定可以用图 12－7 来说明。

在图 12－7 中，D_A和MR_A分别为销售事业部的需求曲线和边际收益曲线，它们其实也就是整个企业的需求曲线和边际收益曲线。MC_A和MC_B分别为销售事业部和生产事业部的边际成本曲线，二者在垂直方向上的加总就得出企业的总边际成本曲线 MC，即

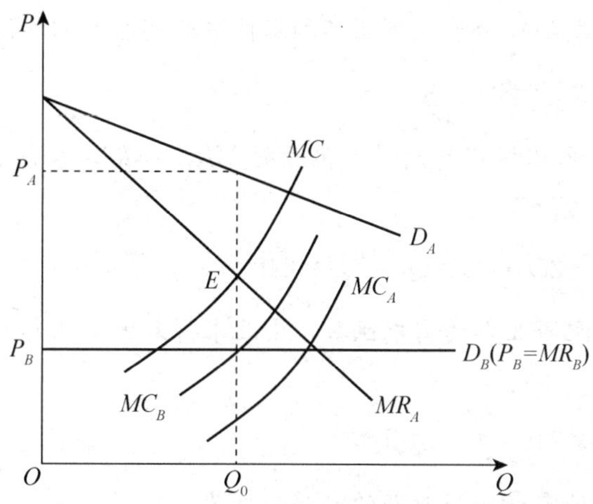

图 12－7　无外部市场的中间产品转移价格的确定

$MC=MC_A+MC_B$。依据利润最大化原则边际收益等于边际成本，即 $MR_A=MC$，确定企业的均衡点为 E，由此确定企业利润最大化下的产量为 Q_0。根据最佳产量 Q_0，通过销售事业部的需求曲线确定企业的最终产品的利润最大化价格为 P_A。由于假定中间产品与最终产品的投入产出比例为 1∶1，因此生产事业部的中间产品的最佳产量也应该为 Q_0。生产事业部是为销售事业部的生产服务的，因此，生产事业部的中间产品的价格不可能随着中间产品的产销量的变化而变化。这样，生产事业部的需求曲线就是一条水平线，即 D_B，同时它也是生产事业部的边际收益曲线。对生产事业部而言，要使其产量达到 Q_0，在利润最大化原则指导之下，其提供的中间产品的价格必须与其边际成本相等，即 $P_B=MC_B$。因此，生产事业部的需求曲线 D_B 的位置是由中间产品产量 Q_0 时的生产事业部的边际成本水平 MC_B 决定的。

由此可见，在不存在外部市场时，中间产品的最佳转移价格由企业实现利润最大化时中间产品生产事业部的边际成本所决定。也就是说在最大利润产量水平上的各中间产品事业部的边际成本就是各中间产品的最优转移价格。

【例题 12－6】 某电子企业的零件事业部生产一种零件 X 只能出售给本企业的装配事业部，后者通过自己的生产将零件 X 装配成产成品 Y（假定一件产成品 Y 需要一个零部件 X），并出售给外部市场。已知外部市场对该企业的产品 Y 的需求曲线为：$P_Y=2\,000-3Q_Y$，装配事业部的总成本函数（不包括零件成本）为：$TC_Y=1\,000+2Q_Y$，零件事业部的总成本函数为：$TC_X=4\,000+6Q_X+Q_X^2$。请确定能使这两个事业部利润最大化的产量及其价格水平。

解： 装配事业部的总收益函数及其边际收益为：

$$TR_Y=P_Y\cdot Q_Y=2\,000Q_Y-3Q_Y^2,\quad MR_Y=\frac{dTR_Y}{dQ_Y}=2\,000-6Q_Y$$

装配事业部和零部件事业部的边际成本函数分别为：

$$MC_Y=\frac{dTC_Y}{dQ_Y}=2,\quad MC_X=\frac{dTC_X}{dQ_X}=6+2Q_X$$

因此，该企业的成本函数由装配事业部和零件事业部垂直相加得：

$$MC=MC_Y+MC_X=8+2Q_X$$

因为 $Q_X=Q_Y=Q$，所以根据利润最大化原则 $MR_Y=MC$，求得该企业装配事业部及零部件事业部的最优产量为：

$$2\,000-6Q=8+2Q,\quad Q=Q_X=Q_Y=249$$

将以上产量代入装配事业部的需求函数，由此求得装配事业部面向外部市场的利润最大化下的价格：

$$P_Y=2\,000-3\times 249=1\,253(\text{元})$$

企业利润最大化下的零部件事业部的转移价格为：

$$P_X=MC_X=6+2\times 249=504(\text{元})$$

结论：通过以上计算我们得出该企业利润最大化下产成品及其零部件的产量为 249 单位，其产成品的价格为 1 253 元，零部件的转移价格为 504 元。

12.5.2 有完全竞争外部市场条件下的转移价格确定

有完全竞争外部市场的情况，是指生产事业部生产出来的中间产品既可以出售给本企业的销售事业部，也可以卖给外部市场，而且外部市场是完全竞争市场；同样销售事业部所需要的中间产品既可以从本企业的生产部获取，也可以从外部的完全竞争市场购买。

由于外部市场是完全竞争市场，企业就不存在价格决策问题。生产事业部就像一家完全竞争企业，面临一条由市场确定价格的水平需求曲线，其中间产品的价格就由完全竞争市场上的价格来决定，如果生产事业部的中间产品的价格高于市场价格，销售事业部就会到外部市场从其他企业购买所需产品。同样，如果销售事业部不愿以市场价格购买生产事业部的中间产品，生产事业部会将其产品向外部市场出售。

在这种情况下，由于生产事业部和销售事业部都依据利润最大化原则确定其产量，即增加产量直到其边际成本与市场价格相等，这样生产事业部的中间产品产量不一定等于销售事业部的最终产品产量对中间产品的需用量。如果中间产品产量小于销售事业部的需用量，销售事业部不足的中间产品可以到外部市场购买；如果中间产品的产量大于销售事业部的需用量，生产事业部可以将过剩的中间产品拿到外部市场上出售。

由以上分析可见，当存在完全竞争外部市场时，企业中间产品的转移价格由外部完全竞争市场上的价格来决定，即外部市场价格就是企业中间产品的转移价格。此时企业中间产品的产量依据利润最大化原则来决定，即使其产量满足边际成本等于市场价格。当企业中间产品产量出现过剩或不足则通过外部生产来解决。

当然，如果企业所需要的所有中间产品都可以在完全竞争市场中购买，则企业一般不会实行纵向一体化战略。例如，麦当劳、肯德基都没有为保证所需食品原料的稳定供应而大量从事农业生产，因为这些食品大多数都可以在完全竞争市场以非常接近于边际成本的

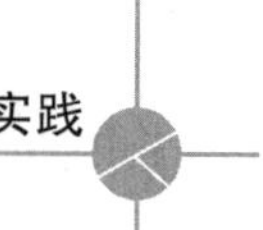

低价格购买到。但是，当企业所需的中间产品虽然面临一个竞争市场，但是其供应经常会出现周期性波动而无法维持稳定时，企业通常会通过纵向一体化战略将中间产品的生产并入企业掌控的范围之中。如大型石油企业通常拥有自己的炼油生产能力，从而保证其石油产品的稳定供应；酿酒企业为了使其所需要的粮食或葡萄的质量或供应得到保证，常常拥有自己的粮食或葡萄生产基地。这类企业所需要的中间产品市场通常都是不完全竞争市场。

12.5.3　有不完全竞争外部市场条件下的转移产品定价

当生产事业部的中间产品有外部市场，且这种市场是不完全竞争市场时，生产事业部生产出来的中间产品可以一部分提供给企业内部的销售事业部，还可以向外部市场出售，由此导致中间产品的内部转移价格可能会与提供给外部市场的价格不一样，这种情况非常类似于三级价格歧视。以下通过图 12-8 来说明这种情况下的中间产品的转移价格和产量的确定。

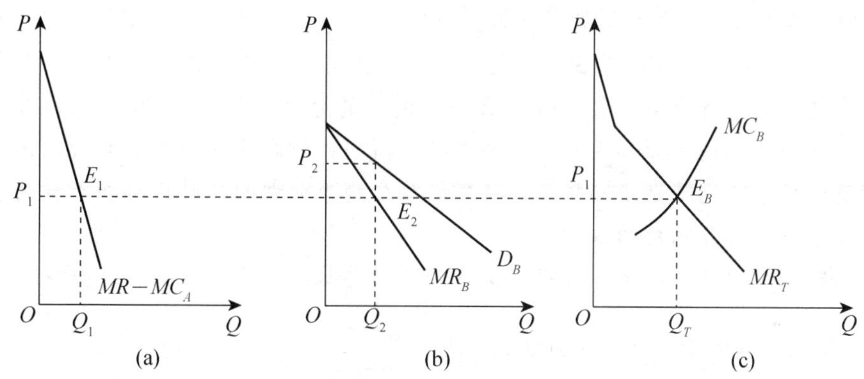

图 12-8　有外部不完全竞争市场的中间产品转移价格的确定

图 12-8（a）显示生产事业部 B 将中间产品提供给企业内部的销售事业部 A 的边际收益状况，其中 MR 为企业的边际收益，它也是销售事业部的边际收益，MC_A 为销售事业部的边际成本，MC_B 为生产事业部的边际成本，这两个事业部的边际成本之和构成企业的总边际成本 MC，即 $MC=MC_A+MC_B$，销售事业部面对外部市场销售其产品时要满足利润最大化原则，即 $MR=MC=MC_A+MC_B$，由此可以得出 $MR-MC_A=MC_B$，因此图 12-8（a）中的 $MR-MC_A$ 曲线为企业边际收益减去销售事业部的边际成本后的余额，它体现了销售事业部的净边际收益，根据上式的推导要实现利润最大化，这个净边际收益应该等于用于支付生产事业部的中间产品的边际成本。对于生产事业部而言，要将其产品提供给销售事业部，所确定的转移价格 P_B 同样必须满足利润最大化原则，即 $P_B=MC_B$，这样 $P_B=MR-MC_A$，也就是说图 12-8（a）中的 $MR-MC_A$ 曲线实际上反映了生产事业部在不同的边际成本水平上将中间产品提供给销售事业部的转移价格或边际收益。图 12-8（b）中 D_B 和 MR_B 为中间产品面向外部市场的需求曲线和边际收益曲线，由于外部市场是不完全竞争市场，所以它们为向右下方倾斜的曲线。图 12-8（c）中 MR_T 为生

产事业部在不同价格水平上将中间产品提供给销售事业部和出售给外部市场的边际收益之和，即 $MR_T=MR-MC_A+MR_B$，也就是说 MR_T 为生产事业部的总边际收益曲线。根据边际收益等于边际成本（$MR_T=MC_B$），确定生产事业部的生产均衡点为 E_B，由此确定生产事业部中间产品的利润最大化的产量为 Q_T，在该产量上与其边际成本相等的价格为 P_1，P_1 价格就是生产事业部的中间产品提供给销售事业部的最佳转移价格。图 12－8（b）中 E_2 点为生产事业部面向外部市场出售其产品的均衡点，在该点上满足边际成本等于边际收益，由此确定生产事业部向外部市场出售中间产品的最佳产量为 Q_2、价格为 P_2。图 12－8（a）中 E_1 点生产事业部的中间产品提供给销售事业部的均衡点，在该点上中间产品的转移价格 P_1 与其边际成本相等，由此确定生产事业部提供给销售事业部的最佳产量为 Q_1，其中 $Q_1+Q_2=Q_T$。图 12－8 显示该企业生产事业部的中间产品在不完全竞争外部市场上以高于内部转移价格的水平出售。

【例题 12－7】某跨国企业是一家生产材料处理设备的一体化制造商，它目前面向国内市场的需求曲线为：$P=100-0.001Q$，该企业的总成本函数为：$TC=312\,500+25Q+0.001\,5Q^2$。目前该企业经过重组划分出制造事业部 A 和分销事业部 B，这两个事业部各自是独立的利润中心，其成本函数分别为：$TC_A=250\,000+20Q+0.001Q^2$、$TC_B=62\,500+5Q+0.000\,5Q^2$。重组后的制造事业部生产能力大幅提高，其产品在满足企业内部需要之外还可以有能力向外部市场出售。目前有一家国外的分销商愿意以 80 美元的价格无限制数量地购买该企业制造事业部生产出来的产品。请问：该企业分销事业部面向国内顾客的价格与销量为多少？制造事业部将其产品提供给分销事业部的转移价格和产量为多少？制造事业部销售给国外分销商的数量为多少？

解：根据该企业的需求曲线可以求出该企业的总收益曲线和边际收益曲线：

$$TR=P\cdot Q=100Q-0.001Q^2,\quad MR=\frac{dTR}{dQ}=100-0.002Q$$

根据制造事业部与分销事业部的总成本函数求出这两个事业部的边际成本函数：

$$MC_A=\frac{dTC_A}{dQ}=20+0.002Q,\quad MC_B=\frac{dTC_B}{dQ}=5+0.001Q$$

该企业要实现利润最大化应该满足：$MR=MC=MC_A+MC_B$，所以可得：$MR-MC_B=MC_A$。

又因为制造事业部可以以 80 美元的价格将其产品无数量限制地出售给国外分销商，所以 $P_1=80$（美元）就应该也为该事业部向企业内分销事业部提供产品的转移价格，并且该价格代表了制造事业部的边际收益，这样，制造事业部为了获取最大利润应该满足：$P_1=MC_A$。

所以结合上式可以求出分销事业部对制造事业部产品的需求量：

$$MR-MC_B=P_1$$

即

$$100-0.002Q-5-0.001Q=80$$

这样得：

$$Q_1=5\ 000$$

制造事业部根据利润最大化原则生产的总产量为：

$$P_1=MC_A$$

即

$$80=20+0.002Q$$

这样得：

$$Q_T=30\ 000$$

因此，制造事业部向国外分销商提供产品的数量为：

$$Q_2=Q_T-Q_1=30\ 000-5\ 000=25\ 000$$

将 $Q_1=5\ 000$ 代入该企业面向国内市场的需求曲线，由此得到国内顾客的购买该企业产品的价格为：

$$P=100-0.001\times 5\ 000=95(\text{美元})$$

结论：该企业制造事业部共生产 30 000 单位的产量，其中 5 000 单位以 80 美元的转移价格提供给企业的分销事业部，分销事业部再以 95 美元的价格出售给国内顾客；制造事业部将其产量中的 25 000 单位的产品以 80 美元的价格出售给国外分销商。

12.6　其他定价方法

以上各节所讨论是企业依据经济学理论以利润最大化为定价目标而展开的定价方法，然而企业在实际的生产经营过程中，其定价目标不会是单一的利润最大化，而是正如本章第 1 节所描述的企业由于面临复杂多变的经营环境，其定价目标是多样化的。在本节中主要阐述围绕着其他定价目标而展开的定价方法。

12.6.1　竞争导向定价法

竞争导向定价法是一种主要以竞争者的价格为定价依据，而相对不注重成本和需求因素的定价方法。竞争导向定价法是以提高企业竞争能力为定价目标而展开的，主要有以下几种具体的定价方法。

（一）随行就市定价法

这是最常见的一种竞争定价法。它是以本行业的平均价格水平作为企业的定价标准。这种方法适合那些近似完全竞争市场类型的商品。另外，如有些产品很难估计其价格与需求量之间的关系，“随行就市”集中了行业现有的经验，可以在很大程度上规避定价风险。

同时，采用这一定价方法还可以避免行业内的互相竞争、排挤，这对竞争能力弱的中小企业十分有利。在现实经济环境里，竞争性市场的大宗商品，如大米、棉、石油等基本上采用这一定价方法。

（二）密封投标定价法

这是对工程进行投标的企业通常采用的一种定价方法。有些单位对建筑施工、设备制造、项目设计等产品或劳务进行采购时经常采用招标的方法，即事先公布招标内容，各竞标者按照招标内容和对产品或劳务的要求，以密封标价方式参加投标。企业定价的基点与其说依赖对企业成本或需求的考虑，不如说取决于预期的竞争者将制定怎样的一个价格。企业要想在投标过程中取胜，就必须制定出比其他企业更低的价格。很显然，企业标价越低，中标的可能性就越大，但标价仍有一个最低界限。即使迫切希望中标的企业，除了个别特殊场合，一般也不愿自己的标价低于单位产品的边际成本，因为那样企业不但不能回收固定成本，连变动成本也补偿不了。同时，企业也不能只顾盈利而标价过高，那样中标的可能性太小。由于利润的高低与中标概率的大小刚好相反，企业便可用这两种相反因素的净效应作为定价的依据。这个净效应就是利润与中标概率的乘积，叫“期望利润”。在企业一系列的备选标价方案中，哪种标价的期望利润高，就选择哪种标价。

（三）竞争价格定价法

竞争价格定价法，即根据本企业产品的实际情况及与竞争对手的产品的差异状况来确定价格。这是一种主动竞争的定价方法，一般为实力雄厚或产品独具特色的企业所采用。定价时，首先，将市场上竞争产品价格与企业估算价格进行比较，分为高于、等于、低于三种价格层次；其次，将本企业产品的性能、质量、成本、产量等与竞争企业进行比较，分析造成价格差异的原因；最后，根据以上综合指标确定本企业产品的特色、优势及市场地位，在此基础上，按定价所要达到的目标，确定产品价格，跟踪竞争产品的价格变化，及时分析原因，相应调整本企业产品的价格。

12.6.2 新产品定价

新产品定价是企业定价策略的一个关键环节，它关系到企业开发并投放的新产品能否进入市场，以及今后能否占领市场。对于新产品，由于没有历史数据可供参考，只能采取特点的定价方法来确定其价格。一般有以下定价方法可供选择。

（一）撇脂定价法

撇脂定价是指在产品生命周期最初阶段的新产品最初上市时，把产品的价格定得很高，以便在较短的期间内获取最大利润，就好像从鲜奶中撇取奶油一样。这种定价方法的着眼点在于：尽快收回投入资金，补偿企业消耗；新产品刚刚投放市场，竞争者来不及跟进，企业可以保持一段时间的垄断地位；如果以后有竞争者进入市场，企业可以比较从容地适当降低价格，排挤竞争对手。生命周期比较短的高新科技产品或时尚潮流产品较多采用这种定价策略。

撇脂定价法的优点在于：（1）新上市的产品，常常缺少同类的替代产品，其需求价格弹性相对较小。这时企业可以趁竞争者尚未进入之际，利用消费者的求新心理，以较高的

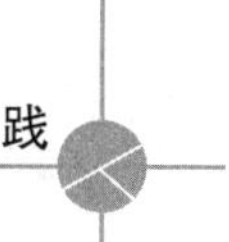

价格抬高产品身价，有助于新产品的销售。同时，较高的价格容易给消费者造成商品质量优良的感觉，容易获得消费者的注意。(2) 由于产品价格高出成本较多，有条件实行消费者差别定价。企业可以根据消费者的购买力水平和地区差异对市场进行细分，消费者购买力较强的地区定价可以稍高，消费者对价格较为敏感的地区则可以定价稍低。(3) 企业在产品价格方面有较大的回旋余地。如果企业发现新产品价格偏高，购买者较少，可以主动降价，争取更多的消费者，同时也可以为以后同竞争者争夺市场进行降价打下埋伏。

这种定价方法不足之处在于：如果价格过高可能会引起消费者的不满，不利于企业长远发展。同时，如果企业产品没有市场影响力，那么采取这种定价策略则不利于打开产品的销路。另外，产品定价过高会吸引竞争者的涌入，因此较高的产品价格难以长期维持。所以，采用这种定价策略，要注意相关的环境条件，避免不利影响。

(二) 渗透定价法

渗透定价法是在新产品刚上市时，把价格定得很低，使产品很快被市场接受，迅速渗透到市场，占据较大的市场份额，使其他企业难以进入。该定价方法常用于竞争比较激烈的日用小商品领域。渗透定价法的优点是：(1) 可以利用低价迅速打开产品销路，占领市场，以薄利多销来获利；(2) 可以建立价格壁垒，阻止竞争者进入，有利于企业控制市场。

在激烈的市场竞争环境下，渗透定价法一般适用于：(1) 需求价格弹性大的商品。购买者对价格敏感，低价有利于刺激需求，从而扩大销路。(2) 潜在市场大，竞争者容易进入的市场。实行低价薄利可使竞争者望而却步，市场地位巩固以后，再通过产品质量改进或改型，逐步提高价格。采用这种定价策略，一般公司实力都较雄厚，有一定实力支撑新产品。(3) 为了打开某一较低收入的消费市场。企业采用这种定价方法，易于使消费者接受。(4) 产品存在较大的规模经济性，需要大批量的生产才能大大地降低单位产品成本。

渗透定价法是一种为了实现长期目标而牺牲一定短期利润的定价方法。当企业实现了它的市场渗透目标，就有可能逐步提高价格，把注意力转移到增加利润上来。但是，企业在实行这种定价策略时，应充分估计这种产品的市场进入壁垒，如果除了低价格外没有其他明显的进入壁垒，那么当企业今后一旦提价，就可能导致大量的竞争者进入市场，从而使原企业的市场地位受到影响，可能失去大量的市场份额。此外，企业还应该充分考虑到用渗透定价策略能够迅速打开市场的可能性，如果最终依靠低价不能打开市场或遇到强大的竞争对手，那么企业将遭受重大损失。

撇脂定价与渗透定价各具所长，各有弊端。撇脂定价是一种短期营销策略，渗透定价是一种长期营销策略，企业具体采用哪种定价方法应该比较利弊，全面分析。具体对比说明如表 12-1 所示。

表 12-1　　撇脂定价与渗透定价的影响因素对比分析

影响因素	撇脂定价	渗透定价
市场潜在需求	小	大
商品差异性	显著	不显著
价格的敏感性	弱	强
产品仿制难易程度	难	易
投资回收期	短	长

12.6.3 心理定价法

心理定价是指企业在定价时，不但要考虑价格的经济作用，还要考虑顾客的心理作用，即利用顾客心理有意识地将产品价格定得高些或低些，以扩大销售。常见的心理定价方法包括下述几种。

（一）炫耀定价

当购买者认为其消费选择与自己的身份地位相关时，愿意以远远超过商品实际价值的价格购买商品，这是人们的炫耀心理。这时，需求规律好像已经失去作用。炫耀定价利用人们的炫耀心理确定产品价格。例如，一瓶标价 100 元的香水可能只装有价值 3 元的香料，但却有人愿意花 100 元去购买它。

（二）数字定价

在定价过程中，一些非常细节处结合对人的心理因素的考量，关注数字的巧妙运用，可以取得很好的销售效果。主要的数字定价方法包括：

（1）奇数定价。9.99 元与 11 元有多大的差别？但人们很容易认为前者是几元钱，后者则是十几元钱。奇数的价格零头，给人以便宜的感觉。奇数定价利用人们贪图便宜的心理，经常用在一些低价日用商品的定价上。

（2）整数定价。与奇数定价相对应，价格以整数结尾，则给人以安全、质量好的感觉。3 100 元一台的彩电标价，明显感觉要比 2 999.99 元要来得踏实。所以，整数定价多用于价高的耐用品。

（3）特别的数字意义。一些心理学家认为，每一位数字都具有心理和直觉质量，这些在定价时应该加以考虑。例如，8 是圆的，造成祥和效果；7 是带棱角的，造成不和效果。所以在我国，定价时尾数带 8 或 9 比较多，很少有尾数是 7 的。

（三）心理暗示定价

心理暗示是充分利用参考价格，也就是当购买者观察一个产品的时候，脑子里所想的价格。参考价格的形成，可能由于消费者注意了流行的价格，记住了过去的价格，或者衡量了当时的购买形势。销售者定价的时候，可以利用或使用消费者参考价格。例如，可以把一个产品放在一个特别贵的产品旁边，暗示这个产品是同等档次的产品；百货商店经常在店内不同区域销售各种妇女服装，并通过价格来表示差别：放置在价格高的服装区的服装表示高质量；销售者也可以通过几种方法来影响消费者参考价格，如标上制造商制定的很高的建议零售价格；暗示过去的价格比现在的价格要高得多；或者指出竞争者所制定的价格更高；等等。

经济管理实务

磁石效应[①]

心理学家做过一个实验：当市场上只有 109 美元和 179 美元两档微波炉时，45%的顾

① 李践. 定价定天下. 北京：中信出版社，2009：100.

客会购买后者。后来，又推出价格为 199 美元的更高价产品，你一定会猜想，购买 179 美元的顾客比例会降低，因为一部分买 179 美元的顾客转而购买 199 美元的微波炉了。

错了！实验发现，当更高档次的产品出现后，购买 179 美元产品的比例居然上升到 60%。这一比例的提高，完全是原来购买 109 美元的顾客转到了 179 美元的行列。最高端的产品好比是一块磁石，会将一部分消费者从低端拉到中端。

小　结

本章首先说明了企业多元化的定价目标，然后详细分析了企业在生产经营过程中的具体定价方法及其经济学原理。主要分析的定价方法包括：成本加成法是以产品单位成本为基本依据，再加上预期利润来确定价格的定价方法。价格歧视是指企业出于非成本差异的原因以不同的价格把同一物品或服务卖给不同的顾客。在需求上存在关联关系或在生产上存在关联关系的多种产品定价方法，其主旨是围绕着利润最大化目标进行定价。一个纵向一体化的企业常常需要确定中间产品的转移价格，当其中间产品在不存在外部市场时，在最大利润产量水平上的各中间产品事业部的边际成本就是各中间产品的最优转移价格；当中间产品存在完全竞争外部市场时，企业中间产品的转移价格由外部完全竞争市场上的价格来决定，即外部市场价格就是企业中间产品的转移价格；当中间产品存在不完全竞争外部市场时，中间产品的内部转移价格可能会与提供给外部市场的价格不一样，此时中间产品的转移价格非常类似于三级价格歧视。

经济管理问题分析

其实，该商厦的地下商场的价格体系充分考虑到类似“囚徒的困境”的博弈均衡，并由此实现了针对不同顾客实行不同的差别价格。地下商场的顾客之间实际上进入了囚徒的困境博弈。想要购买地下商场商品的消费者，均想以低价买到商品。在该商厦的地下商场价格体系中，商品在第 3 周价格最低，为原价的 25%（降价 75%）。每个顾客均希望在第 3 周来购买商品，但是，是否所有商品均以这个最低价卖出呢？不是的！因为每个消费者想到，其他消费者也会有同样的想法。这样，消费者想，如果在第 3 周去购买想要的商品，将很有可能买不到，尽管此时的商品价格最低。因此，顾客不可能等到最低价的时候去买，尽管所有顾客均等到最低价去购买，对所有顾客均有好处，但这是不可能实现的。每个人均会提前去商店购买。至于顾客何时光顾该商厦的地下商场购买商品，取决于他对商品的评价。如果某个顾客认为商品的价值高于他所付出的货币，或者比其他商店便宜，那么他将购买。这样，不会发生所有顾客均等到商品价格最低时才购买的现象。自然该商厦的地下商场也不会为此而破产，反而因为其独特的价格体系，吸引了众多的消费者光顾商场，使其生意兴隆。自然如果出现商品 4 周后依然未卖出，说明该商品不是消费者需要的商品，这也就为未来商品的进货决策提供了可靠的依据。由此可见该商厦如此的价格体系实际上可以实现针对不同顾客的需求意愿而得到不同的支付价格。

复习与思考

一、名词解释

成本加成定价法　价格歧视　转移价格　关联产品　渗透定价　撇脂定价

二、选择题

1. 依据成本加成法定价时，为使利润最大化，其产品需求价格弹性越大，则成本加成率：

A. 越大　B. 越小　C. 没有影响　D. 无法确定

2. 当产品需求价格弹性为−1.5时，成本加成率为：

A. 0.4　B. 2.5　C. 2.0　D. 0.5

3. 一级价格歧视是指：

A. 按每个消费者支付愿望来确定产品价格

B. 根据消费者购买数量的不同来定价

C. 根据不同市场的消费者的弹性来定价

D. 以上都不对

4. 对于以下有效实行价格歧视的条件中，哪一条不是必需的？

A. 市场上对同种产品的需求价格弹性是不同的

B. 能区分消费者的支付意愿

C. 无弹性的总需求

D. 能有效分割市场

5. 对于需求上存在关联关系的互补商品，相比于不存在关联关系的独立商品其每种产品的产量应该：

A. 更大　B. 更小　C. 相等　D. 无法确定

6. 对于纵向一体化的企业，当其中间产品不存在外部市场时，中间产品的转移价格应该是：

A. 按全部成本定价　B. 按平均成本定价

C. 按边际成本定价　D. 按边际收益定价

7. 渗透定价是指企业产品：

A. 以较高价格进入市场　B. 以较低价格进入市场

C. 与竞争者一样的价格进入市场　D. 随着市场需求的变化调整价格

三、问答题

1. 在何种情况下，企业实行成本加成定价会实现最大利润？

2. 举出两个价格歧视的例子，并分别解释垄断者采取该价格政策的原因。

3. 说明电力、电信等公司采取分时段收费的经济学原理。

4. 试述正确制定企业内部中间产品转移价格的意义。有人提出按中间产品的全部成本来定价，你是否同意该观点，为什么？

5. 如果一种中间产品可以从完全竞争的市场里购买，为什么纵向一体化企业还要在内部生产？也就是说，在这种情况下，纵向一体化企业有什么优势？

四、计算题

1．某商场用成本加成法来确定某品牌婴儿车的利润最大化价格。该品牌婴儿车成本为 500 元，其需求价格弹性为－3.0。问：该品牌婴儿车利润最大化价格应该是多少？

2．假定某垄断企业的产品在两个分割的市场出售，产品成本函数和需求函数分别为：

$$TC=Q^2+10Q, Q_1=32-0.4P_1, Q_2=18-0.1P_2$$

（1）若两个市场实行价格歧视，利润最大化时两个市场的售价、销售量和利润各为多少？

（2）若两个市场只能卖一个价格，利润最大化时的售价、销售量和利润各为多少？

3．某电子企业只有两个事业部：零件事业部和装配事业部，零件事业部制造一种零件 A，装配事业部加工该零件生产出最终产品 B（一个零件只能生产一件最终产品）并出售给外部市场。已知市场对最终产品 B 的需求函数为：$P_B=100-0.001Q_B$，装配事业部的总成本函数为：$TC_B=300\ 000+10Q_B$，零件事业部的总成本函数为：$TC_A=500\ 000+15Q_A+0.000\ 5Q_A{}^2$。求：

（1）假定不存在零部件 A 的外部市场，零件事业部的产量及出售给装备事业部的转移价格应该为多少？装配事业部的产量及最终产品的价格应该定为多少？

（2）假定零件事业部生产出来的零件既可以出售给本企业的装配事业部，也可以直接向外部市场出售，每件零件的售价为 50 美元。则零部件事业部的产量为多少？其中提供给装配事业部的零件为多少？转移价格为多少？直接向外部市场出售的零件为多少？

4．现有某企业生产和出售产品 A、B。假定这两种产品是以 1：1 的固定比例生产出来的关联产品。已知该企业生产 A 和 B 产品的边际成本函数为：$MC=20+2Q$，A 和 B 产品的需求函数分别为：$P_A=70-2Q_A$，$P_B=30-Q_B$。问：产品 A 和 B 应该如何定价？产量分别为多少？

5．假定某垄断企业可以在两个分割的市场上实行价格歧视。在两个分割的市场上，该企业所面临的需求曲线分别表示如下：

市场 1：$Q_1=a_1-b_1P_1$，市场 2：$Q_2=a_2-b_2P_2$。

假定企业的边际成本与平均成本为常数 C，请证明：该垄断企业无论是实行价格歧视（在两个市场上收取不同的价格），还是不实行价格歧视（在两个市场上收取相同的价格），这两种定价策略下的产出水平都是相同的。

6．设垄断企业的产品的需求函数为 $P=16-Q$，边际成本为常数等于 6，求：

（1）垄断者出售 8 单位产品时的总收益为多少？

（2）如果垄断者实行一级价格歧视，垄断者的收益为多少？它掠夺的消费者剩余为多少？

（3）如果不实行价格歧视，该企业利润最大化产量和价格应是多少？

7．某经济学教科书在美国的需求价格弹性估计为－2.0，而在中国出售该教科书的需求价格弹性为－3.0。美国市场出售的是精装本教科书，边际成本为 6 美元，中国市场提供的是平装本，边际成本为 4.5 美元。请计算并说明该教科书在美国和中国两个市场的价格分别定为多少合适？

案例研究

BW公司的转移定价①

DTI发动机（DTI ENGINE）是BM汽车（BM MOTORS）公司的一个事业部，它向公司内的汽车装配事业部出售发动机。现在，在DTI事业部和装配事业部的经理之间就有关公司内部销售发动机的转移价格问题出现了争论。当前的转移价格为385美元/台，是以每年发动机的估计产量450 000台为基础，取发动机的标准成本350美元，再加上10%的毛利（35美元）形成的。DTI事业部的经理认为转移价格应该提高，因为该事业部对其他产品的平均毛利为18%。装配事业部的经理认为转移价格应该降低，因为有一家竞争对手汽车公司的一位装配事业部经理曾表示他所在事业部生产的发动机的成本只有325美元/台。于是要求公司总经济师来解决这个公司内部的定价问题。

总经济师收集了以下需求和成本信息，汽车的需求函数为：

$$P=10\,000-0.01Q$$

装配事业部的总成本函数为：

$$TC=1\,150\,000\,000+2\,500Q$$

DTI事业部的总成本函数为：

$$TC=30\,000\,000+275Q+0.000\,125Q^2$$

总经济师假设此发动机不存在外部市场，并求解了以下问题：

（1）装配事业部的利润最大化产量。

（2）DTI事业部的利润最大化产量。

（3）在公司内部销售发动机的最优转移价格。

（4）每个事业部在利润最大化状况下的总收益、总成本和总利润。

DTI事业部经理对此转移价格的解决方案不满意。经过进一步的调查，总经济师发现汽车发动机存在一个完全竞争的外部市场，市场上有很多汽车制造商和供应商都愿意按市场通行价格销售或购买发动机。比如，B&W（宝马）汽车公司曾提出以每台425美元的价格购买所有的DYI发动机（每年在700 000台以上）。对此，总经济师又重新求解了下列问题：

（1）装配事业部的利润最大化产量。

（2）DTI事业部的利润最大化产量。

（3）在公司内部销售发动机的最优转移价格。

（4）DTI事业部应该向装配事业部和外部的宝马公司各出售多少台发动机？

（5）计算该种情况下，每个事业部利润最大化下的总收益、总成本和总利润。

请根据案例资料，回答以上总经济师提出的9个问题。

① 胡继灵，王家琪. 管理经济学. 武汉：武汉理工大学出版社，2003：256，257.

主要参考文献

1. 彼得森，刘易斯. 管理经济学. 3 版. 吴德庆，译. 北京：中国人民大学出版社，1999.

2. 赫斯切. 管理经济学. 11 版. 李国津，译. 北京：中国人民大学出版社，2008.

3. 道布斯. 管理经济学——企业、市场和工商决策. 王志平，崔世春，等译. 上海：上海财经大学出版社，2003.

4. 杨君昌. 管理经济学. 上海：上海财经大学出版社，2002.

5. 布里克利，史密斯，施泽曼. 管理经济学与组织架构. 张志强，王春香，译. 北京：华夏出版社，2001.

6. 米尔格罗姆，罗伯茨. 经济学、组织与管理. 费方域，译. 北京：经济科学出版社，2004.

7. 赵文平. 管理经济学. 西安：西安电子科技大学出版社，2017.

8. 尹伯成. 现代西方经济学习题指南. 上海：复旦大学出版社，2003.

9. 张利庠，李宝山. 管理经济学. 2 版. 大连：东北财经大学出版社，2008.

10. 胡继灵，王家琪. 管理经济学. 武汉：武汉理工大学出版社，2003.

11. 张一驰. 管理经济学. 北京：经济日报出版社，1997.

12. 徐惠平，李志青. MBA 管理经济学教学案例精选. 上海：复旦大学出版社，2000.

13. 萨尔瓦多. 管理经济学：原理和国际应用. 8 版. 陈章武，杨晓丽，译. 北京：清华大学出版社，2017.

14. 斯蒂格利茨，沃尔什. 经济学：上册. 4 版. 黄险峰，张帆，译. 北京：中国人民大学出版社，2015.

15. 刘媛媛，张毅. 管理经济学. 上海：华东师范大学出版社，2017.

16. 斯蒂格利茨.《经济学》小品和案例. 王尔山，肖倩，等译. 北京：中国人民大学出版社，1998.

17. 陈建萍. 微观经济学——原理、案例与应用. 北京：中国人民大学出版社，2006.

18. 陈宏民，赵旭. 管理经济学. 上海：上海交通大学出版社，2003.

19. 高鸿业. 西方经济学：上册 微观部分. 北京：中国人民大学出版社，1998.

20. 曼昆. 经济学原理：上册. 2 版. 梁小民，译. 北京：三联书店，北京大学出版社，2001.

21. 周好文，钟永红，王慧. 曼昆题解《经济学原理》. 北京：高等教育出版社，2002.

22. 骆品亮. 管理经济学. 上海：上海财经大学出版社，2006.

23. 章昌裕，韩琪. 西方经济学原理习题集. 北京：中国对外经济贸易出版社，2003.

24. 陈建萍，杨勇. 管理经济学：理论、案例与实务. 北京：中国人民大学出版社，2011.

25. 金雪军. 西方经济学案例. 杭州：浙江大学出版社，2004.

26. 干春晖. 管理经济学. 上海：上海财经大学出版社，2007.

27. 杰文斯. 致命的均衡. 罗全喜，叶凯，译. 北京：机械工业出版社，2005.

28. 吴德庆，马月才. 管理经济学. 北京：中国人民大学出版社，2006.

29. 萨尔瓦多. 管理经济学. 冷德荣，王伟，译. 北京：清华大学出版社，2009.

30. 曼昆. 经济学原理：微观经济学分册. 7 版. 梁小民，梁砾，译. 北京：北京大学出版社，2016.

31. 斯考森，泰勒. 经济学的困惑与悖论. 吴汉洪，译. 北京：华夏出版社，2001.

32. 博依斯，李自杰. 新管理经济学. 刘伟，译. 北京：中国市场出版社，2008.

33. 吴德庆. 管理经济学. 北京：中国人民大学出版社，2010.

34. 斯凯恩，韩晓龙. 最受欢迎的哈佛经济课. 上海：立信会计出版社，2015.

35. 阿诺德. 经济学. 5 版. 沈可挺，刘惠林，译. 北京：中信出版社，2004.

36. 杨俊青，梅莉. 管理经济学. 北京：中国金融出版社，2007.

37. 陈恳. 西方经济学解析：微观部分. 北京：高等教育出版社，2004.

38. 巴德，帕金. 微观经济学原理：7 版. 马洪云，莫蕾钰，译. 北京：清华大学出版社，2016.

39. 平新乔. 微观经济学十八讲. 北京：北京大学出版社，2002.

40. 格林伍德，卡特. 企业经济学：原理与案例. 阙澄宁，译. 大连：东北财经大学出版社，1999.

41. 朱宝宪，陈章武. 西方经济学习题集. 北京：清华大学出版社，1997.

42. 姚开建. 西方经济学复习指南. 北京：中国人民大学出版社，1998.

43. 周惠中.《微观经济学》学习指南. 上海：上海人民出版社，2003.

44. 潘天群. 博弈思维——逻辑使你决策致胜. 北京：北京大学出版社，2005.

45. 冯华. 西方经济学. 大连：东北财经大学出版社，2009.

后　记

经全国高等教育自学考试指导委员会同意，由电子电工与信息类专业委员会负责高等教育自学考试计算机信息管理专业教材的审定工作。

《管理经济学》（2018 年版）自学考试教材由北京科技大学陈建萍教授、杨勇副教授担任主编，北京科技大学吴贤龙老师、山西财经大学薛继东副教授担任副主编，参加编写的人员还有：马伊民、曹彤春、张文瑞、朝霞等，胡小昆参与了本教材的习题解答工作。全书由陈建萍教授统稿。

参加本教材审稿讨论会并提出修改意见的有中国人民大学杨其静教授、范志勇副教授。

对于编审人员付出的辛勤劳动，在此一并表示感谢。

全国高等教育自学考试指导委员会

电子电工与信息类专业委员会

2018 年 6 月